北大开放教育文丛

教育：让人成为人

西方大思想家论人文与科学

（第二版）

杨自伍 编译

图书在版编目(CIP)数据

教育:让人成为人/杨自伍编译. —2版. —北京:北京大学出版社,2016.11
(北大开放教育文丛)
ISBN 978-7-301-27642-6

Ⅰ.①教… Ⅱ.①杨… Ⅲ.①教育思想—思想史—西方国家—文集 Ⅳ.①G40-091

中国版本图书馆 CIP 数据核字(2016)第 243579 号

书　　名	教育:让人成为人——西方大思想家论人文与科学 JIAOYU:RANG REN CHENGWEI REN
著作责任者	杨自伍　编译
责任编辑	刘　军
标准书号	ISBN 978-7-301-27642-6
出版发行	北京大学出版社
地　　址	北京市海淀区成府路 205 号　100871
网　　址	http://www.pup.cn
电子信箱	zyl@pup.pku.edu.cn　　新浪微博:@北京大学出版社
电　　话	邮购部 62752015　发行部 62750672　编辑部 62767346
印刷者	北京中科印刷有限公司
经销者	新华书店
	890 毫米×1240 毫米　A5　16 印张　461 千字 2010 年 1 月第 1 版 2016 年 11 月第 2 版　2023 年 5 月第 4 次印刷
定　　价	49.00 元

未经许可,不得以任何方式复制或抄袭本书之部分或全部内容。
版权所有,侵权必究
举报电话: 010-62752024　电子信箱: fd@pup.pku.edu.cn
图书如有印装质量问题,请与出版部联系,电话: 010-62756370

序　言

陆建德

近年来，我国的高教规模急速扩展，对教育的批评之声却越来越多。在一个所谓独重竞争的学习型社会，年轻人听命于往往是虚假的市场需求，像鸵鸟一样一头钻进各种补习班或国际金融等时髦专业，无力抬起头来想一想，所有这一切究竟是为了什么？长期下来，他们身上自然生发的好奇心与兴趣不免受到无情的扼制。很多教育界人士呼吁：我们真正需要的是一次教育启蒙；国民素质的提高，创新能力的激发，莫不取决于我们对教育的重新认识。

教育何为？大学何为？杨自伍先生编选并亲自翻译的西方教育思想读本《教育：让人成为人》正是对这些问题的精彩回答。康德在《论教育》一书中说："人只能通过教育而成其为人。"本书书名就是由此演变而来的。这十八位欧美哲学家、科学家和作家就基本的教育理念以及文学与科学、教育与宗教、文化的复杂关系各抒己见，他们带领读者穿越他们的思维过程，表达了多种的论说方式以及迥异的价值观念，无意为我们就这些问题提供标准答案。他们之间也无法就教育的宗旨达成共识。康德重视"规训"，认为不守规矩比缺乏教养更加糟糕，这就使他与后来一些相信性善并主张个性解放的自由派人士大为不同。康德一说倒与荀子相近，人必须接受教化，就像陶土要经陶工埏埴才能成器；没有礼义法度，自然的人必定悖乱而不治。

现在我们常说，大学乃大师之谓。大师著作等身，但是学生是否从大师身上得益，却十分难说。现在各地时兴在远郊建设规模可观的大学城，教师只是偶尔坐长途班车从市区到学校完成上课任务。这使得大学不再是人文荟萃之地。陈平原先生这段话说得非常到位："理想的大学校园,应是既有饱经沧桑的,也有英姿焕发的,老中青都有,大家在一起念书、思考、对话。"这里强调的是人与人之间的接触和交流。有些大学实行书院制,师生居息于一堂,反映的就是这样的理念(英文 college 源自拉丁文 collegium,后者有互助合作、同仁情谊之义)。本书多处说到不可替代的师生之间的亲密接触。纽曼在《大学的理念》中写道:

> 任何学科的一般原理,大家可以足不出户,通过书本而知之;可是细节、色彩、口吻、氛围、生气,使得一门学科融入我们血脉的那股生机,凡此种种要从师长那里把捉,因为学科已经在他们身上获得了生命。①

这就是我们所说的"亲聆謦欬"的功用。爱默生在 19 世纪初所经历的哈佛,也是这样的书院。他在《文化》一文引了《霍布斯小传》中一段精彩的文字:

> 可是不闻谈吐生风,则为一个极大的不便……在乡下,天长日久,不闻谈吐生风,人的悟性和灵机,便长出了苔藓,犹如果园的一根旧桩篱。

学生之间的谈吐也会生风,不过校园里老中青三结合,才是理想的状态。或许我们可以提议,大学应该规定,任课教师在学期内必须在校园居住一定的时日。

文集中有的文章已有中译,由于版权等原因,自伍先生决定全部自译,由此可见他对自己译品的信心。但是书中不少篇目还是首次与中国读者见面,例如诗人、剧作家艾略特的《教育的宗旨》。教育这领域有其特殊性,并不是只有专家才能发言。艾略特一直关心经典在学校的地位,他讨论教育的时候还不时表露出宗教的关怀。

不少西方教育著作与宗教信仰有着千丝万缕的关联。即便是不在一般意义上信教的人士也会关心教育与宗教的关系。如罗素强调,人要跨进黄金时代的门槛,首先必须屠戮宗教那条恶龙。爱因斯坦则肯

---

① 见本书第 20 页。纽曼的《大学的理念》在英语世界的影响无可匹敌。贵州教育出版社于 2006 年出版了该书全译本。

定斯宾诺莎式的"宇宙宗教感情",并坚信一个人只有在这种情怀的激励下才能取得至高无上的成就。这两位自由派人物的观点,在纽曼、艾略特和雅克·马利坦等笃信宗教的人士看来,纯粹是谬见。我倒盼望我们的人文学者和科学家都来认识一下爱因斯坦描述的"宇宙宗教感情",或许将来可以做出足令国外同行刮目相看的事来。

欧美教育近两三百年来已经大大普及,这是与社会的发展进步离不开的。可是"进步"也有其怀疑者。自由主义者杜威信奉进步、民主和自由等口号,但是哲学家桑塔亚那指出,所有这些概念当然有其合理之处,然而它们所促进的"最大多数人的最大幸福"这一终极目标却在蜕变为"最大多数人的最大慵懒"。读本最后一篇文章的作者克里斯托弗·赖许与桑塔亚那所见略同。他在 20 世纪后期的美国发现,教育民主化的进程并没有真正惠及大众,我们的大学可能正在制造新的文盲:

> 教育未能增进民众对现代社会的理解,提高通俗文化的品质,也没有缩小贫富差别,悬殊之大一如既往。另一方面来看,批判思维的衰微,学术标准遭到侵蚀,教育于此也在推波助澜⋯⋯

近年来我国媒体上不断传来学界丑闻,看来这是世界现象。

从本书选目可见,编者还着意于探索文学与科学、教育与文化的关系。早在 80 年代,"两种文化"之争(见查·帕·斯诺的《两种文化》[①]和弗·雷·利维斯的《两种文化?查·帕·斯诺的意义》)在国内读书界就广为人知,但是其中一方即利维斯的观点还是首次介绍。莱昂内尔·特里林是五六十年代最有影响的美国知识分子之一,他的《利维斯－斯诺之争》是一篇很好的文章,读者不妨在字里行间听听口气,判断一下他究竟站在哪一方。

令人遗憾的是同样性质的论辩不大会发生在中国。大学在 19 世纪末的中国出现时就带有非常浓重的实用色彩。上世纪一二十年代,我们的语言生态呈现出单一化的趋势,"赛先生"广受追捧,甚至出现"科学人生观"一说,这在科学真正发达的欧美国家反而是闻所未闻的。

---

① 对这次争论感兴趣的读者可以参阅上海科学技术出版社《两种文化》译本(2003 年)中斯蒂芬·科里尼的长篇序言。

50年代初院系调整的指导方针也与西文"大学"(university)一词的基本含义大有径庭。凡此种种,莫不说明高等教育的观念自西徂东后发生了明显的变异。在西方高教史上,实用科学和技术的教学其实出现得很晚,这可以从"达尔文的斗狗"赫胥黎的《科学与文化》一文看出来。赫胥黎道出了一种新兴的观点,而阿诺德的《文学与科学》则代表了至今仍生机勃勃的人文教育的传统:科学固然重要,但是我们的美感和立身处世的道理却不是科学所能教的。这两篇文章在某种程度上是"两种文化"之争的先声。

我在这里特别提及阿诺德,因为他是编者自伍先生之父杨岂深先生心爱的英国维多利亚时期作家、诗人。大约在1980年左右,我还是复旦外文系的本科生,一次某美国教授来做讲座,首先由系主任杨先生致欢迎辞。杨先生一边悠悠地讲着,一边从缎面丝棉袄的口袋里掏出一本蓝皮牛津"世界经典"丛书,翻到某页,兴致盎然地读了起来。我记得他读的好像是阿诺德在《文化与无政府状态》中关于文化的定义。杨先生诵读时神情专注,清癯的脸上绽出笑容。他笑得像儿童一样单纯,这应是对阿诺德提倡的"美好与光明"的最佳注解。杨先生念英语时略带安徽乡音,听来十分亲切。发音标准而不爱阿诺德,又有何用?

杨岂深先生执教复旦大学外文系逾半个世纪,称他桃李满天下绝非过誉之辞。他主编的英美文学读本至今依然是国内同类读物中的佼佼者。早在50年代,杨岂深先生就与人合译现代教育之父、17世纪捷克教育家夸美纽斯的著作。自伍先生幼承庭训,加之长期供职于高校出版社,属意各种教育思想,自然在情理之中,今日编译成此书,称得上是克绍箕裘了。

今年是建国60周年,也是杨岂深先生诞辰百年。这本文集是对国庆一甲子的献礼,也是对一位学者教育家的纪念。二十几年以来,自伍先生常常以"靡不有初,鲜克有终"自戒,孜孜矻矻,成绩斐然。他翻译的韦勒克八卷本《近代文学批评史》(第一卷由杨岂深先生校改)可谓名山事业,希望这一读本也成为读者案头必备之书。

2009年9月 于北京

前　　言

杨自伍

随着近数十年社会巨大的迁变，当代中国教育发生了翻天覆地的变化。就大学教育而言，其中本质性的变化，恐怕是精英教育大体退出历史舞台，从思想到实践，已经基本为普及教育取代。学府遍地开花，高楼大厦拔地而起，学生规模可谓盛况空前，识字知书的人数也是今非昔比。与此同时，伴随而来的是教育危机的普遍存在，乃至愈演愈烈，至少从文科教育来看，教育质量的下降也是不容忽视的现象。这个问题的产生原因复杂，笔者自然无法用三言两语，笼而统之予以说明。然则，作为一个从事文科教育的人，谁也不能不认真反思这样演变的后果。

从过去的文科教育来看，我们难以想象，学生能够不接触古希腊罗马的经典作品。而当今之世的课程设置呢，恐怕很少有学府开设西方古典文学的课程。古典教育的重要意义，针对当前高等教育的流弊来说，具有前所未有的矫正之功。我这里说的不是古典文学，而是古典教育，也就是包括文学和文化两个方面。我以为，不读赫西奥德和卢克莱修，不读荷马史诗、但丁的《神曲》和歌德的《浮士德》，不能说是有文化的人。荷马史诗反映的不只是贵族的品质，而且在教育方面起到了不可低估的作用。在《奥德修纪》第一卷里，乔装打扮之后的雅典娜女神，在奉劝忒勒玛科斯的时候，直言不讳，说明自己的忠告是教育，即教诲。爱利亚学派的哲人克塞诺芬尼在《讽刺诗》里告诉我们，"从最初的时候起，所有的人都向荷马学习"。由此可见师道与古典文学的渊源之深。现在比较普遍的现象是实用主义的教育思想泛滥，其结果是，总体说来，学生思想的浅薄和平庸很可能会影响他们的人生之路。我认为，古典文学的潜移默化,在塑造人格和追求真善美方面,或许是任何其他学问都难以比拟的。从这层意义上说,古典文学是人的教育过程中不可或缺的一个重要环节。精英主义的源头活水存在于典籍和传统之中。

教育一旦舍本逐末,其后果之严重,是未来难以弥补的。我以为知识固然有工具的作用,不过这是次要的一面,换言之,知识如果仅仅居于工具的作用,那么我们培养的人才就难以成为完善和全面的人才,同时也不易升华到一个较高的境界。我们试想一下,倘若我们外语学院的教授,绝大部分没有读过多少古典经籍,而且基本拘泥于国别文学的天地,那么授业的学生,恐怕要青出于蓝就比较困难。教师若要不辱使命,自身的文化修养恐怕较具体的知识更为重要,更有意义。孔子明言"不学诗,无以言",很遗憾,今人恐怕早以束之高阁了。在一个娱乐的时代,读书的风气在淡化,这样的局面需要改观,途径莫过于出入经典。

文科教师的功用恐怕重要的是开拓学生的视野,授业还在其次。如果不知画家古有顾恺之,近有董其昌,外有丢勒、洛兰,雕塑家不知切里尼其人,作曲家不知蒙特、维尔第、亨德尔或者巴赫父子,那么我们如何期望莘莘学子学养深厚,日后可以深造呢?我对两代文科学者有那么一点浮光掠影的比较,从群体论,前辈的古文功底和学问修养,今人难望其项背,至于专业深浅自然另作别论。姑举外语为例,今日之博导的专业知识恐怕超过前辈,但是学养呢?在培养人才的过程中,我以为教师的学养较之专业知识远为重要。术业有专攻这句话,仅仅就谋生这个意义来说,或许很有道理,但是从造就"完人"这个意义上来说,很可能弊大于利。进而言之,就大学教师而论,学问较专业更为重要,只有"渐渍道德之渊,栖迟道艺之域",我们才有可能造就超乎专业知识的宗师。

我们的科学日新月异,我们的文学江河日下,这样一种令人尴尬的对照可谓有目共睹。这种现象不能不令人产生深深的忧虑,科学与文学在学府的地盘之争,当然由来已久,只是于今为甚而已。早在19世纪末叶,这场争论便在英国兴起,马修·阿诺德与托马斯·亨利·赫胥黎的论争只是首开其端。时过境迁,岂料20世纪50年代查·珀·斯诺与弗·雷·利维斯继续论战,乃至不顾斯文,可见这场辩论未有共识和定论。20世纪30年代杜威在美国倡导渐进教育,后有阿德勒反其道而行之,主张通识教育。两种认识都有道理,但是任何一说推向极端,都是谬种,不过,认真思考两种学说和汲取其中合理的一面,是扭转文理不相往来的一条门径。因为我们毕竟生活在严酷的现实之中,科学和文学都是服务于人类的知识,片面强调某一面的结果,恐怕是任何有识之士都不愿看到的局面。我们应该看到,以上两种学说都是针对现实而提出的,所以比较全面地认识这场争论的意义,对于我们当今思考高等教育,应该说具有比较现实的借鉴意义。

虽然着眼于教育,但不是着眼于任何专业的或者狭义的教育,其实人的一生都是在接受教育,问题在于我们如何理解教育。教育的目的仅为一阶半级,那是与教育的本义背道而驰的,君不见,如此之多的高官大贾沦为阶下囚;君不见,如此之多的学人恋栈忘返;君不见,如此之多的专家昧于一家之说。再以外语而论,30年前,语言学盛极一时,学者趋之若鹜大有人在,后来教学法又成一时显学,学者又汲汲于此。时至今日,出入古今的外语学者,鲜见其人。《孟子·尽心上》曰,"得天下英才而教育之,三乐也",可见精英教育不可废弃。如果要保持一定程度和范围的精英教育,我们的教育者首先就需要开阔眼界,少一点专业,多一点学问。其次,少一点功利,多一点知识的渴望。大师的造就需要的是博学,而非术业。思维、判断、鉴赏、审美,四者在造就文科人才的过程中,理应大有作为。倘若缺乏此四者,学者所获,则无非知识工具而已,距离具有独立思维和批判意识的知识分子,相去何止千里。

以上算是对这部文集的来龙去脉的一点交代。以目前的教育而论,如何处理宽泛意义上的人文学科,依然不容忽视。文科院系专业的设置似乎十分讲究专业,没有比较满意的结果,以外语专业而论,学习某个语种,然后就是那个语种的文学,长此以往,西方传统的人文反而日趋淡化。记得多年以前,复旦有位著名的女物理学家,在位期间居然公开宣称,外语教育要为理科服务。位居大学校长,自然一言九鼎,迫于环境而有其道理,不必深责。可是作为一流大学而论,如此说法就不敢恭维了。进而言之,综合性大学的校长一定要有文科出身的,远见卓识乃大学兴衰之所系,理应恢复应有的话语权,或许理科一家独擅的局面实有改观之必要,大学之堂,不可以某一学科的一时进退为鹄望。

感谢北京大学出版社为文集提供刊行便利。

特别鸣谢陆建德先生,他在百忙之中千里驰教,惠赐序言并为选文查找资料,复印惠邮。此外,谷孙师、翟象俊师等在成书过程中始终予以支持和关注,在此谨致谢忱。

二〇〇九年秋

目 录

序言……………………………………………陆建德(1)
前言……………………………………………杨自伍(1)

论教育………………………………伊曼纽尔·康德(1)
大学的理念…………………………约翰·亨利·纽曼(17)
文化………………………………拉尔夫·瓦尔多·爱默生(51)
文学与科学………………………………马修·阿诺德(75)
科学与文化………………………托马斯·亨利·赫胥黎(97)
教育中的宗旨…………………………………约翰·杜威(115)
自然研究与社会研究：自然主义与人文主义………约翰·杜威(127)
教育的宗旨………………………阿尔弗雷德·诺思·怀特海(141)
古典作品在教育中的地位…………阿尔弗雷德·诺思·怀特海(157)
时代的学术特征……………………………乔治·桑塔亚那(173)
科学与"文化"的分家………………………伯特兰·罗素(191)
教育与纪律…………………………………伯特兰·罗素(195)
科学与伦理学………………………………伯特兰·罗素(203)
宗教为文明做出了有用的贡献吗？…………伯特兰·罗素(215)
宗教与科学…………………………阿尔伯特·爱因斯坦(235)
科学与宗教…………………………阿尔伯特·爱因斯坦(241)
宗教与科学：不可调和吗？…………阿尔伯特·爱因斯坦(251)
论人类知识……………………………………雅克·马利坦(257)
教育的宗旨……………………………………托·斯·艾略特(277)
两种文化？查·珀·斯诺的意义……………弗·雷·利维斯(335)

· 1 ·

当代教育舞台：挑战与机遇 …………………… 西德尼·胡克(357)
当代教育的危机 ………………………………… 莫蒂默·杰·阿德勒(383)
现代科学与古代智慧 …………………………… 莫蒂默·杰·阿德勒(399)
人类尊严与21世纪 ……………………………… 莫蒂默·杰·阿德勒(409)
两种文化 ………………………………………………… 查·珀·斯诺(425)
利维斯—斯诺之争 ……………………………… 莱昂内尔·特里林(443)
正规教育与新式文盲 …………………………… 克里斯托弗·赖许(471)

译名对照表 ……………………………………………………………… (495)

论教育

伊曼纽尔·康德

伊曼纽尔·康德
(Immanuel Kant, 1724—1804)

德国哲学家。出身贫寒,但自幼受到双亲宗教和道德方面的潜移默化。毕生雅好拉丁文学典籍,哲学著作里引经据典,比如奥维德和贺拉斯,英法文学作品他也是博览群书。在大学里攻读了数学、物理、哲学、神学和文学,尤其是研读了牛顿的著作。立身伊始,屈就为塾师。康德二十岁开始著述。自然科学之外,他的知识范围极其广博,涉及逻辑学、形而上学、道德哲学、教育学等。三大"批判"引发了哲学思维的革命,堪称西方哲学的不朽丰碑。康德毕生神驰于必然王国和自由王国,探索的是自然的规律和道德的规律,天人合一的境界体现于他的生命格言:"在我之上的群星璀璨的苍穹和在我内心的道德律令"。主要著作有《纯粹理性批判》、《实践理性批判》、《判断力批判》等。1980年柏林学院出版的29卷本《康德全集》为标准版本。

选文出自《论教育》(1803)。

1. 人是需要教育的唯一的生命。因为谈到教育,我们就必须理解抚育(即照料和喂养幼儿)、规训①、教诲,同时还有陶冶。由此可见,人先后要经历婴儿阶段(需要喂养)、儿童阶段(需要规训),以及学者②阶段(需要教诲)。

2. 动物一旦掌握了自身的本领,就会循序渐进,各显其能——也就是说,施展的方式不会危害自身。

举例来看,雏燕刚刚孵出的时候,视之盲盲,它们都小心翼翼,避免污损了燕窝。

所以动物并不需要抚育,至多需要食物、温暖、指引,或者几分呵护。确确实实,绝大多数动物都需要喂养,可是它们并无抚育的要求。因为所谓抚育,我们所指的是,父母必须倾注于子女的那份精心爱护和关怀,这样才能防止子女在运用自己的本领时,采用一种可能危害自身的方式。举例而言,万一有个动物来到世界上的时候叫喊起来,犹如婴儿呱呱坠地时那样,它肯定成为狼群和其他野兽的猎物。它们会闻声而动,围绕过来,因为叫喊吸引了它们。

3. 规训把兽性转变为人性。动物无法无天,那是由于本能使然;从一开始,就另有道理可以说明它们的一切。可是人却需要有一个理由说明自身。既然没有本能可言,人就得为自身制定一个端正品行的

---

① 英译本此处为"discipline",附有德文"Zucht"一词。有些论者译为"训育",即道德教育。但是从下文看,德育(moral training)显然不同于规训,所以不宜混为一谈。编者认为英译者的理解偏重遵纪守法这层含义来理解,故从英文本义,侧重训诫之意,姑且译为"规训"。——译注(下同)

② 此处原文"scholar"指在校读书求学的人,汉语"学者"本义相同,见《礼记·学记》:"学者有四失,教者必知之。"

计划。然而,由于他无法全部付诸行动,因为降生于世的时候,他还身心不全,所以他人就得为其代劳。

4. 人类的一切天赋,必须点点滴滴从人的自身发展而来,要通过自身的努力。

一代教育一代。实施教育这个过程的开端,不妨从两个方面去探究,要则着眼于一种朴鄙而尚未成形的人类状况,要则着眼于充分发展的状况。如果我们假定后者先行出现,那么自斯以降,无论如何,人类肯定便已经蜕化而陷入野蛮风气。

正是规训防止了人由于冲动而背离人性,而体现人性才是其命里注定的目标。规训,举例而言,必须使人有所约束,不致鲁莽轻率,冒险走入险途。规训,因此,仅仅属于消极性质,作用在于抵消人天生的桀骜不驯。教育的积极作用则寓于教导。

桀骜不驯表现为无法无天。通过规训,人人都要置于服从人类法律的状态,学会感受法律的约束。然而,这个任务必须尽早完成。举例而言,儿童首先送往学校,目的主要并不在于他们学点什么,而是他们能够渐渐习惯安宁地坐下来,一举一动都要听从吩咐。这样做的目的在于,在以后的生活中,凡是打动他们的事情,他们实际上不会立刻付诸行动。

5. 热爱自由是人与生俱来的强烈追求,所以一朝长大成人,习惯了自由,他就会为了维护自由而牺牲一切。由于这个原因,纪律必须及早发挥作用;因为倘若从小不讲规矩,日后生活中性格便不易改变。不守纪律的人,动辄任性而为。

在一些野蛮的民族,我们也看到这种情形,虽然那些国民有时也会像欧洲人那样履行职能,不过永远无法习以为常,讲究欧洲人的礼仪。然则,对于他们而言,那不是卢梭和其他人物所想象的向往自由的高贵热爱,而是几分野蛮风尚——可以说,是尚未发扬其人性的动物。因此人人应该自幼起便习以为常,服从理性的命令,因为倘若听任某人年纪轻轻就随心所欲,不加反对,他终身便摆脱不了几分无法无天的秉性。母亲百般呵护,在他年轻的时候对他处处优容,对于这样的人绝无好处,因为将来一朝他置身于人间世事之后,他就不得不更多地面对来自四面八方的反对,始终遭到斥责。

在身居显要的人物的教育方面,这是一个常见的错误,即因为他们日后要成为统治者,因此他们年轻的时候便不能接受任何他人的反对。由于天生热爱自由,所以人就有必要磨光刮垢,熨平天生的棱角;对于动物而言,它们凭借的是本能,所以这一步当属多余。

6. 人需要抚育和陶冶。陶冶包括规训和教导。就我们的认识程度而论,动物则不需要这些,因为凡是动物,从年长动物的身上都一无所学,而鸟类则另当别论。鸟类鸣唱可谓教而知之;母鸟使尽浑身力气,为雏鸟鸣唱,而雏鸟宛若念书的学童,围绕而立,从稚嫩的喉咙里,努力发出相同的音调。观察如此景象,那是何其动人的一幕。我们为了确信鸟类鸣唱并非出于本能,而实际上是授而知之,看来值得进行一项实验。假设我们取走一只金丝雀的一半鸟蛋,然后用燕子的蛋取而代之,或者雏燕和幼小的金丝雀互换养育;如果把雏鸟放在一间屋子里,它们听不见外面的燕子在鸣唱,它们就会学习金丝雀的歌声,我们于是听到的便是燕子在鸣唱。确乎十分奇妙的是,每个鸟类都有其独特的歌声,世世代代原原本本保存下来;鸟声的口传,可能是天下最为忠实的。

7. 人只能通过教育而成其为人。人无非是教育造就而成的产物。值得注意的是,人仅仅是通过人而施行教育——换言之,施教之人,自身也要接受教育。所以就某些人而论,由于他们这一方本来便缺乏规训和教导,因此在教育后生的时候,他们无法胜任。假如存在着天性高于人的某种生命,我们就能够看出人有可能达到的境界。然则,我们难以准确地评估人的天生才具,因为有些事物是通过教育而灌输于人,而另外一些事物则是通过教育演化而来。倘若有可能的话,我们可借重显要人物,凭借大家的齐心合力,针对这一问题进行一项实验,我们甚至就有可能通过这个手段而有所收获,了解到从出类拔萃的程度来看,人可能达到什么境界。不过对于善于思辨的头脑而言,同样重要的是,热爱人类同胞的人,看到下述情况也会感到悲伤:目睹身居要津之士,普遍关注的只是他们自身的事务,他们绝不参与教育方面的重大实验,而这些实验却能使我们的天性更进一步臻至完美。

凡是在青年时代遭到了忽视的人，成长至责任年龄①，都会明白缺陷是在于不懂规矩，还是不懂陶冶(后者我们不妨谓之教导)。缺乏教养之人可谓粗俗，缺乏规训之人则不守规矩。疏于规训较之疏于陶冶，乃是更为严重的弊端，因为后者在今后生活中可以弥补，不守规矩则无法根除，纪律方面的缺陷，永远无法改正。教育有可能会不断有所改善，世代相禅，逐步迈进，走向人类的完美；因为人性臻于完美的巨大奥秘关系到教育问题。直至现在，人们才有可能朝着这个方向有所作为，因为有史以来，大家开始正确地判断和清楚地理解，实际上有哪些内容属于一种良好教育。我们欣然认识到，通过教育，人性将会得到持续不断的改善，将会达到一种与人类的天性相媲美的状态。这就向我们展现了未来更加幸福的人类前景。

8. 推演一种教育理论的前景，可谓一个辉煌的理想，我们是否能够立刻实现，这并不重要。只是我们不可把这个思想视为异想天开，也不可诋毁为美丽的梦想，纵然在实现理想的道路上，存在着艰难险阻。

一个思想无非是大家未曾体验过的完美境界的一个构想。举例而言，根据正义原则治理的完美共和国这一思想——是如此可望而不可即的一个思想，因为大家尚未有所体验。

我们的思想首先必须正确，那么，不论在化为现实的道路上，可能遇到多少艰难险阻，却并非根本不可能实现。假设，举例而言，说谎可以横行天下，那么由于这个缘故，难道讲述真理就无非是突发奇想吗？充分发挥人的全部天赋，这样一种教育思想，当然是合乎真理的思想。

9. 处于现行教育体制之下，人无法充分企及生命的目标；看看芸芸众生都以什么不同的方式生活吧！千篇一律所导致的结果只能是，所有的人都按照相同原则处事，这些原则对于他们说来，只会变成第二天性。我们能够作为之处，就是制定一个更加适用于推进其目标的教育规划，关于这个规划如何可能付诸实践的指导思想，留传给子孙后代，这样他们就有可能逐步实施这个规划。姑举报春花为例。用根茎

---

① 原文为"age of discretion"，指的是辨别是非的年龄。

种植的时候,这种植物长出的是单色的花朵;而用种子种植的时候,长出的花朵却是五彩缤纷。造化在这种植物里,安置了这些多重的芽孢,它们的生长只是适当播种培植的问题。由此可见,人之教育,其义一揆。

10. 人潜藏着许多未经开发的萌芽。我们的作为就在于促使这些萌芽得以成长,根据它们的适当比例,发挥人的天赋,在于看到人能够完成自己的命运。动物不知不觉,为自己完成了这个命运。人则必须努力,才能实现这个目标,可是倘若看待他生存的目标时,甚至缺乏一个概念,他便无法实现。我们姑且这样假设,早期的父母得到了充分的发挥,看看他们是如何教育子女的。这些早期的父母为人师表,子女效法楷模,通过这种方式,便发挥了他们自身的一些天赋。然而,他们全部的天赋无法如此发挥,因为子女看到的是什么榜样,则要取决于特殊的环境。在往昔的年代,人的天性能够达到的那种完美境界,大家都毫无概念——关于这个问题,即便现在,我们也尚未形成一个十分清晰的思路。然而,大体情况是肯定的:任何个人,无论他的门生有可能获得何等程度的文化,都无法确保他们可以完成各自的命运。若要这方面取得成功,不仅少数个人的工作大有必要,同时也是全人类的工作。

11. 教育是这样一门艺术:只有通过世世代代的实践,才能够变得完美。每一代人,只要具备了上一代人的知识,就更加能够促成一种教育,它将发挥人的各种天赋,分清应有的轻重缓急,同时结合这些天赋的指归,由此推动全人类完成自身的命运。天意如此,要求人为了自身而焕发出潜藏于天性之中的善良,不妨说,天意已经向凡人发话。"走向世界吧!我已经赋予你向善的各种意向。你的作用在于发挥那些意向。你的幸福和不幸,当好自为之。"

12. 人必须发挥向善的意向。天意尚未把唾手可得的善良寄托于人,而是仅仅作为一种意向,并无道德律的特征。人之义务,理应卑以自牧,修心养性,而且,当人发现步入歧途的时候,便运用道德律来陶铸自身。反躬自问,我们就会发现这样做极其困难。因此人能够致力于解决的最重大而又最困难的问题,乃是教育这个问题。因为识力取决于教育,而教育反之也取决于识力。可以顺理成章地说,教育只能缓慢推进,教育方法的真正概念,只能够如此产生:一代积累的经验和知识,薪传给下一代,每一代薪火相传下去的时候,都能踵事增华。这个教育概念,难道不是根据孕大含深的文化和经验作为前提吗?概念只能在后期阶段才能形成,况且我们自身尚未充分认识到这个概念。问题便产生了:我们在个人的教育方面,应该效仿人类世世代代因循而来的教育路线吗?

人类的创造可分为两种——和其他任何创造相比起来,可能大家认为更加困难——治理的艺术,教育的艺术;二者的根本含义,世人依然辩论不休。

13. 可是在发挥人的天赋时,我们应该采取什么立场呢?我们是从一个化外状态,还是从一个已经发达的社会状态开始呢?很难设想源于一种化外状态的发展(故而理解初民的面貌,则十分困难),我们看到,在脱离这种状况的发展过程中,人总是故态复萌,同时提升自己而脱离故态。在十分文明的国度的早期史载里,我们依然发现野蛮尚存的明显瑕疵,况且粗通文墨谈何容易,前提是需要多少文化熏陶!如此这般的结果是,在看待文明人的时候,写作艺术的滥觞,不妨称之为世界的滥觞。

14. 因为人的天赋并非自然而然自行发挥,所以一切教育皆为一门艺术。造化没有赋予人以完成那个旨趣的本能。这门艺术的起源以及践行,要则属于机械性质而无所谋划,受到特定环境的支配,要则需要运用判断力。如果我们遇到偶然机会,通过经验而获知,某个事物有益于人,或有害于人,教育的艺术此时便是机械的。流于机械的一切教育,肯定伴随着诸多谬误和缺陷,因为毫无足以发挥作用的稳妥的原则。倘若教育理应充分发挥人的天性,力求可能实现人之生命的目标,教育则必须需要运用判断力。受过教育的父母,可谓子女借以指引自身的表率。然而,倘若子女要取得超越父母的进步,教育则必须成为一种研究,否则我们不可能希望从中有所收获,一个人的教育受到搅攘的话,在力求教育他人的时候,便会重蹈覆辙。教育的机械态度,必须转变为一门科学,后代可能不得不推翻前代建造的成果。

15. 有一大教育原则,尤其那些制定教育规划的人士,应该纲举目张:儿童应该接受教育,不是为了眼前着想,而是为了未来人类状况有望得到改观;也就是说,教育方式要适合人类这一思想和人类的全部命运。这条原则具有十分重要的意义。父母教育子女时,通常流于一种方式,不论这个世界可能多么糟糕,就是为了他们可能学会适应世界的当前状况。可是父母应该给予子女一种更为优良的教育,目的在于有可能因此而促使未来世态变得比较美好。

16. 然而,这一方面我们碰到两个难题——(a)父母通常关心的,只是子女在俗世飞黄腾达;(b)君主看待臣民时,无非视为达到他们自己意图的工具。

父母关心的是家庭,统治者关心的是国家。二者都不以普遍的善和完美作为自己的宗旨,而人的命运却应该致力于这一宗旨,人也有这种向往的禀性。可是教育规划的基础必须放眼天下。那么,普遍的善这个思想,对于我们个人而言,是否有害呢?永远无害!因为这个思想,虽然有可能看来,需要舍弃某种东西,即便对于处于当前状况下的个人而言,也取得了趋于最佳态势的一个进展。继之而来的成果将何其辉煌!通过优良的教育,焕发起天下所有的善。为了实现这个目标,人的内心潜藏的那些萌芽,只需要越来越多地发挥出来;因为在人的自然禀性里,不会发现邪恶的苗头。邪恶乃是没有得到控制的天性的结果。在人的内心,只有善的萌芽。

17. 可是由什么人来促成更加美好的太平盛世呢?通过统治者,还是他们的臣民?通过后者吗,他们将极大地完善自身,从而迎合政府可能确立的衡量他们的善的尺度?依靠统治者吗,他们自身的教育,首先就需要加以改善,因为长期以来,他们的教育就受到拖累,大谬不然之处,在于他们年轻的时候,不容他人对其表示任何反对。

田野里孤零零竖立的一棵树,长得弯弯曲曲,枝干横七竖八;而树林里竖立的一棵树,由于四周其他的树木的生长带来了压力,便长得高耸挺拔,因为需要寻求自上而下的空气和日照。统治者面临的也是相同的情形。无论如何,较好的情况是,他们由来自臣民的人士施行教育,而非由他们当中的人来施教。倘若统治者的教育,较之臣民的教育,本质上层次更高,那么我们才能够期望由统治者来促成进步。

因此,这种进步主要取决于个人的努力,而非过多依靠统治者的帮助,那是巴泽多①诸人设想的情形;因为我们根据经验发现,统治者并未十分重视普遍的善,以此作为国家的福祉,他们考虑的是借此可能达到他们自己的目的。然而,如果他们为了这个进步的目标而提供资金,起草教育规划的任务,就必须委托给他们。凡是涉及人的才智完善和知识拓宽的一切问题,这个规划都无不相关。仅凭熏陶和金钱则无法做到这一点;二者只能使得我们比较轻松地完成这项任务。只要国家财政部门并不汲汲于事先计算利益,这项目的所花费的金额,有可能为国库带来多少利益。即便学术机构,迄今也未曾承担这项任务,未来这些机构致力于此的可能性,现在微乎其微,一如既往。

既然如此,治校之道便应该完全听取十分开明的专家的判断。一切陶冶都始于个人,一人渐渐熏陶他人。只有通过见多识广之士的努力,因为他们有志于普遍的善,他们能够怀抱未来世态更加美好这个思想,才可能实现取得目标的人类天性的逐渐进步。我们不是时而会遇见这样的统治者:黎民百姓他仅仅视为动物王国的组成部分,他的旨趣无非在于繁衍人种?培养才智这个问题,如果尚属他的考虑之列,那也仅仅是为了在努力达到他的个人目的时,他的人民对他可能更加有用。当然,私人个体有必要始终不忘这个自然的目的,不过他们还必须尤其铭记在心的是人类的发展,着眼于大家变得不仅聪明,而且善良;同时,更加困难的是,他们必须追求的是促使子孙后代更加接近一种完美境界,要超过他们自身达到的境界。

18. 因此,通过教育,人必须变得——

首先,服从纪律。所谓纪律,我们必须理解的是那种影响,它始终遏制我们的动物本性,防止战胜我们的人性,不论是作为个体本身,还是作为社会一员。因此,纪律的作用无非在于遏制不守规矩的现象。

其次,教育还必须使得大家具备文化。这包括见识和教导。正是

---

① 巴泽多(Johann Bernhard Basedow, 1724—1790),德国教育家,创办"博爱学校"以推行教育实验,以教育改革著称。

文化激发了能力。能力是指拥有的一种才能,能够适合于从事各种目标。由此可见,能力并不决定任何目的,而是根据后来出现的具体境况而决定。

有些素养本质而言,可谓有益于所有的人——比如读书识字和粗通文墨;而其他的造诣,则仅仅用于追求某些目标,诸如音乐,我们致力于此是为了取悦于人。确实,能力或许可以用于的那些五花八门的目的,几乎层出不穷。

再则,教育还必须使人具备辨别力①,这样的人才有可能懂得为人处世,才有可能取悦于人,才有可能潜移默化。为了这一点,有一种文化属于必要,那就是我们所说的修养②。后者需要礼仪、殷勤,一种辨别力能慧眼识人,大家才能够为其所用,以便达到他自己的目的。时代不同,品味各异,所有这种修养随之而变化。因此,二三十年前,社交礼节曾经依然属于时尚。

最后,德育必须构成教育的组成部分。一个人适合于某种目的,这还不足为训,他的性情必须受到充分的培养,这样他最后的选择唯有善的目的——善的目的,乃是必然为大家首肯的那些目的,它们同时也可能成为大家的宗旨。

19. 人要则可以驯服,训练,机械地教诲,要则可以真正加以开导蒙昧。马和狗则驯而服之;人,也可以驯而服之。

然则,儿童单单驯服还不够;因为,他们将学会思考,这才具有更大的重要意义。学会思考之后,人便开始照章办事,凡事都有固定原则,而非恣意妄行。所以我们看出,真正的教育孕大含深。可是一般说来,在我们的私立教育中,前面说的第四点,也是最重要的一点,大家依然十分忽视,儿童在接受绝大部分教育时,德育问题一概留待教会去解决。不过儿童应该从小就学会憎恶邪恶,这一点十分重要;不仅是由于上帝禁止邪恶,因为邪恶本身令人憎恶。如果儿童在早年不懂得这一点,他们便很可能认为,倘若上帝未曾禁止,为恶便无害处,认为为恶本

---

① 英译本为"discretion",附有德语原文"Klugheit"。
② 英译本为"refinement",附有德语原文"Civilisierung"。

来是会获得准许的,因此上帝偶尔会例外饶恕。不过上帝是无比神圣的存在,上帝意旨仅仅寄托于善的一切,上帝意愿在于我们热爱美德而别无所图,而不仅仅因为上帝要求如此。

我们生活的时代讲究纪律,文化,还有修养,可是我们距离德育的时代,依然十分遥远。根据目前人类的状况来看,论者不妨冒昧进言:国家的繁荣与人民的苦难,可谓齐头并进。处于当今社会状况之下,和我们的幸福程度相比起来,倘若处于一种尚未开化的状态,我们是否就会感到不太幸福,而当今之世的所有文化,在化外状态则根本没有地位,确实,这依然是一个问题;除非首先变得聪明善良,否则人怎么会变得幸福呢? 所以除非这一点变成我们的首要宗旨,否则邪恶现象就不会减少。

20. 实验学校①必须首先确立地位,然后我们才能够确立正规学校的地位。教育和指导不可流于机械;二者必须建立于固定的原则;虽然同时教育必须不仅要通过推理来展开,在一定意义上说,也要有机械运作的一面。

在奥地利,为数较多的学校,过去都是正规学校,它们在创办和运行过程中,都依据一个固定的计划,大家对此非议颇多,并非没有道理。反对此类学校的主要微词是,这些学校的教学流于机械。可是所有其他的学校,都有义务参照这些正规学校的模式来办校,因为政府甚至拒绝晋升那些未曾在正规学校接受教育的人士。这是政府可能干预国民教育的一个实例,同时反映了强迫所可能产生的诸多弊端。

的确,人们想象教育界的那些实验大可不必,同时想象我们能够根据理性来判断孰优孰劣。这是一大谬种。经验晓示我们,一项实验的结果,往往和我们预料的结果大相径庭。

从而我们看出,因为我们必须通过实验而获得引导,所以哪一代人都无法提出一项面面俱到的教育规划。德绍学校②,从一定程度上看,是首开先河而扫清道路的唯一实验学校。从这方面来看,学校应该予

---

① 系指巴泽多在德绍创办的那类"博爱学校"所实践的教育实验。
② 德绍为一市名,校名为"the Dessau Institute",即巴泽多创办的"博爱学校"。

以称道,尽管存在许多错误,我们可能非难这所学校——这些错误伴随着从实验大家得出的所有结论——也就是说,我们还需要更多的实验。

这所学校在一定程度上可谓绝无仅有,教师能够自由制定各自的教学方法和计划,教师彼此交流,而且也和德国所有的饱学之士交流。

21. 教育包括对儿童的抚育,而且在儿童渐渐成长的时候,还有陶冶。陶冶首先具有消极意义,寓于规训;也就是说,在于纠正缺点。其次,陶冶具有积极意义,寓于教导和指引(因此也成为教育的组成部分)。指引意味着指导学生把所学的内容付诸实践。这里我们看到了塾师与导师或督学之间的差别所在,前者流于教导,后者则指引和点拨学生。前者培养只是为了学校,后者则是为了人生。

22. 教育要则私立,要则公立。公共教育关注的只是教导,而这个任务可以始终由公共教育完成。教学内容付诸实践的问题,则留待私立教育去完成。完备的公共教育,乃是学习指导和道德陶冶融为一体的教育。教育的宗旨应该是促进良好的私立教育。从事这项任务的学校,我们称为教育机构。此类学校不可能创办很多,在校的学生只能保持少数,因为费用势必高昂,校内的机构便需要精心管理,这样便必须担负大量的开销。救济院还有医院,情形同样如此。需要建造楼房,还要支付主管、监督、仆役的薪酬,一半资金马上就用掉了,结果毫无疑问,如果那些款项直接交付给他们的家庭,给穷人提供的条件就会较好。由于这层缘故,同样可能出现的情况是,只有富家子女可以分享这些教育机构。

23. 此类公共教育机构的目标在于完善家庭教育。只要父母,或者在教育工作中属于助手的那些人士,自身受过良好教育,公共教育机构的费用便有可能免除。这些机构的旨趣在于进行实验,深造个人,这样久而久之,良好的私立教育,就可能从这些公共教育机构中产生出来。

24. 家庭教育要则由父母躬亲施教,或者,倘若父母这方面没有时间、天资,或者意向,要则由父母延聘他人来协助施教。可是在由这些助手施行的教育中,一个很大的苦难随之而来——就是在家长和教师之间,权威性分割开来了。儿童一面要服从教师的规定,一面又得听从家长的心血来潮。摆脱这种困境的唯一出路,在于家长放弃全部的权威而托付给塾师。

25. 那么,家庭教育较之公共教育,具有多大程度的优势呢,或者后者较之前者有多大优势呢？不仅从发挥能力的角度来看,而且作为日后履行公民义务的一个准备阶段,我倾向于认为,必须做到的是,总体而论,公共教育要保持最佳。家庭教育多半不仅助长了家庭缺陷,而且往往在新的一代身上延续了这些缺陷。

26. 再则,教育应该持续多长时间呢？直至后生进入生命的那个时期,就是造化注定他将能够做人处事了；性本能也发育成熟了,他自身能够成为为人父者,需要教育自己的子女了。通常人在十六岁左右,便进入了这个时期。过了这个时期,我们还可以利用某些陶冶手段,暗中施行一些规训；不过普通意义上的教育,我们就不再需要了。

27. 在童年的第一阶段,儿童必须学会屈从和积极①服从。在下一阶段,应该允许儿童独立思考,享有一定程度的自由,虽然还是有义务遵守某些规矩。在第一阶段属于机械性质,在第二阶段则属于道德约束。

28. 儿童的屈从要则属于积极,要则属于消极。积极体现为他有义务按照要求去做,因为他无法自行判断,模仿能力依然很强；消极则体现为他有义务按照他人的希望去做,如果他希望的是他人乐于为自己做事。前一种情况下,不服从的后果是惩罚；后一种情况下,事实是大家并不同意他的愿望。遇到这种情况,虽然能够独立思考,在对待个人乐趣的时候,他有赖于他人。

29. 教育最大的问题之一在于,屈从必要的限制与儿童运用个人意志的能力,二者应该如何结合起来——因为限制乃属必要。面对限制,我应当如何发挥自由意识呢？我应该让自己的学生学会承受限制自由,与此同时我应该指引他正确地运用自由。缺乏这一点,一切教育都流于机械,一旦教育结束之后,儿童便再也不会恰如其分地运用自由。他应该学会从早年起便感受到,反对来自社会,而且在所难免,再

---

① 英译本注释,说明林克和舒伯特版本中,此处"积极"(positive)解读为"消极"(passive)。——原注

则,自食其力,忍受匮乏,获得能够使自己独立的那些东西,他可能懂得,凡此种种都是何其困难。

30. 我们必须遵循以下几点:

首先,我们必须允许儿童从早年起,在各个方面获得完全的自由(除非有些场合他可能伤害自己——比如想去抓住一把刀),前提是他在运用自由的时候,并不干预他人的自由。举例而言,一旦他嘶叫,或是开心得尽情喧闹的时候,他便打扰了他人。

其次,我们必须向儿童表明,允许他人达到各自的目的,他才能够实现自己的目的。比如,万一他不听管教的时候,或者不肯学习功课的时候,他本来期望的任何待遇,一律要予以拒绝。

再次,我们必须向儿童证明,限制之所以强加于他,目的在于让他及时懂得如何正确地运用自由,他的心智经过培养,日后他从可能获得自由;也就是说,可以脱离他人的帮助。这是儿童将要明白的最后一桩事情。儿童认识到他们以后必须自食其力之类的事实,那是生活中很久以后的事情;因为他们想象自己能够永远继续生活在父母家中,吃喝自会为他们提供,自己根本不用操心。确实,除非儿童,尤其是纨绔子弟和王公后代,变得能够认识到这一点,否则他们便犹如塔希提岛①岛民,终生处于孩童阶段。

我们再次看到公共教育的优势所在,处于这样的体制之下,我们学会衡量自己的能力与他人的能力,懂得他人的权利所强加于我们的限制。因此我们并不可能拥有家长显示给我们的那种偏袒,因为我们处处会遇到反对,我们只能够凭借真正的优异而出人头地,较之他人获取优势。公共教育是培养未来公民的最佳学堂。

这里需要提到另一个难题——困难在于预先考虑性知识的方式,是防止男子成年期刚开始的时候便作恶。不过这个问题要留待下文再进行探讨。

31. 教育要则是注重身体,要则注重"践行"。体育方面的一大内容,是人和动物所共有的,也就是说,喂养和照料。"践行"或者说道德

---

① 塔希提岛(原文为"Otaheite"),即"Tahiti",位于南太平洋中部法属波利尼西亚群岛。一般认为当地岛民处于化外状态。

培养,是指教诲人如何作为一个自由生命而去生活。(我们凡是谓之"践行"之处,都和自由相关联。)这就是个人品格的教育,一个自由生命的教育,他能够立于不败之地,能够在社会上适得其所,同时对自己的个性保持着一种适当的意识。

32. 这种"践行"教育,由三个部分组成:

(1)学校的普通课程,儿童的一般能力是从中发展而来的——这是校长的工作。

(2)生活实际事物方面的指导——处事运用智慧和辨识——这是塾师或女塾师的工作。

(3)道德品格的培养。

大家都需要学校教育或者指导的培养,这样才能发展从事人生各行各业取得成功的必要能力。学校教育赋予每个成员的是他自身的个人价值。

其次,在人生实际事物方面,懂得了辨识这个道理,人接受了作为一个公民的教育,对于同类的公民来说,他渐渐便具有价值,即学会如何使得自己适应同类的社会,同时也懂得如何从中获益。

最后,教育所给人灌输的价值,在于要着眼于全人类。

33. 在教育的这三项分工中,从时间顺序来看,学校教育居先;因为儿童的各种才能,必须首先加以开发和培养,否则在人生的实际事物方面,他就无法获得知识。辨识力乃是正确运用我们才能的能力。

德育需要建立于人必须亲身领悟的基本原则之上,就此而论,时间顺序上居后。然而,就此而论,因为德育仅仅基于常识,所以从一开始就必须予以考虑;同时也要考虑的是体育;因为倘若忽略德育,诸多缺点就会在儿童身上根深蒂固,后一阶段,教育方面的所有潜移默化,对于这些缺点则无能为力。关于才能和人生的一般知识,一切应该完全取决于学生的年龄。让孩子像儿童那样聪明;让孩子机灵温和,不失那份稚嫩,但是不可如同大人那般狡猾。后者之于稚嫩心灵的孩子,如同之于应该成年,同样并不合适。

大学的理念

约翰·亨利·纽曼

---

* 文章写于1854年。后收入《大学的兴起和进步》,第2章至第4章。版本依据《哈佛经典丛书》第28卷。

约翰·亨利·纽曼
(John Henry Newman, 1801—1890)

英国教士和学者,牛津运动发起人之一。改宗罗马天主教后成为枢机助祭。父亲为银行家,母亲出身胡诺格信徒家庭。儿时喜读《圣经》,十四岁阅读伏尔泰以及休谟的随笔。早年入私塾,后读三一学院。牛津运动始于反对政府干预教会事务,纽曼成为运动的一位向导、哲人,以伟大的宗教复活为己任,世人高其行义,玮其文采,故其道德文章彪炳史册。纽曼文章闳中肆外,风格势如破竹,一泻千里,同时满腔赤诚服膺宗教,故而成为英国散文历史上的一位重要作家。身为《时代书册》主编,他撰写的《大学宣道集》成为经典文献,阐述了宗教信仰原理。《为自己的一生辩护》回顾个人信仰变化的过程,同时也是一篇文学杰作。他发表过许多演讲和随笔,最后结集为《大学的理念》。他揭橥了一家之说,表达了对高等学府的认识和寄托。纽曼认为大学的职司在于陶冶心志,德育居先,而不仅仅在于灌输有用的知识。其人学识之广博,风格之优雅,机智之锐敏,在侪辈的文人之中鲜见与之匹敌者。

选文出自《大学的理念》(1873)。

一、何谓大学?

如果有人请我尽量简要通俗地描述大学的面貌,我应该从中世纪大学之堂①的古老命名汲取我的回答,或曰"普遍学问的学堂"。这样的描述,言下之意是,四面八方的他乡之客,济济一堂——来自四面八方;否则,为各门知识领域发现师长门生,谈何容易?学者辐辏;否则,庠序之设又从何谈起?相应说来,从简单和基础的形式来看,大学乃是包罗各门知识的一所学堂,师长门生,来自天南地北,共同组成。大学之道,寓于其中,此外,还要具备诸多必要的条件,这里描述的理念,才可谓完备而无缺憾。大学实质上是幅员广袤的国土上,士林来往交流和传播思想的场所。这样描述大学,看来已经体现了精髓所在。

以上向大家展示的理念,毫无牵强附会,或者不合情理之处;倘若如此描绘,便是一所大学的职志所在,那么大学无非观照的是我们天性的一个必然存在,无非表现为一种特殊媒质的一个样本,而样本不止一端,不妨援引的其他媒质的样本不胜枚举,以供观照那种必然的天性之用。互为人师,教育一词从大端意义而论,乃是人类社会伟大而永无止息的一项活动,实施教育的时候,一方面有既定目标,一方面并无目标。世世代代,树人相禅。当今一代,通过各色人等的个体成员,对自身不断发挥着作用和反作用。况且,在这个过程之中,书籍,即书面文字②,

---

① 原文为"Stadium Generale",据《牛津大词典》这个条目的释义,系指中世纪的大学,其师长不仅有本地人士,而且有天下之士。而大学一词从词源来看,即拉丁语的"universitas"(合为一体)。

② 原文为拉丁语"litera scripta",即英语的"the written word"。

毋庸待言，也为一大特殊工具。确乎其然；当今之世，如此强调书籍之功。看看神通广大的出版业，而且如今蒸蒸日上，通过发行从不间断的期刊、册页、小册子、系列作品、通俗文学，我们必须承认一点，论处理资料和教学的各种其他手段，有史以来，人们尚未看待更为可观的前景。诸位会说，在培养完人的智力教育方面，对于每个人而言，各种门类的知识的传布，现在如此丰富多样，而且层出不穷，我们还能心存什么奢望？诸位要问，既然知识流传给了我们，我们还需要上学求知，道理何在？女预言家西比尔①，曾把预言写于森林的树叶，后来则荒而废之；但是身在大学，面对得来不费工夫的如此丰富的知识，有人可能会小心翼翼，沉潜学海，因为大学能够完整无损地提供知识，近世历代已经发明的传播工具，带来的结果便是几乎令人叹止的繁衍能力。我们拥有寓于石头的布道词，潺潺溪流蕴含的典籍②；现在的书籍，论篇幅之宏大和内容之完备，超过了万世垂名的古人坟典，朝朝日日出版发行，规划之中的图书，可以展望到天涯海角，速度可谓一日千里。撒落在我们的座位，洒落在行人的路途，处处都有册页飘落；我们城墙垣壁的砖石上传播着智慧，四处张贴的册页晓示我们，旋即可以在何处廉价地获得智慧。

  凡此种种，不一而足，我都姑且承认；如此描述，当然是我们通俗意义上的教育，其成效固然令人瞩目。话说回来，归根结底，即便处于当今之世，每次大家切实认认真真要在语言这门行当里，寻觅一篇人人称道的"奇文共赏"，当他们追求的文章措辞贴切，笔致优雅，确实令人茅塞顿开，确实孕大含深，取精用宏，他们便要另辟蹊径；可以不拘形式，有足以媲美的方法为其所用，那是古人之道，言传口授，彼此之间的当面交流，通过师长，而非书本知识，一代宗师的潜移默化，一位门徒谦恭的传授，结果，他们利用了壮观的中心，犹如万众朝圣，上述的教育方法，势必需要有这样的中心。我认为，在社会的所有那些部门，或者方方面面，大家将会发现，古人之道行之有效，自有一种陶染足以团结众

---

  ① 西比尔（Sibyl），古希腊传说和文学作品中的长寿老妪，能够占卜未来。
  ② 典出莎士比亚《皆大欢喜》，二幕一场，17 行。原文两句为"Find tongues in trees, books in the running brooks, / Sermons in stones"。

人,或者构建大家所说的"一个世界"。在政坛,上流社会,宗教界,古人之道可谓行之有效;在文学界和科学界,同样行之有效。

倘若旁观他人行止,便可从中检验其信念,那么我们以下的说法则言之成理,那就是——文字的领域和无可估量的神益,在于记载真理,具有令人心向往之的权威性,成为教师手不释卷的工具;然则,知识门类繁多,而且纵横交错,在任何一门知识学科里,倘若我们希望精益求精,左右逢源,我们就应该咨访健在之士,倾听谈霏玉屑。个中原委,我无意探究明白,而且我可能言谈的内容,与面面俱到的分析尚存差距,我有自知之明;——或许我们可以不揣浅陋,大凡书籍,其中有大量细节的问题,都经不起推究,因为在任何拓展的论题上,都有可能提出无数的问题,也无法切中要害,因为每位读者都接二连三地痛切感受到疑难重重。或者再冒昧一句,凡是书籍,在传达论题的特殊神理和微妙特色方面,都谈不上伴随着心有灵犀的那种一点即通和胸有成竹,那是通过眼神,表情,语气,风范,随时随地,尽有可观,三言两语,脱口而出,还有熟悉的交谈之中不经意的拐弯抹角。不过我啰唆了半天,涉及的仅为主要论题的一个附带部分。来龙去脉,姑且不论,事实毕竟无可否认。任何学科的一般原理,大家可以足不出户,通过书本学而知之;可是细节,色彩,口吻,氛围,生气,使得一门学科融入我们血脉的那股生机,凡此种种,要从师长那里把捉,因为学科已经在他们身上获得了生命。大家应该效法攻读法语或德语的学子,他们并不满足于自己的文法知识,遂游学巴黎,或德累斯顿:后起的艺术家,渴望拜谒佛罗伦萨和罗马的伟大泰斗,诸位应该奉为楷模。在发现某种学术上法盖尔式照相法①之前,它取消了思维的过程,真理的形式,轮廓,面貌,犹如那个光学仪器,一览无遗,再现了触摸可知的实体,我们应该就教于充满智慧的师长,这样智慧才能学而知之,我们应该远行至源泉之地,酣饮甘露。车载斗量的智慧,可以依傍书籍,从源头活水走向天涯海角;可是充博之境,天下唯有一处可寻。正是在这些才智的汇集之地和荟萃

---

① 原文为"daguerreotype",以法国画家和物理学家法盖尔(Louis-Jacques-Mande Daguerre,1787—1851)命名的摄影方法。

之处,书籍本身,人类天才的杰作,才得以形诸笔墨,或者至少得以发源滥觞。

我一直坚持的原则,彰彰在目,相关的例证,俯拾即是,所以我理应认为,我的论题倘若展开论述,则未免令人生厌,除了列举个别实例,或许有助于说明本人关于这个问题的表达方式,而对于有人一直意在付诸实践的学说而论,则可能有失公正。

姑举一端,温文尔雅的举止和教养有素的风度,如此雅量高致,谈何容易,而一旦修炼到家,则严格关乎一己——出入社交时,令人钦佩不已,而举止风度,也在社交场合习而得之。文质彬彬方为谦谦君子——器宇,步履,机敏,举首抬足,音容笑貌;从容,自持,礼数,占对本领,八面玲珑,准则高蹈,思维精妙,吐属合宜,品位和礼节,慷慨和宽容,坦诚和体贴,手笔大方;——所有这些品质,有些乃先天所赋,有些在任何阶层皆可发现,还有一些则为基督教信仰的一条绝对戒律;可是面面俱到而集于一身,凝聚于整体的个人品格,我们岂能冀望通过书籍学而获之?冀望必然获得这些品质吗,何处才能够发现,在上流社会吗?事情的根本性质引导我们如是说;诸位击剑时,不会没有对手,也不会在一个命题持之有故之前,挑战辩论中的所有来者;以此类推,下文所述便合乎情理,你的交谈范围尚未遍及天下之士,你就无法学会交谈;你在礼仪之堂学期未满之前,你就无法摆脱天生的局促,或者莫知进退,或者不识变通,或其他的缺陷积习难除。且慢,方才所言,不是明明白白的求实之论吗?都市,宫廷,深宅豪门,俱为移风易俗之中心,每逢规定时间,举国上下摩肩接踵,犹如朝圣典雅和高尚趣味之神龛;时辰一到,举国上下便重归故里,此时便有所充实,懂得几分接人待物的门道,屡屡拜谒这些神龛之地,有助于在优雅施与的佳士心目中发扬光大。我们无法设想还能够通过其他方式来维护"文质彬彬"的风范;唯有此道,方可维护。

姑且再举一端:这一方面我接着要谈的内容,并无个人经历涉及我要引入的论题,我承认未曾跻身议会,在上流社会,也无非偶尔抛头露面;然则,我执意认为,治国之道,名门教养,俱为学而知之,并非假借书籍,而是要寄迹于一定的教育中心。国会安排一位俊杰,饱谙政治和国是的方式,令其本人为之惊讶,倘若如此说法不算出言狂妄。立法机关的一位成员,如果勉强可谓明察秋毫,他便开始用新的眼光看待事物,即便他的观点根本没有经历变化。词语此时便含有一种意味,思想便体现一层现实意义,而二者过去之于他,则并非如此。在公共演讲和私人交谈中,他可以耳听八方,而这些言谈从来不会刊行于世。各种措施和事件的走向,党派的行动,敌友的为人,都会在他面前暴露出来,他置身其中但和而不同,而孜孜不倦博览报刊,则传递不出这些方面。那就是通向源泉的门径——充满政治智慧和经验的头脑,那就是日常的来往交流,可谓各种各样,迎面而来的人物如过江之鲫,有三教九流,那就是熟悉门路,那就是获得真情实况和见地看法的途径,因为四面八方的诸多见证者,事实与见解互为表里,而他则得来全不费工夫。然而,我无需细说一个事实,只需提醒大家留意便足以说明问题:议会上下两院以及周遭的氛围,便是政治的一种大学之堂。

至于说到科学界,我们发现有个值得注意的实例,它体现了我下面具体示例说明的原则,即为了促进科学而举行的周期会议,这是过去二十年间出现的气象,类似于"英国协会"①。诸如此类的聚会,很多人初看起来,未免显得本末倒置。在各门学科之中,首先科学的传播和普及要凭借书籍,或者通过私塾教学;实验和探究,都在默默无闻中进行;离群索居而有所发现。哲学家与出席盛宴的名流有何相干,歌功颂德的庆典仪式,与数学和物理学的真理,又有什么关系呢?不过关于这门学科,经过一番比较细致的观察,我们便会发现,即便科学思想也无法舍弃建议,指教,激励,共鸣,在广大范围之内,与人类进行交流,而周期会议则确保了这样的局面。择选四序良辰,白昼永长,碧空一色,大地展笑颜,万象齐欢欣;一城或一镇,可轮流做东,或名城古镇,或现代繁华之地,楼宇轩敞,殷勤好客。所到之地和周围环境别有洞天,一新耳目而令人激动,舒适惬意而令人神爽——相识的面庞,显赫或天才之威严气度,旧雨新知,慷慨大度而可亲可近,里里外外,其乐融融;神思飞扬,

---

① 原文为"the British Association",全称为"英国科学进步协会"(the British Association for the Advancement of Science)。

思绪由近而远,令人顿生求知欲望;上午时段安排之外,还有户外健身,学养兼备而名实相副的理事会,与会者兴高采烈而不失儒雅,晚间三五成群,演讲才华横溢,学界巨擘彼此有探讨,抵触或揣测,那些科学的过程,有希望,沮丧,冲突,成功,无不娓娓道来,还有颂词一般精彩的演说;所有这些一年一度的庆贺,美不胜收,大家认为属于切实而充实的作为,利于促进知识,此外别无其他方式。当然,这些活动只能适逢学界际会;适于通过年度章程,或者举行授予典礼,或者大学校庆,而非适于回应普通状态;但是活动体现了一所大学的本质;我可以充分相信活动有裨学林。活动产生的结果,在于促进了一种生气勃勃,而且不妨说,是个人之间在知识上的切身交流,促进思想上普遍的彼此沟通,各门科学之间的比较和调整,促进思路的开阔,学术和社会两方面的胸怀,促进对一门特殊的学科的炽烈热爱,具体学科则个人可以自行选择,还有裨益学科的崇高奉献精神。

  这样的会议,我重复一句,仅属周期性质,只能片面代表大学的理念。通常伴随而来的是忙忙碌碌,杂务丛集,与严肃智育那种有序而庄严的氛围,显得不相协调。我们感到匮乏的是教学手段,而它们无需妨碍大家日常习惯;我们也不必漫漫求索,因为凡事总是水到渠成,而我们还在争辩不休。在每个泱泱大国,大都市本身就变成了某种大学堂,这不以我们的意志而改变。主要城市是法庭所在地,上流社会,政治活动,立法机构,都集于一地,所以自然而然也是人文荟萃之所在;这个时节,长期以来,伦敦和巴黎客观上发挥了高等学府的作用,虽然在巴黎,当地的名校不复存在,而在伦敦,一所大学几乎有名无实,无非作为校务委员会而存在。报纸刊物,评论,杂志,期刊,门类齐全,出版业,图书馆,博物馆,学术机构,此地应有尽有,知识界和科学界,势必赋予它一所大学的职能;那样的才华氛围,上个时代还洋溢于牛津,或博洛尼亚[①],或萨拉曼卡[②],如今时过境迁,已经移向文职政府的中心。全国各地的青年蜂拥而至,就读高校,法律,医学,诸门艺术,各科书生翔集一

[①] 意大利博洛尼亚大学为驰誉欧洲的名校,建于11世纪。
[②] 西班牙萨拉曼卡大学亦为欧洲著名学府,建于1218年。

方,更有通识古今的雇员监侍。他们朝夕生活在此,也是命运眷顾而注定如此;几度春秋,以校为家,他们心满意足,因为原来向他们展望的前景,他们发现校园里应有尽有。他们不虚此行,他们前来读书所关心的目标没有落空。他们尚未修习什么特别的宗教,但是他们的术业,已经各有专攻。所获还不止此,这片逗留之地的风习,礼仪,见解,他们耳濡目染,在维护良风美俗方面,也纷纷略尽绵力。我们不能没有虚拟的高等学府;一座大都市便是这样一所学府:问题可谓简简单单,求学和施教所组成的教育,是否应该基于原则而照章办事,办校旨趣为至高无上的目标,还是应该导师和院系随意设置纷至沓,随之而来的是思想荒废而令人忧患,危害真理可谓走到极端的地步。

宗教教诲本身,在一定程度上为我们提供的一个实例,可以照明了我们的论题。宗教安家落户,确乎并非限于天下中心之地;从宗教一事的本质来看,如此做法并无可能。宣扬宗教着眼的是大众,而非小众;宗教的内容乃是我们人人需要的真理,而非玄奥而罕见的真理;就此范围而论,宗教和大学的原则不谋而合,即它的伟大工具,确切说是喉舌,古往今来,其揆一也:在所有的教育领域,天道所定,即为人师者,耳提面命,或者如同神学语言的说法,谓之口授传统。朗朗可听,息息可闻,喜怒可睹,而布道说教,口授问答,俱在其中。真理,一种精妙无形而蕴涵深厚之精神,有如春风化雨,学子有如醍醐灌顶,耳闻目睹,陶冶性情,凭借想象和推理;有如春风化雨,继而封闭盖印的是永存长在,有扬推而陈反复讲述,有提问而再四质疑,有匡正而讲解,有循序渐进,然后重温基本原理,凭借所有这些方式,"口授问答"之说便尽在其中。在创始世代,可谓经年累月的工作;月复一月,年复一年,奉献于艰苦的任务,在于铲除初年基督教徒头脑里习染的异端谬种,用基督教信仰重新塑造。《圣经》固然唾手可得,可供那些能够利用经书的门徒研习;可是圣依勒内①毫无游移,以天下各族教化为己任,各族教民已经皈依基督教,但是尚未能够诵读经书。初始年代,不能读写并不足以证明学问上

---

① 圣依勒内(St. Irenaeus),生于公元125年,里昂主教,殉道者。有"天主教神学之父"的美誉,撰著教义要理第一人。

孤陋寡闻；荒漠之地的隐士，俱为字面意义上的文盲；然而伟大的圣安东尼，虽然目不识丁，而论辩之际，面对淹博群籍的哲学家，则足相颉颃，他们纷纷前往的本意在于探知深浅。再如双目失明的狄迪莫斯①，他是伟大的亚历山大神学家。古代使徒条规，所谓"秘传教规"②，也要用相同原理来看待。比较神圣的启示录学说，不是见诸经传，而是世世代代，薪尽火传。宣扬圣者三位一体和圣餐灵交③之教诲，看来数百年间，就是如此世代相传；最终归纳为书面形式，篇幅之多，对开本页码不在少数，可是义理仍未穷竭。

  不过以上所谈，以显微阐幽而论，可谓绰然有余；行文结穴，犹如开宗明义——大学乃人文荟萃之地，书生来自五湖四海，追求各个门类的学问。天下之大，不可能处处都有一流的学府，求学一事必须前往大城市，或者商业中心。身处繁华，才会发现造化与艺术的无比精美之物。举国物产，天下至宝，源源而来；集市堪称最佳，工匠堪称最佳，贸易之中心，时尚之最高法庭，才子伯仲之间，自有仲裁一锤定音，物宝天华，自有评骘尺度。京都之地，徜徉画廊，丹青妙品美不胜收，还可聆听妙音和超凡演奏。京都之地，伟大布道者，伟大演说家，伟大贵族，伟大政治家，各领风骚。天道行健，伟大与统一，相得益彰；出类拔萃，故而中心寓于其中。人杰地灵，故为大学之地，至此我已经言之再四。大谈特谈，希望读者不致心生厌倦。京都之地，精庐千百，无不有所贡献；群彦才俊，可以心安理得，自辟天地，沉思默想，在棋逢对手的活动中，定然可以发现分庭抗礼之士，真理法庭之仲裁。京都之地为推进探索之所在，各种发现可以证实，可以完善，鲁莽而不致开罪于人，谬误而有人面折，因为心灵之间，学问之间，可以相克相生。京都之地，教授渐渐能言善辩，成为传教之士和布道之士，展露学问时，表现形式完美无缺，令人拳拳服膺，炽烈热忱之情洋溢于言语之间，听者心灵点燃的是他耽于学

---

  ① 狄迪莫斯（Didymus），希腊学者和语法学家。勤奋过人，著书逾千种，遂有"钢筋铁骨"之称。
  ② 原文"the Disciplina Arcani"，神学术语，形容基督教早期阶段奉行的惯例，口授义理、不落文墨之谓。
  ③ 原文分别为"Blessed Trinity"和"Eucharist"。

问的一份热爱。京都之地,问答之师每到一处,遂精耕细作学问园地,日复一日寝馈真理,灌注于勤学好问的记忆,渗而透之,凝聚于渐渐增长的理智。京都之地,名播天下,故而年少后学,景仰之情油然而生;美妙附丽,故而人到中年,几多情愫,冉冉点亮;浮想联翩,故而人到暮年,为之吸引,忠贞无二。京都之地,乃智慧之所在,世俗之光明,信仰之司铎,一代新人之母校。大学之道,若斯而已,笔者略陈浅见,更有才思敏捷而文采斐然之士,尽可大书特书。

以上所言,乃一所大学之理念,之旨趣;客观而论,往昔如斯,于今亦然。来日可待乎?有感于受难基督之激励,承蒙圣母玛丽亚之庇护,假借圣帕特理克①之名义,大家继续向前,勉力为说。

二、 大学的选址

倘若着眼于基本理念来考虑,能够认识大学应有的面貌,我们便应该亲临其境,前往首开先河而闻名遐迩的欧洲文学故乡和欧洲文明源头,前往明媚美丽的雅典——雅典,莘莘学子望风而靡,投入怀抱,然后学成而归,投身人生事业,千秋万代,历来为西方世界的青春象征。坐落于欧洲大陆边缘,古城看似并不适宜履行其事,因为即为知识之中都府,当百事俱兴;然则,虽无四通八达之便利,却依傍邻邦而享有神秘东方的古风遗泽,地理上自有一方风水之可爱。此山此水,遥想当年,庶几理想之乡,伟大而美好的一切原型,在充实的生息之中,俱可发现;各门各类的真理无不探究;心智的力量纷然杂呈,竞相展现;雅趣和哲学气象威严,举世尊崇,犹如帝王加冕,宛若王室宫廷;君权何在,心智至上,贵族何在,天才至上,教授即王者,诸侯毕恭毕敬;大千寰宇的天涯海角,才俊翔集,蜂拥而至,一代学子南腔北调,或初出茅庐,或年甫及冠,所追求者,在于获取智慧。

建国伊始,庇西特拉图②便发现和抚育了一国之民幼稚的天才,还

---

① 圣帕特理克(St. Patrick),爱尔兰之守护神。
② 庇西特拉图(Pisistratus,605—527 BC),古雅典之僭主。

有西门①，经历波斯战争之后，遂将雅典定名为发源之地。那场战争确立了雅典的海上霸权；古城雅典已经变成帝国；爱奥尼亚人一则本为宗族，一则归顺称藩，负荷双重枷锁，势必投奔雅典，故而物产与文明，从此开始同时进贡。亚洲沿岸的艺术和哲学，越洋过海，轻而易举传至雅典；方才已有交代，西门坐镇时富甲一方，故而乐于收受，且以礼相待，不失敬意。宠幸异域教授，仍感有所不足，西门遂建造起第一柱高贵的门廊，吾辈身居雅典之时，门廊之说便不绝于耳，精庐之地出自西门之手，久而久之，此处便为遐迩闻名的学园。种植亦属当地一大雅事，因为在雅典，种植为功德无量的一项善举，百业之中占其一。西门手执天然草木，一边修剪，一边妆点，布局有方，有美观的漫步小径，也有迎客的喷泉。迎接城邦文明的为天下先者，可谓殷勤好客，同时西门也不能不感激雅典繁荣带来的器皿用具。他亲手种植，树木林荫覆盖，枝杈成荫，悬挂于商贾的所在，他们聚首集市，祖祖辈辈，相沿成习。

　　商贾理所当然获得那份慷慨施与；他们自有舟楫交通，终年南来北往，雅典的学术声誉，于是源源不断，遍播西方世界。由此开创的局面，不妨谓之大学之诞生。伯里克利，论治国安邦和庇护艺术，继承了西门的国策，普卢塔克称其怀抱经国之道，意图在于建都雅典，而希腊原为结盟邦国；终而壮志未酬，然则奖掖菲迪亚斯和安那克萨哥拉②之辈，开风气之先，故而日后在幅员远为广大之帝国，雅典才取得历时更为久远的霸主地位。不能充分理解自身伟大的源泉，雅典便会走向战争；和平符合成为商业和艺术之所在的利益；可是她走向了战争。不过对她而言，不论和平还是战争，已经无关紧要。雅典之政治力量从此式微，乃至消亡；诸侯王国由盛而衰；千秋万代，逝者如斯夫——这座属于诗人和圣贤的都市，岁月为其屡建新功。黑黢的摩尔人和西班牙人，终于

————————————

① 西门（Cimon，507？—449？BC），古雅典统帅。

② 安那克萨哥拉（Anaxagoras，500—428 BC），希腊自然哲学家。创立宇宙论，发现日食和月食的成因，由此垂名于世。和伯里克利有交往。

有人看见,他们和蓝眼的高卢人正面相遇;卡帕多西亚人①,米特拉达梯②国王氏族的末代臣民,镇定自若,注视着罗马人不可一世,所向披靡。革故鼎新,欧洲面貌历经革命,希腊面貌可作如是观,然而她依然屹峙——雅典,心灵之城,——依然光芒万丈,依然辉煌壮丽,依然柔媚精美,依然青春常在,一如往昔。

几多更为富饶的海岸或小岛,湛蓝的爱琴海水冲刷不已,几多胜地更为美丽或崇高,令人一饱眼福,几多疆土堪称幅员辽阔;可是阿提卡别具神韵,如此美轮美奂之境界,堪称举世无双。阿卡迪亚牧地丰草如茵,阿尔戈斯平原③,色萨利山谷④,这些地方不可谓得天独厚;比奥蒂亚⑤,位于阿提卡北部交界处,当地物产匮乏,远近皆知。比奥蒂亚之低压空气,或许宜于草木生长,但是俗见以为,由此可以联想到比奥蒂亚人才智愚钝;与此相反,阿提卡大气纯净,空灵,清明,有益健康,天时恰恰相随天才,且为天才之标志,造化所赐,天下独此一方——延绵舒展风光无限,水光山色,浓浓淡淡,错落相宜;纵使江山更加光秃崎岖,照样蓬荜生辉。

阿提卡鼎足而立,囿于一隅,至长一端约五十里,至宽一端,三十里,两面岩石为天然屏障,壁立参天,于一角相遇;三大山脉,突兀雄展,俯瞰平原——帕尔奈斯山⑥,彭特利库斯山⑦,伊米托斯山⑧;土质未如人意;溪流蜿蜒,水流时有中断;——虽然三言两语,阿提卡的地貌已尽在其中,倘若邂逅某伦敦公司经纪,读者诸君所读,如斯报道而已。经纪笔端,此地气候温和;石灰岩遍布群山;优质云石大可开采;放牧之地可期可待,而初时放眼远眺,则不以为然;绵羊山羊,当可终日饱食;水

---

① 卡帕多西亚(Cappadocia),古代行政区。公元前6世纪见诸史载,当时由波斯管辖。公元前190年以后和罗马结盟,成为附属国。
② 米特拉达梯(Mithridate),六世而衰。一世建立帕尔特王国。拉辛曾创作同名剧本。
③ 阿尔戈斯(Argos),希腊城市名称,字面意为农业平原。
④ 色萨利(Thessaly),希腊北部一地区。新石器文明发源地之一。
⑤ 比奥蒂亚(Boeotia),古希腊一地区,军事,艺术,政治历史方面,堪称独特。
⑥ 帕尔奈斯山(Parnes),将阿提卡与希腊大陆分隔开来。
⑦ 彭特利库斯山(Pentelicus),位于阿提卡平原东北面。
⑧ 伊米托斯山(Hymettus),雅典东南部石灰岩山,奥维德描绘过此处的草木。

产亦大有可获;早期银矿错落其间,如今早已采掘殆尽;无花果树触目弥望,石油堪称优质;橄榄乃属盛产之物。可是经纪之流,不会想到记载当地的橄榄树,品质多么精良,外形又多么高贵,令人望之顿生虔诚敬奉之心;十分适宜轻质土壤,所以在空旷的平原蔓延生长,年久成林,攀踞而上,宛若缘饰,装点群山。经纪之流不会想到书面报告雇主,空气多么清明,前文已经谈到,故而云石色彩粲然夺目,同时五彩相间,色泽由艳变柔,天长日久,便具有柔润和谐的品质,尽管看似浓艳,一入丹青,便觉浓彩重抹,毕竟不失本真。经纪之流,也不会讲述,如此空气令人神爽,晶莹剔透,所以浅色的橄榄看去鲜美可人,仿佛淡忘了那份单调,显得容光焕发,宛如翁布里亚①丘陵的野生草莓树,或是山毛榉。他恐怕绝口不提,还有百里香,植物之属数以千计,处处芬芳四溢,在伊米托斯山遍地如织;蜜蜂嗡嗡,他自然充而无闻;蜂蜜味道稀有,他也不会多加留意,因为戈佐②和梅诺卡③,两岛物产之于英伦需求,可谓绰绰有余。他登高之处,爱琴海便可尽收眼底,极目所及,岛屿环环相扣,起自日出海角,相传阿提卡诸神的面貌,山水之间,尽有可观,当年他们要拜谒爱奥尼亚人的远亲,假道越洋的空中之路;可是此番遐想,当然不会跃入他的脑际,惊涛骇浪一碧黛紫,浪涛四周白沫飞溅而下,他也不会为之叹赏;不会叹赏海水激荡岩石,银沫喷吐,形若折扇,别有雅趣,岩石缓缓而升,有若深海冒出水怪,继而颤动,破碎,舒展,仿佛寿衣素裹,无影无踪,消散于溅沫迷雾;不会叹赏,一望无垠的清莹海波,在轻柔持续地呼吸喘息;不会叹赏,长列的巨浪,犹如兵士列队,步调一致,轰然回荡于空空荡荡的海岸,——他不会垂意于永无止息的生命元素,而是只会庆幸福星高照,未曾背运。不会垂意鲜明的细节;不会垂意精妙的色调;不会垂意悬崖峭壁,扑人眉宇,轮廓优美,泛出玫瑰的金黄色

---

① 翁布里亚(Umbria),意大利中部一地区。
② 戈佐(Gozo),马耳他第二大岛。历史悠久,古迹丰富,其中吉干提亚巨石神庙,建造年代早于金字塔约 800 年。著名的维多利亚堡因英王维多利亚 25 岁生日而得名。旅游胜地。
③ 梅诺卡(Minorca),位于地中海西部。西班牙巴里阿利群岛中第二大岛。农作物品种较多,主要有谷物和马铃薯等。

泽;不会垂意西夕阳投下的赫然巨影,来自奥特斯①,或是劳里厄姆②;凡此种种,一家商行的经纪,不会高估其值,纵使低价估值也不肯。若要同声相应,同气相求,我们还是应该转向那里的朝圣学子,他来自开化未尽之地,足迹远至天下一隅,宛如拜谒圣地,尽情凝视那些标志和闪亮,它们体现了的完美境界,虽然无迹可寻,恍若天降。那是来自边远省份的生客,来自不列颠,或者来自毛里塔尼亚,置身于此情此景,恍如隔世,而故里景象,则满目寒冽的森林沼泽,或者炎热而令人窒息的沙漠,他豁然开朗,一所真正的大学应该是什么面貌,他渐渐理解国情,而天时地利,故为大学适宜的发源地。

　　一所大学的必备条件还不止此,凡此种种在雅典皆可发现。便在雅典,也无人能够以诗为生。倘若书生寄迹于如此胜地,朝夕领略五光十色,明媚鲜艳,耳畔有妙音缭绕,温馨不已,倘若仅此而已,他们便不能或不愿寓居此地而有所获益。诚然,他们自有谋生之道,况且,某种程度而言,也能自得其乐,倘若雅典昔日仅为一所母校,或者日后在记忆中,终为一段愉悦的情思。而且他们可谓应有尽有:可以追忆者,雅典为港市,市井之地,大概在希腊号为第一;如此之说,可谓要言不烦,往昔众多彼此陌生之士蜂拥而至,倾力所为,当在才智方面,而非对付物质方面的困境。他们声言,身体所需足以补充,他们或许有闲情逸致,着手于心灵之滋养。此时,尽管贫瘠不毛,犹如阿提卡之土质,本色无华,犹如国家之面貌,可是雅典之资源,尽有可取,安身之所,不愁高雅,岂止于此,可谓奢华气象。运至当地的四方物产,如此充裕,于是常言道,各种产品,原本仅在产地可以发现,如今全部运输雅典。谷物和酒类,处于如此气候条件之下,当为生存主要食物,纷纷来自爱琴海的大小岛屿;优质羊毛和地毯原料来自小亚细亚;家奴由黑海贩运而来,如今亦然,木材也经由黑海而来;铜铁之属,则由地中海沿岸运送。雅典当地居民岂肯纡尊降贵,从事制造业,于是鼓励异地进行;颇有异域之民,抓住有利可图的行当,国内消费和海外出口,两边得利。他们的

---

① 奥托斯(Otus),希腊神话中的巨人。
② 劳里厄姆(Laurium),位于阿提卡境内,濒临爱琴海,古时以银矿闻名。西谚有云:雅典的黄金时代由劳里厄姆之银子而造就。

衣装,用于服饰和家什的其他织物,他们的五金器具——比如盔甲——俱有大量需求。劳力廉价;石料和云石充足;品味与技巧,两相具备,起初倾注于公共建筑,诸如庙宇和柱廊,久而久之,便应用于公众人物的深宅府邸。倘若造化之于雅典,恩赐有加,那么无可否认,艺术遂踵事增华。

　　行文至此,想必有人会打断话头,置评一番:"夫子休矣,吾等莫辨东西,如坠云雾——夫子海阔天空,与大学之道有何关系?至少和教育有何关系?夫子之言,无疑富有教诲,但是与阁下论题,又有几分相干?"现在恕我进言,诸位可以确信,本人专心致志于自己的论题;而且我理应想到,这一点诸位有目共睹:然则,既然有人提出异议,姑且容我赘言几句,以昭示大家,以上所言思路之由来,然后继续展开。如此言谈与本人论题有何相干!观照的问题为大学之堂,而选址问题,却才成为需要考虑的首要话题,道理何在?原因在于大学地址理应开明自由而高贵脱俗;个中道理,岂可否认?权威之士所见略同,而缺乏充分反思,则不足以廓清问题。记忆之中,本人曾与某名流就此要端问题,有过一次交谈。当时身为年方十八的一介书生,即将离校,准备度假,在公共车辆上发现与一中年人士相伴,觉得此人面相陌生。然则,此公乃为当年之学界翘楚,日后也和他相知有素。于我可谓幸事,无可置疑;同样可谓幸事者,原来此公心血来潮,他的友朋心里明白,特意要和乘坐公共马车的常人打成一片。于是,后生造次,长者屈尊,结果聆听教益,多为前此未闻之事;其中一个要点,他语重心长,而且显然乐于借题发挥,即物质繁荣气象和社会环境,应该怀抱伟大的学问之家。牛津大学是否不该囿于原有占地,他认为此事值得政府思而虑之。要有足够宽敞之范围,直径四里之地,应该辟为树林和草地,大家可以从四面八方进入牛津,要有宏伟壮观之公园环绕四周,佳木丛集,还需要树丛和林荫大道,于是游人走近大学之时,大观之城,便触目可见,放眼弥望。如此理念,定然毫无荒谬可言,不过变为现实则耗资巨大。拥有至为纯洁而又至为美好的造化财富,岂非莫过于智慧之发源地?我的马车同伴如此考虑;而他的表达无非是历代传统和人类本能。

姑举伟大的巴黎大学①为例。塞纳河南岸一带,这所名校全部据为己有,作为学校用地,占据了全城一半地盘,且是更为令人心旷神怡的半壁城市。路易皇帝当年坐拥城岛②,为其所有——昔日无非仅供筑垒护城之用;河之北端,则拱让给贵族和市民,沼泽之地,任其处置;宜居的南部,起于溪流,沿基部而延伸,终至圣热内维埃夫教堂③令人悦目的尖峰,周边有宽阔的芳草地,有葡萄园和果园,还有对峙的蒙玛特高地④神圣的居高临下之势,所有这些,俱为大学之遗产。那里有赏心悦目的草甸⑤,沿塞纳河南岸伸展开来,几百年来,书生在此休闲养性,阿尔昆⑥在离开巴黎的告别诗文中有所言及,伟大的圣日耳曼德佩教堂也因此而闻名。岁月悠悠,此地曾经专供健康无害的娱乐之用;然则大学经受了邪恶时期的偷袭;周边地区渐渐乱而无序;美丽的草地变成了聚会狂欢的场所;异端邪说潜行于欧洲大地,德国和英国便从此不再派遣游学的书生代表,由此给这个学术团体造成的后果是欠债累累。出租土地,便是留给他们的唯一生财之道;结果建筑拔地而起,沿着郁郁葱葱的草皮蔓延开来,乡土最终变为城镇。如此灾难降临之际,博士硕士,悲哀义愤之剧烈,可想而知。"景象惨不忍睹",德意志国家教育官员如是说,"景象惨不忍睹,目睹古老领地的出售,缪斯曾经习惯在此徜徉,隐遁和欢悦,无不相宜。风华正茂的书生,如今还会远道而来吗?赏心悦目的溪流,已经从他眼前夺走,终日五行俱下,双眼疲劳,还能发现什么养眼之物足以提神?"这番怨言道出至今,二百余年流逝过去了;光阴已经晓示,外部灾害,固然见诸史载,仅为巨大的道德革命之标志,后者继之而来;直至大学机制本身,一如郁郁葱葱的草地,进入的范围,

---

① 前身为索邦神学院,创立于9世纪,1180年路易七世正式授予"大学"称号。
② 历史上巴黎最早仅为西岱岛上一渔村。
③ 圣热内维埃夫(St. Geneieve),万神庙之别称。得名于古代巴黎女主保圣人的名字。
④ 蒙玛特高地(Montmartre),巴黎地势最高之处,本义为"殉道者之山冈"。列昂·都德有言,"蒙玛特为巴黎中的巴黎",为圣心大教堂的所在地。
⑤ 原文"Pratum",希腊语中意为"牧场"。
⑥ 阿尔昆(Alcuin,约732—804),盎格鲁-拉丁语诗人、教育家和教士。担任过查理大帝的顾问,曾任查理大帝创建的巴拉丁学校校长。有加洛林王朝"文艺复兴"最杰出学者之称。

可谓俱往矣,今安在。

可以同日而语者,数百年前,有人起初酝酿在比利时建造一所大学,利普修斯①有言:"众人建议梅希林②,有益身心而又清洁的宜居之地,而出于其他方面的原因,结果大家选中了鲁汶③,因为此地比较适宜学者悠闲,论地利人情,其他城市则有所不及。如此决定,何人会不赞成呢?还有更为康健或宜人的地址吗?气氛纯净而愉悦;空间开阔而喜人;草地,田野,藤本植物,树丛,更有城中桃源,可以如是说。登高之后,环绕壁墙漫步;还有什么能够不放在眼里?千姿百态,令人叹止而欣慰不已,还不足以愁眉顿展,心气平和?谷物,苹果,葡萄;牛羊成群;百鸟啁啾鸣唱,真是美不胜收。然后可以迈开脚步,放眼四望,走出城墙;更见涓涓细流,河水蜿蜒而上;乡舍,修道院,铜墙铁壁的堡垒;矮林或木林遍地满布,纯朴乐趣之所在。"然后他突发诗兴:

> 拯救受难的雅典人吧,低地的雅典人,
> 高卢人,日耳曼人,萨马塔人,
> ……不列颠人,还有联体
> 的同宗西班牙人,举不胜举。

这位博古通今的马车上的同行者,看似思绪飞扬,天马行空,其时19世纪,他便想象,聪明的诺曼人,将大量村舍改造为公园,或曰乐园,然则,他的办学原则名正言顺,故而他的遐想天马行空,情有可原,可以肯定,他构想的大学面貌,乃一所大学理应具备的面貌。远在他之前,古人安东尼·伍德④,论述到大学的需求时,已经表达了相同的感慨;如同古代贺拉斯,论及"在学园树丛中"⑤探求真理,所指即为雅典。伍

---

① 利普修斯(Justus Lipsius,1547—1606),荷兰人文主义哲学家和法学家。
② 梅希林(Mechlin),比利时北部城市。以盛产花边闻名。
③ 鲁汶(Louvain),天主教鲁汶大学为比利时最古老的大学,1425年由教皇马丁五世颁旨创建。伊拉莫斯和利普修斯等均在该校执教。
④ 伍德(Anthony Wood,1632—1695),英国古籍家。毕生以采集和出版牛津及牛津大学的史迹为己任。主要有《牛津大学历史与古籍》等。
⑤ 原文"groves of Academe",典出贺拉斯"silvas Academi",见《书札》,. II. ii. 45,本指柏拉图讲学精庐旁边的小树林,现在常喻指学术界。

德谈论牛津大学时,读者从下文可以看到,也是乞灵于雅典。在"构成一所大学所需要的逐项条件中",他有如下记载:

"首先,一块风水宝地,其中空气要有健康温和的成分组织,有河流、清泉、水井、树林和悦目的田野;具备这些条件之后,物品一应俱全,便可吸引莘莘学子逗留和安顿下来。古时雅典人得天独厚,享有诸多便利,布立吞人①同样如此,他们中间有些残余的希腊人随同前往。他们或其后代,在不列颠精选一个大好去处,移植了一所或多所学堂,由于环境宜人,此地日后便称为'牛群涉水之地'②,即今日之牛津,拥有前面提到的各种天时地利。"

而在余者笔端,那所大学的地方优势,更是分析得头头是道。举例而言,有人提到校址处于英格兰南部的中心:坐落在几座岛屿之间,四周为开阔的平原,条条溪流从岛屿流淌过去;环绕的沼泽地带,当年遇到需要的时候,可以发挥护城作用,足以抵御入侵者;自身的力量在于军事地位;凭借泰晤士河,它与伦敦往来便捷,而且还有水路之便;伦敦的防御工事,阻挡了涉水过河的海盗,自古以来,水路之于侵袭,可谓现成可用而又便捷。

呜呼哀哉!过去数百年来,牛津城丧失了昔日之荣誉和自豪,昔日真理之仆役和卫士。曾几何时,名列第二的基督教学校,仅次于巴黎,可谓孕育之母,诞生了圣埃德蒙③,圣理查德④,坎特卢普的圣多马⑤,也是一代智者之舞台,成就了明察博士邓斯·司各脱⑥,不刊博士,黑尔

---

① 布立吞人(Britons),古代不列颠岛南部凯尔特居民。
② 原文为"Bellositum","Bellosite"。
③ 圣埃德蒙(St. Edmund,约841—870),素称殉道者圣埃德蒙。东膺吉利亚之王,丹麦人入侵后,拒绝放弃基督教而信奉异教,殉道而亡。
④ 圣理查德(St. Richard de Wyche,1197—1253),英国主教和男圣徒。
⑤ 坎特卢普的圣多马(St. Thomas de Cantilupe,约1218—1282),改革家、教育家和英格兰教会高级教士、主教。在诸侯交战中发挥重要作用。两度任牛津大学校长,爱德华一世顾问。
⑥ 邓斯·司各脱(John Duns Scotus,约1266—1308),有"明察博士"(Doctor Subtilis)之雅号,亦称"邓斯的约翰"。苏格兰"法兰西斯会"哲学家,司各特主义创始人。牛津读书期间已开始讲授彼得·伦巴德《四书》,1302年赴巴黎大学讲授《四书》。著述有《巴黎演讲录》、《牛津演讲录》等。

斯的亚历山大①,奇功博士奥康姆②,怪才博士培根③,鸿儒博士米德尔顿④,奥学博士布雷德沃丁⑤,牛津如今地位下降到如此地步,可谓仅存凡人的可爱之处,而在雅典,我们则崇拜其至高无上的完美境界。从今往后,在史册篇章之中,牛津不复享有一席之地,我也不再会想到提起校名,可谓剥夺一空,令人悲痛,差可挂齿之处,尚且保持了如许徒有其表的荣光,俨如先知容光焕发,如此荣光,理应成为内在启迪灵感的一道光芒,同样应该为我提供一个实例,照明以上深入探讨的要点,即一所伟大的大学,应该具有哪些物质方面的托身之所和外在面貌,地方环境,世俗伴随之物。罗曼司的故事描绘了一幅幅画面,神灵看来美妙无比,所以实际不会下凡;还有罗马神圣教皇格列高利,皆有案可查,而非向壁虚构,端详着奴隶市场碧眼金发而一脸凶相的撒克逊后生,宣布他们是天使,而非盎格鲁人;昔日基督教忠贞不渝之女儿,依然施展魅力,外国宾客为之倾倒,即令如今真正的荣耀,已成明日黄花,依然向我们暗示,一所大学的气象,何其雄伟庄严,何其令人折服,衣披百代,莫可言表,影响乃植根于内在,并非没有耶路撒冷,——一种潜移默化,如同其真理牢不可破,如同其神力无边,弗远不届,蒸蒸日上,而非江河日下,凭借于空间维度,大学吸引力才能发扬光大。

读者姑且领教德国末代名儒胡伯尔⑥的议论,他描绘过牛津大学,然

---

① 黑尔斯的亚历山大(Alexander of Hales,约1170—1245),苏格兰神学家和哲学家。素称"Doctor Irrefragibilis"。有多为门徒笔墨的《神学大全》和《释教规》、布道词和论文《冷僻词释义》。

② 奥康姆(William of Ockham,约1285—约1347),素称"常胜博士"(Doctor Invincibilis),方济各会修士、哲学家、神学家,唯名论创立者。在哲学、宗教、政治方面,均有著述。主要有《逻辑全书》等。

③ 培根(Roger Bacon,约1220—1292),英国方济各会修士、哲学家、科学界和教育改革家。素称"怪才博士"(Doctor Mirabilis)。

④ 米德尔顿(Richard Middleton,生年不详,卒于1354),英国方济各会修士、神学家和哲学家。文中为"Middleton the solid"。

⑤ 布雷德沃丁(Thomas Bradwardine,约1290—1349)。基督教坎特伯雷大主教、神学家和数学家。担任过牛津默顿学院学监。因《上帝反对贝拉基的道理》而获得教皇授予的"奥学博士"(the Profound Doctor)。

⑥ 胡伯尔(Victor Aime Huber,1800—1869),德国学者。曾游历英法等国,在德国首倡信用合作社。著作有《英国大学》等。参阅爱默生《英国人的特性》,第十二章。

后读者自有判断,他的言辞可以证明我的描述是否言之有据。我谈到一所大学的容光笑颜,之于凡是进入大学范围的人,具有令人神往的魅力。

"天下鲜见还另有一处,"胡伯尔有言,"承载了如此深刻而又纷然的历史印记,堪与牛津大学相媲美;道德和物质的力量,构成了如此之多崇高的历史记忆,共同完成了一个光荣目标,令人一望而知。这里的全部面貌和精神特征,往往激发起强烈的情感,倘若有人能够成为反面的证明,必定是头脑愚钝,缺乏思想,无知无识,要不便是见解根本有悖常理。他人将为我们作证,即便和不朽之城罗马比肩而论,牛津大学可以恰如其分,号称孕育之母,产生的一种印象,深刻,持久而独特。"

"在四海女王①最为富饶的一大区域,造化如此眷顾的女王,数百年间,未曾遭遇外寇铁蹄亵渎,坐落于宽阔的绿谷,切沃尔河与伊希斯河②,涓涓汤汤,水流清澈,汇涌合一。原始榆椽,古木成荫,随处可见;藤蔓千回百转,庭院、草地、田野、村落、茅舍、农庄、乡宅,处处拱抱,五彩缤纷。但见成群的宏伟楼宇高耸其中,女修道院,殿堂,城堡,共同特征在于气势壮观。固然偶见少处哥特式教堂尖塔,现代希腊式圆顶,一望无边的天际,突兀而起;伫立远处,纵目四望,较之中古时期的城镇,大体印象还是相去霄壤。轮廓远非如此鲜明,棱角如此分明,格局如此凌乱,外形如此怪异;自有一份柔和,自有一份静谧,凌驾于那些比较宽敞、俨如联排屋宇的高耸楼群。唯有克劳德·洛兰,或是普尚的创作之中,我们才可能期待发现别有洞天,堪与如此画境媲美,特别光线明亮之时,更显得熠熠生辉。主要楼群构成了各个学院,牛津大学建筑,市内教堂;而城市本身相形之下,则隐没于远景之中。可是步入大街小巷,我们便可发现身边气象逼人,好一派欣欣向荣的生意。店铺林立,琳琅满目,陈设优雅,这番景象乃英格兰所特有,别处无迹可寻;然则尽管光彩夺目,洋洋大观,商家却不显山露水,而可谓保持着一种恭谦,其实是卑微的态度,原来旁边便是辉煌寓于质朴的历史记忆,载入的是高

---

① 四海女王(the Queen of the Seas),典出罗伯特·骚塞《与美国战事期间颂歌》,第十二句。原诗全句为"Queen of the Seas! enlarge thyself, Redundant as you art of life and power"。现喻指海上霸主。

② 伊希斯河(River Isis),泰晤士河的古称。

深的学术生活,这些记忆源源产生于那样的生活,近乎起始于基督教之滥觞。那些琳琅而优雅的店铺,可谓学问殿堂的管家,吸引观者眼球的永远是那些殿堂,而其余万物,看来必非得俯首帖耳不可。规模较大、年世较为久远的学院,各处仿佛一个自成天地的整体——一个完整的城镇,城内壁墙和丰碑遗迹,足以标榜历时多少世纪的欣欣生意;而城镇本身则怡然自得,逃脱了现代美化的命运,这一方面和学院便显得和谐无间。"

另有一班士子,已经感受这所古代学堂的潜移默化,倾倒于那份辉煌和那份恬美,便十分好奇地问道,昔日天主教之包容精神,是否一去不返,或者至少天主教精神之立锥之地,是否在此可能无以发现。一切荣光和功绩,理应归诸于仁慈而炽烈的心灵,上下求索,孜孜不倦!我等岂敢侈言,未来可能出现的是那份恩典深不可测的意旨,恩典面面俱到,已经超乎凡人的希冀和追求。然则于我而言,自从离开古墙之日,再也不抱企盼,还有未来可言;未有一时半刻,我寄托希望,还能看到如此去处,拳拳之枕不复存在,而我生息于斯,庶几三十春秋。更有言之,目睹当今事态大势至此,我不禁心仪一所基督教学堂,倘若恩准我们多一所学堂,地利居于中央,超过牛津显示世人的一切。自从阿尔弗雷德和亨利一世的朝代以来,世界,从欧洲的西部和南部开始,已经发展成为四五个大陆;我探寻另一城市,内陆地势小于那所古老圣殿,探寻另一国度,距离海路通衢更近。我展望一片弥古常青的疆土;古风寓于体现基督教,青春寓于未来前景;一个民族,在撒克逊人进入不列颠之前,已经禀受天恩,从未熄灭;一所教堂,其历史包含了坎特伯雷和约克郡的兴衰,当年由圣奥古斯丁和圣保利努斯所创建,波尔①和费希尔②身后遗留下来。我观照一国子民历经漫漫长夜,将要面对必然降临的一日。我的视线现在转向未来百年,隐约看到此刻凝视的这个岛国,变为一条通道,而成为东西半球合并之地,世界之中心。我看到英伦居民,论人口稠密,堪比比利时,论活力,堪比法兰西,论热忱,堪比西班牙;我看到英格兰于光阴荏苒之间,有所顿悟,能够以民族名义,发挥良知,此

---

① 波尔(Reginald Pole,1500—1558),英格兰枢机主教。
② 费希尔(Saint John Fisher, 1469—1535),英国人文主义者、殉教者和主教。

乃对待天下之士的民族特性。这片欣欣向荣而又充满希望的土地,京都地处美丽的海湾而又比邻浪漫地域;我从中看到一所生机盎然的大学,一度要与命运搏击,然则缔造者和公仆相继谢事之后,则能够锦上添花,成就远出前辈当年汲汲所求。奔向这个目标,犹如前往圣地,父辈的家乡,基督教之源头,天下学子蜂拥而至,来自东方,西方,南方,来自美利坚和澳大利亚,来自埃及和小亚细亚,凭借有待发明的新式旅行方式的便利快捷,最后来者,虽然不是全部,从英格兰而来——共操一种语言,服膺一个信仰,人人追求孕大含深的智慧;游学完毕之后,大家重归故里,普天之下传送"平安而保佑善良之士"。①

三、 雅典的大学生活

前一章的论述展开了将近过半,不知不觉便脱离题旨漫谈起来,即便内容十分贴切,而引起的麻烦,不妨说使我行驶于无轨之道;希望现在言归正传。这个比喻如果我能够借题发挥,那么遇到的麻烦在于,又要开足马力,如果重起炉灶,那么又要顺藤摸瓜,重拾话题。

倘若力所能及,我的初衷在于将雅典古风展现于读者面前,用我们历来谓之大学的眼光看待;为了达到这个旨趣,本人无意挥洒颂文,赞美一座异教城市,或否认存在诸多美中不足,或文过饰非,以学术之大观,掩饰道德之卑劣。恰恰相反,本人宗旨在于和盘托出,展现本来面目;如此一来,读者才有可能认识,何谓一所大学,大学体现于社会的根本构造,体现于大学的自身理念,大学的本质所系,目标所在,外在而言,需要什么辅助支托,足以完善那个本质,确保那个目标。

我们姑且设想一下,有书生来自塞西亚,亚美尼亚,非洲,意大利,或高卢,颠簸于萨罗尼湾的惊涛骇浪,前往雅典,这是比较普通的航线,最终在比雷埃夫斯②抵港抛锚。书生的境况和门第,可以随意设想,可

---

① 此处套用圣经典故,文中原文为"peace to men of good will",典出《圣经·新约·路加福音》,2:14,原句为"Glory to God in the highest, and on earth peace, good will toward men"。

② 比雷埃夫斯(Piraeus),希腊南部港市。

以因材施教，上至王公，下逮农夫。或许学子具有克利安西斯①之禀赋，而先前曾为公共赛事的拳击手。他如何心血来潮，不远万里，来到雅典探索智慧？要不，他偶然光临此地，热爱智慧的激情，如何竟然使他为之心动？总之，抵达雅典之日，腰带里仅有三个德拉马克②，他自谋生路，或汲水③，或负重，此等卑贱仆役，在所不辞。所有哲学家里，他从师于芝诺，思辨先哲之中，此公心高志远，目无余子，号为当世第一；寒门书生每日所得，每日一个奥波勒斯，需交师长塾修，以偿付听课费用。学业突飞猛进，等到芝诺辞世之后，衣钵相传，他实际成为一派宗师；如果本人记忆不错，他曾赋诗一首，即至高无上之上帝赞美诗，古典诗章之中，堪称无比崇高，一泻千里之作。然则，即便他成为一派宗师之后，依然一丝不苟，皓首穷经，俨如半世僧侣；相传有一回大风刮起他的披肩，吹落一旁，待人发现之时，他已无裹身之物；近似德国学子奔赴海德堡大学时，身无长物，被以大氅，两把手枪而已。

再说画廊④学派的另一门徒——天性如斯多葛派清心寡欲，职业而论，年代更为邈远——踏入了雅典城，但是步履之间，风范伟岸，乃澄清天下之相。来者正是马可·奥勒留，罗马皇帝和一代哲人。很久以前，众多教授奉命应召，云集雅典，共同辅佐皇储，时值风华之年；如今重临旧地，已是戎马一生，百战百胜之后，生命走到尽头，奥勒留要向智慧之城鸣谢致意，同时躬而亲之，参加埃莱夫西斯秘仪⑤。

另说一位前程无量的后学，他是未来的演说家，要不是由于胸腔发育先天不足，所以在所必然，他必须掌握言说的艺术，因为不能浑身使劲，一方面要采用一定的演讲风格，足以展现辞章才华，一方面体力有限，要动静有度。后学大名叫西塞罗；他短暂逗留此地，然后假道前往

---

① 克利安西斯(Cleanthes，约公元前331—前232)，古希腊斯多葛派哲学家，芝诺去世后为该派领袖。
② 德拉马克(drachm)，古希腊银币，亦为现代希腊货币单位。
③ 克利安西斯晚间汲水，赚取学费，以便白天听芝诺讲学。
④ 原文为(the Porch)，即指 the Painted Porch，画廊为斯多葛学派创始人芝诺在雅典的教授门徒之地，历史上画廊便演化为斯多葛派哲学的名称。
⑤ 埃莱夫西斯秘仪(Eleusinian Mysteries)，古希腊除奥运会外，最大的一项祭祀仪式。埃莱夫西斯为这一秘密宗教仪式的发源地，故而著名。

小亚细亚和所属各城。日后重返雅典,继续未竟之业,最后千古垂名。逗留雅典期间,时日不长,他却十分眷恋,所以来日特意遣子前往雅典,其时年未及冠,早于他初到雅典之时。

但是诸位再来看看亚历山大(我们不必拘泥年纪先后),二十至二十二岁的青年,海上远航险乎溺水,他久居雅典,长达八年,一说十年。然而在此期间,拉丁语未学一行,精通希腊语作文,以为足耶,日后言出必果,善属文章。他为人庄重,不喜外露;相传他信仰基督教,而其父则一准属于基督教徒之类。大名即格列高利,论其所出,则为卡帕多西亚,来日成为地位卓绝的神学家,希腊正教会的主要早期基督教神学家之一。

或者再说一位贺拉斯,身材矮小,满头黑发的后生,其父提供的教育,在罗马超过其自身的社会地位,派遣他前往雅典,完成学业;据说他天生有诗才:固然非英雄之辈,倘若他有自知,也许并非不为幸事;然则一时热情所困,不能自已,在和布鲁图斯及卡修斯①共同作战时,中途放弃,在菲利皮②郊野"弃盾而遁"。③

再举年方十五一少年为例:大名欧纳皮奥斯④;航行时日不久,由于晕船,局促一隅之内,或因船上食宿条件恶劣,他突发高热,晚间行旅登陆比雷埃夫斯时,已是弱不可支。同乡相伴,众人抬托,送至一代名师普雷勒修斯⑤门下,因为他和船长素有交驰,正是由于久负盛名,满腔热忱的后生才远行雅典。同行乡亲,深知所在之地,非同寻常,获得精庐门生许可之后,造次哲人门庭,虽然天时已晚,夫子告乏歇息,听任

---

① 卡修斯(Csssius),公元前44年3月15日,恺撒遭暗杀,主谋者即为布鲁图斯和卡修斯。贺拉斯应募加入共和派军队,委任以军团指挥。兵败之后,遇大赦,重返罗马,赋诗度日,穷而后工。
② 菲利皮(Philippi),希腊一山城,位于卡瓦拉州。公元前42年,成为罗马帝国一主战役的战场,安东尼和屋大维在此击败布鲁图斯和卡修斯。
③ 贺拉斯夫子自道。
④ 欧纳皮奥斯(Eunapius,约345—420),历史学家。号为拜占庭历史学第一名家,著作有《哲学家和诡辩家生平》,十四卷《编年史》仅存残篇。
⑤ 普雷勒修斯(Poraeresius,活跃于公元4世纪),希腊著名修辞学家和演说家。欧纳皮奥斯日后才接见这位门生。

弟子随意处置，缺少拜师之仪，近于放肆无礼，原来普雷勒修斯处之泰然。这位生客贸然来到学问之家，贸然自荐，然而并非不合雅典风习；如此后生群集之地，乃至不顾门面管束；此地贫寒之士足以自资，可以各显神通，出人头地，而众多学子或诙谐幽默，或突发奇想，讲授课堂之内尽有可闻，故而师长每每自顾不暇，如此之地，岂可希冀师尊生卑？然则，至于说到这位欧纳皮奥斯，普雷勒修斯则青眼相向，雅典人生活的奇妙故事，对少年娓娓道来。当年奔赴大学之堂时，唯有赫菲斯提昂①一人而已，他们的境况，甚至不如斯多葛派哲人克利安西斯；两人只有斗篷一件、旧榻一具，此外便别无长物；所以普雷勒修斯出户之时，赫菲斯提昂方可卧床，一面还练习演说；而等到赫菲斯提昂身披斗篷之时，普雷勒修斯则匍匐覆盖之下。还有一度出现一场不共戴天之争，双方即为一所英国大学内的"市民与学人"②，结果教授纷纷畏惧非礼，遂尔不敢公开讲学。

虽然初出茅庐，雅典盛行的风土人情，不久之后，欧纳皮奥斯便有了切身经历。他本是初来乍到，未见京都市面，有一回成群的书生将他团团围住，开始捉弄他的笨拙无知。起初看来，不免惊奇学子十足稚气；不过在中古时期的大学，如此行为早已有之。弹指之间，数月过去，日志纷纷向读者讲述了持重的英国人的故事，他们惯于斤斤计较，心心念念是赚钱，在自己神圣的土地，相互扔掷雪球，睥睨地方官吏，因为他们妨碍了那份男孩特有的顽皮。故而笔者以为，大家必须将此归诸于人性的某个侧面。而那时，站在那里的是新人，四周则是一圈新伙伴，他们旋即想出各种名堂，吓唬取笑，还要作弄一番。有人假模假样以礼相待，有人来势汹汹；大家如此这般调教他，个个一本正经，排成长列，从安哥拉③到海滨浴场；大家靠前走近的时候，在他前后左右，手舞足蹈，犹如狂人。不过这一招表明对他的考验临近尾声，因为沐浴浸礼乃

---

① 赫菲斯提昂（Hephaestion），亚历山大的儿时伙伴，也是亚里士多德的门徒。兼备外交和经国之才，成为亚历山大的重要将领。有美男子之称，两人的友爱与情爱为史册佳话之一。

② 历史上"town and gown"之争，发生在牛津和剑桥大学之内。

③ 原文"Agora"为雅典广场之谓。

是一种入会仪式；他即将接受大披肩，或曰学袍，他先要经受大家一番折磨，才能太太平平离去。据记载言，唯有一人，大家网开三面，未曾经受如此委屈；相比圣格列高利本人，那位后生更为持重，更为高傲：不过并非由于品格的力量，而是他听从格列高利的提议，走为上计。格列高利和他乃心腹之交，在雅典已有时日，所以他一来便多方庇护。此人又是圣徒和基督教神学家；日后的圣大巴西勒①，当年，（表面看来）一如格列高利，不过是个基督教的慕道之友②。

　　雅典新生的故事，且听下文道来。他的烦恼远未结束，虽然已是学袍在身。何处可以落脚？何人可以师事？他还不及明白身在何处，便发现又来一群人马，迎头拦截，顿时三四群人一哄而上，仿佛一到码头，便见外地脚夫蜂拥前去，抓紧了一脸茫然的生客行囊，一把纸卡强行塞入双手。后生突见个个点头哈腰，原来是一班食客，投靠的人家有教授，有诡辩家，他们无不希望门徒满堂，名利双收。可以说他逃出了他们的手掌，——但是他就得亲自挑选安身之处；而实话相告，这座心灵之城，前前后后，尽管我是赞不绝口，不过谈到建造雅典的砖石木料，不足与外人道耶，实际的栖息屋舍，血肉之躯总得落脚（当地名流宅邸，总是不在此列），较之希腊或土耳其乡镇，看来未必更为可观，而眼下说来，这些地方，却是报章杂志上的话题，大家或津津乐道，或传为笑柄。一幅描绘加利波利③的生动画面，近日已经展现在我们面前。作者如此说道，英格兰农家场院里，年久失修的外屋不计其数，有摇摇晃晃的旧木屋舍，四处裂缝，不见百叶窗的木板瓦砖结构，还有工棚马房，在我们的巷陌，或是渔市，河边，蓬门荜户，触目皆是；靠近一座光秃荒山的斜坡，可以统统夷平；房屋之间的空间，原来确定时作为附带考虑，现在可以不言而喻，形成街区，当然通风并非要有原因，也毫无意图，全镇上下都要如此；历来狭窄的路面，宽度从不划一，门户独立的房屋要则凸

---

① 圣大巴西勒（St. Basil the Great，约329—379），基督教希腊教父。他兼收独身苦修和来者不拒两类修院方式，择乎"中庸"为制，条规影响至今。6月14日为其纪念日。著述颇丰，主要有《圣灵论》等。
② 指尚未受洗而接受教义启蒙之士。
③ 加利波利（Gallipoli），土耳其位于欧洲部分的城镇和海港。历史上为拜占庭要塞。

现,要则下方凹入,根据具体情况而定,向前倾斜,直至两户顶端相遇;加利波利的民居面貌,大家由此可想而知。我不禁质疑,这样一幅画面,和古代缪斯的宝座,不会迹近吻合。出入典籍的作者明确晓示我们,雅典房屋绝大部分局促而简陋;街道弯曲而狭窄;路面上方,随处可见楼房上层凸出;楼梯,栏杆,朝外而开的门扉,遮没了街面视线;——介绍两地的笔墨,不谋而合,可圈可点。虽然历史无言,我却毫不怀疑,车马驶过,路面随之震动,几乎无法通行;路面阴沟交错,线路杂乱,土耳其如今的城镇,无不如此。在这些方面,雅典似乎尚未达到当时的平均水平。有位古人道:"生人突兀一望,不免纳闷,可是真切看见了雅典。"

种种陋敝,姑且并非虚言,况且诸位尽可数落;然则,回眸史迹,雅典曾为学术之乡,美境之乡;而非低等机械发明,物质组织的发源地。造化和艺术在召唤,何必停顿敝庐之内,细细计算墙壁有多少裂缝,盖瓦有多少破洞?诸位应该安于敝庐,几案,坐凳,榻板,三大陆之内,无处不然;一处一地,室内而言,大同小异;委身非洲马加利①,或穷居叙利亚洞穴,固无完美可言。想必大家远道而至雅典,不是为了蜂拥攀梯,不是为了找寻如厕之处;大家来此,以广见闻,天下唯有此地,有可见之迹,有可闻之说。杜门不出,整日四处张望,何以能够获得心智之食粮?打算安身室内读书吗?书在何处?期待在雅典购书吗?——精打细算,结果还是捉襟见肘。的确如此,我们处于今日之世,生活在19世纪,能够拥有希腊书籍,作为一份永久的纪念,自有文字记载以来,那里便不乏摹本;然则诸位不必前往雅典,踏破铁鞋,在雅典也无处可寻。说来咄咄怪事,对19世纪而言可谓怪事,柏拉图和修昔底德的时代,相传方圆之内,不见一处书肆;奥古斯都的盛世之前,书业并不存在。料想书府乃阿塔罗斯②或托勒密王朝之聪颖发明;哈德良统治之前,雅典有无书府,尚存疑问。学子凝视之所见,聆听之所闻,心神之所往,乃古今相通之魔力而使然,无关所读之书,雅典滋养之教育,俱在于斯。

清晨一早他便离开陋室,直至夜晚始归,有时恐怕未必夜归。无非

---

① 原文为"magalia"。
② 阿塔罗斯(Attalus),西罗马帝国国王,三世而亡。

牛栏狗窝而已——凡遇天气恶劣,或地面潮湿之时,入内夜寝;根本无家可言。走至户外,不觅当日报刊,不购花哨廉价簿册,而是为了呼吸无形之中的天才氛围,为了强记大雅之堂的传说。他走了出去;但见城中一片狼藉,遂弃之而去,攀上右边的雅典卫城,或转向左面的阿雷奥帕古斯小丘①。他拜谒帕台农神庙,观摩菲迪亚斯的雕塑作品;前往狄俄斯库里②神庙,领略波利格诺托斯③的画作残迹。索福克勒斯,埃斯库罗斯,二位可以呼之欲活,而非栖身于我们外套口袋里;不过,倘若这位逗留雅典的书生,乐意神悟悲剧诗人挥洒自如的情境,便该躬亲行至城南剧院,见识一下付诸行动的希腊悲剧。他也不妨西行前往安哥拉,可以亲聆吕西阿斯④,或安多喀德斯⑤的辩护,或是狄摩西尼口若悬河。他可以继续西行,沿着高贵的悬铃木的树荫,古木乃昔日西门所亲植;环顾四周,有雕像,柱廊,门厅,件件堪称天才和技艺之作,易地而论,可谓立城之本。穿过城门,便来到著名的凯拉摩斯⑥;此处为伟大逝者的安葬之地;此处,可想而知,也是伯里克利之所在,无上崇高,令人无比震撼,古今演说家无出其右,一篇葬礼演讲,本为纪念刀下死者,而出自其口,则化为赞美生者的一篇哲理颂文。

他继续前行;此时来到举世闻名的希腊学园,其美名赐予了大学之堂,直至今日;此地看到的景象,他将铭刻在心,没齿不忘。美哉美哉,四周有树丛,有雕像,有神庙,有河神刻菲索斯,溪流潺潺而过;上有师长,下有良友,多少教诲,来日方长;此时此刻,他的目光为唯一对象所吸引;柏拉图赫然在目。夫子所言,书生只字未闻;此刻无意聆教;不论讲道或是论辩,概无所求;亲眼目睹的是整体,自身完满无缺,无需增益,至伟至大,登峰造极。生命全部历程之中,这将是关键一刻;片时瞻仰,而记忆则永世终有依托,一股燃烧的思绪,在肺腑油然而生,志趣相

---

① 阿雷奥帕古斯(Areopagus),位于卫城西部一小山,古希腊最早的最高法院所在地。
② 狄俄斯库里(Dioscuri),宙斯的孪生神灵。
③ 波利格诺托斯(Polygnotus,约公元前500—前440),古希腊画家,以大幅壁画闻名。
④ 吕西阿斯(Lysias,约公元前445—前380以后),古希腊职业演说词作家。名篇有《为跛子辩护》等。
⑤ 安多喀德斯(Andocides,约公元前440—前391以后),雅典演说家和政治家。
⑥ 凯拉摩斯(Ceramicus),雅典的陶匠区,为安葬英雄之地。

投而融为一体的纽带,直至永远。生者楷模之于同类,魔力之大,足以摄人神魂,为善如此,为恶亦然。造化驱策我们依傍他人,成就品德,或天才,或声名,促使我们向善的根本品质!相传曾有西班牙人,只身远行意大利,只为瞻仰李维,凝视良久,然后便打道回府。倘若这位初来的后生,远航而来,只为亲眼瞻仰柏拉图,吐纳之间,令人动容,纵然未曾踏入讲堂聆教,未曾前往体育场馆①交驰友朋,可谓教化有所濡染,子孙满堂时,便开始谈吐生风。

然则柏拉图并非唯一圣贤,身临这片芳郊世外桃源,瞻仰其人,亦非唯一教益。这里乃哲学领域和王国。学院可谓多少世纪之后的发明;意味着一种与世隔绝的生活;至少生活循规蹈矩,而雅典人之禀性,几乎与此并不相宜,雅典这位重哲理的政治家曾有豪言,其他国民之追求,通过努力遵守纲纪,而他的同胞取得的成就,则凭借纯粹自然力量,热爱崇高与伟大的一切;其中凡是光临此地之士,无不服从于相同的教育方法。我们以上追溯了书生漫游所到之地,从卫城行至圣域之路;现在他已踏入百家学派的天地。不见望而生畏的拱门,不见透入缤纷光华的天窗,此地或别处,学问之乡无此标志,哲学生命在于户外。未有封闭的氛围压抑头脑,抑或令人眼圈冒火;未有漫长学期令人四肢动弹不得。伊壁鸠鲁整日倚躺于自家庭院;芝诺立于斯多葛廊②,恍若仙人下凡;不知疲倦的亚里士多德,居于雅典城的另一边,仿佛与柏拉图对峙抗衡,在伊里索斯的吕刻昂学园,率领众门生终日来往踱步③,精疲力竭而无力举足。后生决心已定,拜师于泰奥弗拉斯托斯④——众望所归的一代宗师,普天之下,夫子聚徒多达两千。他本人出生于莱斯沃斯岛⑤;大师,还有学子,翔集一地,来自天南地北——大学之堂可谓名副其实。除非师长百里挑一,富于感召力量,否则雅典何以能够集聚如

---

① 古希腊体育场馆兼为哲学、文学和音乐讲授场所,附设书库。
② 芝诺授徒时,众多门徒伫立走廊,遂有"斯多葛廊"之称,斯多葛派也由此而来。
③ 亚里士多德每讲肆,好漫步,故而所行之路,谓之"逍遥路"。音译"吕刻昂"(Lyceum)意为"逍遥派学园"。
④ 泰奥弗拉斯托斯(Theophrastus,约公元前372—约前287),古希腊逍遥派哲学家,亚里士多德弟子。有《品格论》、《植物研究》、《植物病原学》等。
⑤ 莱斯沃斯岛(Lesbos),抒情诗人萨福出生之地,由此知名于世。

此众多的听者？领域广大,大学之理念蕴含其中,八方英才,博采众长。安那克萨哥拉出自爱奥尼亚,卡涅阿德斯①出自非洲,芝诺出自塞浦路斯,普罗塔哥拉②出自色雷斯,哥吉亚斯③出自西西里岛。安德罗马彻斯④是叙利亚人,普雷勒修斯是亚美尼亚人,伊拉里于斯⑤是比提尼亚人,菲利斯库⑥是色萨利人,哈德良是叙利亚人。罗马以民事治理开明通达而举世闻名;雅典则以学术开明著称。心胸狭隘的嫉妒,矛头指向某一教授,未有所闻,因为教授并非雅典人;资质系于天才和才华;具备如此天资,他们才来到雅典,视为大学而表示崇敬。四海皆兄弟,思想体现公民品德,堪称雅典。

心智先行,此乃治学之道的基础所在;然而与之俱来,集聚周围,却处处有命运之馈赠,人生之奖赏。光阴往来,智慧并非永远判给克利安西斯光秃的斗篷;而是始而褴褛,终而锦绣。久而久之,教授之辈名利双收;弟子所出名师,自有晋身之阶,傲然自诩同宗同乡。大学之堂,划分为四大同乡会,中古时代古籍家便是如此称谓;4世纪中叶,普雷勒修斯为阿提卡之领袖或会长,赫菲斯提昂为东方会长,伊皮凡尼乌斯⑦为阿拉伯地区会长,丢番图⑧为黑海地区会长。因此教授既为门客之庇护,亦为他乡之客和来宾之地主和领事⑨,又是学派之宗师:卡帕多西亚,叙利亚,西西里岛,各方后生纷纷投靠门下,大师则鼓励其钻研学问,一则有所庇护,一则为人师表,弟子遂折节向学。

---

① 卡涅阿德斯(Carneades,约公元前214—前129),古希腊哲学家。曾主持雅典新学园。以怀疑主义悬置判断态度著称。
② 普罗塔哥拉(Protagoras,约公元前485—约前410),古希腊思想家和首位驰誉天下的诡辩学家。
③ 哥吉亚斯(Gorgias,活跃期在公元前5世纪),古希腊诡辩学家。著名智者。出生于西西里岛雷昂底恩城定居雅典,师从芝诺。以不可知论著称。
④ 安德罗马彻斯(Andromachus),古罗马皇帝尼禄的御医。
⑤ 伊拉里于斯(Hilarius,活跃期在1125年左右),中世纪诗人和漫游学者。
⑥ 菲利斯库(Philiscus,约公元190—220),琉善之子。古希腊诡辩学家和修辞学家。
⑦ 伊皮凡尼乌斯(Saint Epiphanius of Constania,约315—403),故乡为巴勒斯坦,早期基督教教士。
⑧ 丢番图(Diophantus of Alexandria,约246—330),希腊数学家。
⑨ 原文为"proxeni",古希腊"外国代表"之谓。

当时雅典学园林立,创建尚不到百年,即便柏拉图,也顺势而动,安享晚年①。他在赫拉克里亚拥有一处别墅;衣钵传至门人,薪尽火传,非但学有传人,而且踵事增华,超越时空,达八百年之久,时值希腊动荡不安,故而堪称一大奇观。伊壁鸠鲁也拥有房产,即讲学之"花园"②;这些花园日后也为宗派之房产。然则时至罗马帝国时期,文法,修辞,政治,四大哲学流派③,这些教席则体体面面由国家赋予;翰林中人,有些身兼国器,或身居高位,凡有器重学科,可谓贵如元老,富埒亚洲。

我们的兴趣还在新来的书生,虽然居室简陋,同窗欺生闹事,而有了如此权贵提供庇护,可谓有失亦有得。凡事总有利弊;每个地方总有一群名誉扫地之徒,也有一班人物,仰之弥高,道有不同,故而彼此不相了解。如今大家分道扬镳,离开同一所大学,印象有仁智之见,仁者谓之仁,智者谓之智,取决各自安身立命的社会阶层;倘若信赖一个阶层,凡有问题,俱非理所当然;倘若信赖另一阶层,凡有问题,皆为理所当然。然则,美德和体面,普天之下,小众之禀赋耶,故而难免阴影笼罩,或处于不利之势;世道如此,所以一旦能够发现希罗德·阿提库斯④再世,财富和地位的影响,甚至眷顾于一门注重体面的哲学,可谓受益无穷。虽有经国之才,嗣守巨富财产,这位哈罗德甘于毕生奉献教授之席,倾其财产赞助文学。他资助诡辩家波勒谟⑤八千镑,估算需要这个数目,可供三场雄辩之用。他在雅典建造了一座长度达六百英尺的露天场馆,材料俱为白色云石,能够容纳本地所有人口。他的剧场为纪念夫人而建,用雪松木精雕细刻而成。他拥有两栋别墅,一处在马拉松,他的出生地,距离雅典约十英里,还有一处在凯菲西亚⑥,与雅典近六英里之遥;他在此地吸引一代俊杰,几度包罗远近学者。拱廊漫延,树木丛集,清澈水池可以沐浴,伏天游客为之欣喜,顿觉神清志爽。讲堂

---

① 原文为拉丁语"the otium cum dignitate"。
② 伊壁鸠鲁在私家住宅的花园办学,他的学园故有"花园"之谓。
③ 即斯多葛学派,柏拉图学园派,亚里士多德逍遥派,伊壁鸠鲁学派。
④ 希罗德·阿提库斯(Herodes Atticus,约公元 101—177),希腊新诡辩运动最著名的演说家和作家。与皇帝哈德良友善,后者任命其为惩治腐败的专员。
⑤ 波勒谟(Polemo),古希腊诡辩家,为柏拉图学园第四任主持。
⑥ 凯菲西亚(Cephissia),雅典北部郊野,位于平原地带。近世可见别墅成片。

金碧辉煌，一如府上晚宴大厅，堪称富丽空前；来自罗马的权贵子弟，与希腊或小亚细亚那些聪明机智的外乡学子，不分彼此，和睦相处；能言善辩的一知半解者，不伦不类的游客，似懂非懂的哲人，貌似浪迹天涯之士，来者不拒，一向以礼相待，然则良莠自有厚薄之分。希罗德素以应对如流著称；我们有案可查，他能随机应变，各色人等，概有笔录。

风华正茂的大巴西勒，可谓命运眷顾，千载难逢。他属于无心插柳之属，自有令人神往之处，故而无意之间，桃李盈门。其人庄重，寡言少语，常人以为，当拒人千里；然则，不由自主，他成为一群学子的中心，其中虽多为异教徒，却光明磊落，身在雅典，为其所用，旨在其标榜追求之宗旨；个人而言，大巴西勒对一方风土心灰意冷，闷闷不乐，他似乎甘为人梯，而其左右则获益匪浅。索福罗尼乌斯[①]即为其中之一，日后为社稷栋梁；优西比乌斯[②]也在此列，当时他和索福罗尼乌斯为莫逆之交，日后为主教。塞尔苏斯[③]应该一提，后经尤里安皇帝提拔，入主西里西亚执政。尤里安本人，在继之而来的不快回忆中，当时人在雅典，至少见知于圣格列高利。还有一位朱利安值得一提，他日后成为土地税务官。雅典学子之中，步入社会高层者，可见一斑；构成高层的党派人士享有盛誉，结果后起之秀，如格列高利和大巴西勒，还有誉满天下的与基督教关系密切的高人，理应享有崇高地位，众所敬重，举世爱戴。两位圣徒谢世之际，他们的同门则蜂拥而至，希望另起炉灶。大巴西勒矢志不移；而格里高利则意志衰退，重返雅典，无非逗留而已。

---

① 索福罗尼乌斯(Sophronius，约560—638)，基督教耶路撒冷长老、神学家。西方教会号称学问第一的神父。
② 优西比乌斯(Eusebius of Caseares，活跃于4世纪)，恺撒利亚主教，基督教教会史家。
③ 塞尔苏斯(Aulus Cornelius Celsus，活跃于1世纪)，古罗马最伟大的医学作家，百科全书编者。

文化

拉尔夫·瓦尔多·爱默生

---

* 选自《生活的准则》第三章。

拉尔夫·瓦尔多·爱默生
(Ralph Waldo Emerson, 1803—1882)

美国散文家、哲学家和诗人。出身牧师家庭,父亲是一位论派信徒,母亲笃信英国国教。八岁失怙,由姑母鞠育成人。九岁上学,喜好舞文弄墨,文学才华脱颖而出。1817年入哈佛,开始写日记,记载心路历程,先后凡五十年。大学毕业后开始布道,妙于谈玄,由是日渐知名。在思想上,爱默生兼收并蓄,从新柏拉图哲学、柯尔律治及欧洲浪漫主义作家、印度哲学等多方面汲取养分。1836年著书立说,小书仅95页,名曰《自然》,阐述超验主义哲学,主张超越感觉经验的物质主义世界和意识渗透万象的宇宙精神,观照自我的内心世界,从而获得人的自由。两年之后他在哈佛发表著名演讲《美国学者》,表达了自己的理想和学术抱负,挑战当年的哈佛精神,具有振聋发聩的作用,时人誉称为"知识分子独立宣言"。1840年起协助编辑《日晷》,后主持笔政。40年代初期先后将各种演讲结集为《论文集》两卷,问世后驰名天下。1849年出版《代表人物》,属于文学传记性质,介绍的人物有柏拉图、蒙田、莎士比亚、拿破仑和歌德等。另有《生活的准则》、《英国人的特性》和《诗集》等多种。爱默生成为美国一代文化的代表人物,其时史称"美国文艺复兴"时期。

> 规矩师长,岂能造就
> 神人,我们翘首以待?
> 理所当然,性好音乐,
> 心绪荡漾,感应万象,
> 山川焕绮,丽天景象,
> 亲炙温雅,春风化雨,
> 须眉裙钗,顾盼神飞,
> 心向往之,心有灵犀。
> 本心若定,鉴往知来,
> 天下命运,流动不居,
> 脱胎换骨,尽在神人。

当今显示志向高远的名词便是文化。普天之下,汲汲于权力,汲汲于财富,而财富,大家则视为谋求权力的手段。值此世风之时,文化匡正了成功理论。所谓人为权役矣。强记时事,可以成为年鉴;能言善辩,可以成为辩士;敛财有术,可以成为吝啬之徒,即一介乞丐。文化则消解这些炎症,可以诉诸其他的力量作为辅助,抵抗那种主导的才具,乞助于品第能力的类别。文化监视着成功。为了大显神通,造化从不心慈手软,为了完成表演而牺牲表演者;或使其变得水肿或者鼓胀。倘若造化需要一个拇指,她可以不惜割舍四肢而制造一个,某一部位滥用了力量,通常立刻付出的代价,便是相邻的一个部位会出现某种缺陷。

我们的效率,多半取决于能否聚精会神,通常的例子不胜枚举,一个嫌疑分子倘若发落到尘世的时候,造化便让他浑身负荷成见,为了提高工作能力,他舍弃了对称意识。据说一人只能写一部书;倘若人有缺陷,他的所有表现往往便带有缺陷的印记。比如造化创造了富歇①之流的警察,满腹狐疑,诡计百端,意在规避计谋。富歇有言:"铺天盖地,满眼匕首。"神医圣托里奥②毕生研制一个大型称重计,个人的饮食无不过磅。柯克勋爵③高度重视乔叟,因为寺僧乡士的故事④,具体反映了针对炼金术的内容,见于亨利四世法规第四章第五条。我见识过那么一位人士,他相信英国主要的恶作剧都是胎源于笃好音乐会。不久以前,有位共济会员刻意向举国上下解释道,华盛顿将军成功的主要原因,在于他得到共济会员的协助。

不过较之老调重弹更为不堪的说法是,造化确保了个人主义安然无虞,途径便是赋予一己高度的自负,以为在现行制度里举足轻重。社会的害虫即利己主义者。愚蠢与聪明,圣洁与世俗,粗鲁与文雅,利己主义者中间,也存在这些区别。利己主义犹如流感,这种疾病降临于所有的肌体。患有失调的话,也就是医生都知道的舞蹈症,病者有时转动身体,在一处缓慢地旋转不已。莫非利己主义是这种疾病的形而上的变异?个人天赋形成了一个圆圈,他的一动一静,都围绕着这个圆圈,渐渐孤芳自赏,便与世界失去了联系。利己主义乃是所有心智的一个倾向。其恼人形式之一,便是渴望同情。患者百般炫耀各自的不幸,撕开包扎伤口的绒布,暴露了足以起诉的罪行,结果大家可能怜悯他们。他们如同疾病一般,因为身体的痛苦总会从旁观者那里,强求别人流露几分兴趣,如同我们看到有些孩童,大人进门的时候,他们发现自己无缘无故就咳嗽了,直到喘不过气来,无非为了吸引大人的注意。

这种失调是天才的天谴——艺术家,发明家和哲学家三者之天才。杰出的唯心主义者,对于自己的言行,将无能为力而超然处置,无法一无所求而勇于正视。"我处于获得天启的前夜",口出此言之辈,诸位可

---

① 富歇(Joseph Fouche,1758—1820),法国政治家和警察组织建立者。曾任警务部长和内务大臣。
② 圣托里奥(Santorio Santorio, 1561—1636),意大利医生。研制临床温度计和脉时计。建造大型称重计。
③ 柯克(Lord Edward Coke, 1552—1634),英国法学家。
④ 见《坎特伯雷故事集》同名故事。

要留心。失调旋即遭到惩罚,因为这样的习性促使大家迎合这种失调,而且,姑息病者的结果,便是把他封闭于更为狭隘的自私的思想之中,而把他罢黜于这个大千世界之外,那里有上帝创造的男男女女,他们难免犯有过失而能充满欢乐。我们既然自取其辱,那么不如遭受天辱。含有宗教思想的文学作品里不乏范例,如果我们披览诗人、批评家、慈善家和哲学家的私人名目,我们就会发现,他们沾染了这种贪得无厌和膨胀无度的毛病,我们理应叩问一番。

利己主义的这种甲状腺肿,在名流中间屡见不鲜,因此我们必须推断,造化之中,存在某种强烈的必要性在推波助澜;诸如我们看到的异性相吸的情形。保护人类是如此必要的一个关键所在,所以造化确保了人类满载激情,不堪负担,可谓不惜一切危险,危险则在于永远的罪恶和紊乱。利己主义的根源,也在于上述根本的必要性,每个个人都据此而执意依然故我。

这种个性非但与文化并不相悖,而且是文化的基础。凡是可贵的天性,都有其权利,我们对之谈话的学生,应该具有他的文化战胜不了的天生机智——文化运用的是一切书本,诸门艺术,各种便利,礼尚往来,而天生的机智则从不为之征服,以致失落其中。个人无非是培养有素的人,具有良好的刚毅品质。而文化的目的,并非在于破坏这种品质,但愿不至于此,而是在于经过陶冶而能排除一切障碍和杂质,唯有纯粹的力量保存下来。我们的学生必须具备风格和刚毅,在个人专长方面成为宗师。可是志向在此,他却必须置之脑后。他必须容纳百川,具有这样一种力量,可以假借自由而超然的眼光看待万象。可是这种个人的趣好和自我,却负载了太多的重荷,结果有人如想寻觅一个伴侣,能够排除杂念而看待客体,不带个人感情,或不以个人好恶为取舍,可是他发现,能够令自己满意人的寥若晨星;而绝大多数人的病累,则在于冷漠,缺乏好奇,只要任何事物都无关他们的自私。虽然他们在谈论面前的东西,他们想到的却是自身,他们的虚荣设下小小的陷阱,以求博取你的推崇之情。

可是等到有人发现,以人类利益而论,他的个人身世存在着局限性,他依然交往的是家人,或三朋四友——或许和闻名街坊的十来位名流。身居波士顿,人生的问题无非是能够道出八位或者十位闻人的尊名。奥尔斯顿先生①、钱宁博士②、亚当斯先生③、韦伯斯特先生④、格里诺先生⑤,你可曾谋面？埃弗雷特⑥、加里森⑦、泰勒神父⑧、特奥多奥·帕克⑨,你可曾有所耳闻？你可曾和蜗轮先生、顶峰先生、十万卢比先生晤谈过？⑩有了如此一番阅历,便可死而无憾了。身居纽约,问题在于能够道出另外八位、十位,或者二十位名流的尊名。你可曾见识过几位律师,商贾和经纪——外加两三位学者,两三位资本家,两三位报刊编辑？纽约犹如一只吸干的橘子⑪。十来个名流,或是国产,或是舶来,谈完之后,我们便如释重负,谈笑风生也就变得意兴阑珊了,谈笑构成了我们美国人的生存方式。我们也不指望有人自成一家,其实无非是各路英豪的黯淡翻版而已。

生活十分狭隘。时隔十年,任何才子俱乐部或者俦侣,倘若组织大家再度相聚,如果有位天才出席,他明察秋毫而又挫服满堂,便可促使在座各位披肝沥胆,此刻将会出现何等疯语无伦次的自白啊！我们为之牺牲的那些"事业",诸如关税或民主,辉格党思想或废奴思想,戒酒

---

① 奥尔斯顿(Washington Allston, 1779—1843),美国画家和作家。重要作品主要在寓居波士顿期间完成。

② 钱宁(William Ellery Channing, 1780—1842),美国作家和伦理学家。1803年起就任波士顿联邦大街教堂牧师,在任终身。

③ 亚当斯(Charles Francis Adams, 1807—1886),美国外交家。曾任《波士顿辉格党》主编。

④ 韦伯斯特(Daniel Webster, 1782—1852),美国演说家和政治家。1816年迁居波士顿。

⑤ 格里诺(Horatio Greenough, 1805—1852),美国新古典派雕刻家和艺术评论家。出生于波士顿。

⑥ 埃弗雷特(Edward Everett, 1794—1865),美国政治家和演说家。

⑦ 加里森(William Lloyd Garrison, 1805—1879),美国新闻界斗士。在波士顿创办《解放报》,激烈反对奴隶制。

⑧ 泰勒(Edward Thompson Taylor, 1793—1871),美国牧师。七岁而孤,在海上漂泊十年,惠特曼曾撰文介绍。梅尔维尔等人在作品里都提到过此人。

⑨ 帕克(Theodore Parker, 1810—1860),美国神学家、牧师和学者。

⑩ 疑为作者杜撰的人名,原文分别为"Turbinewheel, Summitlevel, Lacofrupees"。

⑪ 原文为"sucked orange",比喻废物。

运动或社会主义,将会显露同样苦涩的根源和愤怒的狰狞;我们当年的天才,个个捣蛋生事,仿佛纷纷落入了猛禽的魔爪,使他兀然远离了幸运,远离了真理,远离了诗人形成的风雅社交——几分兴味,几分偏见,只有当他如今已是一头华发,神情麻木,这时魔爪渐渐松开,他才神志清醒,获得了冷静的认识。

文化寓于启发,汲取了一定的思想精华,暗示我们个人具有一定范围的趣好,通过这些趣好,他能够微调任何主调的强度,而那些主调在他的音阶范围之内,具有一种低沉的主导位置,这些趣好能够帮助他反躬自问。文化恢复了他的平衡,使他置身于伯仲和高手之中,复苏了共鸣的微妙意识,告诫他可能沦落到寂寞和令人厌恶的境地。

马术,泛舟,看戏,饮食,读书,围绕这些问题而去咨询他人,并非以示敬意,而是令人丢脸,况且,凡是他出现的时候,总要有意把话题转向了自家的小淘气,他的溺爱,谁人不知。在我们祖先的古代斯堪的纳维亚的天堂,雷神托尔①的闪电宫里,有五百四十间大厅;凡人的居所,就在这五百四十间里。凡人的特长,在于拥有适应和变通的本领,通过诸多相关的要领,可以发现广阔的对比和极端的例证。文化扼杀了凡人的夸张,他吹嘘自己村庄或城市的那份虚荣。我们上街的时候,应该把宠物留在家里,我们迎接众人时,堂皇的理由便是善意和明智。凡是表现都不值得失去友善。我们谓之七艺和哲学的某些花哨玩意,就付出了这种残酷的代价。在北欧神话里,主神奥丁②未曾获得米密尔③的一杯智慧之泉,直至他留下双眼作为抵押。我们这里看到的是一个迂夫子,他无法舒展愁眉,披露困难,也无法千方百计问或掩饰他的愤怒,只要大家的谈话冒犯了他的傲慢——此时他便用人身攻击来折磨我们。学者偶然也会流露如此表现,他们个个以为,迂夫子在学界十分令人厌恶。助他一臂之力,让他走出易怒这间牢笼。用健康的血液好生清洗他那羊皮纸肌肤。在米密尔的智慧之泉旁边,他留作抵押的双眼,物归

---

① 托尔(Thor),北欧神话里的雷神,有呼风唤雨之功。他寓居的闪电宫有五百四十间大厅,足以容纳贫困一生的死者的幽灵,奴隶也同样受到欢迎。
② 主神奥丁(All-fadir),托尔的父亲,世界的统治者。为了获得智慧而失去一只眼睛。
③ 米密尔(Mimir),守卫智慧之泉的巨人。

原主吧。如果有人自取其咎,有谁在乎他的所作所为?你的歌剧,你的地名词典,你的化学分析,你的历史,你的三段论,我们都可以忽略不计。你的天才之辈为了出类拔萃,却付出了昂贵的代价。他的头脑旋转不已,犹如一只螺旋,他不是健康的人,快乐而聪明,而是变成了有几分疯狂的牧师。造化顾及不到个人。当她的目的需要实现的时候,她便推动这些目的。跋涉于沼泽和海角,这属于某些鸟儿的命运,天造地设,它们十分适宜的境地,就是禁锢在那些地方。凡是动物脱离了自己的栖息之地,就会饿死。在医生的眼里,男男女女,人人都是一个放大的器官。士兵,锁匠,银行职员和舞蹈家,各自的职能则无法改变。由此可见,我们都是所谓适应的牺牲品。

针对这种有机体的利己主义,可以对症下药,方剂便是吸引我们的事物范围广泛,层出不穷,我们只要接触大千世界,接触群彦,接触社会的各个阶层,走南闯北,接触名流,接触哲学、艺术和宗教的高雅财富,便能从中获得吸引我们的一切;书籍,旅游,社会,隐居,尽在其中。

顽固不化的怀疑主义者,如果见识过驯服的野马,训练后的猎犬,或者参观过野生动物,或者勤劳的虱子展览,就不会否认教育的功效。柏拉图有言,"儿童在所有野兽中最为凶残"[①];古代英国诗人盖斯科因[②],也说过大意相同的良言:"养而不教,莫如不养。"都市培养一类说话方式和礼仪;边远地区则另有一种不同风格;大海孕育水手语言;行伍出身为第四种。大家知道,能够托付的军队,通过严明纪律才可能形成;通过系统训练,人人都可能成为英雄:拉纳将军[③]曾对一位法国军官说道:"你要明白,上校,只有懦夫才会吹嘘自己无所畏惧。"勇气的主要来源,在于并非初次所为的勇气。在所有的人类行动中,使用过的能力才堪称强项之最。罗伯特·欧文[④]有言:"给我一只老虎,我就来

---

① 出自《法律篇》。
② 盖斯科因(George Gascoigne, 1525—1577),英国诗人和文学创新者。
③ 拉纳(Jean Lannes, 1769—1809),法国将军、第一帝国元帅。拿破仑手下最得力的将领之一。
④ 欧文(Robert Owen, 1771—1858),19世纪英国最有影响的空想社会主义者之一。主要著有《新社会观,或人类性格的形成》。

教育它。"希望对教育的力量持有信仰,这是有悖人性的,因为改善乃是自然规律;有人受到重视,恰恰由于他们发挥了向前和从善的力量。另一方面来看,怯懦无异于承认一种不可救药的自卑。

丧失了从善的能力,乃是唯一致命的失调。有那么一些人,他们永远领会不了赠言的转义,或者第二层或引申的意义,也体会不到幽默所在;音乐和诗歌,还有修辞和妙语,哪怕耳闻了七八十年,终究还是望文生义。无论外科大夫,或是神职人员,对于他们已经爱莫能助。不过即便此类人等,遇到倾盆大雨或火灾呼救,还是能够理解得了! 我曾注意到,这般人物明显讨厌地震。

我们要让教育促使人们锐意进取和防患未然。政治为一项后续工作,将就着修修补补而已。我们总是慢行一拍。为恶在先,立法在后,我们开始费劲地鼓动大家取消一项法律,而我们本来理应防止它的颁布。终有一日,我们要学会以教育取代政治。我们所谓斩草除根的改革,举凡针对奴隶制度,战争,赌博,酗酒的根治,无非治标而已。我们必须由上而下,即从教育入手。

我们的技艺和工具给予世人运用自如的便利,犹如给予新手的便利,无非是延年益寿,多活十年,五十年,乃至百年。我认为明智的作用在于春风化雨,润泽每个灵敏的灵魂,他活到三四十岁的时候,不至于会说,"这项工作我本来是能够完成的,只是由于缺乏工具,故而无可奈何。"

可是应该承认,我们的培养见效甚微;所有的成功都是运气使然,而且属于罕见;我们的心血和辛劳,多半付之东流。这个问题造化掌控在自己手中,虽然不可丝毫疏忽我们的教育制度,我们却很少能够确定,这个制度已经借鉴了一种不同的制度,或者从中形成了诸多的优点。

书籍,由于包含的是人类睿智精妙无比的记载,所以必须始终进入我们的文化概念。有史以来,聪明绝顶的头脑,伯里克利,柏拉图,尤利乌斯·恺撒,莎士比亚,歌德,弥尔顿,无不枕经籍分,渐渍汪洋,他们聪明过人,不会低估文字的价值。他们的见地举足轻重,道理在于他们善于兼听则明。我们确信凡是伟人都能含英咀华,或者说他们有多少自然而然的力量,就应该有多少博采众长的本领。金玉良言十分鲜见,所以总是吉光片羽。我总是乐于遇见有识之士,他们能看出莎士比亚超越所有其他的作家的卓异之处。我喜爱的是那些喜爱柏拉图之辈。因为这种热爱与自负格格不入。

不过子女首先要有向学之心,才可谓开卷有益。有些时候,子女的读书兴趣姗姗来迟。孩子托付给校长,可是施行教育的却是一班学童。你送孩子去读拉丁语班,可是他的受业解惑,大多在都来自上校路上沿途所见店铺的橱窗。你喜欢严格的规矩和漫长的学期;他却发现,最好的引导来自于亲身摸索而来的旁门左道,而且拒绝什么学习指南之类,除非是亲自挑选的辅导。他憎恶语法和《诗韵宝典》[1],喜爱的是射击,垂钓,骑马和划船。休矣,孩子本无过,如果你的理论忽略了他的体育训练,那可就并不适合指导他的培养。射箭,板球,射击和垂钓,马术和划船,样样都可以育人,开发身心;舞蹈,服饰和街头闲谈,同样如此;只要孩子天资不薄,具有高尚和灵巧的禀性,这些东西对他的助益,并不亚于书籍。他学习象棋,惠斯特,舞蹈和舞台表演。做父亲的看在眼里:这段时间里其他的孩子学的是代数和几何。可是前面那个孩子的收获,远远超过他们从这些可怜的游戏里得到的益处。一连数周,他迷恋惠斯特和象棋;可是很快他便发现,如同大人的发现一样,他玩游戏的时间太久的话,一旦放下来的时候,自己头脑便一片空白,孤苦伶仃,他便鄙视自己。从今往后,对待其他事物的时候,也会出现相同的情形;凡事孰轻孰重,他都有所体验。这些雕虫小技,比如舞蹈,都是进入人类前排座位的入场券;精通这些次要的技能和造诣,则使后生能够聪颖地判断诸多事物,否则的话,他就只能像书呆子那样斜眼一瞥。兰多尝言:"我不善舞蹈,由此承受的痛苦,超过我一生不幸和苦难的总和。"[2]要孺子可教(因为朽木可雕并非我们的意图),足球,板球,射箭,

---

[1] 原文"Gradus"为拉丁语"Gradus ad Parnassum"的缩写,是当年英国学校广泛采用的一本诗文韵府辞典的名称。

[2] 引自兰多致布莱辛顿夫人(Lady Blessington)书,1833年3月14日。当时兰多的长子阿诺德年方十五,诗人认为他有宠坏的迹象,需要管教。家里请了一位德国塾师指导,但是阿诺德不习舞蹈,不肯击剑,兰多说了自己的亲身体验。兰多(Walter Savage Landor, 1775—1864),英格兰作家。主要有散体的历史人物对话录《想象的对话》。

游泳,溜冰,登山,击剑,马术,凡此种种,盖属于力量这门艺术的课程,而力量则是他要学习的主要任务——尤其是马术,彻伯里的赫伯特勋爵①有言:"骏马上的高明骑手,远远超越了自身和他人,达到了天下造就的最高境界。"②除此之外,射击,垂钓,划船和马术,在所有善于利用的人之中,构成了秘密的共济会原则。他们同声相应,仿佛属于同一家俱乐部。

这些技艺也有一层负值。技艺之于后生的主要用处,并非在于消遣,而是为了促使大家认识到,所谓技艺是指什么,而不要始终成为他嫉恨烧心的起因。我们充满了迷信思想。每个阶层注视着自身并不具备的优势;温雅之士,注视的是粗犷的力量;民主之士,注视的是门第教养。大学教育的一大益处,在于让后生看到教育其实用处不大。我认识一位大城市里的大人物,他一心一意要获得高等学府的教育,结果未能如愿,从此便感到和读过大学的手足无法平起平坐。和许许多多专业人士相比之下,他现成的优越之处永远抵消不了这个想象的缺陷。舞厅,马术,酒会,台球,这些东西给寒门子弟传递的是优雅浪漫的情调,对于他则不然;平起平坐而自由出入这些场合,如果可能的话,哪怕只有一两回,都能使他清醒过来,其价值十倍于其成本。

我不太提倡周游天下,我注意到有人纷纷前往其他国家,因为在本国他们不算优秀,他们又奔回祖国,因为在异国他乡,人家视如草芥。十有八九,只有轻薄之徒周游天下。在国内没有任务缠身,你是何许人也?有人一再援引本人关于旅游的言论而吹毛求疵;不过我的本意可谓持论公允。我认为国人心性浮躁,这就有理由指为缺乏品格。所有受过教育的美国人,迟早都要前往欧洲;或许因为欧洲才是他们的精神家园,而我们这个国度存在着不登大雅的种种习性,或许给人的是这样的印象。有位杰出的女子学校教师说过:"女子教育的理念,就是使她具备资格,能够前往欧洲。"莫非我们永远无法从国人的头脑里抽出这

---

① 赫伯特(Lord Herbert of Cherbury, Edward,? 1583—1648),英国廷臣、外交家、历史学家、诗人和哲学家。此人首先提出"自然神论"。著有《论真理》、《自传》和历史著作及诗歌作品。彻伯里为英国一地名。

② 引自《赫伯特自传》。

条绦虫？大家看得明明白白,什么是他们的必然命运。凡在国内不得其所者,在国外也不能各得其所。有人漂泊海外,只是为了置身于熙熙攘攘的人群之中,掩盖自己的渺小。不会认为在国外发现的什么东西,国内未曾见识过吧？所有国家的东西完全相同。你以为有哪个国家,人们不用开水消毒奶锅,不给婴儿包蜡烛包,不烧柴火,不烤鱼？一方真理乃四方真理。天南地北,悉听尊便,结果发现带去多少美丽或价值,其他国家也如斯而已。

　　当然,对于有些人来说,旅游可能获益匪浅。博物学家,发现者和水手都是天然生成。有些人适合当向导,钱商,特使,传教士,信差,还有些人则适合当农夫和工人。如果某人生性轻率而好交际,那么造化的目的在于造就一个有腿有翼的生灵,他的构造就适宜旅行运动；我们必须顺从天意,提供给他的教养能够通行天下,坚持的程度,只要能够产生价值即可。不过我们切莫书生意气,而是让这种教养处处发挥作用。农场长大而从未离家的年少,据说在国内毫无机会,而境况相同的少年或男子,却把在城里修铁路或干苦力看作机遇。佛蒙特州和康涅狄格州穷苦的乡下孩子,从前拥有的那点见识,就是沿途叫卖,走遍南方各州。加利福尼亚和太平洋沿岸,此时便是这个阶层的高等学府,如同往日的弗吉尼亚一样。"有一点机会"便是他们的口头禅。"见世面",或者走南闯北,这个说法和大家关于优势和优越的想法意思相同。毫无疑问,对于有识之士而言,周游提供了各种有利机会。他能通晓多门语言,交游广阔,接触各种技艺和各行各业,可谓几世为人矣。异国乃是一个进行比较的焦点,身处异国时,可以判断本国的优劣。周游的一大用处,在于推介国内的图书和著作——我们前往欧洲是为了美国化；另一用处,在于网罗人才。因为造化的果实星罗棋布,物宝无所不在；道德文章,造化同样寄托于远方之士。因此,每个人希望在同辈人里发现的六七位教师,往往其中便有一两位生活在世界的彼岸。

　　进而言之,每一个构造之中,都有一定的至点,这时在我们内心的苍穹里,星辰静止不动,这时需要某种外来的力量,某种转向或改弦易辙,这样才能防止停滞不前。作为医用药品来看,周游似乎为最佳的一种。正如有人目睹了乙醚镇痛的神效,密切注视着伤口,肿瘤,破伤风的紧急情况,获悉杰克逊博士①的发现有益于患者,乃怡然而喜,同样,一个人在看待巴黎,那不勒斯,或是伦敦的时候,他说,"如果万一离乡背井,我的思绪在这里至少可以得到慰藉,因为看到的是何其铺张的娱乐和工作,那是人类历代能够构思和积累的成果。"

和国外旅游的益处可以相提并论的是,铁路的审美价值,在于结合城乡生活的各自优势,二者我们不可舍其一。一个人应该居住在大城市,或者靠近大城市,因为,为了自身的天才充分发挥,大城市一面吸引人才,同时也将抵制诸多宜人而可贵的聪明,而且,身居城市,全体市民总体的吸引力,肯定能战胜各自的排外心理,迟早而已,足不出户的十分奇异的隐士,大家可以引君出瓮,一年四季,终有一日。在城市里,他能够发现游泳学校,体育馆,舞蹈教师,射击场,歌剧,剧院和大观园;有药店,自然历史博物馆;有美术馆;巡回的全国演说家;外国游客,图书馆和自己的读书俱乐部。在乡下,他能够发现的是寂寞和读书,人力劳作,低档的生活和破旧的鞋子;打猎之地可以嬉戏,登山可以了解地质,林荫路可以培养专心致志。奥布里②写道:"我听托马斯·霍布斯说过,在德比郡的德文郡伯爵③宅邸,有一幢很好的书楼,藏书之富,足够为其所用,爵爷书楼收藏的皆为他认为值得购置的图书。可是不闻谈吐生风,则为一个极大的不便,而且,虽然他设想自己能够理顺思路,像别人那样有条有理,不过他却发现存在一大缺陷。在乡下,天长日久,不闻谈吐生风,人的悟性和灵机,便长出了苔藓,犹如果园的一根旧桩篱。"④

都市令人思想产生激荡。伦敦和纽约促使人的思想去芜存菁,有

---

① 杰克逊(Charles Thomas Jackson,1805—1880),美国医师、化学家、地质学和矿物学先驱,乙醚麻醉实验第一人。

② 奥布里(John Aubrey,1626—1697),英国文物研究者和作家。以描写侪辈传略和研究古代民俗闻名,和哲学家霍布斯等名流交游。主要著有《杰出人物传》,后根据手稿出版时易名为《传略》。

③ 即威廉·卡文迪什(William Cavendish,1552—1626),1618年詹姆斯一世封其为德文郡伯爵。1608年霍布斯牛津大学毕业后即当他的塾师,后任其秘书。

④ 参阅奥布里《传略》中的霍布斯小传。其中生动描写了霍布斯四十岁时初次偶然接触几何学的情景。

人如是说。我们教育的一大作用,在于教人惺惺相惜,与人为善。从小到大,和见多识广而品质优异的人朝夕相处,这样的少男少女,在言谈举止上,便流露出一份未可估量的优雅。富勒①说:"拿骚伯爵威廉一世②,从西班牙国王手中获得臣服时,每次都要脱帽示意。"倘若整个社会谈不上知书达理,断然无法找到一位知书达理之士。大家彼此促进,才能保持较高水准。尤其是女性;需要众多有修养的女士——才华横溢,举止优雅,手不释卷的女士形成的沙龙,雍容风雅,习以为常,故而表演,画作,雕像,诗歌,尽有可观,经常出入高雅社交——如此一来,才有可能拥有一位斯塔尔夫人。一家商行的主事,一位首席律师或政治家,日常要接触全国各地的三教九流,而这些人物也是犹如驱动轮,各个阶层的管事,从中我们难以发现比较追求文化修养之辈,可以视其为有识之士。除此之外,我们应该记住,稠人广众之中,人才辈出的可能性也就越大。今日之伦敦,可想而知能够行贿的最佳诱饵,在于各色人等俱全,各种条件具备,论者便能够相信,浪漫性格的人物,在此自有用武之地,相信诗人,神秘主义者,豪杰之士,都可以冀望发现棋逢敌手。

  我希望都市能够给人最好的教训——娴静温雅。尤其美国青年的美中不足,就在于——骄矜。见过世面的人,毫无骄矜之气便是他的印记。他不会高谈阔论,而只会言语低调,就事论事,避免一切吹嘘之词。他不露山水,衣着朴素,从不然诺,多做实事,说话总是三言两语,喜欢实事求是。谈起职业时,惯于用十分卑微的称谓,所以能从毒舌之口,获得舌锋十分尖刻的利器。他的谈话,三句不离天气和新闻,不过他听任自己令人出乎意料,进而若有所思。他的学问和道理,金口一开滔滔不绝。伟人微行而过的逸闻趣事,诸如国王微服私行,他的想象力可谓一触即发,比如在光彩夺目的朝觐时,拿破仑居然刻意一身素服;或者彭斯,司各特,贝多芬,威灵顿,歌德,或是权倾一时之士,众人还以为是无名小卒;再如伊巴密浓达将军③,"他从来一言不发,而是永远倾听";

---

  ① 富勒(Margret Fuller,1810—1850),美国批评家、教师和女才子。结交一时名流,曾为《日晷》主编。
  ② 威廉一世(William I, Earl of Nassau,1533—1584),荷兰执政。
  ③ 伊巴密浓达(Epaminondas,约公元前420—前362),希腊底比斯将军。两度击败斯巴达人,曾称霸希腊。西塞罗尝盛赞其为希腊第一人,普鲁塔克为其立传,但已不见简编。

比如歌德,在和生客交谈的时候,偏好的是琐碎的话题和普通的表达,衣着不如客人,他并非一身西装革履,而是显得有些过分心血来潮,其实则不然。旧帽子和厚大衣自有好处。我听说举国上下,大家看待优质阔幅布,都报以一份敬重。不过礼服令人拘束,男士则不肯委屈身体。厚大衣却犹如醇酒,话匣子一打开,男士便会推心置腹。有位古诗人曰:

"走向远方,一路节衣缩食,
你会发现有一点千真万确:
你看上去比较贫寒比较卑微,
你便会看得更加通透明白。"①

米尔恩斯《卑贱者的行当》中的笔墨,可谓异曲同工——

"在我看来众生露出本来面目,
在我面前他们不戴任何面具。"②

看来莫名其妙的是,我们国人居然——不是傻里傻气,而是有点儿头脑膨胀。有个精明的外国人,谈论美国人时称:"他们无论在说什么,都有那么一点演讲架势。"不过盎格鲁-撒克逊人的语言里,有一大特色则与众不同,即历代书籍里那种妄自菲薄的把戏。可以肯定,在古老、人口稠密的国度,在数以百万的优质外套之中,一件精制的外套则无法显出特别之处,于是你发现的便是幽默人士。在英国人的一次聚会上,某公看上去未必彬彬有礼,或者器宇轩轾,面孔就像红彤彤的面团,却会出人意料地流露他的机智、学问,海阔天空,与天下名流多有私交,此时此刻你才明白,今日遇见的是一位显赫人物。莫非是这种情形:古老皮克特人野蛮风尚的荒草,本来已经几近灭绝,却得到美国大森林的滋养——爱好鲜红的羽毛、珠链和金饰?意大利人喜欢红色的

---

① 参阅鲍蒙特和弗莱彻合著的剧本《女人的奖品》(又名《驯者驯服》),四幕五场,199行以下。
② 米尔恩斯(Richard Mockton Milnes,1809—1885),即霍顿男爵(1st Baron Houghton of Great Houghton)。英国政治家、诗人和文人。出版过《济慈生平、书信和文学遗著》。作品有《人民诗歌》。

衣服,孔雀的羽毛和刺绣;我还记得在巴勒莫①这座港市时的情景,有一个雨天的上午,满街但见一片耀眼鲜红色的雨伞。英国人具有一种素朴的品位。显贵的车马随行,清一色的素朴。华丽的装束,透露出城市的财富为新近所得,故而令人手足无措。皮特先生②,颇有皮姆先生③风范,认为"先生"的称呼甚好,而反对欧洲的国王尊称。他们引以为豪的是,治理天下就在那间寒碜、朴素、昏暗的众议院会议室,这就是众议院落座的地方,面前有融融炉火。

我们一则希望都市成为中心,凡是上品,皆有可观,一则都市降低了我们的身价,因为事事都会小题大做。村夫在城里看到的是一家餐馆,一家发廊。他再也看不到地平线的壮丽轮廓,山川平原,而肃然和庄严则伴随造化而来。他跻身于阿谀逢迎、油嘴滑舌的一族,他们生活是为了排场,屈从舆论。生活被拖垮了,沦为可怜的烦恼和不幸形成的喧闹。你可以说神明应该尊重生命,因为个人的目标也是神明的目标;可是身居都市,神明已经背叛了你,化为一片愁云,充满了无足轻重的恼怒——

> 对抗神明,
> 他们寡不敌众,
> 他们将和贱民角力。
> 我们繁衍,繁衍,贱奴,
> 今日轮到我们了!我们主宰,
> 朱庇特把寰宇交给了
> 万千贱民,万千贱民。④

---

① 巴勒莫(Palermo),西西里岛首府,位于西西里岛北部的港口。
② 皮特(William Pitt, the elder, 1708—1778),英国政治家,两度任首相。
③ 皮姆(John Pym, 约 1583—1643),英国议员。
④ 法国诗人贝朗瑞(Pierre Jean de Beranger, 1780—1857)的诗句。见《贱民》(或音译《米尔米东人》,1819),第 1—5 行。诗作标题为双关,也有侏儒和无能之辈的意思。米尔米东人(the Mirmidons)为南特萨利亚一部落,在特洛伊战争中,在阿喀琉斯麾下,米尔米东士兵骁勇善战,在所有希腊军队中堪称兵力最强。参阅《伊利昂纪》,卷 16,20,23。另见奥维德《变形记》,卷 7。

除了噪声,嘶叫恸哭的百姓,还有什么憎恶可言？百姓的风向标总是指向东方,他们活命是为了饱食,他们看病求医,他们娇生惯养,他们的双脚放在调风器上取暖,他们串通起来,就为了一把套上坐垫的椅子,一处通风的角落。让他们再经历一遍,又开始罗列他们的种种病痛,故事说不尽,太阳要西沉。姑且让这些宵小之徒,假以些许安慰,使得我们莫要沾沾自喜。在一个工作的人看来,白霜无非一种颜色;风风雨雨,他一回家,便置之脑后了。让我们学会生活得粗糙些,衣着朴素些,睡得坚硬些。避免口腹之累,这种微不足道的习惯,自有一定良效,虽然不易估量。我们也不必迫不得已而养成儿戏式的节食。坚持一种特别的食谱乃是迷信。一切东西,至少都是由相同的化学原子组成的。

孜孜以求伟大品质之士,感觉不到有琐细的需求。饮食,起居,衣着,或者礼节寒暄,或者在交游中要表现的形象,抑或财富,乃至例行公事,你的心思怎么可能放在这些方面——当你想到机器和工人多么微不足道的时候？在威斯特摩兰郡①,有人向我称美华兹华斯,认为他为邑里人家树立了温饱家居的楷模,在那样的人家,惬意和文化不成问题,而且不事张扬。少年戴顶破帽,穿件儿时的外套,以后就可能确保向往的大学榜上有名,出入图书馆,此辈中人方为可造之才。在城里和乡下,寒门和小康人家大有克己阳刚的气概,可是不登大雅,而且永远不为文学所容,然则这股气概使得大地变得甜美;这股气概节约的是奢侈,花费的是必需;这种气概久而久之,造就了人才;这种气概卖掉的是马匹,可是建造的是学堂;工作起早摸黑,在工厂里同时应付两台织布机,然后三台,六台,可是还清了抵押父亲农场而换取的贷款,然后又欢天喜回去干活了。

都市有些高屋建瓴的公益,我们几乎无法节省;公益应该为人所用,不过要谨慎而不失傲气——这样对于可有可无的人而言,便会产生最佳的价值。城里可以偶尔光顾,不过应该养成深居简出的习惯。寂寞可以维护平凡,之于天才乃是诤友,乃是冷然和隐然的容身之处,在

---

① 威斯特摩兰郡(Westmoreland),英国历史地名。华兹华斯晚年曾任威斯特摩兰郡税收专员。

寂寞时,羽翼可以蜕换,从而能够饱经风霜,而非甘于享受阳光和星光。能够激励和引导同胞的人,必须固若磐石,和他人心灵沟通,起居,謦欬,日常的读书写字,他人俗见的古老羁绊,一概不为所动。"晨间——寂寞";毕达哥拉斯的良言;造化也许向想象力面授机宜,因为从不当众泄露天机,造化的宠儿,可能领略到那些神妙的力量,它们只会透露给严肃入定的思想境界。可以肯定,柏拉图,普罗提诺,阿基米德,赫耳墨斯,牛顿,弥尔顿,华兹华斯,没有一位与人为伍,而是间或光顾人群,犹如施主一般;保全自我这个要领,良师自会向后生的灵魂灌输,时间上先后有序,生活上有条不紊,要保留寂寞的时段和习性。大学生活的一大优点,在于往往机械刻板,不妨如是说,优点在于独居一室而又享受炉火——父母毫不犹豫,允许子弟在剑桥享受这份待遇,而认为在家里则无此必要。我们说寂寞,是为了思想基调的品格留下这个烙印;不过倘若两个心灵共享一份寂寞,或者不止两人,则可谓倍感幸福而不失高尚。"我们四人,"尼安德[①]给他的宗教友朋写道,"在哈勒[②]将享受一座上帝之城[③]的内心天恩,基础便是永远的友谊。我认识你越多,我对平素所有的伙伴越是倍感不满,而且必然感到不满。他们的出现,令我目瞪口呆。共同的悟性,退居于一切存在的唯一中心。"

  寂寞排除燃眉之急的压力,这样比较宽容和符合人性的关系就可能出现。圣人和诗人都力求洁身自好,向往的目标则着眼于芸芸众生,而且具有普遍意义,文化的奥秘即在于吸引人更多关注公众,而非一己的品质。比如这里有一首新诗,一时物议鼎沸,见诸杂志,谈话中亦有所闻。从中论者至少不难搜集读者提出的定论意见;那就是,总的说来,属于贬评。诗人作为匠工而论,关心的无非是给予他的好评,而不关心指责,尽管这些指责可能是公允之论。而可怜的小诗人,则一味倾听好评,同时排斥指责之词,以为那就证明了批评家的无能。可是儒雅

---

  ① 尼安德(Joachim Neander,1650—1680),德国教会教师、神学家和赞美诗作者和作曲家。
  ② 即以前的哈勒大学(the University of Halle)。1817年合并后,全称为"哈勒—维特贝格—马丁路德大学"。
  ③ 原文为"*civitas Dei*"。

的诗人,变成了两家公司的股东——科弗先生在科弗股份公司有话要说,在人性股份公司又有话要说——最后,他狂喜不已,因为证明了科弗的不合理,而他对前者的兴趣,又使得他很高兴科弗股票的流通。因为贬低他的科弗股份公司只是表明人性股份公司价值连城。一旦他站在批评家一边反对自己,他便充满喜悦,因为他成了一位儒雅之士。

一切财富和一切行动之中,我们必须体现智商这种品质,否则便一文不值。我一定要有子女,我一定要有活动,我一定要有社会地位和履历,否则我的思想和言语,便缺少包装或根基。但是为了这些辅助内容具有价值,我必须明白,它们都属于附带性质,而非炫耀性的财产,财产更多属于人民,而非属于我。我们在学者身上看到了这种抽象过程,可谓水到渠成;可是在务实之士身上看到这种品质,则平添了一份魅力。波拿巴,和恺撒一样,智力过人,能够在看待每一件物品时根据其本身价值来判断,而不会感情用事。虽然身为彻头彻尾的利己主义者,他却能够批评一出剧本,一座建筑物,一个人物性格,发表公允的见解。我们熟悉某人,仅仅因为他是政坛显要,或是商界名流,如果我们发现,他有几分才智品位或技艺,在我们的评价中,他就会身价倍增;正如我们听说费尔法克斯勋爵①,长期议会的将军,他十分热衷文物研究;再如法国的弑君者卡诺②,他在数学方面天才卓绝;或者有位在世的银行家,他附庸风雅而擅名诗坛;或者有位党同伐异的记者,他致力于鸟类学。由此可见,如果在阿肯色州,或者得克萨斯州旅游,沿途经过阴沉的荒漠的时候,我们应该留意邻座的游客,他在读贺拉斯,或是马提雅尔③,抑或卡尔德隆,我们理应希望拥抱一下。

文化开启了美感,我们这样说的时候,无非变换措辞而已,而信条依然未变。如果人生在世仅仅为了有用,无论在社会这个机器里,可以

---

① 费尔法克斯(Thomas Fairfax, 3rd Bardon, 1612—1671),英国内战时期新模范军总司令。
② 卡诺(Lazare Carnot, 1753—1823),法国政治家、工程师和数学家。曾在拿破仑手下任内务部长。白色恐怖时期以弑君罪遭流放。
③ 马提雅尔(Marcus Valerius Martialis,约 38—41 至约 104),罗马诗人,以讽刺诗擅名。

充当销子或铆钉,他依然是乞丐一个,而不能说他已经达到泰然自若的境界。朝朝夕夕,我的痛苦来自于众人感知不到美。他们并不懂得那份魅力,它每时每刻可以美化;天下万物,礼仪,自持,仁慈,都有其魅力。沉静与乐和是绅士的标记——沉静寓于活力。古希腊描写沙场的画卷显得沉静;英雄豪杰,无论投入何其激烈的战事,都能保持安详的一面;如同我们谈到尼亚加拉瀑布,飞流直下而不知缓急。一张乐和聪明的面貌,乃是文化的终极反映,堪称修心养性。因为面貌反映了自然和智慧,这个宗旨已经企及。

当我们的聪明才智发挥出来的时候,我们会变得温文尔雅,窘迫和不适,会让位于自然而然令人愉悦的言行举止。不妨留意一下,玩味天文学上大的周期空间,便会启发我们志存高远,视死如归。风光旖旎,群山巍峨,造化的陶冶可以平息我们的怒气,可以升华我们的友情。即便一个高耸的华盖,教堂豪华的内景,都对礼仪产生明显的影响。我听说笨手笨脚的人,站在高敞的天花板下,置身于宽敞的大厅之内,会变得说笑自如。我想雕塑和绘画能潜移默化,教会我们讲究礼仪,雍容娴雅。

不过,总的说来,文化必须通过高情远致而充实那些来自于经验的技能,比如雄辩,或者政治,或者商业和实用技艺。有一种思想和力量确乎体现了崇高品质,足以统辖和调节殊相,只有洞达万象的总体联系,才可能产生殊相。演说家洞彻事理之后,便再也不会对此视而不见,而是能够切近实务,犹如登高望远,虽然他不会头头是道,但是在应付实务时,他肯定成竹在胸,凡事不会眼花缭乱,或是惊恐不已,这就是他与律师和代理人处事的不同风格。在华盛顿与两党领袖处于良好的关系基础,这样的人物读到报章的流言,地方政客的揣测,这时他自有明鉴,善于辨别各种说法孰是孰非,事态发展到了什么地步,都一清二楚。康涅狄格这台社会机器,阿基米德自然一眼便可看透,足以判断性能良好的程度。进而言之,一位智者,如果不仅懂得柏拉图,而且还有圣约翰能够昭示他的道理,他便能够轻松地提高自己的处事之道,而具有一定的威严。柏拉图说,伯里克利达到如此崇高的境界,幸亏听从了阿那克萨哥拉的教诲。伯克能够影响人类事务,因为他的思想胎源于一个更高的领域。富兰克林,亚当斯,杰斐逊,华盛顿,依托的是美好的人性,在这样的人性面前,现代众议院的吵吵闹闹,无非酒肆政治而已。

不过还有一些高深的文化奥秘,并非略识之无之辈所能领悟,而是登堂入室之士才能管窥。这些道理只是勇者方能领悟的教训。我们应该认识那些戴上丑陋面具的朋友。苦难不幸乃是我们的朋友。本·琼森在《致缪斯》中娓娓道来:

> 让他倾听光阴漫长的积怨,法庭的恶意,
> 和解之后,依然让他嫌疑在身,
> 让他失去所有的朋友,更有甚者,
> 通衢大道的途径几乎条条不通;
> 你留给我的缪斯比你更加美好,
> 你带给了我,天赐的贫困。①

我们希望以强记之法钻研哲学,玩味英雄精神。可是上帝比凡人聪明,他说,吞下羞耻、贫穷和处罚的孤独,它们属于言道真理。逆水和顺水都要尝试。逆水能够给人值得认识的教训。国无宁日之时,人品尤其至关紧要。莫要恐惧革命,一场革命迫使你一年的体验多于五年。偶尔树敌不必过于敏感。有些时候要心甘情愿发落到考文垂②,听凭民众尽情表示不屑一顾。饱经风霜的完人应该海量包涵。他应该对个人恩怨保持距离,不可因怨恨而耿耿于怀。他应该待人不分敌友,而是仅仅视为力量的渠道来评价众人。

蹈厉之志者,应该惧怕安逸家居和世俗风气。为了护持凤毛麟角,天堂有时便假以丑陋和憎恶,犹如保护果实的刺果。如果有什么上品之物留待你去发掘,初次或再次探访时,总是深藏不露,外形未必时尚,唾手可得,属于都市客厅之物。人见人爱是娇娃的追求。波尔菲里③有言:"陡峭崎岖乃神明之路。"翻开你的马可·奥勒留。以古人之见,

---

① 见《讽刺短诗》,第65首,7—12行。
② 考文垂(Coventry),英格兰中部城市。17世纪英国内战期间,保王党人监禁之地。
③ 波尔菲里(Porphyry,? 234—? 305),古希腊哲学家。普罗提诺的门生,因整理编辑普罗提诺的讲课笔记、撰写其传记和注疏亚里士多德《范畴篇》而垂名后世。

他是一代伟人,他鄙视光彩夺目,敢于触怒命运女神。他们偏好的是硕大的巨轮,然而为时已晚,错失时机,于是随波逐流,盔甲已卸,桅樯索具全部拆除,而不愿她的伴侣降生于战旗飘扬和枪林弹雨的隐蔽所。没有任何社会财富能够廉价购得,与世沉浮,和蹈厉之志及自力更生,不可相提并论。

贝蒂娜如此回答歌德的令堂大人,当时她因为不修边幅,受到了责怪——"如果在可怜的法兰克福,我不能自持己见而自行其是,我就不会有多大出息。"方隅之见,变化多端而匪夷所思,后进应该自有判断,评价高下。我们的见识与时俱增,也就应该更加能够忍受凡夫俗子的基本生存方式;凡是勇敢的心灵都应该对待社会犹如孩童,决不可听任其发号施令。

"所有那类严谨而约束的美德,"伯克说过,"对于人性而言,几乎都是过于昂贵的代价。"有谁希望严谨?有谁希望为了贫穷、卑下、无礼,而抵制显赫和礼貌?而敢于如此的人,怎么能保持脾气和蔼,精神欢乐呢?高尚的美德并非文质彬彬,它们的补偿在于最终卓尔不群。立场坚定,抵制侪辈的俗见,这样的人物,我们奉上的是花团锦簇的桂冠,全人类的泪水!大师的衡量尺度,在于二十年之后,他成功地促使所有的人折服于他的卓见。

我姑且在此断言,文化修养不能过早着手。和学者们交谈的时候,我注意到,他们不为童年时代比较粗野的伙伴所欣赏,而在他们的评价中,唯有童年,才能够把宗教和无限这种品质,赋予想象性的文学。我还发现,如果父亲懂得欣赏,做儿子的便会获得更多欣赏的机会;现在渐渐长大的这批孩子,若要崭露头角,成就为最好的学者,他们不仅是迟了数年,而且是迟了两三代。而且我认为,对于一位学者而言,下述情况乃是一个说得过去的动力,如同在一个老社区里,通常能够找到一位名门出身的业主,经历了风华正茂的激情之后,他成为细心的丈夫,习以为常感到怀有一份心愿,经过他的经营料理,家业不会遭受损失,而是如同当年他接受遗产时那样,完好地留传给自己的后代——同样,一个深思熟虑的人,将会自视为那种世俗完善的对象,这样人类才得以完善,得以治愈,得以升华;在快乐或收益上,避免精力的每一笔开销,因为如此开销将会危及社会和世俗方面的这种积累。

化石层昭示我们,大自然是从初始的形式开始成形的,地球适于栖息的时候,也就上升至比较复杂的形式;比较高级的形式出现的时候,比较低级的形式便消亡了。我们的种族中,没有几位称得上是完美无瑕之人。我们依然身上残留着以前低级四足动物器官组织的残余。芸芸众生,我们谓之人矣;可是他们不足为人。多半忙于耕耘,拼命抓摸要摆脱束缚,人类需要一切使之挣脱出来的音乐。面对爱情,赤热的爱情,倾注热泪和喜悦;面对欲望,加以鞭笞;面对战争,予以炮击;面对基督教,运用慈善;面对商业,运用金钱;面对艺术,玩味精品选集;面对科学,运用电报,穿越绵绵不绝的空间和时间,能够让迟钝的神经跃动起来,在坚固的虫茧里轰然叩击,挣脱茧壁,让新的生灵脱颖而出,直立起来无所束缚——迈开步伐,唱响欢乐之歌!四足动物的时代行将结束,头脑和心灵的时代即将来临。众所周知的那些罪恶形式,再也无法形成组织,这个年代将会来临。人类的文化在所不惜,需要一切物质。一切障碍都将化为工具,一切敌人都将化为力量。可怕的恶势力,将会变为更为有用的奴仆。自然的生物进化的努力,旨在向上和完善,如果有人从中领会到人类未来的暗示,人性的生命之中存在着相同的向善的冲动,我们将敢于断言,没有任何东西人类无法克服和改造,直至最终文化将吞并混沌和地狱。人类将把复仇女神转化为缪斯,把黑暗势力转化为有益力量。

文学与科学

马修·阿诺德

---

* 发表于1882年。在剑桥大学里德大厅的这篇演讲,是阿诺德对托马斯·亨利·赫胥黎于1880年在梅森学院发表的"科学与文化"演讲的答复。

马修·阿诺德
(Matthew Arnold, 1822—1888)

英国诗人、文学和社会批评家。出身书香门第，教育家托马斯·阿诺德之子。就读牛津期间，深受约翰·纽曼的思想影响，赋诗《克伦威尔》，后获奖。在笃信宗教的同时，怀有强烈的自由主义思想。担任督学凡三十余载，着力于推动教育改革，反对科学主义一统天下。在科学与宗教分庭抗礼的时代，针对专业化和职业化愈演愈烈之现状，阿诺德忧患风雅寝泯，自立一宗而标举文化。在牛津任诗学教授长达十年。目睹英伦风俗靡靡而文教衰落，面对维多利亚时代的拜金主义和庸俗市侩风气，阿诺德不薄今人而偏爱古人，奋笔疾书，议论纵横而掷地有声，代表作《文化与无政府主义》堪称经典之作。他对英国社会进行了尖锐的分析，矛头直指以贵族为代表的野蛮人，以商业中产阶级为代表的腓力斯人，以及平民百姓，同时倡导精英文化穆如清风，视为"追求至善的学问"，本着"人生的批评"的态度，成为一代文化的辩护士和人文精神的喉舌。文学方面有悲剧《梅洛珀》、《新诗集》等。诗才衰竭之时，批评才华喷薄而出，揭橥超然无执的批评思想，为拓宽文坛视野而主张接触法国和德国文学，著有《评论一集》和《评论二集》，文笔优雅而不失阳刚之气。教育和宗教方面亦多著述。有十五卷本《阿诺德全集》。

务实之士谈笑柏拉图和他的那些绝对理念；无可否认，柏拉图的理念，看来往往确乎不切实用，而且并非切实可行，尤其看待这些理念的时候，我们结合了工作日构成的这个伟大世界的生活，比如美国。这样一个世界的生活日常必需品，柏拉图嗤之以鼻；手艺和商业，还有工作的职场，柏拉图依然嗤之以鼻；可是倘若废置手艺和商业，还有工作的职场，一个工业的现代社会的生活，会变成什么格局呢？柏拉图说，各行各业卑贱而机械的技艺和手艺，在个人的优异禀性方面，造成了一个自然而然的弱点，结果个人非但抑制不住内心卑鄙的滋长，相反却助长了鄙吝之心，更无法理会其他品质的培养。那些从业于这些技艺和行当的人，他还说，听任自己的躯体遭受庸俗营生的玷污，同样也听任灵魂变得俯首帖耳，残缺不全。倘若这般有失体统的人群之中，尚有凤毛麟角立志于探索自我和哲学，柏拉图则把他比作一个秃头的小工匠，攒足了钱财之后，他从营生中解脱了出来，先是沐浴，再是添置一件簇新的外套，浑身上下焕然一新，活脱脱一位新郎，要去迎娶主人的闺秀，因为主人已经家道中落，无可奈何了。

和柏拉图从事的行当比较起来，工作的职场未必弘济苍生。他为我们描绘了这样一幅举世无双的画面：开业的律师，还有他那种尘世羁绊的生活；柏拉图揭示出，从青年时代起，如此羁绊便阻碍和扭曲了他的发展，于是灵魂变得器小刁滑，结果面临困难重重包围的时候，他不是堂堂男儿，为了摆脱困境，他不是依傍于正义和真理，而是求助于虚伪和谬误。如此一来，柏拉图说道，这个可怜的生灵便卑躬屈膝，从稚子到成人，成长过程中，从来就没有丝毫健全的品质，尽管据他的自我评价，自认异常机灵精明。

能够描绘如此这般画面的艺术家，论者当然无法拒绝表示推崇。

但是我们自言自语道,他的思想所反映的影响,则来自于一个原始而废止的事物秩序,当时武士阶层和教士阶层独享尊荣,世俗的卑微活计,尽可使唤奴仆代劳。沧海桑田,换了人间;现代的尊贵寓于工作①,爱默生的这个说法堪称金声玉振;我们不妨略加傅益,寓于的工作,主要是指平凡而又卑微的那类活计,比如养护地面的工作,工匠,各行各业的人,职场中人。首先,这就是诸如美国这样一个伟大的工业社会的本色。

如今的教育,众多的务实之士还可以言之凿凿,依然主要受到柏拉图之辈思想的支配,在他们生活的年代,武士阶层和教士阶层或哲学界,可谓独享尊荣,而社会上现实有用的那些黎民则为奴隶。那种教育适宜于这样一个社会中的有闲阶层。这种教育从古希腊罗马,薪传至欧洲的各个封建社会,欧洲的武士阶层和教士阶层,同样独享尊荣,而且社会上现实有用的那部分凡夫,虽然不像异教世界中那样,并非名义上的奴隶,而实际上的命运,并不比奴隶改观多少,也无人青眼相加。最后他们一言以蔽之,这种教育强加于一个孜孜矻矻的现代社会,何其荒唐,有闲之士确乎为数区区,我们理应认为,民众并无有闲可言,为了他们自身的大局利益,也为了一般社会的大局利益,在平凡的劳动和产业的追求上,他们势必忙忙碌碌,而我们目前探讨的教育,往往势必使得他们并不满意附庸风雅,况且斯文也并不适宜他们!

以上便是务实之士的高论。既然说到这个程度,我就必须为柏拉图辩护了,我的答辩理由是:他看待教育和学问的观点,就一般原理而论,在我看来,十分通达,而且适宜各色人等和各种境况,不论他们可能有什么不同的追求。"一位智者,"柏拉图如是说,"将珍视终究能使他的灵魂获得清明、正义和智慧的那些学问,将会轻视其余的一切。"我无法认为,此言是对教育宗旨的糟糕描述,是对理应支配我们选择学问时的动机的糟糕描述,无论我们是在为英国上院的世袭宝座而砥节砺行,还是为芝加哥的猪肉交易而粮草先行。

不过我承认,柏拉图的世界今非昔比。他蔑视商业和手艺,未免荒

---

① 引自爱默生的演讲《文学伦理》。

唐。诸如美国这样一个伟大的工业社会,他毫无概念,而这样的社会,必须而且将要塑造本国的教育,以期适应自身的需求。如果从往代沿袭而来的通行教育适应不了社会,当然社会很快便要废而弃之,另辟蹊径。往代通行的教育,历来主要是指文科方面。问题在于,大家一直以为,我们认为属于精华的那些学问,是否现在实际上教人登堂入室,是否其他的学问不见得更有益处。很多人士认为,过去的专制在教育领域让文学位居主导,结果犹如重荷在肩,不堪负担。为了符合我们现代生活的需要,现在提出的问题在于,主导地位是否不可从文学转向科学;在美国这片土地上,这个问题大家自然津津乐道,其他的国度则不能同日而语。贬抑所谓"纯粹的文科教学和教育",拔高所谓"明智、全面、实用的科学教育",这一构想,在美国这个现代氛围浓郁的国度,或许较之欧洲而言,乃是一个极其深入人心的构想,会取得突飞猛进的进展。

我下面要提出的问题在于,是否目前的这场运动,主张罢黜教育领域内昔日文科的主导地位,教育领域内的主导地位转向自然科学,是否这场生气勃勃而方兴未艾的运动,理应翕然从之,是否有可能最终这场运动果真会所向披靡。有人可能提出质疑,这也并不出乎意料。我本人的治学范围,几乎全部属于文科方面,探访自然科学领域则可谓蜻蜓点水,尽管这些科学一直强烈地推动着我的好奇。一介文人,恐怕有人要说,哪有资格探讨文科与自然科学作为教育手段的优劣比较。领教如此非议的时候,我的答复是,首先发难者才力不逮,倘若他本人尝试加以探讨而其实并无资格可言,他的不足之处便彰彰在目,随处可见。任何人都不会轻信其言,以为他会拥有诸多明辨是非的观察家和批评家,可以拯救人类而不至于误入歧途。不过我以下的思路,实在十分简单,诸位很快便会发现,或许即便对于一个心有余而力不足的论者而言,如果按照这个思路商榷下去,也不会理屈词穷。

在座的有些听众可能还记得,我曾经有个说法,目前已是物议沸腾,众目所指,而我的见解大意是说,我们文化的宗旨在于认识自身和世界,作为达到这个目标的手段,我们必须认识普天之下历代思想之精华,文章之鸣凤。赫胥黎教授,一位科学界人士,也是一位杰出作家和舌辩魁首,在伯明翰乔阿西阿·梅森①理科学院揭幕典礼上,曾经发表过一篇讲演②,我的以上说法,他竟在讲演中抓住不放,同时另外援引了我的几句话,借题发挥,这里略陈如下:"文明世界理应具有现在这样的面貌,视为一个伟大的同盟,为了学术和精神的宗旨,注定要付诸一个共同的行动,致力于一个共同的成果;其中各个成员,为了共同的素养,应该略知古希腊罗马,还有东方典籍,大家需要知己知彼。专门的地方性和临时性优势,则排除于考虑范围之外,这个规划,倘若完全彻底付诸实施,在学术和精神领域里,现代民族将取得长足进展。我们,我们所有的人,作为个人而论,越是彻底地贯彻这个纲领,我们便会取得更大的进步。"③

根据我的说法,再经过如此一番傅益,赫胥黎教授议论道,当我论及以上谈到的知识的时候,认为能够帮助我们认识自身和世界,我断言文学包括的内容,足以促使我们认识自身和世界。学习了古今文学之后,我们便奠定了充分宽阔和深湛的基础,可以从事那种构成文化的人生批评:关于我们自身和世界的知识,他说道,不过这根本不是不言自明的道理。相反,赫胥黎教授宣称,他发现自己"根本无法承认下述情形:民族也罢,个人也罢,如果他们共同的素质在物理学的宝库里无所借鉴,却有可能取得真正的进展。我应该说,一支兵马,倘若手无精良甲兵,足无虎踞龙盘之地,或许还有望在莱茵河发动一场战役,而物理学在上个世纪里的作为,个人倘若一无所知,则无望进行人生批评"。

上述言论表明,准备共同商榷任何问题的学者,关于他们所用的名词的含义,要取得共识是多么必要,——多么必要,同时又是多么困难。赫胥黎教授言语之间隐含的非难,便是大家往往针对一般所谓纯文学而提出的:这种研究固然为风雅之事,不过是雕虫小技,而又徒劳无益;对希腊语和拉丁语略知皮毛,还有附庸风雅,对于凡是追求真理、志

---

① 梅森(Sir Josiah Mason,1795—1881),英国钢笔制造商。出身贫寒,早年当过木匠、漆匠。临终前馈赠近 25 万英镑,创建梅森学院。
② 即"科学与文化",参阅本书下一篇选文。
③ 参阅本书前面所收的赫胥黎的演讲,引文与此处小有出入,现据前文。此处原文开头为"文明世界理应如同现在这样,视为一个伟大的同盟"。

在成为务实之士的人而言,并无多大用处。于是,勒南先生①也谈到,照搬初级课程那种"肤浅的人文学科",以飨学者,仿佛大家日后都要成为诗人,作家,传教士,演说家,这种人文学科研究与实证科学,他对立起来看待,后者或者可谓追求真理的批判探究。这些人士总有那么一种倾向,他们不断抗议文学在教育中的主导地位,文学,他们理解为纯文学,而所谓纯文学,他们又理解为肤浅的人文学科,即科学或真正知识的对立面。

可是我们谈到认识希腊罗马的古代,具体说来,即大家称为人文学科的知识,在我看来,我们所指的是比较丰富的一门学问,而非肤浅的人文学科,率多装饰之用。荷马史诗的批评家沃尔夫②有言:"所有的教学,我都谓之具有科学性,经过系统的安排,同时探索源头活水。举例而言,古典的古代这门学问的科学性,体现于根据原始语言,对古典的古代断简残编,进行正确的研究。"无可置疑,沃尔夫完全言之成理;所有学问的科学性,都体现于经过系统的安排,同时探索源头活水;一门名副其实的人文学科研究则具有科学性。

由此可见,我谈到认识希腊罗马的古代,作为认识自身和世界的一种辅助,我所指的学问超越大量的词汇,大量的文法,用古希腊罗马语言写作的如此众多的作家。我是指认识古希腊罗马人,他们的生活和天才,他们的为人处世和在世界上的作为;我们可以从中借鉴什么,认识其价值所在。至少那是理想境界;我们谈到努力认识希腊罗马的古代,作为认识自身和世界的一种辅助,我们意味着致力于认识他们,终而臻至如此理想的境界,尽管我们可能还相去甚远。

相同的理念,也可以用于认识我们本民族和其他现代民族,含有的相同旨趣,也是逐步理解我们自身和世界。认识现代各个民族的思想之精华,文章之鸣凤,赫胥黎教授说道,无异于认识"仅仅现代的国别文

---

① 勒南(Ernest Renan,1823—1892),法国哲学家、历历史学家和宗教学家。著作主要有《科学的未来》、《宗教历史研究》和《耶稣的一生》等。

② 沃尔夫(Frederick Augustus Wolf,1759—1824),德国古典文学学者。1795年发表《荷马史诗研究》,提出作品系集体合作之产物,而非出自一人手笔,由此轰动士林,学界称为"现代世界圣典之一"。

学所要告诉我们的内容;这就是包含于现代文学之中的人生批评"。但是,他词锋逼人,"我们这个历史时期的鲜明特征,就是体现于自然知识发挥着突飞猛进,持续增强的作用"。由此可见,物理学在上个世纪里的作为,个人倘若一无所知,怎么可能有望进行人生批评呢?

  诸位,关于我们现在所用的这些名词的含义,建议大家能够达成共识。我谈到要认识普天之下历代思想之精华,文章之鸣凤;赫胥黎教授则说,此言意味着认识作品。作品则是一个博大的字眼;作品可以表示形诸笔墨或刊行为书的一切文字。因此,欧几里得的《几何原本》,牛顿的《自然哲学的数学原理》,当属作品之列。所有通过书本而传达给我们的知识,皆为作品。可是所谓作品,赫胥黎教授指的却是纯文学。他的用意在于借我之口说出,认识现代各个民族的思想之精华,文章之鸣凤,等于认识这些国家的纯文学,如斯而已。他立论道,这些根本不是进行现代人生批评的充足装备。但是我并未如他所指,认识古代罗马,意味着仅仅认识或多或少的拉丁语纯文学,而罗马的军事、政治、司法,还有天下政务,则一概置于不顾;以此类推,所谓认识古希腊,我的理解在于认识到她是古希腊艺术的赐予者,是通向灵活而正确运用理性和通向科学方法的指南,是我们数学和物理学以及生物学的创立者,我们的理解是认识包含着所有这一切的古希腊,而非仅仅认识某些古希腊诗章,史乘,专著,演说,以便为了对现代各个民族也有所认识。所谓认识现代各个民族,我所指的是不仅仅要认识国别的纯文学,同时还要认识有些人物都有哪些作为,诸如哥白尼,伽利略,牛顿,达尔文。"我们的祖先学而知之,"赫胥黎教授说道,"地球为肉眼所及的宇宙之中心,人乃世间万物之灵长;他们听到的谆谆教诲是,自然规律并无固定的秩序,而是能够改变,并且始终由于无数神灵力量的作用而得以改变。"然则对于我们当今之世而言,赫胥黎教授又说,"关于世界的起源与灭绝,我们祖辈头脑里的那些想法,已经令人难以置信。可以相当肯定地说,地球并非物质宇宙的主要天体,世界并非隶属于人类的用途。甚至可以更加肯定的是,自然表达了任何事物无从干预的一个确定秩序"。"不过,"他声嘶力竭,"当今之世,人文主义者的代表人物,提倡纯粹古典教育,说明他们对此一窍不通!"

在适当的场合和时间,我确实要触及古典教育这个令人头痛的问题;不过目前的问题在于,认识现代各个民族的思想之精华,文章之鸣凤,这个说法含义何在。其中的含义,不是仅仅认识各个民族的纯文学。认识意大利的纯文学,并不等于认识意大利,认识英国的纯文学,并不等于认识英国。深入认识意大利和英国,自然便有广博的学问,伽利略和牛顿,也属于其中。肤浅的人文学科,纯文学的皮毛,这番挦撦之词,也许可以名正言顺用于指责其他某些学科;但是指责我提议推荐的这门特殊学科,即认识世界上历代的思想和言语之精华,则不适用。精华之中,我当然也包括现代观察和认识自然的伟人的思想和言语的内容。

所以,是否认识关于自然现代科学研究的伟大成果,不必作为我们文化的一个组成部分,以及是否认识文学艺术的作品也是如此,关于这个问题,在赫胥黎教授与我之间,其实根本并不存在疑问。但是问题在于企及这些成果所因循的过程,物理学界的朋友们则有言,应该成为人类绝大部分人口的主要教育内容。而在这一点上,确实出现了一个分歧,一方的代表,赫胥黎教授用"文化的利末人"①这么个儿戏挖苦的字眼来称谓,另一方的代表,寒微的人文主义者有时不免视为文化上的尼布甲尼撒②之流。

认识科学探究自然的伟大成果,我们对此看法一致,但是我们的研究,有多少必定用于认识取得这些成果的过程呢?这些成果固然与人类生活息息相关,有目共睹。不过所有的过程,所有的具体事实,也饶有趣味,因为那些成果是通过这些过程才能够取得和确立的。一切知识之于一位聪慧之士,可谓饶有趣味,而自然的知识,对于所有的人而言,都饶有兴趣。通过鸡蛋里含蛋白的蛋清,孵育的小鸡吸收鸡肉、鸡骨、鸡血、鸡毛的物质养分;同时,通过鸡蛋里含脂肪的蛋黄,小鸡又获得热量和能量,从而使得小鸡最终能够破壳而出,独自去觅食。认识这个过程多么有趣。一支蜡烛燃烧的时候,蜡转化为二氧化碳和水分。

---

① 参阅本书中《科学与文化》一文相关译注。
② 尼布甲尼撒(Nebuchadnezzar),古巴比伦王。本来字面的意思为"尼布,捍卫我的界线吧"。攻占和焚毁耶路撒冷,把大批犹太人驱赶到巴比伦,兴建巴比伦塔和空中花园。阿诺德此处用典暗指科学家可能破坏古老的文化。

或许,认识这个过程就不算十分有趣,不过还算有趣。进而言之,和事实打交道的习性,这是通过研究自然而然养成的,如同物理学界的朋友所褒奖的那样,它是一个优异的品行准则,这可谓完全真实。在研究自然的时候,始终要诉诸观察和实验;不仅要说明事物的本相原来如此,而且要促使我们看到,事物的本相原来如此。不仅一个人告诉我们,蜡烛燃烧的时候,蜡转化为二氧化碳和水分,这是人们可能告诉我们的,倘若他心血来潮,还可能告诉我们,卡戎①撑篙,将满载亡魂的渡船驶向冥河;或者晓示我们,维克多·雨果是位令人崇敬的诗人,格莱斯顿②在政治家中令人最为钦佩;而且要促使我们看到,化为二氧化碳和水分的转化过程实际的发生经过。正是自然知识具有的现实一面,使得物理学界的朋友,作为认识事物的一种知识,把它与人文主义者的认识,加以对照,因为后者乃是文字知识,他们如是说。于是赫胥黎教授有感而发,一锤定音:"就获得真正的文化修养这个旨趣而言,专门科学教育,至少和专门的文科教育一样,具有同等的效果。"英国科学协会工程学部的一位会长,措辞犹如经书,可谓"口出狂言",他振振有词,一个人如果在智力训练方面,"用文学和历史学代替了自然科学,等于选择了不太有用的抉择方向"。但是不论我们是否由浅入深探讨下去,我们大家必须承认,在自然科学方面,和事实打交道而养成的习惯,是一个十分可贵的品行准则,人人都应该有一些亲身经历。

然而,岂止这些,那些改革家们却是贪多务得。有人提议,自然科学方面的训练,要成为教育的主要内容,至少是为了人类的绝大多数着想。在这一点上,我坦承,本人与物理学界的朋友道不相谋,而在此之前,我一直和他们看法相同。不过,在和他们产生意见分歧的时候,但愿本人小心翼翼,虚心谦恭地探讨下去。我时刻铭记,自然科学的各个学科,我本人是一知半解,微不足道,而且也担心对待这些学科时持论不公。自然科学各立门户,一有能耐,二来好战,故而在对峙反驳时,他们个个变得咄咄逼人。尝试探究的口吻,则是我所希望采取而非背离

---

① 卡戎(Charon),希腊神话中的神明。
② 格莱斯顿(William Ewart Gladstone, 1809—1898),英国自由党领袖。四次连任首相。著有《荷马和荷马时代研究》。

的口吻,因为适合才疏学浅,知识蔽于一隅之辈。目前在我看来,有人主张在绝大多数的人类教育中,主要位置应该给予自然知识,这是他们的称谓,而其中有一个重大的方面,他们疏于考虑:人性的构造。我提出这一点时,依据的一些事实毫不深奥,不是微言大义;这些事实能够用尽可能简单的形式来说明,如果这样来表述,那么我肯定,科学人士将会乐意给予应有的分量。

完全否认事实,我以为,他很难做到。他难以否认,当我们决心要来列举,有哪些能力将构建人生的发展,姑且说,包括品行能力,才智和认知能力,审美能力,社交生活和人情世故的能力,这个时候他便难以否认,这个能力系统,虽然以上描绘的是粗枝大叶,却并不妄称含有科学的精确性,但是却相当真实地把问题反映了出来。人性是由这些能力逐步构建而成;我们需要的是所有这些能力。当我们恰如其分地符合和协调了这些能力的要求,然后我们便水到渠成,可以获得清明和正义,拥有智慧。这是十分显明易见的,物理学界的朋友会承认这一点。

但是,科学之士或许尚未充分观察到另一方面:刚才提到的若干能力,并不是孤立存在的,而从人类的一般规律来看,有一种永恒的倾向,它以各种不同的方式,使得这些能力彼此贯通起来。有一种融贯方式,这是我现在特别关注的方面。听从我们追求智力和知识的本能,我们获得了零零碎碎的知识;不久,就常人的一般规律而言,便产生了一种渴望,想把这些零零碎碎的知识,和我们的品行意识联系起来,和我们美的意识联系起来——如果这种渴望遭遇挫折,便会出现厌倦和不满。此时在这种渴望之中,我认为,便寓于了文学的力量,使得我们欲罢不能。

一切知识,如同我刚才所言,都饶有趣味;即便细节知识也有其趣味,它们来自于自然,无法融会贯通,必定在我们的思维中处于孤立的状态。哪怕不胜枚举的例外现象,也有其趣味。假设我们是在学习希腊语的重音,那么就会饶有兴趣地认识 pais 和 pas[①]这两个语词,以及词尾变化相同形式的一些其他单音节词,而抑扬符号不会置于所有格

---

① 原文"pais"意为"儿童",pas 意为"全体"。

复数的最后音节,而是在这一点上,有别于普通规则。假设我们是在学习生理学,那么就会饶有趣味地认识到,肺动脉输送黑血,而肺静脉输送鲜血,在这一点上,背离了静脉与动脉之间功能分工的普通规则。但是人人都知道,我们如何自然而然力求把零零碎碎的知识汇总起来,使之归属于一般规则,使之与原理联系起来;也知道无休无止地认识例外现象,或者把必然处于孤立状态的具体事实积累起来,那是多么令人不满和厌倦。

诸位,把我们的知识融会贯通,这是在我们认识领域自身的内部发生作用,我们将发现,相同的需要也在这个领域的外部发生作用。我们体验到,我们在不断学习和认识的时候——我们绝大多数人都体验到——我们已经学习和认识的知识,与我们内在具有的品行意识,我们内在具有的美的意识,需要融会贯通。

阿卡迪亚的曼提尼亚,有一位名叫狄奥提玛①的女先知,曾经向先哲苏格拉底说明,爱情,冲动,各种各样的向往,客观而论,无非是人们内心的欲望而已:善的一切应该永远展现于他们。这种追求善的欲望,狄奥提玛让苏格拉底确信,乃是我们的基本欲望,而我们内心的每个冲动,仅仅是它应有的特殊形式。所以正是这个基本欲望,我揣测——善的一切应该永远展现于他们,这个内心欲望——在我们内心发生了作用,这就是我们感受到,把我们的知识与品行意识和美的意识融贯起来。无论如何,本能存在于芸芸众生。人性俱在其中。而这种本能,大家将会承认,是天真无邪的,人性得以保存,就在于听从其天真无邪的各种本能的引导。由此可见,在追求满足上述我们这种本能的过程中,我们听从了人类保存自身的本能。

但是,毫无疑问,某些性质的知识,无法转化而直接服务于上述本能,与追求美的意识,与品行意识,无法直接融会贯通。此类知识属于工具知识;它们帮助人们触类旁通,获得其他知识,这方面可以有所作为。一个运用工具知识而度过一生的人,属于偏据之才。作为举一反

---

① 狄奥提玛(Diotima),希腊神话人物。古希腊爱情精神的化身,苏格拉底说,"她传授给我许多关于爱情的道理",参阅柏拉图《会饮篇》,201—207。德国诗人荷尔德林创作了名篇《梅农为狄奥提玛而哀叹》。

三的工具而论,对于那些具有善于利用工具的有才之士而言,工具可能十分可贵;工具自身不妨构成学科,而在这些学科之内,人人可以获得一些课堂教育,当属有益。不过匪夷所思的是,芸芸众生的主体,在精神生活上,居然要和希腊语重音或者形式逻辑相伴终生。我的朋友西尔维斯特教授①,他是天下一大数学家,认为超验主义学说具有数学的功效,不过那些学说并不适合普通人研究。就在参议院大厅和我们英国剑桥大学的中心②,我曾经冒昧——虽然由于本人的亵渎,已经表示歉意——斗胆提出一个见解:对于人类的绝大多数而言,甚至略知数学,便可受用半生。诚然这种情形符合工具知识的特性,它们具有莫大的重要意义,在于是触类旁通的工具;不过凤毛麟角,才有天分把它们作为工具使用,人类的主体则不然。

然而,自然科学与这些工具知识,并不是立足于相提并论的基础。经验晓示我们,芸芸众生的主体会发现,比较有趣的一面,在于知晓一支蜡烛燃烧的时候,蜡转化为二氧化碳和水分,或者知晓关于露水现象的说明,或者知晓血液流动的循环过程,而他们发现比较无趣的一面,在于知晓"儿童"和"全体"这两个说词的所有格复数,在词尾不用标明抑扬符号。自然知识的一鳞半爪,相互补充,相辅相成,最终我们形成的命题十分有趣,如同达尔文先生的著名命题:"我们的祖先是一个毛茸茸的四足动物,长着一根尾巴和竖立的耳朵,或许性习栖息树木。"或者我们形成的命题,经天纬地,而举足轻重,类似于赫胥黎教授的那些命题,他说道,关于世界的起源与灭绝,我们祖辈头脑里的那些想法大谬不然,自然表达的是任何事物无从干预的一个确定秩序。

确实有趣,科学的这些成果,也确实重要,本人和我们所有的人,都应该有所了解。不过我现在希望大家注意的是,我们依然,当有人向我们揭橥这些成果,而我们也予以接受的时候,我们依然处于才智和知识的领域之内。对于芸芸众生的主体而言,将来有人发现,当然也会提出命题,他们便会及时地信以为真,比如"一个毛茸茸的四足动物,长着

---

① 西尔维斯特(James Joseph Sylvester,1814—1897),英国数学家,和亚·凯莱共同创立代数不变量理论。在霍普金斯大学任数学教授期间,创办《美国数学杂志》,为首任主编。

② 偏重数学是英国剑桥历来的传统。阿诺德的这篇演讲就是发表于里德演讲厅。

一根尾巴和竖立的耳朵,或许性习栖息树木"。这样的命题,将来有人发现而会提出一个不可抗拒的要求,把这个命题与我们内心的品行意识与我们内心的美的意识,贯穿起来看待。但是这一步,科学之士则不会为我们代劳,甚至不会标榜要这样做。他们将给我们提供的其他知识是一鳞半爪,其他的事实,有关动物和它们的祖先,或者有关植物,有关石头,有关星辰;而且最终他们可能促使我们接受,赫胥黎教授声称,那些伟大的"认识宇宙的笼统概念,这些乃是物理学迫使我们形成的概念"可是那些依然还是他们所能给予我们的仅有的知识,并非提供给我们知识能和我们的品行意识,我们的美的意识贯穿起来,而原来为之感动,以为是为了这个旨趣而提出的;因此不是为了我们而提出的,故而对于人类绝大多数,时隔不久,又变得令人无法满足,令人感到厌倦了。

  天生的博物学家则不然,我承认。但是一位天生的博物学家,我们所指的是什么意思呢？我们意味着他那份观察自然的热忱,如此强烈而奇卓,与众不同,以致这份热忱标志着他有别于人类的大多数。这样的人士毕生都在积累自然知识,同时进行推理思考,幸福地终其一生,他将别无所求,或者说几乎无所他求。贤明而令人景仰的博物学家,达尔文先生,不久以前我们刚刚和他永诀,我听说他曾向一位朋友承认,就他而论,他未曾体验到有必要懂得多数人发现大有必要的两样东西——宗教和诗歌。科学和天伦之情,在他想来,足矣。对于一位天生的博物学家,我能够充分理解,这样的情形似乎理所当然。他倾注于自然,如此乐在其中,对待自己从事的工作,他怀抱着如此强烈的热爱,以至他不懈地获得了自然知识,进行推理思考,而鲜有余暇或意向去考虑,如何使得自然知识与人类注重品行的欲望,人类追求美的欲望融贯起来。他在寝馈造化的过程中,把自然知识与这二者融贯起来,他感到有多少需要,便融贯到什么程度;从天伦之情中,他获得了一切必要的附带的慰藉。但是达尔文之辈,凤毛麟角,天下罕见。还有一位伟大而令人景仰的自然知识的大师,法拉第,他属于桑德曼派[①]。换而言之,

---

  ① 桑德曼派(Sandemanian),原称格拉斯派,由苏格兰长老会牧师约翰·格拉斯创立的教派。他的女婿罗伯特·桑德曼后成为领袖,遂称桑德曼派。

他的知识,与他注重品行的本能,他追求美的本能,已经融贯起来,借助于罗伯特·桑德曼的教义,他是令人尊重的苏格兰长老教友。一般而论,何其强烈,那种人共有之的宗教和诗歌的需求,而且和他的认知自然而然联系起来,使之得到舒缓而又喜从中来,最终,或许吾辈中人赋有如此性情者,能够像达尔文在这方面的表现,还有法拉第那样性情的人,比例上看,前者有一人,后者至少有五十人。

  教育使人欲罢不能,因为实际上凭借的就是能够满足这种需要。赫胥黎教授高头讲章而菲薄中古教育,因为忽略了自然知识,甚至文学研究也匮乏,而形式逻辑则致力于"教会所说的一切合乎真理,必须合乎真理,证明其中的来龙去脉和道理所在"。但是伟大的中世纪大学,之所以纷纷诞生于世,不是凭借一腔热忱,我们不妨确信,凭借的是提供了一种贫乏而令人鄙视的教育。国王历来是大学的养父,王后历来是大学的养母,不过并非为了推出这样的教育。中世纪大学得以诞生,因为由经书和教会宣讲的臆断知识,如此深刻地吸引大家的心灵,通过如此简单,如此轻松,如此有力的方式,就是把这种知识与大家注重品行的欲望,追求美的欲望贯通起来。所有其他的知识,都处于这种臆断的知识统辖之下,而且隶属于此,因为有令人欲罢不能的那种至高的力量,濡染大家的情操,凭借于知识与品行意识与美的意识的携手共进。

  不过,赫胥黎教授说道,对于我们先辈信奉的观念而言,至关重要的那些宇宙概念,一向是物理学迫使我们而形成的。姑且同意他的说法,这些概念至关重要,新的概念必定而且很快就会变得天下靡然从之,归根结底人人都将领悟到,此类观念在形成我们先辈的信仰时至关重要。人文学的需要,如其名副其实的名称,由于人文学有益于大众那种至高无上的欲望:善的一切应该永远展现于他们面前——人文学的需要,在于新的概念与我们追求美的意识,我们注重品行的意识,二者直接建立一种关系,乃是唯一比较看得见的需要。中世纪在人文学方面无妨阙如,如同自然研究无妨阙如,因为当时臆断的知识,变得如此有力地吸引着世人的情感。姑且承认,等到臆断的知识消失的时候,变得吸引情感的那种力量也随之消失——但是情感本身,那些吸引和满足情感的要求,则依然存在。如果我们从亲身经历中发现,人文学具有一种吸引情感的无可置疑的力量,在个人培养过程中,与现代科学的成功相比而言,它的重要意义就变得更大,而非更小,而现代科学已经连根铲除了它所谓的"中古思维"。

那么人文学,还有,诗歌和雄辩,能够具有这样的力量吗?以上归功于这些学科的吸引情感的力量能够发挥吗?再则,假设这些学科具有力量而且有所发挥,目的在于潜移默化人的品行意识,美的意识,这些学科又是如何发扬光大的呢?最后,即便同时能够确实对于我们所谈的意识发挥了影响,人文学科应该如何与自然科学的成果——现代成果——联系起来呢?所有这些问题,不妨提出来商榷。首先,诗歌和雄辩是否具有唤起情感的力量?我们理应诉诸经验。经验表明,对于绝大多数的人而言,对于一般的人类而言,二者具有这样的力量。其次,诗歌和雄辩是否发挥了力量?答案是肯定的。那么进而言之,它们又是如何发挥力量,而结果能够影响人注重品行的意识,追求美的意识吗?这个问题或许适用于传道书作者①的说法予以解释:"虽然常人千辛万苦,上下求索,他终究无法发现;确乎,进而言之,智者若想认识,他也无法发现。"②为何从陶冶性情来看,仁者见仁,智者见智,比如谚语的说法,"耐性乃美德";而根据荷马史诗的说法,从陶冶性情来看,则另有一说,

    对于一颗恒心而言,命运之神是否临降于人类的子孙后代?③

为何从陶冶性情来看,哲学家斯宾诺莎固执己见,"人的幸福在于他能够保存自身的精髓"④?从陶冶性情来看,《路加福音》的说法则截然不同,"如果人获得大千世界,而失去自我,丧失自我,那么还有什么优势可言?"⑤看待效果的这种分歧从何而来呢?我无言以告,我也并不太关心而有所认识;重要的一点在于分歧产生了,同时我们能够从中

---

 ① 指《圣经·旧约·传道书》的作者。
 ② 典出《圣经·旧约·传道书》,8:17。——阿诺德原注
 ③ 《伊里昂纪》,第24卷,49行。
 ④ 斯宾诺莎《伦理学》,第四章,第十八节。
 ⑤ 典出《圣经·新约·路加福音》,9:25。

受益。可是,最后,诗歌和雄辩应该如何发挥力量,把自然科学的现代成果,与人注重品行的本能,追求美的本能,贯通起来呢?我要再次回答,我并不知道它们将如何发挥力量,不过它们能够而且将会发挥力量,我确信。现代哲理诗人和现代哲学道德学家,纷纷前来帮助我们,运用直接的说法,把现代科学研究的成果,与我们注重品行的本能,我们追求美的本能,贯通起来,这不是我所指的意思。我的意思是说,我们将会发现,作为一个经验的问题,如果我们认识普天之下历代思想之精华,文章之鸣凤,我们将会发现,或许生活在往代的古人的艺术和诗歌,还有雄辩,古人具备的自然知识十分有限,他们在诸多重大问题上,持有的概念大谬不然,我们将会发现,古人的艺术,诗歌,还有雄辩,实际上不仅具有振奋精神和愉悦情志的力量,而且还有力量——本质而论,诸如古代作者的人生批评体现的长处和价值——他们具有的力量,在于砥砺,升华,激励,启发,能够令人惊叹地帮助我们,把现代科学的成果与我们注重品行的需要,追求美的需要,融会贯通起来。荷马史诗里的物质宇宙的概念,可想而知,显得怪诞;但是现实来看,听到了现代科学的说法,为之震惊,"世界不是屈从于人类的用途,人不是天地万物之灵长",就我而言,我的渴望莫过于前面援引的荷马诗句给人的安慰:

对于一颗恒心而言,命运之神是否临降于人类的子孙后代?

常人的头脑越是清明无蔽,科学的成果越是为人坦然认可,诗歌和雄辩越是渐渐为人接受而加以研究,如同大家实际上那样对待——才士演绎的人生批评,伟力灌注而充满生机,有所作为,荦荦大端,不胜枚举——于是人文学的价值,还有艺术,后者实为金玉良言,伟力之功堪比人文,大家当有更多的感受,予以更多的承认,在教育方面的地位,也会变得更为牢固。

所以我们,我们所有的人,都要切实尽量避免任何厚此薄彼的比较,作为教育的手段而论,在人文学与自然科学之间,指称功过是非。可是英国科学协会工程学部的某位会长,坚持进行如此比较,他告诉我们"用文学和历史学代替了自然科学,等于选择了不太有用的抉择方向。用文学和历史学代替了自然科学,等于选择了不太有用的抉择之道"。我们且来答辩他的论调,人文学的学人,至少,也将仅仅懂得现代物理学带来的伟大的笼统概念;因为科学,如同赫胥黎教授所言,迫使我们大家形成力量这些概念。但是自然科学的学人,至少,根据我们的根本假说,将对人文学一无所知;姑且不提在决定自己长年累月积累科学知识的过程中,他决定自己所从事的工作,唯有专家,一般而言,才具有那种禀赋,工作时乐而为之。因此常人便有可能感到有所不满,或者至少是并不完满,而且和仅仅研究人文学的学者比较起来,甚至更不完满。

我曾经在一份学院报告里提到,我们英国有一所培训学院,在读的一位后学需要意译《麦克白》里的一段台词,开头一句是

你无法医治一颗病态的心灵吗?[①]

这一句在他的笔端,竟变成了"你无法照护那个疯子吗?"而我的批语是,假想我们国立学堂的中小学生,人人知道,姑且举例而言,月亮直径为 2160 英里,与此同时又认为,

你无法医治一颗病态的心灵吗?

这句台词较好的意译是:"你无法照护那个疯子吗?",那将是何等令人啼笑皆非的局面。倘若迫不得已而要有所取舍,我想宁取一个关于月亮直径无知的后生,但是他意识到,"你不能照护那个疯子吗"是糟糕的意译,而不要一个经过教育,治事反其道而行之的书生。

或者再往高处说,我们国立学堂的中小学生姑且不论。我的心目中浮现我们英国议会的一员,他来到美国旅游,过后他讲述起旅行见闻,言语之间表明,他十分谙熟这个伟大国家的地理,还有采矿潜力,可是终了却一本正经地建议,美国应该向我国的王室借用一位王子,应该培养他成为美国国王,应该创建一所上议院,按照我们英国的模式,由大宗土地的拥有者组成,他认为,如此一来,美国拥有幸福的未来而万事大吉。可以断言,就这个实例而言,工程学部的那位会长本人,恐怕

---

① 《麦克白》,五幕三场,40 行。原文"Can'st thou not minister to a mind diseased?",后学的意译为"Can you not wait upon the lunatic?"。

也难以启齿,说是我国的这位议员,由于专心致志于地理学和矿物学等等,所以未曾留意于文学和历史学,已经"选择了比较有用的抉择方向"。

如果还要割裂开来,任人选择,人文学为一方,自然科学为另一方,人类的绝大多数,在自然研究方面,资质才具不属卓尔不群和雄视天下之列,所有的凡庸之辈,我不得不认为,聪明的做法是选择接受人文学教育,而不是选择自然科学。人文将能在更多方面焕发其生命,令其生活更为丰富。

前面说过,结束演讲之前,我会触及古典教育这个问题,自然不会食言。即便在我们的教育领域,文学要保留一个主要地位,主张进步论的朋友有言在先,拉丁语和希腊语,当然不能不让路走开。希腊语乃是这班夫子先生的眼中钉。抨击现行课程的人士认为,关于反对希腊语,无论如何,他们自有不可抗拒的论据。文学或许可能是教育所需要的,他们如是说;不过为何偏偏看重古希腊文学?何以不选法国文学或者德国文学?况且,"每个英国人,在本国文学方面,不是拥有各类文苑英华的范本"吗?[①]和前面的探讨一样,并非依傍我本人的任何无力的呼吁,而要让那些否定者信服;而是依据人性本身的构造来立论,依据人类保存自身的本能立论。追求美的本能植于人性之中,如同求知的本能,或者注重品行的本能,同样肯定地植于人性之中。倘若古希腊的文学艺术,有益于追求美的本能,因为其他的国别文学无法有益于此,我们便不妨信赖,人类有保存自身的本能,同时保存希腊语作为我们文化的内容。我们不妨信赖本能,甚至促使希腊语学习变得更其风行,而且于今为烈。我希望,和目前相比起来,希腊语终有一日能够为人更加合理地学习;但是要越来越多地学习,因为人们越来越多地感受到追求美的需要,古希腊艺术和古希腊文学,伟力何其神妙,能够服务于这种需要。女子将再度学习希腊语,俨如当年的简·格雷郡主[②];我相信,置身于那个连环的堡垒之中,亚马逊人真正的东道主,正在通过它们来包

---

① 援引赫胥黎《科学与文化》里的话,但原话是肯定语气,此处阿诺德为强调而改用反问语气。

② 格雷(Lady Jane Grey, 1537—1845),博学的希腊语学者。史称"九日女王",即位九日后为玛丽一世取代,以叛国罪遭斩首。

围我们英国的学府①,我会发现,在美国这片土地,在类似曼彻斯特史密斯学院的一些高校,在纽约州的瓦瑟学院,在远方西部地区男女同校的幸福大家庭里,她们已经在学习希腊语了。

"古老的对称是我所缺少的一面。"莱奥纳多·达·芬奇如是说。他是一位意大利人。我岂敢造次,以美国人的名义哓哓置喙,不过我可以肯定,在英国人身上,古希腊人的这种令人钦佩的对称,和任何一位意大利人相比起来,缺乏程度自愧弗如,无地自容。在我国的建筑方面,缺乏对称的结果彰明较著,令人瞠目,而且这种对称的缺乏,也表现在我们所有的艺术上。处理细节要严格通盘融贯,着眼于经过崇高构思的一个大体效果。正是在这一点上体现了古希腊人美妙的古老的对称。我们英国人恰恰失败在这一点上,我们所有的艺术都失败在这一点上。令人瞩目的思想,我们拥有,制作精良的细节,我们也拥有。可是那种高华的对称,具有令人满意而又喜悦的效果,能融合细节,我们则罕见,或者说前所未有。雅典卫城那般辉煌的美丽,并非产生于那座山上拼凑而成的单个的美妙之物,东置一尊雕像,西设一处入口——否,卫城之美油然而生,见于天衣无缝而融为一体,一切都立意于一个高屋建瓴的总体效果。在这一方面,我们的欠缺之处,哪一个英国人岂会感觉不到呢,当追求美的意识,这种对称乃是其本质性的一大要素,在他的内心唤起和增强!当一个英国人漫步伦敦街头的时候,他会恍然大悟,遥想希腊和那种古老的对称,有哪一天不会产生敬重和向往,举例来说,当他看到畸形的斯特兰德大街,他才明白何谓卑贱!不过这里我们就要进入我们的朋友罗斯金先生的领域②,而本人无意冒犯,因为这个领域内,他是左宜右有的守护者。

于是我们最后发现,似乎我们发现,有利于人文学科的潮流是自然和必然的大势所趋,而在我们开始探讨的时候,潮流似乎在抵制这些学科。"毛茸茸的四足动物,长着一根尾巴和竖立的耳朵,或许性习栖息树木",这个灵长具有一种禀赋,隐藏于天性之中,显然,它注定要发扬

---

① 指牛津和剑桥的女子学院。
② 罗斯金(John Ruskin, 1819—1900),英国作家、艺术家和批评家。在《威尼斯之石》等著作里,他批评了维多利亚时代建筑的"卑贱"。

光大,化为追求人文学的必然需要。况且还不止此;我们似乎归根结底,甚至被引向更进一步的结论:我们毛茸茸的祖先的天性中,也有向往希腊的一种必然需要。

由此可见,恕我以实相告,将人文学罢黜于教育的主导地位,我无法实际上认为严重存在着这种危险,尽管此时此刻反对人文学的权威阵容强大。只要人类天性不变,如其本然,人文学的魅力就会始终所向披靡。希腊语的前景如此,人文一般说来也是如此:我们不妨寄托希望,终有一日,人文将会开始受到大家更其合理的研究,但是不会扫地出门。未来出现的局面,毋宁说,将有其他的内容充塞教育,浩如烟海;或许,将会出现动荡不定、一团混乱、虚张声势的一段时期;但是人文终将不会丧失其主导地位。倘若一度丧失,还会光复旧物。我们的向往和志向,将促使我们重返人文。人文主义者乃一介寒士,不妨把持灵魂,静观其变,既不肆力,亦无呐喊,而不妨承认物理学界的朋党之流,有能量也有光彩,时下为公众所青睐,而一介寒士则望尘莫及;却依然怀抱一份乐观的信仰,天道行健,默然无声,却代表着他所热爱的学问;我们大家都要熟悉现代科学所取得的成果,在科学的各个学科方面,力尽所能接受科学训练,同时笃信,绝大多数的常人将永远需求人文学;而且超过既往,因为他们拥有更多更大的科学成果,和人类注重品行的需要、追求美的需要,更需融会贯通起来。

科学与文化

托马斯·亨利·赫胥黎

---
* 发表于1880年,在梅森学院落成典礼上的演讲。

托马斯·亨利·赫胥黎
(Thomas Henry Huxley, 1825—1895)

英国生物学家和教育家。家境贫寒,与屠夫为邻,父亲是中学教员。儿时上学两年而已,自修医学而考入大学。但兴趣广泛,天文地理,哲学文学,无所不好而能无师自通,其才足以用于时,其文足以荣于世。因不遗余力支持达尔文的进化论,自命为"达尔文的斗狗",雅号名实相副。他毕生捍卫和弘扬科学精神,竭力反对古典教育统治学府的传统和现状,与马修·阿诺德展开论战,主张文理兼备而不可偏废,同时强化科学教育,向当时的宗教势力宣战。赫胥黎终生从事科学研究和教学,同时著书立说,创立"不可知论",并未弃置宗教。他躬亲参与制定幼儿和基础教育体制,立言教育应该"自由而平等",在教育领域发表著名论著《论开明教育》、《科学教育》、《技术教育》。赫胥黎以浅显晓畅的文风见称于世,运斤成风而文不加点,文笔汪洋而气贯长虹,间以诙谐幽默的笔触,遂成为英国散文史上的名家。美国的文豪门肯曾盛赞赫胥黎或为"有史以来写作平易英语的最伟大的高手"。仅《随笔选集》便多达九卷。严复早在1898年即选译其名著《进化论与伦理学》,名之曰《天演论》,由此为国人所熟悉。晚年担任英国皇家学会会长。

六年以前,今天在座的诸位中,有些听众可能还记得,这座城市①的众多居民,曾经集聚一堂,我十分荣幸,向大家发表了演说。为了纪念本地著名的市民约瑟夫·普雷斯特利②,大家济济一堂,表达我们的敬意。再则,如果还有什么欣慰,可以附丽于身后的荣华,我们也许希望,这位鞠躬尽瘁的贤哲,在天之灵终于可以安息了。

然而,天下罕见,与生俱来便有如此恰如其分的常识,如此恰如其分而不失分寸的虚荣,不论在世之日,还是辞世之后,他的声望都能和至高无上的善同日而语;而普雷斯特利的一生,则不容置疑,至少从增进知识、提倡思想自由这两方面来看,他树立的一种价值观念,境界更为高远,在学术进步方面发挥的作用,可谓同时互为因果。

因此我不由得想到,倘若普雷斯特利能够起死回生,今天和我们一起躬逢其盛,他会倍感喜悦,可能超过当年为纪念他的主要发现③而举办的百年庆典活动。善良的心灵会为之感动,社会责任的高度意识会感到满足,面对理所应当获得的财富大观,不是一掷千金,花费于俗丽的奢侈和浮华的排场,也不是大而化之,散尽施舍,结果施与也罢,收受也罢,双方都得不到保佑;他却是经过深思熟虑,耗资于一个规划的实施,规划可以援助现在和未来的子孙后代,只要他们都有志于自强不息。

说到这里,我们的思想都会统一认识。不过普雷斯特利沉潜于物理学的那份浓厚兴趣,大家的分享则大有必要;而且要像他那样,只有

---

① 指伯明翰市。时值该市梅森学院落成典礼,现名伯明翰大学。
② 普雷斯特利(Joseph Priestley,1733—1804),英国神学家、科学家和教育家。因声援法国大规模而被迫侨居美国。
③ 指1774年他发现氧等多种气体与植物的光合作用。

懂得表面看来和物理学相去遥远的各个探索领域里,科学训练的价值所在;然后大家才能赏识乔西阿·梅森爵士①崇高馈赠的价值所在,如果依然健在,他也会表示赏识,这份厚礼梅森赐予了中部地区的居民。

然而,身为19世纪的儿女,在我们大家看来,利用乔西阿·梅森教育基金提供的条件来创办一所学院,其中蕴含的意义,与一百年前可能蕴含的意义,则大不相同。建校之举,看来乃是一个征兆,预示了我们面临的是战斗千钧一发的时刻,或者说,处于接二连三漫长战斗的关头,这场战役是围绕教育而展开的,一直在进行之中,爆发战斗的年代,远远早于普里斯特利的年代,而休战则恐怕还遥遥无期。

上个世纪,参战的斗士,一方阵营为捍卫古代文学的急先锋,另一阵营则为现代文学的鸣锣开道者,但是,大约三十年前②,争夺战变得错综复杂了,因为出现了第三方的阵容,围绕在物理学旗帜的周围,摆开了阵势。

我尚不清楚,有哪一位人物具有权威,能够以新军盟主的名义说话。因为必须承认,新军多少可谓散兵游勇,十之八九为非正规军,各自参战的时候,多半算计的是自己的小算盘。但是身为一个全职士兵,需要侍奉的是各级军官,所以见识大长,关于事态目前的局面,永久和平的条件,细说一番个人的印象,可能不会令诸位兴致索然;我在大家面前和盘托出,除此之外,还能如何更好地利用这个机会,本人则不得而知。

物理学纳入普通教育范围,此事倡议伊始,言者胆战心惊,交头接耳,从那时到如今,科学教育的提倡者遭遇了两种性质的反对。一方面,商业人士一笑置之,他们自诩为务实的代表;而另一方面,他们遭到古典文学学者的罢黜,因为后者的能耐堪比利未人③,把持着文化方

---

① 已见阿诺德讲演"文学与科学"相应译注。
② 乔治·库姆诸人,提倡物理学引入通识教育,可谓先着人鞭,但是直至我所提到的这个年代之前,这场运动几乎尚未取得任何实际的势力。——原注
库姆(George Comb,1788—1834),英国骨相学家和教育方面的作家。主要著作为《人的构造》。
③ 利未人(Levite),古代以色列任宗教职务的支派成员。这些教士关注的是遵守传统仪式。典出《圣经·旧约·出埃及记》,32:25—29。

舟,也是文科教育的学霸。

务实之辈过去笃信,他们崇拜的偶像——掐指计算——一直是往昔繁荣的源头活水,所以足以保证手工业和制造业的未来福祉。他们所持的见解认为,科学乃思辨的垃圾,理论与实际互不相干;在处理日常事务中,科学思维的习惯是一种妨碍,而非一种助益。

谈到务实之辈时,我用的是过去时态——因为,三十年前,尽管他们咄咄逼人,我还不能肯定,这个纯种的物类已经灭绝。其实,只要舌辩尚未平息,他们便会纷纷遭受地狱之火[①],如能逃脱这个命运,真是奇迹降临。不过我有言在先,典型的务实之士,出人意料的是,和弥尔顿笔下的众天使却不无相像之处。务实之士的精神创伤,比如受到逻辑武器的打击,可能犹如教堂之门,幽深而宽阔,不过除了流淌几滴灵液[②],焉知祸福,其他却毫发无损。所以,此类反对科学之辈,姑且离开战场,我就无意浪费口舌,徒然重复列举确证,科学具有哪些实用价值;可是三段论产生不了入口段效应的地方,一个道德寓言,有时却能鞭辟入里,明白这个道理之后,我便来讲段故事,仅供那些反对科学的人士思考。

从前有位少年,无依无靠,只有一身虎虎生气,被抛掷到了为活命而拼命的风口浪尖,置身于制造业人口为主的地方。看来他经历过一番艰苦奋斗,因为到了而立之年,手头可用的现钱,总共不过二十英镑。尽管如此,人到中年,结果发现,原来迫不得已需要自己去应付的实际问题,实际证明他都理解,于是开创起一番事业,发迹之后,令人刮目相看。

最后,垂垂老矣,迎来的是千辛万苦换来的生活环境,"满载荣耀,友朋盈门"[③],故事里的这位豪杰,不由得让我们想到有那么一些人士,早年立身时也是一穷二白,如何才能伸手扶持他们一把。

于是介然于怀,前思后想,过了很久之后,这位成功的商界务实之士,居然苦思冥想不出更好的办法,于是便为他们提供手段,让大家获

---

① 原文为"a feu d' enfer"。
② 原文为"ichor",传说是神明血脉里流出的仙露。
③ 参见《麦克白》,五幕三场,25行。

得"健全,完整,实际的科学知识。"接着他奉献出自己的一大部分财富,通过历时五年的不懈努力,终于实行了这个目标。

故事的寓意,我就不必挑明了,因为这所理科学院的建筑结构,坚实而又宽敞,让我们大可放心,故事绝非寓言,针对那些务实的种种异议,这个务实的回答犹如千钧之力。我纵有万语千言,终不过是纸上谈兵。

我们可以理所当然认为,根据那些最有资格判断是非的人士的见解,全面科学教育的推而广之,乃是工业进步的一个绝对基本的条件;今日举行揭幕典礼的学院,今后赐予的恩惠未可估量,而受益的学子,原本是要从事本地的手工业和制造业,才能糊口谋生。

值得探讨的唯一问题是,诸如现行的客观条件,能够为取得永久的成功,尽量提供最佳的机会,因为学院的工作,就要利用这些条件去贯彻落实。

乔西阿·梅森爵士,毫无疑问十分明智,因为充分自由的处置权利,他已经移交给全体董事,最终要求他们履行学院的管理职能,以便能够根据未来情况的变化,调整好基金的用途安排。不过,涉及三个关键问题时,对于行政人员和教师双方,他已经措辞十分明确地约法三章。

凡是关涉学院工作范围之内的事情,禁止任何一方头脑里想到党同伐异;神学则严格罢黜于校园之地;最后,特别予以宣布,"纯粹文科的教学和教育",本院将不提供任何便利措施。

前两条训喻足智多谋,看来我只需表达本人确信无疑,而现在我所关心的问题,并非就此大做文章。但是这第三条禁令的内容,使得我们要正面对峙反对科学教育的其他人士,他们远未寿终正寝,如同务实之辈那样,而是充满活力,头脑机敏,咄咄逼人。

下述情况并非不可能出现:"文科的教学和教育"排斥于一所学府,如此直言不讳的论调,我们将会听到严厉批判的声音,而一所学府标榜的是提供高水平和高效率的教育。当然,到了那个时候,为文化张目的利未人,就会面对文化四壁,徒然大吹法螺,犹如面朝一座教育的耶利哥。①

不是有人反反复复告知我们,学习物理学不足以赋予文化;凡是比较高深的人生问题,物理学都无从触及;更有甚者则曰,不断致力于科学研究,往往会诱发一种狭隘而偏执的信念:科学方法适用于探索各种各样的真理。不是有人屡次三番,理直气壮发表高论,面对提出一个令人头疼的论点的作者,最有力量的回答,莫过于奉送一个雅号:"精通科学的专家而已"。而且,我恐怕还不算悲观,所以用过去时态谈到,有人以如此形式表示反对科学教育;不是疏忽,而是明令禁止,"纯粹文科的教学和教育",我们岂不是可以预料,有人会如此赐教:这个享有专利的例证表明了科学胸襟狭隘?

乔西阿·梅森爵士采取这样的举措,我并不清楚道理何在;不过如果我清楚的话,我理解的是下述情况,"纯粹文科的教学和教育"之说,他所指的是普通古典文学课程,我们的中学和大学设置的课程,我斗胆略陈自己的各种理由,以示支持他的举措。

因为我非常强烈地信奉两条信念。第一,古典文学教育,不论学科,还是教学内容,对于攻读物理学的学生而言,都缺乏所谓的直接价值,而这两方面耗费的宝贵时间,有人却以为理所当然;第二,谈到获得真正的文化修养这个旨趣,专门科学教育,至少和专门文科教育一样,具有同等的效应。

我几乎不必向诸位指出,这两个见解,特别是后者,与绝大部分受过教育的英国人的见解截然相反,而他们受到的影响,则来自中学和大学阶段的传统教学。根据他们的定见,唯有文科教育才可谓修习文化的门径;而文科教育的含义,不仅等同于文学方面的教学内容,而且是指文学独一无二的特殊形式,即古希腊罗马典籍。他们认定,凡是修习拉丁语和希腊语的人士,即便浮光掠影,也可谓受过教育;而凡是精通其他知识科目的人士,即便寝馈其中,仍属专家之列,赢得几分敬重而已,却不登大雅之堂。接受教育的人的印记,学位,并非为专家而设立。

---

① 耶利哥(Jericho),约旦古城。典出《圣经·旧约·约书亚记》,6。现喻指退隐之处。

我国的一代文化传教士①著书立说，字里行间渗透了大度包容的精神，对科学思想抱有真正的共鸣，本人对此了然于心，不至于把他和上述见解等同视之；不过传教士尝贻书腓力斯人，论者不妨精选华翰一二，并不符合腓力斯人身份之士，足以解颐喷饭。有些片言只语，也不妨有所假借。

阿诺德先生赐教各位，文化的意义，在于"认识普天之下历代思想之精华，文章之鸣凤"。文化乃是文学所包含的人生批评。这样的批评认为："欧洲乃是一个伟大的同盟，为了学术和精神的宗旨，注定要付诸一个共同的行动，致力于一个共同的成果；其中各个成员，为了共同的素养，应该略知古希腊罗马，还有东方典籍，大家需要知己知彼。专门的地方性和临时性优势，则排除于考虑范围之外，这个规划，倘若完全彻底付诸实施，在学术和精神领域里，现代民族将取得长足进展。我们，我们所有的人，作为个人而论，这个纲领贯彻得越是彻底，我们便会取得更大的进步，除此之外，还有什么可说的呢？"②

我们在此需要探讨两个不同性质的命题。第一，人生批评是文化的精髓；第二，文学包含的内容足以构建这样一种批评。

我认为，第一个命题大家应该完全赞同。因为文化所意味的内容，与学问或技能，肯定大相径庭。文化的言外之意是，胸怀一个理想，习以为常用批判眼光估量事物的价值，以一种理论标准来衡量。完美的文化，应该应用一种完整的人生理论，基础便是关于人生的前景与局限，具有同等程度的清晰认识。

不过凡此种种，我们可以表示同意，但是文学一门足以提供这种认识的假说，我们对此却要强烈地表示异议。凡是古希腊罗马、还有东方古人的思想和文苑，凡是现代文学所要告诉我们的内容，全部学习之后，仍然未可不言而喻表明，我们已经奠定了充分宽阔和深湛的基础，可以从事构成文化的人生批评这项任务。

确实，对于了解物理学范围的人而言，远谈不上道理显而易见。仅

---

① 讽刺马修·阿诺德的称谓。
② 引自阿诺德《批评的功能》。

举"学术和精神领域"的进步而论,我发现自己根本无法承认,民族也罢,个人也罢,如果他们共同的素质在物理学的宝库里无所借鉴,照样有可能取得真正的进展。我应该说,一支兵马,倘若手无精良甲兵,足无虎踞龙盘之地,或许还有望在莱茵河发动一场战役,而物理学在上个世纪里的作为,个人倘若一无所知,则无望进行人生的批评。

生物学家如果遇到一种异常现象,这时他便本能地转向了演化研究,以便澄清异常的原因。格格不入的看法的基本理由,各人可以抱着同等的自信,从历史上去探求。

英国人居然为了教育目的,利用财富兴学办校,而且捐赠资助,所幸的是,现在这已经不算什么新鲜事物了。但是,五六百年之前,建立基金机构的举措,其中表明或者隐含的条件,和目前的情形几乎截然相反,后者便是乔西阿·梅森爵士想到的权宜之计。换言之,物理学在当年实际上遭到忽视,而某种文科训练,则群和而从之,视为获得知识的一个手段,而那时的知识实质上属于神学。

为了促进同类的福祉,大家的作为同样受到这样一种强烈而超乎利欲的愿望的激励,彼此之间,出现了这种奇特的矛盾现象,其中的道理不难发现。

那个时代,客观说来,倘若有人渴望的知识,超乎个人观察,或者通过普通谈话所能获得的范围,他起初的必然反应是要学习拉丁语,因为西方世界所有高深的知识,都包含于拉丁语所写的著作之中。结果,拉丁语法,还有逻辑学和修辞学,乃是教育的基本内容,需要通过拉丁语进行研究。关于这个渠道传授而来的知识内容,即犹太教和基督教的经书,由天主教会说经释义,拾遗补阙,故而大家认为,经书包含的主要见闻,已经包罗万象,而且千真万确。

神学名言之于往昔的思想家,犹如欧几里得的公理和定义之于往昔的几何学家。中世纪哲学家的职司,在于演绎神学家提供的论据,凡有论断,都要符合教会法令。教会所说的一切合乎真理,都要通过逻辑推演,证明其中的来龙去脉和道理所在,证明教会言论必须合乎真理,而赋予哲学家的至高特权,就在于此。这条界限,倘若他们的论证有所不及,或者有所逾越,教会则要履行为母之道,随时制止他们的越轨言论,如有必要,还要借助于世俗的力量。

毋过之,毋不及,神学提供给我们祖先的,便是这样一种简约而完备的人生批评。他们洗耳恭听,世界如何开天辟地,如何天地灭绝;他们学而知之,一切物质存在,只是精神世界的美好面貌上存在着一个微不足道的瑕疵,无论怎么看待,造化乃是魔鬼的用武之地;他们学而知之,地球为肉眼所及的宇宙之中心,人乃天地万物之灵长;他们听到的谆谆教诲是,自然规律并无固定的秩序,而是能够,而且始终由于无数神灵力量的作用而改变,有善有恶,于是秩序好坏,要根据凡夫俗子的行为和祷告感动神灵的情形而定。全部学说的总和与实质,在于产生一个信念:在这个世界,唯一真正值得认识的道理,在于如何确保尘世超凡脱俗,在特定的条件下,成为教会展望的福地。

我们的祖先拳拳服膺这样的生命理论,处理教育问题时照章办事,处理所有其他事务时,同样奉行这个理论。文化意味着神圣品质——当时圣徒风气,天下翕然而从;导致这个结果的是在所难免的神学教育;而通向神学之路,则要假借拉丁语。

研究自然——程度超过常人需要的满足——与人类生活居然有所关联,这个想法与神学出身人士的思想,相去甚远。确实,为了人类的考虑,自然一直遭到诅咒,所以便有一个显而易见的结论:干预自然的那些人,很可能与魔鬼有着十分密切的接触。再则,如果有人天生便是科学探索者,听任自己的本能发展,可能他多半要打算恶名远扬,可能要打算遭受一个巫师的命运。

倘若听任西方世界自行其是,处于中国那样关闭自守的状态,那么如此局面会持续多久,无人可以预卜先知。不过,幸好西方不是任其发展。13世纪之前,西班牙摩尔人文明的发展,伟大的十字军运动,已经把酵母引入进来,自斯以降,直至现在,从未停止发酵。起初,通过阿拉伯典籍译本的居间作用,此后通过钻研原作,欧洲西方各国渐渐熟悉了古代哲人和诗人的篇籍华章,一段时期之后,也渐渐熟悉了蔚为大观的古代全部文献。

在意大利,法国,德国,英国,不论学界具有何其高远的学术抱负,或者雄视天下的包容气度,殚精竭虑达数百年之久,追求的是拥有古希腊罗马寿终正寝的文明所遗留下来的丰富遗产。印刷术的发明裨益士林，令人叹止，古典学问遂得以传播和繁荣。拥有这份遗产的人引以为豪，因为他们已经获得人类可以企及的至高无上的文化。

苍天有眼。但丁孤峰耸立，雄踞山巅，一人而已，文艺复兴时期的近代文学方面，没有哪位人物堪与古代之士相提并论；没有什么艺术足以媲美古人的雕塑；除了古希腊已有的创造之外，别无物理学可言。归根结底，具有完美学术自由的楷模已不存在——接受理性时毫无游移，视为追求真理的唯一指南，进退出处的最高仲裁。

新学问必然很快对教育产生深远的影响。僧侣和繁琐哲学家的语言，在那些拜读维吉尔和西塞罗之后言犹在耳的学者听来，并不比无稽之谈高明多少，拉丁语学习于是置于一个新的基础。况且，拉丁语本身，不复为启开知识之门的唯一钥匙。曾经探求古代最高境界思想的学者，结果在罗马文学中，仅仅发现的是辗转而来的折光反射，于是改换门庭，面貌沐浴着古希腊人的明媚光芒。经过一场战斗，大家认识到，学习希腊语乃是所有高等教育的一个基本要素，而目前围绕教授物理学而展开的论战，和当年并非全无相似之处。

当年世人称谓的人文主义者奏凯偃鼓；他们掀起的伟大改革造福人类，未可限量。但是所有改革者的报复女神，才可谓一锤定音；教育的改革者和宗教改革者情形相同，都陷入了谬误而大错特错，尽管十分常见：改革努力的开端，他们曲解为大功告成。

19世纪人文主义者代表人物的立场，站在古典教育一边，视为获得文化的不二法门，其坚定程度，仿佛我们依然处于文艺复兴时代。然则，可以肯定，目前学术上的古今关系，与三个世纪之前形成的关系，已经大相径庭。姑且不谈存在着伟大而又特征鲜明的现代文学，现代绘画，尤其是现代音乐，文明世界的目前态势具有一大特色，使之与文艺复兴时期的差距之大，超过了文艺复兴时期与中世纪。

我们这个历史时期区别性的特征，在于自然知识发挥着突飞猛进、持续增强的作用。我们日常生活的面貌，不仅由于自然知识而形成，千千万万人民的繁荣昌盛，不仅依傍自然知识，而且我们全部的生命理论，很久以来，一直受到我们认识宇宙的笼统概念的影响，这些乃是物理学迫使我们形成的概念。

客观而论,我们一知半解的科学探究成果向我们证明,科学提供的认识,与中世纪毫无保留予以信任和教授的那些见解,二者之间存在的矛盾,可谓天壤之别而令人瞩目。

我们祖辈头脑里,认识世界起源与灭绝的那些想法,已经令人难以置信了。可以相当肯定地说,地球并非物质宇宙的主要天体,世界并非隶属于人类的用途。甚至可以更加肯定的是,自然表达了任何事物无从干预的一个确定秩序,人类的主要职责就在于认识那个秩序,同时相应地治理自身。更有甚者,这种科学的"人生批评",向我们展现的文字证明,有别于任何其他的佐证。"人生批评"论诉诸的不是权威,也不是任何人可能思维或者表达过的内容,而是诉诸自然。"人生批评"论承认我们有关自然现象的全部解释,或多或少存在着欠缺,而且假借的是符号,同时要求,耽学之士在追求真理的时候,切莫寝馈文字,而要出入事物。"人生批评"论还告诫我们,未有佐证而先下断言,不仅大谬不然,而且可谓罪恶。

当今之世,人文主义者的代表人物,提倡纯粹古典教育,说明他们对此一窍不通。一个人有可能成为比伊拉斯谟更为优秀的学者,而同时关于目前学术界的沸腾局面的主要起因,他的学问并未超过伊拉斯谟。笃学虔诚之士,当然值得充分尊重,他们赐教我们一些训喻,认为在对待中世纪思维方式时,科学的对抗态度令人悲哀,而这些训喻暴露出,他们对于科学探究的初步原理无知无识;一位科学家所言的求真品质,他们也无从理解意味何在;已经确立的科学真理举足轻重,他们也缺乏意识,这简直是咄咄怪事。

"你也如此"[①],此类论辩不足为训,否则科学教育的倡导者,便可以充分公正地反驳现代人文主义者,他们可能成为博学的专家,但是他们并不拥有如此健全的知识基础,可以进行一种人生批评,而文化的美名受之无愧。再则,倘若我们不是于心不忍,我们不妨激将对方,人文主义者是惹火烧身,所以背上了这个罪名,并非因为他们也充满者古希

---

① 原文为"tu quoque argument",泛指低级逻辑错误。

腊人的精神,而是因为他们缺乏这种精神。

文艺复兴时期,一般称为"文学复兴"的时期,仿佛当时对西欧思想潜移默化的各种影响,在文学领域已经枯竭殆尽。我认为大家往往忘却了,科学复兴是由相同的能动力量所促成的,虽然不太彰明较著,但是同样意义重大。

其实,那个年代研究自然的学生寥若晨星,他们拾取认识自然迷宫的线团,恰恰如同一千年前落入古希腊人的手中。数学的基础,他们奠定得如此扎实,我们的子女学习几何所用的课本,便是为两千年前亚历山大的学校而编写的。现代天文学是喜帕恰斯①以及托勒玫②工作的延续和发展;现代物理学是德谟克利特以及阿基米德工作的延续和发展;经过了漫长的时期,现代生物学的发展,才超越了亚里士多德,泰奥弗拉斯托斯③,还有加伦留传给我们的古代知识。

我们无法认识古希腊人的思想之精华,文章之鸣凤,除非我们首先认识古人关于自然现象的思考。我们无法充分理会他们的人生批评,除非我们理解了那种批评在多大程度上受到自然观念的影响。我们虚称自己是古人文化之嗣响,除非我们,如同古希腊人的思想精英那样,服膺一种毫不动摇的信仰:理性的自由发挥,与科学方法一脉相承,是企及真理的唯一方法。

因此我冒昧地认为,我们现代人文主义者的那些侈言,必须予以止息,姑且不说弃置,他们妄言拥有文化的垄断权,继承古人精神,非我莫属。不过我应该表示十分遗憾的是,以上所言,倘若有人居然理解为本人的言外之意,是力求贬低古典教育的价值,这样的情形可能出现,而且有些时候确实存在。人类天生能力的相差程度,可与机遇大小相提并论;文化固然为一端,而一人选择最佳企及文化的途径,与最有利于

---

① 喜帕恰斯(Hipparchus,卒于公元前 127),古希腊天文学家和数学家。发现方位天文学,计算出一年长度。

② 托勒玫(Ptolemy,活跃于公元 127—145 年),古埃及天文学家、地理学家、数学家。希腊人后裔。地心说创立者。

③ 泰奥弗拉斯托斯(Theophrastus,约公元前 372—约前 287),已见本书第一篇《大学的理念》中相关的译者注。

另一人的途径，可能迥然相异。再则，科学教育尚属创始试验的阶段，而古典教育，根据历代师长的实际经验，已经组织得井然有序。由此看来，学习有充裕的时间，普通生活有了目标，或者有时间从事文学生涯，我认为，一个追求文化的英国青年，较好的方法便是按部就班，走完通常为他规划的成才之路，欠缺之处，可以通过自身努力有所弥补。

不过有些人打算以科学作为正业，还有些人则有意从事医学；另外一些人则不得不早年便开始营生；依我之见，对于所有这些人而言，古典教育可谓误人子弟；由于这层缘故，我才欣然看到，"纯粹文科的教学和教育"，不得列入乔西阿·梅森爵士这所学院的全部课程，因为他认识到，倘若列入课程，可能导致的结果，就是引入普通浮光掠影的拉丁语和希腊语。

尽管如此，名副其实的文科教育的重要性，本人丝毫无意加以质疑，或者以为，学术文化脱离了文科教育，照样能够达到完满境界。专门的科学训练，肯定和专门的文科训练一样，将会造就偏才。船只一边载重过量的话，货物的价值便无法补偿；而我也应该表示十分遗憾的是，这所理科学院如果最后培养出来的不过是偏才曲士。

然则，没有必要杞忧发生这样一场灾难。学院提供了英语、法语、德语的课堂教学，所以学生能够接触到现代世界三种最伟大的国别文学。

法语和德语，尤其是德国语言，对于渴望获得任何一门科学充分知识的人而言，可谓绝对不可或缺。但是即便假定，学生习得这两门语言的知识之后，也不过是足以应付纯粹科学方面的用途，每个英国人，就母语方面而言，拥有一个近乎完美的文学表达的工具；况且，在本国文学方面，拥有各类文苑英华的范本。如果一个英国人读完手中的《圣经》，手中的莎士比亚，手中的弥尔顿，还无法从中获得文科的文化，我深信，即便沉浸涵咏荷马和索福克勒斯，维吉尔和贺拉斯，文化也无法传而授之。

因此，由于学院的格局为文理两科的教育，提供了充分的准备，由于艺术教学也有酝酿筹划，在我看来，一种相当完备的文化，已经提供给了所有善于利用的学子。

可是我无法肯定,在这一点上,"务实"之士,元气大伤而性命尚存,是否还会质问,关于文化的所有这些论调,与一所教育机构有何关联,既然教育的目标有人界定为"促进一国制造业和工业的繁荣"。他或许会建议,为了达到这个目的,我们所需要的不是文化,甚至不是一种纯粹科学的学科,而无非是应用科学的知识。

我每每希望,从来无人发明"应用科学"之说。因为此说令人想到,有那么一种具有直接实际用途的科学知识,可以脱离另外一类科学知识而加以研究,后者毫无实用功能,学名谓之"纯科学"。然而推理谬误,莫此为甚。大家所谓的应用科学,其实无非是纯科学应用于特殊类别的问题。纯科学由根据一般原理的演绎推论而构成,由推理和观察而确立,它们构成了纯科学。只有在牢固掌握原理之后,才能够胸有成竹,作出这些推论;只有亲身经历构成了原理基础的观察和推理的活动,才能够彻底掌握原理。

各种技能行业和制作业运用到的全部过程,都可以归诸于物理学或化学这两大范畴。为了改进这些过程,首先必须彻底理解它们;而谁也没有机会切实理解这些过程,除非彻底精通原理,而且养成实事求是的习惯,而只有在物理和化学实验室里,经过持之以恒,指导有方的纯粹科学训练之后,才能养成这样的习惯。因此关于纯科学这门学科的必要性,其实根本不存在什么疑问,即便学院的工作局限于最狭隘地解释的既定目标。

还有,比较宽泛的文化,谈到这个向往,而非单一科学所产生的文化范围,大家应该还记得,制造过程的改进,仅仅是促成工业繁荣的条件之一。工业是手段,而非目的;人类工作仅仅是为了获得所需之物。具体需要什么,部分取决于他们与生俱来的向往,部分则取决于他们后天养成的向往。

倘若繁荣的工业所产生的财富,大家要用于满足不值一提的欲望,倘若制造过程的日益完善,将会伴随着那些从事这些过程的人品格卑下,那么我就看不出工业和繁荣的益处。

所以千真万确,何谓向往,大家的看法要取决于各自的品格;我们赋予品格一词的那种禀性,教学多少是无所触动的。但是这并不意味着,即便单纯的智育,不可能改变言行出处反映出来的品格的实际表现,程度则无法确定,品格给人的动力,无知者当一无所知。一种爱好快乐的品格将获得某种愉悦;但是如果由其选择,他可能宁取那些不会降低自己人格的愉悦。这种选择赐予每一个人,只要他们在文学或艺术的文化上,拥有一种取之不尽的愉悦源泉,这些愉悦不会随年华流逝而枯萎,不会随习俗移易而变得陈腐,也不会在回首往事时,由于自责的痛楚而变得苦涩。

今天落成的学院,如能实现创建者的初衷,那么本地人口各个阶层中,出类拔萃的俊杰,将通过大学教育。从今往后,伯明翰出生的子弟,首先读完初级和各级学校,然后进入这所理科学院读书,如果是可造之才,便能够善于利用提供的各种机会,从中有所获益,而获得的必定不仅仅是课堂教学,同时还有和他们生活境况十分相宜的文化。

在校园范围之内,未来的雇主和未来的工匠,会共同居留一段时光,置身于春风化雨的环境,他们会盖上潜移默化的印记,终其一生。因此,还有几句提醒诸位,不算言不及义:工业的繁荣不仅取决于制造过程的改进,不仅仅取决于个人品格的升华,而且取决于第三个条件,就是资本拥有者和生产操作者,双方都对社会生活的状况有清楚的认识,还有在社会行动的共同原则方面取得共识。他们必须懂得,社会现象诸如其他现象,在相同程度上,都是自然规律的体现;社会安排只有在与社会静态和动态的要求相和谐,才能长治久安;还要懂得,天道常存,自然主宰,自行其是。

不过若要取得这样的认识,就必须把物理学研究采取的探究方法,应用于社会现象的探究。因此,恕我直言,我乐意看到,这所学院提出的卓越教育纲要,应该增加一项内容,即以筹备形式,为社会学方面的教学创造条件。因为我们大家取得了共识,党同伐异不得出现于大学教学;不过国情所系,目前实际管理采取的是普选制,履行义务者,必须发挥政治功能。与政治自由的优点难以割裂开来的那些弊端,如果要加以遏制;各国在无政府主义与专制主义之间,永远游移不定的现象,如果要取而代之以自由,进退有节,稳步迈进;那将是由于大家会逐步学会处理政治问题,如同他们现在处理科学问题那样;在一个问题上,操之过急而不合时宜,同时持有宗派偏颇,当令人引以为耻,在另一个问题上同样如此;我相信社会机器的精美程度,至少和一台詹妮纺织机可以相提并论,如果有人指手画脚之前,尚未花费心血去精通它的运作原理,那么就不太可能有所改进。

结束演讲之际,我确信本人的声音是在座各位的喉舌,谨向这所教育机构德高望重的创建者,为他的功德圆满,表示我们的祝贺,事业造福于人,机构创其滥觞;同时表达一个信念:千秋万代将会把这所学院引为智慧的首要范例,而天赋的虔诚,将引导子孙后代把英明归功于祖先。

教育中的宗旨

约翰·杜威

---
* 选自《民主与教育》,第八章。

约翰·杜威
(John Dewey, 1859—1952)

美国哲学家和教育家。出生于商贩家庭,大学毕业教书三年之后,继续深造,攻读黑格尔哲学,深受进化论影响,后获约翰·霍普金斯大学博士学位。长期在多所大学任教,主要治学领域为哲学、心理学和教育学。在哥伦比亚大学执教数十年,教书之余,勤于笔耕,著述不辍,哲学和教育之外,范围涉及认识论、宗教、美术,纵横议论天下大事。撰著益富,声望益隆,四方之士奔赴其门,亲炙其教。由是遐迩闻名,终成一代宗师。杜威不满于唯心主义理论,主张科学探究和实验方法,成为实用主义流派的创始人之一,功能心理学的倡导者。教育方面主张与时俱进,掀起进步教育运动,在国内外教育界产生了较大影响。杜威反对沿袭已久的传统教育方式,提出"教育即生活"和"学校即社会"的基本教育理念,反对一味依傍课本而主张学用结合,形成一家之说的教育哲学。教育著作有《学校与社会》和《儿童与课程》,系统阐述自己的教育哲学和思想。杜威的教育思想和倡议在美国产生同声相应的共鸣,由此推动了教育实践的改革。曾亲自创办实验学校以实践个人的教育思想。我国胡适一辈学者中或其门生,或其私淑,承其衣钵者不乏其人。20世纪初期来华讲学,在京沪等地执教,是前辈学界比较熟悉的人物。较有影响的著作包括《经验和自然》、《民主与教育》、《人类天性与行为》、《自由与文化》等多种。

1. 一个宗旨的性质。我们在前几章里关于教育的表述,其实预示了一些论断,在探讨一个民主社会里的教育旨趣这个问题时,我们形成了这些论断。因为前面的探讨假定,教育的宗旨,在于促使个人能够继续深造——换言之,学习的目标和回报,在于培养持续性的成长能力。现在这个思想无法应用于社会的全体成员,例外的情况是,那些地方人际交流应该具有互动的性质,而且那些地方要有充分的教育资源,足以移风易俗,同时重新构建教育机构,借助于利益公平分配而产生广泛的激励作用。这些条件则意味着要有一个民主的社会。因此,在探索教育中的宗旨的时候,我们的关注所在,并非是发现超乎教育附属的教育过程之外的一个目的。这样的目的,我们的整个教育观念则视为禁区。我们关注的却是存在着下述两种形成对照的情况,一面是宗旨属于在其中发挥作用的过程之中,一面是超乎教育过程之外来树立这些宗旨。当社会关系失去公正的平衡的时候,后一种源自外在的宗旨必然通行无阻。因为在那种情况下,整个社会群体中,有某些部分的人将发现,他们的宗旨取决于来自于外界的发号施令;他们的宗旨将不是由于他们自身经验的自由成长,自然产生而来,他们名义上的宗旨,将是达到他人一些比较别有用心的目的,而非他们真正自身的目的。

我们首先的问题,在于界定一个宗旨的性质,只要宗旨属于一个活动的范畴,而不是由外界提供的。我们只要围绕结果与目的进行一番对照,便可接近宗旨性质的定义。任何能量的显示都有其结果。刮风吹起了荒漠的飞沙;沙粒的位置便有所改变。这就是一个结果,一个作用,不过并非一个目的。因为后果毫无意义,它完成或者结束的是先前的一切。出现的只是空间的重新分布而已。状态并无优劣之分。从结果来看,没有基础可言,而要精选一个先前的状态作为开端,一个后来的状态作为终结,介乎中间的一切,可以视为转化和实现的过程,那就需要基础。

举例而言,我们不妨考察蜜蜂的活动,并和刮风吹起飞沙时沙粒的变化进行对照。蜜蜂行动的结果,不妨称为目的,并非由于目的经过了谋划,或有意识的酝酿,而是因为这些目的乃是先前活动的终结或完成。蜜蜂在采花粉酿蜜和筑巢的时候,每一步都是在为下一步做准备。蜂窝建成以后,蜂皇便在里面产卵,产卵结束以后,卵子便封闭起来,蜜蜂孵育它们,保持必要的温度,以便成熟化蛹,羽化时破茧而出。蜜蜂哺育幼蜂,直至它们能够照料自己。如今这些事实,我们都习以为常,结果往往熟视无睹,理由便是生命和本能终为一种神奇之事。于是我们便注意不到这种事件的本质特点之所在;也就是说,时间位置的意义和每一要素的顺序;每一先前事件引向下一步骤的门道,后者继续了前者提供的一切,为了某个其他的阶段而加以利用,直至我们走向了最后的目的,不妨说,这个目的乃是总结和完成那个过程。因为宗旨总是和结果相联系的,所以我们面临宗旨这个问题的时候,首要着眼的事情就是,规定的工作是否具有内在固有的延续性。或者说,它是否仅仅属于一系列聚集性的活动,先做某事,再做某事?一个学生的每个活动,都要由教师口授规定,学生活动唯一的先后顺序,就是来自布置功课和别人发出指示,如此这般谈论一个教育的宗旨,无异于信口胡言。就一个宗旨而言,带有相同致命危害的是,允许心血来潮,或者时断时续的行动,美其名曰,自发的自我表现。一个宗旨意味着一个活动有条不紊,同时经过安排,其中顺序存在于循序渐进地完成一个过程。假设一个活动在时间顺序上,有一个时间跨度和累积增长,一个宗旨便意味着凡事要预见目标,或可能存在的结局。如果蜜蜂预期到自身活动的结果,它们就会在一个宗旨里包含基本要素。因此从下述情况来看,谈论教育宗旨——或者任何其他的事业——可谓一派胡言,那就是条件并不允许预见结果,也不鼓励一个人向前看,展望一个特定活动的后果会是如何。其次,宗旨作为一个预见到的目的而言,对于活动发挥着指导作用;不是单纯的旁观者发表一个无谓的看法,而是影响到达到目的而要采取的各个步骤。先见之明在三个方面发挥作用。首先,它需要仔细观察特定的条件，以求发现有哪些可行的手段来达到目的，同时看出前面有哪些障碍。其次，在手段的运用方面，它建议有哪些适当的顺序，或先后步骤。它提供的便利，在于经济实用的精选和安排。最后，它在可能的替代方案中加以选择。如果我们能够预料这样行动或那样行动的结果，便能够判断对其相对的可取之处。如果我们知道滞水滋生蚊子，蚊子有可能携带病菌，便能够采取步骤加以避免，虽然并不喜欢那个预见到的结果。由于我们不是作为单纯的学术上的看客而预见结果，而是身为结果方面的相关人物，所以我们是产生结果的那个过程的参与者。我们干预过程而促成了这样或那样的结果。

当然以上三条要点之间，存在着密切的联系。我们能够确切地预见结果，仅仅因为我们对当前条件进行过细致的探究，而结局的重要意义则提供了进行观察的动机。我们的观察越是充分，呈现出来的利弊得失的全部条件，也就更加纷然杂陈，可供选择的替代方案，也就不在少数。反而言之，我们对局面前景的认识越是繁复多样，最后选择的活动包含的意义，也就比较丰富，比较灵活，而可以随机应变。如果想到的只是单一的结局，头脑里想不到其他可能性，我们的举措所附属的意义便存在局限。一个人只是朝着目标全力前进，有些时候，这样一条狭隘的航向有可能见效。可是如果意想不到的困难纷至沓来，他就无法左右逢源而应付裕如，不同于经过比较广泛的实地考察之后，他选择的是相同的行动路线。他也无法随时进行必要的调整。

最终结论是，抱有宗旨的行动，与明智的行动如出一辙。预见到一个行动的终端，等于具备了一个基础，我们可以借此审时度势，择优而从，分清缓急，量力而行。完成了这几项任务，意味着一心一意——因为头脑恰恰是有意向和有意图的活动，而运用头脑就体现于我们认识事实，以及它们的彼此关系。做事用心，意味着预见到一种未来的可能性；用心体现于制定机会以便完成；用心体现于留意于有哪些手段，能够让计划得以实施，留意前进中的种种障碍，——或者说，果真用心去做事，而非只有一个模模糊糊的志向——那就需要一个计划能够在资源与困难方面有所兼顾。运用头脑就是善于把当前的条件和未来的结果联系起来，同时从未来的结果联系到当前的条件。这些特点正是抱有宗旨或旨趣的含义所在。一个人是愚蠢还是盲目,或者缺乏才智——不用头脑——就表现于凡是行动,他都不明白自己要做什么,也就是说,他的行为可能产生什么后果。一个人不够聪明,就表现在他满足于估计结局时,只有笼统的猜测,而非必要的估计,只是利用机会碰碰运气,或者他在运筹谋划的时候,对实际的情况脱离研究,包括自己是否力所能及。这类相对说来不用头脑的情况,意味着用我们的感情去衡量未来可能发生的情况。为了聪明处事,我们必须在制定一个行动计划的时候,"停一停,看一看,听一听"。

抱有宗旨的行动,和聪明的活动可以同日而语,这就足以证明它的价值——在经验中发挥的作用。我们往往习以为常,把"意识"这个抽象名词化为一个实体。我们忘记了意识一词来自于形容词"有意识的"。而有意识则是指意识到我们在做什么;有意识所指的是,活动具有深思熟虑,审时度势,运筹谋划这些特点。意识并非我们拥有之物,并非无谓地环视个人周围的客体,或者实物留下各种印象的东西;意识乃是表明一个活动具有意图特性的名称,表明活动受到宗旨的指引这个事实。换而言之,抱有宗旨指的是行动具有意义,而不同于一台自动机器;它是指做事乃有意为之,同时着眼于具体意图来认识事物的意义。

2. 良好宗旨的标准。我们探讨的结果,不妨应用于审视正确树立宗旨所需要的标准。(1)树立的宗旨必须是现存条件的产物。这个宗旨必须基于对已经发生的一切有所考虑;基于对实际情况的资源与困难有所权衡。有些理论探究我们活动的适当目的时——教育理论和道德理论——往往都违背了这条原则。那些理论假定,目标存在于我们的活动范围之外;这些目标并不了解形势的具体成因;这些目标出自某种外界的源头。于是问题就在于给我们的活动施加影响,使之和实现这些外界所提供的目标联系起来。它们乃是我们不得不为之的事情。无论如何,此类"宗旨"限制了才智;如此宗旨并非运用头脑的表现,这体现于先见之明、观察力、在可行方案中善于取舍的能力诸方面。如此宗旨限制了才智,因为宗旨乃是约定俗成的,必须由才智之外的某种权威强加而来,未给才智留有发挥余地,而无非是机械的选择手段而已。

（2）我们已经谈到，仿佛在尝试实现之前，宗旨就能够完全成形。这个印象现在必须加以限定。宗旨初次呈现出来的时候，无非是尝试性的端倪而已。努力实现的活动检验了它的价值。如果宗旨足以成功地指导活动，那么就不需要另外有所追求，因为宗旨的全部作用，即在于预先树立一个标记；可能只需时而略加暗示。可是通常——至少在复杂的情况下——具体作用在于照明以前忽视的那些条件。如此一来，就需要修正初始的宗旨；宗旨不免有所增损。可见，一个宗旨应该具有灵活性；宗旨应该能够加以更改，以便适应实际情况。而外界给予行动过程确立的一个目标，总是流于刻板。由于是从外界插入，或者强加而来，所以可想而知，针对环境的具体条件，宗旨缺乏应对自如的机制。行动过程中出现的情况，我们不能胸有成竹，不能推翻，也不能更改。这样一个目标，只能坚持到底。不能因地制宜而造成的失败，大家简单地归咎于条件违背常理，而非由于以下事实使然：客观环境表明，目标并不合理。相反，一个名正言顺的宗旨的价值，即在于我们能够用于改变条件。这样的宗旨体现了一种因势利导的方法，从而能够顺势而为，促成有利的条件变化。一位农夫如果发现了情况而被动地接受现实，比如他全然忽视土质、气候等等条件的允许程度而构想一个计划，他就会犯同样严重的错误。教育方面，一个抽象或者脱离实际的外在宗旨便存在一大弊端，就是在实践中根本并不适用，这样有可能产生的反应，可谓任意抓住眼前条件。而一个良好的宗旨，则要通盘考虑学生经验的现状，形成一个对症下药的试验性质的计划，保持纲举目张，同时根据情况变化而有所修正。简而言之，这个宗旨属于试验性质，所以行动过程中要经受检验，不断改进。

（3）宗旨必须始终体现为活动的自由发挥。看得见的终端目标具有提示意义，因为某个过程的终局或结果，都可谓成竹在胸。我们能够界定一个活动的唯一方式，在于活动终结时的客体已经放在我们的面前——犹如射击的目标就是靶子。不过我们应该记住，目标无非一个印记或符号而已，头脑据此而具体指定希望从事的活动。严格说来，不是靶子，而是击中靶子，这才是看得见的目的。瞄准目标要借助于靶子，同时也要假借枪的瞄准器。大家想到的不同目标，都属于指导活动的手段。比如瞄准一只兔子；他所想要的是一枪击中：这是活动的一种特定的类型。或者说，如果他所想要的是兔子，那么兔子就未曾脱离他的活动，而是活动中的一个因素；他想吃兔肉，或者想借此显示自己的枪法——他想借此而有所作为。做事，而非孤立看待事情，才是他的目的所在。目标无非是活动目的的一个阶段，——成功地继续这个活动。前面运用过的说法，"自由发挥的活动"，便是这层含义。

为了活动可以继续展开而完成某个过程，与此形成对照的是，从外界强加于活动的某个目的，它属于静止的性质。这样的目的，有人总是视为一成不变；犹如某种意在获得和拥有之物。一旦个人持有这样一个想法，活动便无非为不可避免的一个手段，而别有所图；本身而论，活动便没有意义，或者无关紧要。与目的比较而言，活动只是一个必要的邪恶；某种必须事先经历过，然后才能达到唯一有价值的目标。换个说法，外界产生的宗旨理念，导致了手段与目的割裂开来，而一个活动自身逐步形成的目的，则是指导的计划，它总是目的和手段合而为一，二者同时有所区别，区别仅仅是为了方便起见。每个手段都属于一个临时的目的，直至我们大功告成。每个目的一旦达到，就变成进一步推动活动的一个手段。标明我们所投身的活动的未来方向的时候，我们便称之为目的；标明目前方向的时候，我们便称之为手段。每当目的脱离手段的时候，活动的意义便有所削弱，而且往往把活动降低为一种人人唯恐避之不及的苦差。农夫需要植物和动物才能完成农活。他是喜欢农活，还是仅仅视为手段，他不得不务农，因为另有所图，而后者从是他唯一的兴趣所在，两种态度之于他的生活而言，可谓相去霄壤。前一种情形下，他的活动的全部过程都是有意义的；每一阶段都有其价值。他的体验是每一阶段都在实现他的目的；延缓实现的宗旨，或者说看得见的目的，仅仅是展望中的大好气象，促使他充分而又自由地保持自己的活动进行下去。因为如果他不展望，他就很可能发现自己遇到了障碍。宗旨同样确切说来是行动的一个手段，如同一个行动的任何其他的部分也是如此。

3. 宗旨在教育上的应用。教育的宗旨并无任何独特之处。它们如同任何需要指导的职业上的宗旨。教育者和农夫的相同之处，在于他也有一定的事情要做，一定的资源可资使用，一定的障碍需要努力克服。农夫处理的情况，不论障碍还是资源，都有其自身的构造和运行，脱离于他的任何意图。种子发芽，雨从天降，太阳普照，害虫侵蚀，发生枯萎，春秋代序。他的宗旨无非是利用这些不同的条件；促使他的农活和能量共同发挥作用，而非彼此抵消。如果农夫树立的目的为农耕，而又不能兼顾土质、气候、植物生长的特性，那岂不是咄咄怪事。他的目的无非是要预见到，他的耕耘结合他周围事物的能量之后，可能产生的结果，这个预见日复一日指导着他的农事活动。预见到可能出现的后果，便可促使他更为细心和全面地观察自然，以及他要处理的耕耘时的具体情况，促使他制定一个计划——也就是需要完成的举措，要有一定的顺序。

　　对于教育者而言，不论家长教师，其揆一也。如果教育者设定"自己的"宗旨，作为儿童成长的适当目标，这就如同农夫不顾条件而树立一个农事理想，二者同样荒谬。宗旨意味着承担责任，在履行一个职能时，需要进行观察，预测和安排——不论肆力农事或是致力教育。凡是宗旨都包含价值，只要时时刻刻在进行一项活动时，能够有助于观察，选择和筹划；如果宗旨妨碍了个人自身的常识判断（比如宗旨系由外界所强加，或者迫于权势而予以接受），那就造成了危害。

　　而且我们最好提醒自己，教育本身毫无宗旨可言。只是各种人物，家长，教师，等等，他们才抱有宗旨，而教育之类的抽象理念，则并无宗旨可言。结果他们的意图千变万化，对待儿童则因人而异，儿童渐渐成长，施教者的经验逐步丰富，意图也随之改变。即便能够形诸文字的最为有效的宗旨，作为文字而论，其弊大于利，除非有人认识到，它们不是宗旨，而是提供给教育者的建议，以便学会观察，学会前瞻，学会选择疏导和指引具体环境里的各种力量，他们发现在那些环境里自己如鱼得水。如同有位晚近作家说过："引导这个男孩去读司各特的小说，而不要读猎犬故事[①]；教这个女孩则教习女红；约翰的性格中要根除好欺负人的恶习；这个班级要准备学医——凡此种种，都是我们在具体教育工

---

① 原文"Sleuth's stories"，侦探小说的旧称。

作中,实际放在面前的千千万万个宗旨的实例。"这些限制条件铭记在心之后,我们便进而揭橥一些特征,它们包含于一切良好教育的宗旨。

(1) 一个教育宗旨,必须建立于接受教育的特定个人的内在活动和需要(包括先天本能和后天习性)。我们前面已有交代,有一种倾向是把这样一个宗旨视为铺垫,而发现宗旨体现于来日方长的造诣或责任,而现有的能力,人们却置于不顾。一般而论,有一种倾向是考虑周到,而成人的内心都很珍视这些考虑,于是便把它们确立为目的,而并不顾及受教育者的能力大小。还有一种趋向则是标榜的宗旨全然整齐划一,以至忽视了个人的特殊能力和要求,所以忘记了一条道理:凡是学问,都是在特定的时间和地位内学而得之。成人认识的范围比较广阔的话,一大用处在于观察后生的才具和弱点,确定它们可能形成的长处和短处。因此大人的艺术才能,显示了子女可能具备某些特有的倾向;如果我们没有成人的艺术造诣,我们就不能确信认识画画、仿效、做模型、涂色这些童年活动的意义。因此如果没有成人的语言,我们也就无从领会,婴儿时期那些咿呀学语的冲动包含着什么内涵。不过利用成人的建树,作为一个背景环境,把童年和青年时期的一切活动置于其中,进行通盘考察,这是一种处理方法;而把它们确定为一个固定宗旨,而并不顾及那些受教育者的具体活动,则应另当别论。

(2) 一个宗旨必须能够转化为一种方法,配合展开中的教学活动。它必须启示所需要的那类学习环境,以便发挥和组织他们的各自能力。只有宗旨融入具体教学步骤的建构,只有这些步骤检验、匡正、充实既定的宗旨,否则后者便毫无价值。因为它非但无助于具体的教学任务,反而有碍于观察和估量教学情景时普通判断力的运用。结果这个宗旨在发挥作用时,排除了对事物的认识,而不折不扣符合固定的远期目的。凡是刻板的宗旨,正因为是刻板规定,所以致使大家认为没有必要仔细地关注具体的条件。因为无论如何必须付诸实施,那么留意那些无足轻重的细节,又有什么用处呢?

外界强加的目的,这个弊端根深蒂固。教师从上级主管部门禀受了这些目的;而这些主管部门接受的则是社会上通行的那些目的。教师把它们强加于儿童。由此产生的第一个后果是,教师的才智无从发挥;才智限制于禀受自上而下制定的宗旨。个别教师能够摆脱权威督学的发号施令,教学法方面的教科书,规定的学习课程,不一而足,从而他的思想和学生的思想以及教学内容,进行过密切的交流,这样的情况十分罕见。这种毫不信任教师经验的态度,便会反映于对待学生的反应时缺乏信心。学生接受种种宗旨时,经受了双重或三重的外界施加的影响,冲突致使他们始终茫然不解,那就是他们当时自身经验视为自然而然的目的,与教导他们学会默认的那些目的之间的冲突。只有承认民主标准用于衡量每个成长中的经验的内在意义,否则要求适应外界的宗旨,就会致使我们思路紊乱。

(3) 教育者理应警惕那些大家妄称为一般和终极的目的。当然,无论多么特殊,每个活动就其千丝万缕的联系而言,都包含着一般的意义,因为由此及彼,层出不穷。只要一个一般的思想,促使我们更加切身地意识到千丝万缕的联系,那么尽可以包含普通意义。可是"一般"也意味着"抽象",或者超然于一切特殊环境之外。而这类抽象性则意味着不着边际,又再度使得我们回溯以前的思想,即教与学无非手段而已,准备接受的是与手段脱离了联系的一个目的。教育其实而且历来就是自身的回报,这个说法意味着,任何所谓的课程或学科,都毫无教育意义,除非它的价值体现于有其自身的直接意义。一个真正一般的宗旨,可以拓宽眼界,激励人们兼顾更多的结果(即事物的联系)。这就意味着要更为宽泛和更加灵活地看待手段。比如一个农夫,如果兼顾了较多互为作用的力量,他就更能应付自如,随机应变。他将看到的是为数更多的可能采取的起点,更多的方式,可以使他事半功倍。个人对可能取得的未来成就的认识越是充分,他的目前活动便越少拘泥于有限的几个选择方案。只要见多识广,一个人就能够几乎随处着手,能够使得自己的活动持续而富有成果地延续下去。

理解了一般或者全面的宗旨,这个说法无非是指要通盘考虑目前活动的领域,我们就可以探讨一些比较大端的目的,它们通行于当今的教育理论,考察一下它们在多大程度上,启发了直接的具体多样的目的,后者总是教育者真正的关注所在。我们的假定(因为顺理成章来自前面的探讨)是,没有必要在这些目的之间进行选择,或者视为相互对峙的目的。我们以一种可以触摸的方式行事的时候,我们理应在一个特定时间筛选,或者抉择一种特定的行事方式,可是无论多少综合的目的,都不妨同时共存,而不产生对峙,因为它们不过是意味着观看相同景色的不同方式。一个人不能同时攀登好几座大山,可是登攀不同的山脉,便会发现景色各异,相映成趣:它们并非构建了互不相容、争强斗胜的天地。或者换个大同小异的说法,一种陈述的目的,可能提示了某些问题和见解,另一种陈述则提示了另一组问题,需要其他的见解。可见我们所持的目的,如果富有一般意义,那就更加有益。一者轻描淡写,一者则大做文章。众多的假设对于科学探究者大有裨益,众多陈述的宗旨对于教员同样足资借鉴。

  总结。一个宗旨表示任何进入意识的自然思考过程的结果,在决定审时度势和抉择行事之道的时候,构成了一个要素。一个宗旨所指的是,一个活动已经变得聪明了。具体说来,宗旨意味着预见到可供选择的后果,它们是伴随着特定环境而通过不同的方式行动而产生的,意味着利用预期的认识来指导观察和实验。因此一个真正的宗旨,在每个要点上,都是与外界强加于一个行动过程的目的相对立的。后者是固定刻板的;它对于处于特定环境中的才智,并不是一种激励,而是一种来自外界的发号施令,要做这些,要做那些。后者没有直接联系当前的活动,所以不着边际,与理应获得的手段割裂开来了。后者非但未能提示一种更为自由和更加统筹兼顾的活动,反而给活动设定限制。在教育方面,这些外界强加的目的通行天下,所以要对下述情况负责:强调的重点在于为遥远的未来做准备这个想法,致使教师和学生两方面的工作,流于机械而唯唯诺诺。

自然研究与社会研究：
自然主义与人文主义

约翰·杜威

---

* 选自《民主与教育》第 21 章。

自然科学与文学研究，为了在教学课程里争夺一席之地，由此引起了冲突，我们前面已经有所隐射。迄今为止，大家获得的解决方法，本质而言，是采取了一种略显机械的妥协处理，即教育园地一分为二，一方以自然为主题的研究，一方以人类为主题的研究。这种解决方法使得我们面对的是由外界来调整教育价值的另一个例证，它把视线聚焦于自然与人类事务的联系这门哲学。泛泛而论，可以说教育的分野在二元论哲学理论里有所反映。心智与世界，大家视为属于存在的两个独立王国，而在一定的要点上，二者也存在彼此联系。根据这个观点，自然而然每个存在领域，应该有其与此关联的单独研究群体；更加顺理成章的是，大家应该持以怀疑眼光来看待科学研究的发展，因为这种研究标志着一种唯物主义哲学的倾向，会侵蚀精神领域。凡是以一个较之现存的系统更加融贯的教育格局的教育理论，势必都面临着人类与自然的关系这个问题。

1. 人文科学的历史背景。值得注意的是，古典的希腊哲学并未通过它的现代形式来显示上述问题。苏格拉底确实好像认为，自然这门科学不可企及，也不十分重要。首要认识的事物，在于人类的天性和目的。系于那层认识的是具有深刻意义的一切——一切道德和社会的成就。然则，柏拉图端正了认识：关于人类与社会的认识，取决于关于自然的基本特点的认识。他的主要著述《理想国》，是同时探讨道德、社会组织、形而上学和自然的科学的一部专著。因为他接受苏格拉底的学说：前一领域应有的成就取决于理性认识，所以他迫不得已而探讨起认识的本质。因为他接受的理念是，认识的终极目标在于发现善，或者人类的目的，他不满于苏格拉底的信念：我们所有的认识，表明了我们自身的无知，他在探讨人类的善这个问题时，结合自然本身的本质的善或目的进行思考。尝试确定人类的目的,同时脱离了关于主导目的的认识,后者产生法律,而且使自然具有统一性,这样的尝试可谓徒劳无功。因此他的处理方式完全符合他的哲学:文艺研究(他置于音乐的名目之下)附属于数学和物理学,同时附属于逻辑和形而上学。可是从另一方面来看,认识自然,本身并非一个目的;认识自然乃是一个必然的阶段,促使心智认识到存在包含的至高旨趣,在于形成人类行动的规律,行动包括了团体与个体两个层面。套用现代的措辞来说,自然主义研究可谓不可或缺,不过这些研究要裨益人文主义的和理想的目的。

要说有所不同,那就是朝着自然主义研究的方向,亚里士多德甚至走得更远。公民的关系,他附属于纯粹认知的生活。人类至高无上的目的,并非在于追求人性,而是神性——投身于纯粹的认识,它构成了神性的生命。这类认识处理的是普遍性和必然性的事物,因此发现比较恰当的主题在于最佳状态的自然,而非人类稍纵即逝的事物。如果我们领会了这些哲学家在古希腊生活中所代表的意义,而不是他们所说的细枝末节,我们不妨这样来总结:古希腊人的志趣,大多在于自由探究自然事实,以及观照自然的审美享受,他们十分深刻地意识到,社会在很大程度上植根于自然,而且服从自然规律,故而不会想到使人类与自然处于冲突状态。然而,在古代生活的后期,有两个要素共同发挥着作用,都是旨在提高文艺和人文的研究。一则为逐渐怀旧和借鉴而来的文化品格;一则为罗马人的生活中雅好政治和修辞的趋向。

古希腊的文明成就,可谓天造地设;亚历山大人和罗马人的文明,则从异国源头继承而来。结果后者回顾的是它所汲取的史乘,而非直接面向自然和社会,以求获得资源和灵感。我们这里最好的论述,莫过于援引哈奇①的笔墨,其中表明了前人在教育理论与实践方面取得的结果。"一方面希腊的政治力量大势已去,另一方面则通过璀璨夺目的文学而拥有无从异化的一份遗产……自然而然,她应该转向文学。同样自然而然,文学的研究应该反映于言语……希腊世界的黎民百姓,往

---

① 埃德温·哈奇(Edwin Hatch, 1835—1889),英国神学家。1888 年在年度赫伯特系列讲座中,发表了这篇著名的讲稿,由此知名文坛。讲座于 1874 年开始设立,百余年来,虽时有中断,而延续至今。近年来英国广播公司播放了这些讲座的演讲。

往强调熟谙往代的文学,言语有章,从此以后便习以为常,谓之教育……我们自己的教育直接由此传承而来。它首开风气之先,以前在整个文明世界,可谓靡然向风,一以贯之,直至晚近。我们研究的是文学,而非自然,因为古希腊人首开先河,而且因为当时古罗马人和外省之民,毅然决然造就子弟,他们延聘古希腊的师长,而且踵武前贤。"①

古罗马人所谓务实的偏好,在相同的方向也发挥了作用。在求助于古希腊人有文字记载的思想时,他们不仅另走捷径,获得了文化方面的发展,而且他们孜孜以求的,正是适于他们治国天赋的那类内容和方法。因为他们务实的天才,并不是目标指向征服和控制自然,而是面向征服和控制天下。

在我们援引的上文中,哈奇先生想当然地看待大量史实,所以说我们研究的是文学,而非自然,因为古希腊人,还有他们传而授之的古罗马人,都是继承了衣钵。那么时跨古今千百年间的历史环节又是什么?这个问题给我们的启示是,野蛮的欧洲无非重现了古罗马的局面,而规模更其宏大,力度也更有过之。欧洲只能求教于古希腊罗马文明;欧洲同样借鉴了它的文化,而非踵事增华。不仅在一般思想和艺术表现方面,而且在法律模式上,都可谓求助于异国他邦的文字记载。而且欧洲依傍传统之势,有增无减,因为那个历史时期居于主导地位的是大家热衷于神学的兴趣。因为教会乞灵的权威是用外语所作的外国文学。百流归川,终而把学问等同于语言训练,于是学者的语言,而非母语,遂演变为一种文学语言。

更有甚者,上述史实致使我们一叶障目而不见全貌,直至我们认识到,这样的主题迫使大家依傍一种辩证的方法。文艺复兴时期以降,人们将经院哲学视为一种指摘之词,可谓屡见不鲜。可是经院哲学的全部含义,无非是经院方法,或曰经院学人②那套方法。本质而论,经院方法无非是高度有效的集大成者,促使教授和学习的各种方法得以系统化,而那些方法则适合于传播一套权威的真理。文学,而非当代的自

---

① 《古希腊思想及其用法之于基督教教会的影响》,第43—44页。——原注
② 原文为"the School Men",包括繁琐哲学家和经院神学家。

然和社会,提供了学习的内容,故而教学的方法,必须能够适应界定、阐扬和诠释那些教而授之的内容,而不是适应探究、发现和创新。所谓经院哲学,从实质来看,就是本着全心全意和贯穿始终的态度,把适宜教学的各自方法形诸公式,实际应用,与此同时,传授的内容也是现成照搬,学生无需自力更生,自己去发现材料。只要学堂还在照本宣科,依傍的是权威和习得这条原则,而非依据发现和探究的原则,学堂的方法统统沿袭经院的那套做法——至多是减去逻辑的精确性,以及经院哲学的系统性。方法和表述上的松散姑且不论,唯一的区别在于,地理、历史、植物学和天文学,现在属于必须掌握的权威的学习文献。

由此产生的一个结果,便是古希腊的传统久已失传,而根据那个传统,人文方面的兴趣,大家用于作为研究自然的兴趣的一个基础,自然知识,大家用于支持具有鲜明人性的人类目的。生命于是在权威中发现支持,而非在自然之中。自然况且乃是十分怀疑的一个客体。观照自然具有危险性,因为这样的观照往往吸引了人类,他们不再依傍文献,而生活的规章制度则已经包含于文献之中。况且唯有通过观察才能认识自然;观察则要凭借感官——而感官则无非物质而已,与纯粹非物质的心灵相对立。进而言之,自然知识的便利之处,属于纯粹物理和世俗的方面;它们关乎人类的躯体和现世的福利,而文学传统则关注人类精神的和永恒的幸福。

2. 近代科学对自然的兴趣。15世纪那场运动,大家在不同时期都以文艺复兴名之,运动的特点可以概括为对人类的现世生活产生了新的兴趣,相应说来,也对人类与自然的关系产生了新的兴趣。这种兴趣属于自然主义,含义是转而反对居于主导的超自然主义的兴趣。在促成这种思想上的改弦易辙的过程中,回归古典希腊异教徒文学所产生的印象,有可能一直为人高估了。毋庸置疑,这样的变化主要是当代状况的产物。可是毫无疑问,当时受过教育的人充满了新颖的观点,所以迫切地转向了古希腊文学,探索志趣相投的食粮和滋养。在很大程度上,寝馈于古希腊思想的这份兴趣,并不在于文学本身,而是在于文学所表达的精神。精神自由,自然有序而美的意识,使得古希腊人的表达生气灌注,激发人们在思维和观察方面同样无拘无束。16世纪的科学史显示,曙光初露的物理性质的自然科学,发轫伊始,主要借鉴的是热衷古希腊文学的这份兴趣。如同文德尔班①所言,新的自然科学是人文主义的女儿。②当时热门的看法是,人类存在于微观世界,而宇宙存在于宏观世界。

这个事实重新引发了过去的问题:自然与人类后世割裂开来了,语言文学与物理科学之间,泾渭分明划分开来了,何以会出现这样的局面呢?这里不妨提出四条缘由。

(1) 古老的传统牢固地盘踞于各种社会建制。政治,法律,还有外交,始终势必属于权威文学的分科,因为在物理和化学这两门科学的方法得到充分的推进之前,生物学自不待言,社会科学无所发展。历史学的情形也大同小异。况且,用于有效教授语言的方法则取得了长足进展;学术风气的惯性力量,也就存在于那一方面。正如文学方面新的兴趣一样,尤其是古希腊文学,起初未曾获得许可,在经院组织机构的高等学府,便无法安身立命,所以当它千方百计进入高等学府的时候,便和其他古老的学问携手合作,尽量减少实验科学的影响。执教之士,甚少经过科学训练;擅长科学之士,则供职于私人实验室,而且要通过促进研究的那些学术机构作为中介,但是此类机构不是作为教训团体组织起来的。最后,蔑视物质和感官和手艺的贵族传统,余烈不减当年。

(2) 由此产生的异教徒反抗,致使神学探讨和论争之风愈演愈烈。双方都要乞灵于文学文献。各方需要培养的人才,都要有能力研究和阐扬堪为依傍的典籍。培养能够维护既定信仰而辩驳对方,能够普及信仰而防止对方侵蚀,这方面的需求,可谓与日俱增,时至 17 世纪中叶,高级中学和高等学府的语言训练,由于神学兴趣的复苏,可谓欲罢不能,时辈利用为宗教教育和教会论争的一项工具,如此形容,不算言之过甚。因此在今日的教育界,大家看到的教授语言的余风,并非直接来自学问的复兴,而是由于适应神学目的,故而得以传承下来。

---

① 文德尔班(Wilhelm Windelband, 1848—1915),德国哲学家。弗赖堡学派创始人。他认为哲学问题其实是价值问题,世界划分为"事实世界"和"价值世界"。

② 见文德尔班《哲学史》,英文版,1958 年,351 页。中译本标题为《哲学史教程》,商务版,1979。

（3）人们构想自然科学本身时的思路，加剧了人类与自然的对立。弗朗西斯·培根，堪称树立了自然与人文志趣相结合的近乎完美的典范。科学，采纳了观察和实验的方法，便意味着放弃"预测"自然的尝试——先入之见强加于自然——而且意味着成为自然的卑微诠释者。聪明地顺应自然，人类便能够学会实际驾驭自然。"知识就是力量。"这句格言的含义是，通过科学，人类将掌控自然，而且转化自然的能量，实现人类自身的目的。培根抨击古老的学问和逻辑是纯粹论辩性质的，无非取得论辩的胜利，而和发现未知事物无关。运用他的新逻辑所揭橥的新的思维方法，一个充满着浩博的发现的纪元即将出现，这些发现将结出发明的成果而服务于人类。当时大家即将放弃那种无谓而永无完成之日的努力，即彼此支配而投入合作的任务：为了人类利益而统治自然。

大端而论，培根预告了后世进步的方向。不过他"预期"的是进展。他未曾看到，新科学在较长时期内为人所用，而有利于人类剥削的古老目的。他认为新科学会迅速赋予人类新的目的。相反，新科学却将手段交给一个阶级处置，而这个阶级却为了确保聚敛财富的古老目的，损害了另一个阶级的利益。不出培根所料，随着科学方法的革命，工业革命继之而来。可是这场革命历时数百年才造就了新思维。封建主义注定灭亡，因为新科学已为人应用，具体表现则为拥有土地的贵族的势力转向制作业中心。可是资本主义，而非社会人文主义，取得了它的地位。人们肆力于生产和商业，仿佛新科学毫无道德教诲，而是只有技术方面的教训，比如生产讲究经济，私利方面则要奉行节省。自然而然，物理学的如此应用（这是触目皆是，可以觉察到的一门科学），使得自我标榜的人文主义者的侈言显得掷地有声：科学的唯物主义，表现于它的各种倾向。新科学留下的空白，在于人类具有鲜明人性的利益，它们超乎挣钱、省钱和花钱之外；于是语言文学便提出主张，要代表道德和理想的人类利益。

（4）进而言之，标榜自身基于科学的哲学，俨如科学最终意义的公认代表，要则具有二元论的本质，标记便是精神（表示着人的特性）与物质的泾渭分明，构成了自然；要则哲学表现出彰彰在目的机械性质，把人类生活的标志性特色,归结为幻想。在前一种情况下,哲学允许某些研究的主张,成为精神价值特许的托付媒介,这样就间接强化了它们要求地位优越的主张,因为凡夫俗子总不免认为,人间世事,至少之于他们而言,具有主要的意义。在后一种情况下,哲学唤起的一种反应,是对物理学的价值表示怀疑和嫌疑,引发人们视为大敌论处,因为物理学损害人类更高的利益。

古希腊和中世纪的认识,接受了呈现出质的多样性的世界面貌,认为自然的进程带有目的,或者用专门名词来说,体现了目的论。新科学经过阐扬,结果否定了实在的,或者客观的存在包含着一切质的现实性。声音,色彩,目的,还有善恶,人们都视为纯粹主观性的——精神上的印象而已。客观存在于是作为只有量的方面——诸如运动中的地块,唯一的差异是位于空间某一点上,比起另一点而言,有较大聚集的地块,在某些地点,和其他地点相比起来,运动的速度较快。缺少质的特征,自然便缺少显著的多样性。予以强调的是统一之处,而不是差异之处;理想恐怕就是发现唯一的数学公式,可以同时应用于大千世界,而一切貌似千差万别的现象,都能够从中推演出来。这就是一种机械哲学的含义。

这样一种哲学代表不了科学真正的内涵。这种哲学以为,技术即技术本身;仪器和术语即现实,方法即内容。科学确实在表述上局限于具体条件,它们使得我们能够预料和控制事件的发生,而忽视了事件的属性,因此也就忽视了此类哲学的机械和数量性质。可是这种哲学一方面将它们置于不顾,同时又并未把它们排除于现实之外,也没有移交给一个纯粹精神的领域;这种哲学提供的仅仅是手段而已,可以用于达到目的。因此一方面来看,客观上科学的进步,正在提高人类驾驭自然的能力,使得人类可以把珍视的目的,置于前所未有的坚实基础之上,同时也致使人类几乎任意地从事多种不同的活动,而那种标榜自身建树形诸公式的哲学,则把世界归结为无谓而单调的空间上的物质的重新分布。结果现代科学的直接结果,便彰显出了物质与精神的二元论,从而确立了自然研究与人文研究属于两大互不联系的阵营。因为相对优劣的区别,是与经验的性质联系在一起的,凡是将性质排除于现实的真正内容之外的科学,必然也就疏漏了对于人类而言最为有趣而且最为重要的内容。

3. 目前的教育问题。客观而论,人类的关注与纯粹机械的物质世界,经验并不洞晓二者之间的分裂。人类的家园是自然;人类的意图和宗旨,需要依傍自然条件方能贯彻实施。脱离了这些条件,它们则变成空洞的梦想,无谓而不可自拔的幻想。从人类经验的起点出发,因而也是教育努力的起点,自然与人类之间,能够恰当地作出的区别,乃是现状与宗旨本身的一种区别,而我们在形成和实施我们的实际宗旨的时候,则应该考虑现状。这样一种哲学足以援据,生物演化的学说可以为之张目,后者彰示了人类与自然延绵不断,而非从外界进入自然进程的异类。这样一种哲学,假以科学的实验方法,便变得坚固充实,后者彰示了知识积累所凭借的尝试,在于为了社会用途而处理自然客体的时候,要引导物理能量与其中启示的思想和谐发展。社会科学的每一步前进都表明——所谓历史学,经济学,政治学,社会学这些学科的研究——社会问题倘若能够聪明地予以处理,我们便只能在很大程度上利用下述方法,即收集数据、形成假设、在实践活动中检验假设,这种活动具有自然科学的特点,同时在很大程度上,为了促进社会福利,要利用物理学和化学所确认的技术知识。在处理令人困惑的问题时,诸如精神错乱,酗酒,贫困,公共卫生,城市规划,保护自然资源,为了推进公益而积极利用政府机构,同时以防削弱个人首创精神,先进的方法全部示例表明,在处理我们关注的重大社会事务时,要直接依傍自然科学的方法和成果。

所以在看待人文学科与自然科学两方面研究的时候,教育的起点应该基于这种密切地互为依存的立场。坚持科学是着眼自然的研究,脱离了大家视为人类兴趣的记载的文学,教育则不可以此为指归,而是应该旨在着眼于自然科学与以人为本的各种不同学科进行交错互补,诸如历史学,文学,经济学,还有政治学。从教育学角度来看,问题比较简单,不像下述那种尝试:一方面,在教授自然科学的时候,视为单纯机械的信息载体;另一方面,在教授人文学科的时候,视为单独存在的学科。后者的教学步骤,构成了学生经验上一种人为的割裂现象。走出校门之外，学生遇到的自然事实和原理，则与人类活动的不同模式相联系。在学生已经参与的所有社会活动中，他们理解了其中涉及的内容和过程。在学校里，开始便让学生面临的是与这种亲身感受到的联系割裂开来，这样就中断了心理成熟的延续性，使得学生感觉到，学业方面有一种无以名状的脱离现实的情况，同时也就剥夺了其学业兴趣方面正常的动机。

当然，毫无疑问，教育提供的各种机遇，应该结果成为人人可以享有的一个机会，只要大家都有意向在科学方面进行深造，以便获得专业能力，从而献身于追求科学，作为他们人生的特殊职业。可是当前说来，学生往往只有一种选择，要则始于钻研先前专业化的成果，而其中的内容却脱离了个人的日常经验，要则始于五花八门的自然研究，而其中的内容却是随意偶然地展示出来的，所以无法深入哪个特殊领域。引导大学生接触彼此隔绝的科学主题，比如内容适宜有志成为某一特定领域的专家，这种习惯令人回想到高中阶段。学生曾经简单地接触到比较初步的关于相同内容的论述，困难都已经一扫而空，话题简化到估计他们能够理解的水平。这种教育步骤的道理在于因袭传统，而不是有意识地恪守一种二元论的哲学。不过效果却是相同的，仿佛意图就是灌输一个理念：自然科学处理的是自然，与人类毫不相关，反之亦然。有些学生终究成就不了科学专家，对于他们而言，自然科学在教学方面相对无效的主要原因，在于一种割裂态度使然，而如果学生开始接触的便是从技术层面组织教学的内容，这种割裂现象则不可避免。即便假设所有学生，都属于萌芽阶段的科学专家，是否上述方法属于最为有效的教学步骤，看来依然令人质疑。绝大多数学生关心自然科学的学习时，无非是看重对于他们的思维习惯能够有所作用——使他们变得思维更加敏捷，胸襟更加开阔，更加倾向于试验性质地接受和检验那些已经揭橥或启发而来的思想——同时通过科学，可以对他们的日常环境，取得比较深透的理解，鉴于以上所述，前面谈到的方法，肯定不足为训。往往学生结果获得的是一知半解，流于皮相而谈不上科学，流于机械而不能应用于普通事务。

利用普通经验，从而确保在科学材料和方法上取得进步，同时坚持后者与熟悉的人类兴趣联系起来，当今这种做法，较之既往更为容易。当今在文明的社会群体里，大家的通常经验，与工业程序和成果都密切联系在一起。这些东西转而成为科学发挥作用的大量实例。固定事物和牵引蒸汽机，汽油发动机，汽车，电报和电话，电机，都直接进入了绝大多数个人的生活。年少的学生实际上都熟悉了这些东西。不仅他们的父母从事的职业要依靠科学的应用，而且家居安逸，保护健康，大街小巷的满目气象，无不反映出科学的成就，同时激发了研究互相联系的科学原理的兴趣。科学教学上明显的符合教学法的起点，在于不要传授带有科学标签的内容，而是利用熟悉的职业和器具，指引学生学会观察和实验，直至他们通过自己熟悉的实际操作，关于一些基本原理已经有所认识。

上述见解有时提出，根据科学积极的化身来研究科学，而不是运用理论抽象，这是毁损科学"纯粹"的一种现象，如此见解建立于一种曲解。实事求是而论，只要从尽可能最广泛的含义范畴上能够为人理会，任何学科都有文化意义。对意义的感性认识，取决于对关联意义和语境的感性认识。根据人类以及物理和技术的语境，来看待一个科学事实和规律，意味着拓展它的意义，而且赋予它增加的文化价值。它在经济上的直接应用，如果经济意味着某种具有金钱价值的东西，则是伴随和次要性质的，只是它的实际关联意义的组成部分。要端在于大家在领悟事实时，要兼顾其中的社会关联意义——它在生活中的作用。

另一方面，"人文主义"意味着，精髓里浸润了关乎人类志趣的智力上的意识。社会志趣，从最深刻的意义上看，等同于一种道德志趣，势必是人类至高无上的一面。拥有涉及人类的知识，关于人类往代的信息，熟谙人类文学的文献编简，可能和积累自然知识的细节一样，可谓拥有了一项技能。凡夫俗子可能忙忙碌碌，头绪繁多，或赚钱，或学会在实验室里驾轻就熟，或累积大量有关语言问题的材料，或编制文学作品的年表。除非这类活动产生的反应，能拓宽充满想象的生活视野，否则便和儿童的手忙脚乱，可谓处于相同的水平。后者徒有其表，而无活动的精神实质。这类活动随时都会沦为吝啬之徒的聚财活动，结果个人为之骄傲的是自己的拥有之物，而非个人从人生世事之中发现的意蕴。凡是追求人生意蕴从而更加关注生命价值的研究，凡是能够产生更加敏锐的意识而关注社会福祉，更大的能力而促进那种福祉的研究，皆属具有人道意义的研究。

古希腊人的人文精神，可谓与生俱来，而且饱满强烈，不过天地狭隘。走出希腊那片经纬，人人都是化外之民，可以不屑一顾，除非可能相为敌雌者另当别论。古希腊的思想家，论社会见地和思辨，固然堪称尖锐，他们的典籍里却没有片言只语表明，希腊文明不是自我封闭和自给自足的。表面看来，毫无怀疑，邦国之未来乃置于他们鄙视的外夷掌控之中。在希腊社会范围之内，强烈的社会精神囿于一个事实：高雅的文化，建立于奴隶和经济奴役构成的社会下层——这些阶层之于国家的存在，乃是不可或缺的，亚里士多德曾经直言不讳，不过他们并不属于名副其实的国家组成部分。科学的发展，已经产生了一场工业革命，通过殖民化和通商，后者促使不同的国民密切接触，结果无论某些民族，可能依然轻视其他民族，却没有一国可以心存幻想，期望完全在本国疆域之内决定乾坤。这场革命也废除了农事奴役，创造出一个阶层，由或多或少经过组织的工厂劳工组成，他们有公认的政治权利，在控制工业的过程中，他们理直气壮，要发挥责任重大的作用——那些主张则受到诸多富裕人家同气相求的重视，因为阶级壁垒推翻之后，他们不知不觉要和命运不济的那些阶层，保持更加密切的联系。

这种态势不妨简而言之：古老的人文主义，在视域之内忽略了经济和工业状况，结果便流于片面。文化，处于这样的环境下，势必代表的是直接控制社会的那个阶层的学术观和道德观。如此一种对待文化的传统，属于贵族性质，我们在前面有关章节里有所考察[①]；这个传统强调的是阶级之间的差别标志之所在，而不是基本的共同利益。这样的传统的标准着眼于过去；因为宗旨在于保存现有获得的一切，而不是广泛地延伸文化的范围。

更大程度地兼顾工业和安居乐业所系的一切，由此产生了各种修正，而人们每每谴责这是对脱胎于往代的文化的抨击。不过比较宽泛

[①] 参阅原书260页。——原注

的教育观，则会把工业活动视为中介作用，可以促使平民百姓比较容易接触得到智力资源，同时也使得属于近水楼台先得资源的小众文化，变得更加坚实牢固。简而言之，一则为科学与工业发展之间的密切关系，一则为文艺和美学修养与贵族的社会组织之间的密切关系，我们能够兼顾两端的时候，技术性质的科学研究，与修心养性的文艺研究之间的对峙，我们便可从容应对。社会若要变得真正民主，我们眼前面临的需要，便是克服教育方面这种割裂的局面。

总结。看待人类与自然之间关系的哲学二元论，反映于自然主义态度与人文主义态度之间研究的分野，伴随的趋向则是把后者归结为往代的文学编简。这种二元论不是古希腊思想的特色（我们已经注意到了其他的一些特色）。产生二元论的原因，部分在于罗马和野蛮的欧洲的文化，不是土生土长的产物，而是直接或间接地从希腊借鉴而来，还有一些原因是政教两方面的局势，突出的是依傍往代知识的权威性，而这些知识又是通过文学的文献传播而来。

发轫伊始，现代科学的崛起，预示着恢复自然与人性的密切联系，因为现代科学把自然知识，视为确保人类进步和幸福的手段。可是晚近的科学应用，却着眼于一个阶级的利益，而非为了普通民众；科学学说公认的哲学系统表述，往往要则把科学标明为单纯物质性质，而不同于具有精神和非物质特性的人，要则把精神归结为一种主观幻想。在教育方面，以此类推，这种趋向就是把自然科学作为一套单独存在的研究科目，由关于物质世界的技术信息所组成，就是保留古老的文学研究那种鲜明的人文主义特色。以前关于知识演化，关于建立在这个基础之上的教育格局的叙述，其用心在于克服文理两科割裂的现象，同时确保大家认识到，自然科学的主题在人类事务中所占据的地位。

教育的宗旨

阿尔弗雷德·诺思·怀特海

---

* 选自《教育的宗旨及其他文集》(1929)第一章。原为作者 1916 年当选为英国数学学会会长时发表的演讲。

阿尔弗雷德·诺思·怀特海
(Alfred North Whitehead, 1861—1947)

英国数学家、哲学家和教育理论家。出身于书香门第,祖父创办私立学堂。怀特海十四岁始入学,念书期间以古典语言和数学及历史为主。1880年获得奖学金后,在剑桥三一学院攻读数学,在文学、宗教、哲学、政治诸方面也颇多耳濡目染。毕业后留校教书二十五年。怀特海的学术生涯一般分为三个时期,第一阶段为1884—1910年,主要研究数学和逻辑。1910寓居伦敦,在伦敦大学等教授数学。1910—1913年和弟子罗素合作,完成《数学原理》。第二阶段为1910—1924年,主要研究科学哲学和教育哲学。20年代起受伯格森直觉论和爱因斯坦相对论的影响。第三阶段为哈佛岁月,1924年起任哈佛大学哲学教授,教书之余,研究哲学的一般问题和形而上学,创立"过程哲学",成一家之言。在教育理论上也有建树,著书立说,跨越自然科学和社会科学两大领域。发表著名演讲《教育的宗旨》,后结集为《教育的宗旨及其他文集》一书,批评现代英国教育讲究形式主义,强调古典作品在教育中的意义,认为"文化是思想的活动"。社会科学方面的主要著作还有《科学与近代世界》、《宗教的形成》、《过程与实在》等。

文化属于思想的活动，天下之美，仁爱之情，皆敏于濡染。博物洽闻的一鳞半爪，则无关乎文化。徒为见多识广之士，乃百无聊赖之辈，无益于上帝的尘世。我们应该旨在造就文化和术业专长兼备的人才。专业知识可为他们提供用武之地，而文化修养则引导他们渐入佳境，深湛如哲学，高雅如艺术。我们理应铭记，珍贵的学术长进乃是自我发展，成才大多出现在十六至三十岁这段年龄。至于培养，最重要的内容是十二岁以前由母亲耳提面命。有句名言可以具体表明我的意思，据说是出自坦普尔大主教①之口。他年少时曾就读于拉格比公学②，当时并不算出类拔萃，而成年之后却出人头地，有人对此表示惊讶。"年方十八是否成器，并不重要，关键在于大器晚成。"他如是回答。

培养儿童学会思想的活动，其中首要的一条，在于必须提防我所称谓的"惰性思想"——也就是说，那些思想仅仅为头脑被动接受，而不能为其所用，或者加以检验，抑或融会贯通，推陈出新。

从教育的历史来看，令人十分触目惊心的现象，莫过于有些学问之堂，在一个纪元里孕育了一代天才，可是后继无人，一览无余的俱为学究风气和循规蹈矩。原因就在于惰性思想致使庸才不堪重荷。充斥着惰性思想的教育，非但无益学林，大端问题还在于贻害无穷——"至善之腐败，乃万恶之极。"③学术的酵母作用间隔出现，可谓罕见，除此之

---

① 坦普尔（William Temple，1881—1944），英国约克郡大主教。首倡"福利国家"思想，在英国学术界颇有影响，著作包括《公民与教徒》等。
② 拉格比公学（Rugby School），英国四大贵族学校之一，实际为私立性质。
③ 原文为拉丁谚语"Corruptio optimi, pessima"。未见出处，据近人考证，亚里士多德《政治学》里有近似的说法，所谓"上乘而几近神圣的正统类别，一旦变态，则为十足恶劣之表现"。参阅《政治学》，卷2，1289a，39。

外，往昔的教育素来严重沾染了惰性思想。而不学无文的聪明主妇，见多识广之后，人到中年，在社会群体里，反而成为极有文化修养的一族，道理即在于斯。所幸的是，她们没有担负惰性思想这个可怕的包袱。有史以来，激发人类追求伟大的每一场学术革命，都是针对惰性思想的一次满腔激情的反抗。呜呼，由于对人类心理学的可悲无知，进而借助某种教育纲领，用自家面目的惰性思想把人性重新束缚起来。

我们姑且质疑，在我们的教育体制中，大家应该如何警惕这种精神的枯朽。我们揭橥两条教育训喻，"不可教授过多的科目"，再则，"凡所传授，则传授无遗"。

学科繁多，而传授的仅为其中较少的内容，这个结果便是被动接受互不连贯的思想，而缺乏任何活力的火花的照耀。儿童教育的内容，介绍的主要思想应该言简意赅，同时让这些思想尽量进行各种组合。儿童应当把思想化为己有，应当根据自己实际生活的具体环境，懂得随时活学活用。从一开始接受教育，儿童就应该体验到发现带来的喜悦。儿童需要有所发现的是，一般思想使得他能够理解层出不穷的事件，事件之流涌现于他的一生，这便是他的生活。所谓理解，我指的并非只是逻辑分析，尽管其中包含了这一方面。我所谓理解的意思，用一句法国格言来表达的话，叫做"理解一切，寓于包容一切"。①学究讥嘲的那种教育则是致用之学。可是如果教育毫无用处，那么何谓教育？莫非有一位天才藏而不用？当然，教育应该有益于人，尽管人生目标因人而异。教育有益于圣·奥古斯丁，也有益于拿破仑。教育有益于人，因为理解有益于人。

我有所忽视的那种理解，则应该由教育中的文科方面来提供。我也无意让人推测，本人标榜的是一门古典文学或现代文学课程的相对的功绩。我只想略陈己见：我们需要的理解，乃是着眼于迫在眉睫的现状的理解。一门过去知识的唯一用处，在于使得我们有备而来，应付现在。后生思想经受的致命伤害，莫过于厚古薄今。现在包含着已有的一切。现在才是圣地；因为现在蕴含过去，现在孕育未来。与此同

---

① 参见法国18世纪女作家斯塔尔夫人的小说《高丽娜》，第18卷，第5章。

时,应该予以注意的是,一个时代二百年前存在,与两千年前存在一样,都属于同样的过去。迂腐的朝代年纪,切莫上当。莎士比亚和莫里哀的时代,和索福克勒斯和维吉尔的时代,属于同样的过去。圣贤的神交,可谓一大盛事而富于启迪,不过只能有一处殿堂,可以四方翔集,那就是现在,科学人文,群贤毕集,都必须不远千里,奔赴荟萃之地,故而光阴流逝则无伤大雅。

现在转而谈谈教育中科学和逻辑的内容,我们这里也要记住,不能为人所用的思想,存在着确切的危害。所谓利用一个思想,我的意思是把思想和那个事件之流联系起来,后者的复合成分包括感性认识,感受,希望,欲望,以及调节思想的精神活动,凡此种种,便形成了我们的生活。我能够想象得出,有一群生命可能会通过被动重温互不连贯的思想,从而充实自己的灵魂。人性却不是如此这般建立起来的,或许一些报章的编辑另作别论。

科学训练方面,处理一个思想的首要任务在于证明真伪。不过恕我假以片刻,以便引申"证明"的意思;我指的意思是——证明思想的价值。除非一个思想所体现的命题符合真理,否则便不足为道。相应说来,论证一个思想的实质内容,在于证明这些命题的真理,要则通过实验,要则通过逻辑。不过并不具有实质意义的是,对真理的这个佐证要构成对这个思想的入门介绍。归根结底,令人肃然起敬的师长应该具有权威性,所以他们揭橥的一个思想,便是可以予以证明的充分依据。我们初次接触一组命题的时候,是从鉴定其重要性开始的。我们在日后生活中的实践便是如此。严格意义上来看,我们并未尝试证明或反证,除非思想具有重要性,所以致值得享有这份荣幸。狭义而论,证明和鉴定这两个过程,并不要求及时严格的割裂开来。二者几乎可以并行不悖。可是二者都要求优先进行,就此而论,根据用途大小进行鉴定,便成为优先着手的过程。

进而言之,运用命题时,我们不可竭力割裂开来看待。需要强调的是,我指的不是利用清一色的组合实验,以此示例阐明命题一,然后阐明命题一的论证;继而又用清一色的组合实验,以此示例阐明命题二,然后阐明命题二的论证,如此展开直至本书结尾。那样就会令人不堪卒读。本人是把彼此关联的真理融会贯通,参差各异的命题而为我所用,不拘条理,随时可能重复出现。诸位可以选择理论课题上一些重要的应用实例;运用系统的理论阐述同时展开研究。理论阐述要始终简明扼要,可是凡所论及之处,要保持严密精确。不能长篇大论,这样大家才能理解得彻底准确,而并不觉得费解。叠床架屋的理论知识,如果食而不化,后果则令人嗟叹。还有理论不可与实践混为一谈。何时证明,何时利用,儿童应该毫无犹疑。本人的要点在于,凡是经过证明的真理,则应该加以利用,凡是加以利用的——就可以付诸实践而论——则应该加以证明。证明和利用本为一事,这样的断言,本人则避之不及。

演讲进行到此,本人完全可以直截了当展开自己的论点,采用旁敲侧击这样的外在形式。大家刚刚开始意识到,教育方面的艺术和科学,需要有各自的天才和研究;意识到这种天才和这种科学,并不仅仅是科学或文学某一分支的知识而已。这条真理,我们的前辈已经片面地有所领悟;当年的中小学校的校长,方式未免粗疏,纷纷要求同事姑且将学问束之高阁,先学会左手保龄球,并且培养几分对足球的爱好。可是文化一事岂止板球,岂止足球,岂止学问淹博。

教育寓于懂得利用知识这门艺术。这可是非常难以传授的一门艺术。但凡编写出了一本具有真正教育价值的教材,编者可能心中有数,总有评家会说,这本书在付诸教学时存在困难。当然这本书在付诸教学时存在困难。如果这本教材易如反掌,那就应该付之一炬;因为教材并未发挥教育作用。在教育方面,如同其他领域一样,死于安乐的通衢通向一隅死角。一本教材或者讲演录,它所代表的这条歪门邪道,实际上是帮助大学生默记考题,而遇到下次校外组织的考试,可能问及的便是此类问题。不妨补充一句,除非考场上直接要求小学生回答的任何题目,命题框架也罢,具体修改题目也罢,都由教授那个学生的科目任课教师来完成,否则教育体制便无从谈起。外校的评估委员可以报告教学课程,或者学生的学业成绩,可是未经任课教师严格审阅的问题,则不能允许他向学生提问,至少是要和任课教师长时间商讨之后,灵机一动,即兴发问。上述规则仅有少数例外,可是属于另当别论,在通则指导之下,例外情况当然允许出现。

我们现在回到我前面的要点,理论思想应该始终在学生课程范围之内,发现重要的应用之处。这可不是一项易于应用的学说,而是十分深奥的学说。它自身包括的问题,在于保持知识的活力,防止知识流于惰性,而这正是所有教育的核心问题。

上策则要取决于若干要素,其中任何一条都不能忽视,具体说来,包括教师的天赋,学生的才性类型,他们的人生前景,学校直接环境所提供的机遇以及类似性质的要素。由于这层缘故,所以说校外组织的统考贻害匪浅。和痛斥现行成规的态度相同,我们不是由于自己属于怪人而痛斥统考。我们还不至于如此幼稚。再则,此类考试自然在检查懈怠方面有其用处。我们厌恶的道理十分明确,也十分实际。统考扼杀了文化的精髓。诸位根据经验而分析教育的核心任务时,便会发现教育的成功完成,取决于诸多可变要素的微妙调整。道理在于我们处理的是人类心智,而非无机物质。焕发求知欲,判断力,发挥驾驭错综复杂局面的能力,在特殊情况下运用理论而提出预见,凡此种种能力,考试科目一览所具体包含的陈旧规章,都无法传而授之。

我就教于诸位,因为大家都是从事教学的教师。在纪律严明的条件下,总是有可能给一班学生的头脑灌输一定数量的惰性知识。手持一册教材,让学生照本宣科。如此一来,教学上是一帆风顺。然后学童便学会如何解析二次方程式。可是教会学童解析二次方程式,意义何在?这个问题自有传统的回答。传统的说法是:头脑是工具,工欲善其事,必先利其器;获得解析二次方程式的本领,便属于利其器之类。这个回答有着充分的道理,所以世代相传而历久不衰。倘若不是包含了片面的真理,这个回答其实大谬不然,大有可能窒息现代世界的天才。把心智比拟为一把死的工具,始作俑者,不知何许人也。也许,据我所知,有可能是希腊七贤[①]之一,或者由他们组成一个组织。首倡者姑且不论,历代名流先后认可,这个回答所具有的权威性也就不容置

---

① 传统的说法为"泰勒斯、柏拉图、苏格拉底、亚里士多德、毕达哥拉斯、欧几里得和阿基米德"。

疑。权威的分量姑且不论，可以援引的高度许可也撇开不谈，我则毫不犹豫要予以痛斥，认为是教育理论方面引入的十分致命、大错特错、十分危险的概念之一。心智历来都不具有被动性质；心智是一种永无止息的活动，精微，敏于濡染，刺激之后有所反应。所谓利其器之后，再久善其事，则为时晚矣。无论对于你所教授的内容有几分兴趣，都必须随时随地焕发出来；无论你在增强学生什么能力，都必须随时随地加以发挥；无论你的教学可能揭示精神生命的前景，都必须随时随地展示无遗。这是教育的金科玉律，而一条规则遵循起来又谈何容易。

困难在于以下方面：领悟笼统的思想，心智的学术习惯，乐于取得精神成就的兴趣，凡此种种，都不是通过文字形式而焕发出来的，无论多么精确的咬文嚼字，都无能为力。所有从事教学的教师都懂得，教育乃是一个掌握细节的过程，需要耐心，分分秒秒，时时刻刻，日复一日。学问没有捷径可走，华而不实的笼统概括，这条缥缈的道路不可通行。有条谚语形容困难所在，叫做见木而不见林。那种困难就是我现在予以强调的要点。教育的问题在于促使学生始于见木，终于见林。

我极力主张的解决方法，是根除学科之间各自为政的致命现象，它扼杀了我们现代课程的生命力。宜于教育的内容只有一种，那就是万象纷呈的生活。我们传授的不是这个统一的整体，而向儿童提供的是——代数，没有后续的内容；几何，没有后续的内容；科学，没有后续的内容；历史，没有后续的内容；几门语言，从来都是无法精通；最后，所有学科里最枯燥无味的，文学，以莎士比亚剧本为代表，有些语言注释和情节与人物的简短分析，实质上是要求默记的。如此课程表，怎么谈得上代表生活呢，大家知道，生命体现于生活之中。这样的课程表，往好处讲，是一张走马观花的目录，神童在遐想创造一个天地的时候，或许脑海里会重温一遍，目前尚未决定如何化零为整。

我们姑且回到二次方程式。因为我们手头的问题，依然付之阙疑。学童为何必须学会解析二次方程式呢？除非二次方程式适合一门相关课程，否则就理所当然没有理由讲授任何这方面的知识。进而言之，在一种完备的文化培养过程中，数学的地位居然如此重要，我是略存怀疑地看待，对于很多类型的男孩来说，用代数解析二次方程式，是否属于数学上专家一方的范围。我不妨在此提醒诸位，至今本人尚未谈到心理学，或者专业研究，而作为一种理想教育的一个部分，后者则十分必要。不过这些都是避实就虚，我只是交代清楚，以免我以下的回答遭到曲解。

二次方程式属于代数的内容，而代数则属于智能的工具，创造出来是用于澄清世界的数量方面。岂非天方夜谭。天地万象，处处可见数量弥漫其间。以理服人，等于运用数量来表达。泱泱大国，一个空洞无物的说法——大到什么程度？镭为稀有之物，一个空洞无物的说法，——稀有到什么程度？可见数量无法避而不谈。有人可以驰骋于诗歌和音乐，而在韵律节奏和八度音阶方面，还是要面对数量和数字。高雅才子小视数量理论，此辈人物则尚未登堂入室。他们理应为人怜惜，而非受人诟病。学童岁月，传授给他们的是支离破碎的无谓之谈，美其名曰"代数"，所以应该受到几分鄙视。代数退化为无谓之谈，表面如此，事实亦然，这个问题提供了一个令人悲叹的实例，说明改革教育课程表毫无用处，因为在儿童活跃的心智里，诸位希望发掘出什么资质，对此首先缺乏一个清晰的认识。几年以前，有人呐喊，中学代数需要改革，可是普遍的共识认为，图解能够纠正一切。于是各种各样的教学内容都挤压出去，图解则源源而来。据本人所见，这些图解根本没有任何思想作为支撑，无非图解而已。现在每张考卷上都有个别问题用图解来表明。个人而论，我是图解的热情拥护者。可是我感到纳闷的是，我们究竟取得了多少成效。人们无法把生命置于普通教育的任何课程表，除非首先成功地展示出生活与某种本质的特性的联系，而这种特性体现了所有才智或情感认识。此言艰深费解，却为求是之谈；我看不出如何表达得比较简易一些。形式表达上稍作更动，格物致知的性质，便使大家如坠云雾。诸位对阵的敌手可以翻云覆雨，而不会忘记豌豆总得藏在出人意料的顶针里。①

可见改革必须始于另外一端。首先，在看待世界的这些数量方面时，诸位必须虚心接受，这些内容十分简单，所以能够引入普通教育；其

---

① "豌豆和顶针"为英国的一种儿童游戏。

次,在设计代数课程表的框架时,要在这些应用范围内发现范例。我们不必担忧那些爱不释手的图表,我们一旦开始把代数视为研究世界的一个重要手段,就会发现图表的大量存在。在最简单的社会研究中,都会出现数量问题,大家会发现其中就有一些最简单的应用。历史的曲线表达更为生动,而且以广见闻,而不同于那些枯燥的人名录和年纪表,后者构成了干巴巴的中学历史课程的主要内容。不见经传的国王和王后人名录,能够产生什么意义呢?汤姆,蒂克,或者哈里,他们都是逝者。普遍死而复生之说可谓败笔,所以暂时免谈为宜。社会各种力量的量化流动,则能够予以十分简单的显示。与此同时,可变要素,功能,变化速率,等式与解析,这些思想则作为一门抽象科学为人研究,但毫不切合实际。当然,不是运用我在此影射的堂而皇之的说法,而是翻来覆去运用那些适合教学的简单特例。

如果有人走的是这条路线,那么上迄乔叟,下逮黑死病,再从黑死病直至现代工党的困境,这条路线将把中古朝圣的故事与代数的抽象科学贯串起来,二者都会产生反映唯一主题的不同侧面,即生活。诸位中的绝大多数,在这个要点上如何考虑,本人可想而知。那就是我以上勾勒的道路,恰恰并非是大家会选择的特别道路,甚至不会看看如何着手进行。我完全同意。我并未标榜本人能够躬行实践。不过普通的校外考试制度,对教育造成了致命危害,而确切的缘由,便是诸位的反对。显示知识的应用,若要取得成功,这个过程本质上要取决于学生的品质和教师的天才。当然,易如反掌的知识应用我略而不谈,因为这些方面我们大部分人比较得心应手。我所指的应用是科学门类里的数量方面,诸如力学和物理学。

再则,本着相同的贯串起来的态度,以年代顺序为依据,我们运用图表,把社会现象标绘为统计资料。这样我们则抹杀了可以相提并论事件之间的时间。我们可以思索,我们在多大程度上,显示了一个切实的因果联系,或者在多大程度上,显示的只是一个暂时的巧合现象。我们注意到,我们不妨以年代顺序为依据,运用图表标绘一组统计资料,以此说明一国的现象,而标绘另一组统计资料来说明另一国家的现象,从而,通过适当选择的课题,我们便获得了肯定显示出单纯巧合现象的那些图表。而且其他的图表也能表明显见的因果联系。我们想知道如何来辨别。于是图表的绘制要便于我们辨识。

不过在考虑这番描述的时候,我必须恳请大家记住上文坚持的要点。首先,一种思路无法适合各种类别的儿童。举例来看,我应该预料到,喜好手艺的儿童需要的内容更为具体,而且一定意义上讲,更为灵敏,而不是我在这里设定的思路。或许我的思路是错误,不过这是我应该猜测到的。其次,我现在思忖的不是要发表一场美妙的演讲,可以一劳永逸,激励表示啧啧称羡的一班听众。这可不是展开教育的途径。否;莘莘学子总是刻苦努力,描画图表来解答例证,进行实验,直至课题的来龙去脉,他们都获得了彻底的掌握。我现在描述的是应该给予学生思维的穿插的说明,稍加点拨而已。学生通过培养而渐渐感觉到,他们是在进行钻研,而不是一味在做知识笔记。

最后,如果大家施教学生的目的,在于对付什么统考,合理教学这个问题就变得大为复杂。你们可曾留意,围绕一扇诺曼人的拱门,有个Z字形的装饰?古人的作品堪称美丽,今人的作品可谓丑陋。道理就在于,今人的作品是依照精确的尺度制作而成,而古人的作品则各有千秋,依据的是匠工别具一格的表现手法。一处拥挤,一处则膨胀。现在辅导学生考试过关的实质,在于课程表的所有内容,都予以均等的分量。可是人类乃是天生的偏才。一人看到的是完整的科目,而另一人则仅仅只能发现一些孤立的例证。我心知肚明,为了广阔的文化修养,允许专业研究纳入专门设计的一份总课表,看来这是背道而驰。世界倘若没有矛盾,则会变得比较简单,或许也比较单调。不过我可以肯定,在教育方面,凡是排斥专业研究的地方,也就毁灭了生命。

我们现在来谈谈普通数学教育方面的一大分支,即几何。前面的原则照应适用。理论部分应该一目了然,严密,简短,举其要端。在显示思路方面主要联系时,每项并不属于绝对必要的命题都应删除,不过举凡基本的要领都应面面俱到。概念不可省略,诸如相似性和比例法之类的概念。我们必须铭记,得益于一个数字的视觉显示,几何是一个训练推理的演绎能力的园地,其卓越之处无与伦比。继而,当然还有几何图,因为它训练的是手和眼。

可是，和代数相同的是，几何和几何图，我们必须加以拓展，而不能囿于几何概念的单纯循环。在一个工业的邻近地区，机械和工场实践便形成了适当的拓展。举例来看，在伦敦百工高等学院，这一方面已经取得了令人瞩目的成功。对于许多中等学校来说，我建议以测量和绘制地图，作为自然而然的应用范围。尤其平板测量，关于几何的精确程度的直接应用，应该引导学生产生一个生动的理解。简单的绘图仪器，测量链，测量罗盘，应该促使学生从田间的测绘和丈量，提高到一个小区地图的编制。运用最简单的仪器而获得最大的信息，最佳的教育方式，理应从中有所发现。提高精制工具的做法，理应极力加以反对。编制小区地图，考虑它的道路设置，它的轮廓，它的地质，它的气候，这个小区与其他辖区的关系，这番实践将会使得学生懂得更多的历史和地理，而不只是了解帕金·沃贝克①，或者贝伦斯②的晚景凄凉。我指的不是课题方面的朦胧演讲，而是一种认真的探究，借助于准确的理论知识而确切地查明真情实况。典型的数学问题应该是：测量方圆如此的一块园地，根据具体大小为它草拟一个规划，发现有多少面积。这就是一个很好的步骤，可以传授必要的几何命题而又无需加以论证。然后，在进行测量的过程中，学生自然就学会了那些命题的论证，都是运用相同的说法同时进行的。

所幸的是，教育中的专业方面显露的问题比较容易解决，而提供一种通识文化教育则不然。很多理由可以说明这种情况。其中一个理由在于，需要遵守的程序上的许多原理，在两种情况下都是相同的，所以没有必要重述概述。另一理由在于，专业训练出现——或者说应该出现——在学生学习过程的一个比较高级的阶段，因此就有比较容易的材料可以派上用处。不过毫无疑问，主要理由在于，专业学习在正常情况下，是专业学生怀有独特兴趣的一种学习。他钻研专业，因为不知不觉，他希望精通专业。霄壤之别即在于斯。构想通识文化教育是旨在

---

① 沃贝克(Perkin Warbeck，？1474—1499)，英格兰都铎王朝亨利七世的王位觊觎者，后遭绞刑。

② 原文为"Behren's Straits"。疑指德国建筑学家彼得·贝伦斯，20世纪著名德国建筑家，对现代设计颇有影响，因效力希特勒政府而晚境窘迫。

培养一种思想活动;而专业课程则善于利用这种活动。不过它并不十分偏重这些泾渭分明的对举命题。在通识教程中,专业兴趣的焦点将会出;以此类推,在专业学习过程中,科目的外在联系也会促使思维向往延伸。

再则,没有哪一种学习过程,可谓单纯提供通识文化教育,而另外一种过程则提供专业知识。着眼于普通教育而实施的各门学科,都是经过专业研究的专门科目;而且,另一方面来看,鼓励一般思想活动的途径之一,就是培养一种笃志专业的精神。学问这件无缝外套,恐怕分割不得。教育需要传授的是深刻意识到思想的力量,意识到思想之美,意识到思想的结构,同时具备一套特殊的知识,它对于拥有知识的生命具有独特的关联意义。

玩赏思想的结构乃是一个修养有素的心智的那个方面,受到一项专门研究的熏陶之后,修养有素的心智才能够成长。我指的是胸有全局的眼光,认识一组思想与另一组思想的关联意义的眼光。一般思想的确切系统表述,系统表述之中反映思想彼此之间的关系,它们对于领悟生命的作用,唯有专门研究才能够使人对此有所鉴赏。经过如此培养的心智,抽象与具体两个方面,理应左宜右有。因为在领悟抽象思维和事实分析方面,心智已经经过训练。

最后,所有精神品质方面十分严密的一面,应该有所增进;我指的是追求风格的意识。这是一种审美意识,基于对直接取得一个预见目标的仰慕之情,简洁而不铺张。艺术上的风格,文学上的风格,科学上的风格,逻辑上的风格,实际制作方面的风格,基本上具有相同的美学品质,即造诣和分寸。热爱一门学问本身,别无他求,不是那种精神甲板上踱方步时昏昏欲睡的惬意,这种热爱乃是那种钻研中显露出来的追求风格的雅好。

可见探讨又使我们回到了开始的立场,即利用教育。风格,从含英咀华这层意义上讲,乃是接受教育的心智的最后一项造诣;风格也是用处最大的。风格渗透于万有的存在。具有风格意识的官员憎恶铺张;具有风格意识的工程师用材经济;具有风格意识的匠工偏好精雕细琢。风格乃是精神的终极品格。

不过超越风格之上,超越知识之上,则还有一种东西,隐隐约约,形若凌驾于希腊神明之上的命运。那种东西就是力量。风格体现为塑造力量,约束力量。可是,毕竟取得如愿目标的那种力量才具有根本性质。首先一条是大功告成。不必担心你的风格,但是要解决你的问题,证明了上帝对待人类之道无不合理,守土有责,要则便完成安排给你的一切。

　　那么,风格在哪些地方于人有益呢?这一方面而论,具有风格之后,实现目标时不会伴随枝节问题,不会产生令人不快的怒火。具有风格之后,实现目标时不带附加成分,唯有你的目标。具有风格之后,你的活动的效果指日可待,先见之明乃是诸神赐予凡人的最后礼物。具有风格之后,便会力量倍增,因为心智不会由于繁琐枝节而有所旁骛,你就更有可能实现你的目标。可见风格是专才的独家特权。一个业余画工有风格,一个业余诗人有风格,可曾有人风闻此事?风格永远是专才钻研的产物,专业作风之于文化的独特贡献。

　　目前阶段英语教育的病累,在于缺乏明确的宗旨,以及扼杀生命力的外部机制。这篇讲话至此为止,我一直在思考,有哪些宗旨应该指导教育。在这一方面,英国依违于两种见解。国家尚未决定,需要造就外行还是行家。19世纪在世界产生的深刻变化,在于知识增长已经提供了远见卓识。外行本质而论是这样的人物,他在精通一门特定套路时,懂得鉴赏,而且贯涉博通。不过他缺乏的是产生于专业知识的远见卓识。这篇讲话的旨趣,在于建议大家如何造就行家,而又不至于缺失外行的基本优点。我国中等教育的机制是刻板的,而其实应该是灵活的,而在应该刻板的地方,它又是松散的。每所学校承受存亡续绝的压力,势必训练学童应付小型的确定考试。没有那位校长可以徒手发展他的通识教育,或者他的专业学习,根据自己学校的机遇酌情定夺,而机遇则是通过本校师资,本校环境,本校学童的等次,本校的资助规模,共同创造出来的。我的言下之意是,凡是首先旨在检查个体学者的外部测试制度,都只能结果造成教育资源的浪费,而一无所成。

　　首先应该检查的是学校,而非学者。每所学校应该颁发自己的毕业证书,以本校全部课程的学业为依据。这些学校的标准应该抽样检查和匡正纠误。可是教改的第一必要条件是,作为一个单位的学校,有其根据自身需要而认可的全部课程,由自身的师资来取长补短。如果我们无法确保这一条,我们便无非从一种形式主义,走向另一种形式主义,从一个惰性思想的粪堆,走向另一个粪堆。

为了维护效率,学校是任何国民体系中真正的教育单位,发表这个意见的时候,我已经设想过可供选择的制度,作为对个体学者的外部测试。可是每个斯库拉都会面临自己的卡津布狄斯[①]——或者用比较通俗的话来说,道路两边各有一条水沟。对于教育而言,带有同等致命危害的是,如果我们落入监管部门的手中,而这个部门则凭印象认为,所有学校都能够划分为两三个严格的范畴,一种类型的学校应该迫使它采纳一套严格的全部课程。学校是教育单位,我这样说的时候,是实事求是的意思,这个单位不可过大,也不可太小。每所学校必须具备资格,大家在考虑的时候,会兼顾它的特殊环境。为了某些旨趣,学校分类当属必要。可是绝对严格的全部课程,而本校师资不可修正,则不可允许存在。对于高等院校和技术学院来说,完全相同的原则也适用,只要经过适当的修正。一国青年的教育问题,此事体大,我们在考虑经纬的时候,破碎的生命,挫败的希望,民族的失败,凡此种种,都产生于以上探讨的无谓的惰性,所以野蛮的怒气要想克制而不发作,委实困难。在现代生活的状况下,规则是绝对的,而不重视经过培训的才智的竞赛则注定失败。无论有多少英雄主义,无论有多少社交魅力,无论多么机智,无论陆地或海上取得多少胜利,都无法移开命运的指头。今天我们依然故我。明天科学就已经向前又迈进了一大步,关于未受教育者所宣告的判断,就永远失去了吸引力。

我们能够满足的无非是我们文明的黎明以降,历代流行的教育理想的古老总结。教育的精髓在于教育具有宗教意义。

祈祷吧,什么才是宗教教育呢?

[①] 斯库拉和卡津布狄斯(Scylla and Charybdis),希腊神话里的两个长生不死、无法抵抗的水怪。比喻凡事都有进退两难之处。

一种宗教教育,乃是谆谆教诲责任和崇敬的教育。责任产生于我们驾驭天道人事的潜在能力。凡是可以企及的知识能够改变面貌的地方,无知便承担了邪恶的罪孽。崇敬的基础在于这种认知,即现在容纳存在的全部总和于一身,回顾与展望,广漠无垠的时间,这就是永恒。

古典作品在教育中的地位

阿尔弗雷德·诺思·怀特海

---

* 选自《教育的宗旨与其他文集》第五章。最初发表于《希伯特杂志》,21期,1923年。

这个国家里,古典作品的前景,主要取决的不是登堂入室的学者喜好古典作品的程度,以及这种学术训练在培养学术爱好方面的实用意义。主要依托古典文学和古典哲学的那种教育,从中形成的乐趣和品格修炼,数百年的经验,已经提供了示例证明。古典学问面临的危险,并非产生于古典学者如今热爱经典的程度不如前辈。危险来自于以下方面。以往古典作品在高等教育领域,可谓一统天下。绝无抗衡的对手;所以学生寝馈典籍,全部的读书生活千篇一律,古典作品在高等学府的支配地位,受到的唯一挑战是数学这门狭隘的学科。如此态势产生了诸多后果。仅从教学目的着眼,古典学者方面的需求量也较大。古典风气存在于学术界的方方面面,结果渐渍经典的倾向,成为才具的别称;最终凡是在那个方向初露眉目的学童,都培养了古典学问方面的兴趣,不论先天禀赋,还是后天濡染。可是盛况不再,那番景象已经一去不返。只要稳坐墙头,胖胖蛋就是好蛋①,可是摔碎之后,便再也竖立不起。现在还有一些学科,每门都引起具有流布广泛兴趣的话题,伴随着错综复杂的关系,在发展的过程中,展示了无尚崇高的天才伟业,体现于想象力的天地和哲理的直觉。几乎各行各业,现在俱为一个有学问的职业,需要一门或者多门学科,作为它的技术本领的根本基础。人生苦短,脑力宜于求知的可塑时期则更其短暂。相应说来,即便所有儿童都适合,我们也绝无可能维护那样一种教育体制,其中作为一位古典学者的完备培养,对于获得其他知识学科而言,属于必要的预备阶段。身为"教育中古典作品地位问题首相顾问委员会"的顾问,我深感

---

① 原文为"Humpt-Dumpty",典故出自英国家喻户晓的童谣《鹅妈妈》,喻指一旦损坏便无从修复原样之物。

不幸，因为见证者对待现代家长那些唯利是图的各种倾向，发出了十分无奈的悲鸣，我只能倾听而已。我并不相信，任何阶层的现代家长，较之前辈更加唯利是图。古典作品曾经是登堂入室之路，古典作品曾经是通行的研究课题。机遇如今转移了它的定位，所以古典作品濒临危险。亚里士多德不是有言，可观的收入就是令人如愿地附丽于学术生活吗？我为之纳闷，身为家长，亚里士多德如何能够打动我们一所公立名校的校长。我对亚里士多德所知甚少，所以怀疑当年曾有一场争论，结果亚里士多德据理力争，众人折服。我一直竭力充分意识到，教育课程中出现了困扰古典作品的危险局面。我得出的结论是，今后数年之内，这个国家的中等学校将会决定古典作品的前景。一代之内，公立名校将会如法炮制，无论这些学校是否喜欢。

下述事实一手造成了这个局面，未来十八岁毕业的学生中，有百分之九十的人，再也不会重温一部古典作品的原著。而谈到离校更早的学生情况，百分之九十这个估计可能要变为九十九分之一。学者安坐在扶手椅里，披览柏拉图和维吉尔，古典作品的价值，讲解透彻，字字珠玑，这样的情景我有所耳闻，也读到不少这样的故事，可是现在这些人再也不会阅读古典作品了，不论坐在扶手椅，或在任何其他的情景下。我们不得不推出为古典作品张目的辩词，可以适用于这百分之九十的学生。如果针对这一部分学子，而把古典作品从全部课程里扫地出门，那么剩余的百分之十的学生就会很快不见踪迹。没有哪所学校拥有可以教授他们的师资。问题迫在眉睫。

然而，倘若得出以下结论则大谬不然：认为古典作品所面临的敌视看法，要则存在于有学问的职业，要则来自工业界的领袖，他们的视线倾注于教育与效率的关系问题。关于这个论题的最近一次探讨，或大庭广众之下，或私人交流，从我出席时的情况来看，是短暂而激烈的一次，场合是在一所大型的现代高校的一次校务委员会上。有三位理科代表极力主张，古典作品的重要意义，在于其价值培养科学家的一门预备学科。我提到这段插曲，因为据我的经验来看，它有着典型的意义。

我们必须记住，智育的全部问题，由于缺少时间而不易处理。玛土撒拉①其人未曾受过良好教育,那是他自身或者那些师长的过错。可是我们的任务在于处理中等教育的五年光景。可以为古典作品辩护的理由是,在这段时期之内,和其他学科共享这段流光,从相同的培养目标来看,古典作品在造就学生品格方面,提高必要滋养的速度,超过其他任何可供选择的科目。

沉浸于古典作品的时候,通过精通一门语言,在逻辑、哲学、历史和领悟文学之美的美学这些领域里,我们努力开发心智。拉丁语或希腊语,学习这两门古语是促进这个秘而不宣的目标的一个辅助手段。目标实现之后,两门古语可以弃置不顾,除非我们有机会和选择,在这一方面可以进一步深造研究。有一些心智,其中的出类拔萃之辈,对于他们而言,语言分析并非企及文化这个目标的途径。在这些英才看来,一只蝴蝶或是一台蒸汽机,意义超过一个拉丁语的句子。这种情形的典型实例是,能够激励思想的创造性的生动领悟之中,产生了一次天才的发挥。在凤毛麟角看来,章句之学则几乎总是言不及义,小处着墨而文不对题,所以令其茫然不解其意。

不过总体而言,正常的途径则是语言分析。在学生看来,语言分析代表了最大公约数,也是教师胜任愉快的工作。

在这个要点上,我必须反诘自己的想法。我的客体人格提出了问题,如果你希望他们学习这门科目,为何不向学童教授逻辑呢?显然那样不是顺理成章吗?我要借用一位名流的说法作答,他叫桑德森②,奥多学校③的已故校长,不久以前,他的逝世是我们莫大的损失。他的说法是,学生耳濡目染,学而知之。这句名言蕴含的意义,揭示了真正的教育实践的根源。教育必须始于特殊的事实,具体而确定,才便于个体领悟,而且必须循序渐进,才能理会一般概念。需要避免的大忌,便是填鸭式的笼统陈述,因为此类陈述毫不结合个体的个人经验。

---

① 玛土撒拉(Methuselah),见《圣经·旧约·创世纪》,5,25—27。传说中年寿最高者,在世969年。
② 桑德森(Frederick William Sanderson,1857—1922),英国教育家。出身寒微,几经曲折,而将默默无闻的一所学堂办成驰誉英伦的名校。1892—1922年任奥多学校校长。
③ 奥多学校(Oundle School),创建于1876年。位于伦敦西北部。

现在运用这条原则来确定最佳方法,可以帮助学生逐步走向思想的哲学分析。下面我要平心而论,如诉家常。培养儿童有清明的头脑,从而有清晰的思维,有明白的表述,什么才是最好的方式呢?一部逻辑著作中的一般表述,并未结合儿童耳闻目睹的事物。那些表述属于成人阶段的教育内容,在大学期间——或者接近这个阶段。教师必须从熟悉的英语语句的分析着手。可是这种语法步骤,如果超过基础阶段还在继续沿用,那就显得枯燥不堪。更有甚者,语法分析的弊端,在于分析的范围仅仅限于英语的语言分析。英语的词组,语词,思维习惯,其中包含的复杂意义,语法分析一概无所照明。所以下一步是要传授儿童学会一门外语。大家自然从中获益良多。大家不必为训练而进行令人厌恶的规范训练。从而这时分析便自动展开,而学生的注意力放在运用所学语言表达自己的需求,或者理解和自己说法的对象,或者领会一位作者笔端的意思。每门语言都体现了一种确切类型的精神品质,而两种语言势必给学生展现了两种类型的精神品质之间的某种对照。常识要求我们,应该尽可能在儿童的早期生活中,让他们开始法语学习。倘若家境富裕,最好聘请一位法国的乳媪。普通人家的子弟则是十二岁左右,在中学阶段开始学习法语。那样就可能采用直接的方法,于是儿童在学习过程中沉浸于法语,学会用法语思维,在接触法语词汇和词义时,不受英语的干扰。即便中常儿童也会进展顺利,不久便可习得处理和理解法语简单语句的能力。本人前面已经谈到,学生可以获益良多;而且除此之外,他们还为今后生活准备了一个有用的工具。语感有所增强,这种感知是对作为一个确定结构的工具的语言,具有一种潜意识的鉴赏能力。

恰恰在这个阶段,传授拉丁语是激励精神拓展的最佳手段。拉丁语的要素,展示了异常明白而具体的实例,表明了语言是一个结构。只要心智已经成长到了那个思想的水平,事实就摆在你的面前。在英语和法语中,学生可能会忽视这个结构。属于简单类别的优秀英语,会直接变成拖沓的法语,反之亦然,优秀的法语会变成拖沓的英语。字面翻译中的那种拖沓的法语与优秀的法语,后者必须形诸笔墨,二者之间的差异相当微妙,精神成长的那个阶段尚且体会不到,解释起来也并非始终十分容易。这两种语言都具有相同的表达上的现代特性。可是就英语与拉丁语的比较而论,结构上的对比则一望而知,不过差异之大,尚未形成一个不可克服的难题。

根据中学校长的评述来看,拉丁语倒是一门通俗的学科;我知道自己在学童年代便乐在其中。我相信这种通俗性,归功于伴随拉丁语学习而产生的启蒙意识。人人明白自己有所发现。和英语或法语的情形不同,拉丁语的语词嵌入语句的方式别具一格,具有十分奇特的内涵上的差异。固然和英语相比之下,拉丁语一定程度上是一门比较野蛮的语言。它是更加接近语句是不可分析的单位的一步。

这样我就要谈到下一个要点。我前面罗列了拉丁语的各种特长,将哲学置于逻辑与历史之间。就这一方面而论,那是哲学恰如其分的位置。拉丁语所焕发的哲学本能,徘徊于二者之间,而且滋养了二者。从英语到拉丁语,从拉丁语到英语,这种翻译所需要的思维分析,迫使大家需要一种类型的经验,而这类经验便是哲学逻辑的必要入门。倘若在今后生活中,工作的性质是思维,那就感激天意吧,注定要花费五年的青春,每周做一篇拉丁语散文,每日钻研一位拉丁语作家。无论哪一门学科,入门的过程都是通过耳濡目染,学而知之。对于绝大多数人而言,语言乃是激励思维活动的捷径,通向理解的启蒙的道路,是从简单的英语语法走向法语,从法语再走向拉丁语,同时也贯穿了几何和代数的要素。我不必提醒读者,我现在主张的这条一般原则,可以标榜具有柏拉图那样的权威性。

从思维哲学,我们现在转向历史哲学。我要再次重温桑德森的至理名言:他们耳濡目染,学而知之。一个学童究竟如何耳濡目染,学习历史呢?原始文献,宪章法规,还有外交函件,可谓史学方面的天书。一场足球或许是马拉松战役的隐约折射。不过这个说法的言下之意,无非是说古往今来,物换星移,人类生活则具有共同的性质。进而言之,我们填塞给学童的所有那些外交和政治史料,乃是一种十分浅薄的历史观。眼界,思想,审美和种族冲动,它们已经支配了人类纷乱的历史,我们对它们的流动应该具有一种直觉的神悟,这才是真正必要的指归。现在罗马帝国成为一个瓶颈,历史的陈酒已经过渡到了现代生活。

凡是涉及欧洲文明之处,我们认识历史的关键,就在于领会罗马的精神面貌,以及罗马帝国的经国之道。

通过罗马的语言,它以文学形式体系了罗马的精神面貌,我们掌握了最为简单的史料,渐渍其中,我们便能够获得品鉴人事沧桑的认识。法语和英语与拉丁语,存在着显而易见的关系,这本身便是一门历史哲学。我们来考虑英语与法语之间的对照:英语与不列颠开化的历史完全割裂开来,有些语词和词组属于地中海词源而满载着教化意义,便缓慢无形地回归英语;在法语中,我们看到了演化的延续,而残酷冲击的明显痕迹,则俯拾即是。在这些要点方面,我无意自命不凡,高头讲章。道理不言自明。作为英语的母语,我们对法语和拉丁语具有初步认识之后,便会给创造出我们欧洲的那些种族迁移的故事,平添几分不可或缺的现实氛围。语言乃是塑造语言的种族心态的化身。古代的丈夫和女子耕耘田地,照料家园,建造城郭,而每个词组和语词都反映出了先民当年的某种习惯思想。由于这层缘故,在不同的语言中,在语词和词组之间,并无真正的同义词可言。我刚才所说的一切,无非是在润饰这个主题,就是我们努力强调这个话题具有批评的重要意义。在英语,法语,拉丁语中,我们保持着一种三角关系,诸如英语和法语这样的一对顶点,展示了一对迥异的表达,体现出两种主要类型的现代心态,这对顶点之于第三方面的关系,则展示了脱胎于往昔地中海文明的非此即彼的过程。这是文学文化的本质性三角关系,自身包含了对照的新鲜品质,古今特性兼而有之。这层关系的范围穿越了空间和时间。我们证明下述断言持之有故,道理即在于斯:习得法语和拉丁语的过程之中,可以发现十分简便的学习模式,那就是渐渍逻辑哲学和历史哲学。除了有些这样的切身体验之外,大家的思想分析和活动记录,便无非是空话连篇。我现在并不是标榜,我也一刻都不相信,对于绝大多数中小学生而言,这条教育路线并不只是最简单、最便捷的路线。我可以肯定,对于为数较大的少数派而言,强调的方面自然有所不同。不过我确实相信,对于为数最多的大部分人说来,这是一条能够取得最大成功的路线。这条路线还有一个优点,就是通过经验的检验。我相信需要进行较大的修正,这条路线才能引入现行的教育实践,使之适合当前的需要。不过总体而论,文科教育的这个基础,需要含英咀华的传统,以及为数众多的大批富有经验的学术型教师,他们才能够在实践上施行文科教育。

读者或许已经有所留意,古罗马文学灿烂辉煌,我上文还只字未提。拉丁语的教学,当然必须通过和学生一起读拉丁文学来展开。这门语言的文学拥有活力沛的作家,他们的成功之处,在于通过五光十色的话题,反映出罗马人的精神风貌,展现于大庭广众,包括古罗马人对古希腊思想的赏识。古罗马文学的优点之一,在于相对说来缺乏鹤立鸡群的天才。古罗马作家鲜见特立独行的气质,他们表达的是自己的种族,而鲜见超乎种族差异之外的内容。卢克莱修另作别论,大家总是感到,余者赋诗属文之际,存在着种种局限。塔西陀表达的是古罗马元老院顽固派的观点,同时,由于视而不见罗马地方行政的斐然政绩,故而只能看到古希腊自由民纷纷取代了罗马贵族。罗马帝国及其创造的罗马精神,汲取了罗马人的天才。古罗马文学作品甚少攀跻天堂,所以人间尘事就会失去其重要意义。天堂的语言即汉语,希腊语,法语,德语,意大利语,还有英语,圣者将会满怀喜悦,寝馈于这些千古不朽的金声玉润。他们将会厌倦希伯来文学的道德热忱,因为后者是在与一种消失的罪恶作战,将会厌倦古罗马作家,因为后者误认古罗马广场是生气灌注的上帝的脚凳。①

我们教授拉丁语时,并不指望研读原著的时候,那些古罗马作家可能成为我们学生的终生俦侣。英国文学更加博大精深:更为丰富,更为深湛,更为精妙。如果大家的趣好偏重于哲理,难道竟会为了钻研西塞罗,而将培根、霍布斯、洛克、贝克莱、休谟还有穆勒束之高阁?除非喜欢今人的趣味引导你去读马丁·塔帕。②或许诸位渴求的是探究千变万化人类存在的反思,以及人物抗衡环境的逆反经历,难道诸位会割舍莎士比亚和英国小说家,而追求泰伦斯、普劳图斯,以及"特里马尔奇

---

① 见《圣经·新约·马太福音》,5:35。
② 塔帕(Martin Tupper,1810—1890),英国作家。

奥的三乐宴客故事"?[①] 然后我们还有本国的幽默作家,比如谢里丹、狄更斯及其他诸人。可曾有人在读一位拉丁作家时笑得前仰后合？西塞罗是伟大的演说家,跻身于罗马帝国的壮观行列。英格兰也能够展示一些政治家,他们充满灵感,阐述国策时富于想象。包括诗歌和历史的伟人名录可以罗列下去,我就不再有扰清听了。我无非意在证明,为拉丁文学张目的侈言,我持有怀疑态度是合理的。有人标榜拉丁文学表达了人类生活的普遍要素,完美无瑕,无出其右,这就令人啼笑皆非了。

诸位不可断章取义。拉丁文学并非下述意义的文学,即古希腊和英格兰造就的文学作品,表达的是普遍的人类感情。拉丁文学只有一个主题,那就是罗马——罗马,欧洲之母,还有伟大的巴比伦。《启示录》的作者描绘了无赖的末日审判：

> 因怕他的痛苦,就远远地站着说,哀哉,哀哉,巴比伦大城,坚固的城阿,一时之间你的刑罚就来到了。
>
> 地上的客商也都为他哭泣悲哀,因为没有人再买他们的货物了。
>
> 这货物就是金,银,宝石,珍珠,细麻布,紫色料,绸子,朱红色料,各样香木,各样象牙的器皿,各样极宝贵的木头和铜,铁,汉白玉的器皿,并肉桂,豆蔻,香料,香膏,乳香,酒,油,细面,麦子,牛,羊,车,马,和奴仆,人口。[②]

罗马文明,竟以如此方式吸引了一位早期的基督教徒。可是基督教本身则属于罗马传给欧洲的萌发阶段与之俱来的古代世界。我们继承了东方地中海的各国文明的双重方面。

拉丁文学的功能在于它是罗马的反映。驰思遐想英格兰和法兰西的时候,大家可以凭借想象力,在历史背景方面傅益罗马,这样便奠定

[①] 特里马尔奇奥(the banquet of Trimalchio),见佩特罗尼乌斯(Petronius Arbiter Gaius)的作品《萨蒂利孔》。特里马尔奇奥原为奴隶,获释后成为庸俗的暴发户,在家里极尽奢侈,大摆宴席。

[②] 《圣经·新约·启示录》,18：10—13。

了文化的坚实基础。理解罗马则引导我们回溯成为其最后阶段的地中海文明,罗马自然而然展示了欧洲地理,江河湖海和山脉平原的功能。青年教育方面这番研究的益处,在于显示了历史的具体性,激发行动的灵感,名流纯一的伟大品质,他们的品格和在历史舞台的作用。他们的目的伟大,他们的功德伟大,他们的弊端亦可谓伟大。他们有着节俭的美德而用套绳牵住罪恶。①德育不可能脱离对伟大品质习以为常的憧憬。如果我们并不伟大,那么我们的行止,或者何谓伟大这个问题,就无关紧要。现在伟大这个意识,乃是一个直接的本能,而非一场论辩的结论。只要伟大这个信念依然存在,足以证明上帝无尽的天谴②具有合理性,就可以允许后生在经受宗教皈依的剧痛时,怀有是虫而不是人③的感触。伟大意识乃是道德品质的根基。我们就要跨入一个民主时代的门槛,人类平等是在高水平上实现,还是在低水平上实现,这个问题依然有待决定。从来没有这样一个时期如同现在,更为不可或缺的是,我们要在后生面前标榜古罗马的壮观景象:这本身便是一出伟大的戏剧,伴随的要端问题较之戏剧更其伟大。我们现在已经浸染于从美学上鉴赏文学品质这个话题。正是在这个方面,古典教育的传统需要十分有力的改革,才能适应新的形势。而困扰改革的问题在于造就登堂入室的古典学者。

古老的传统是学生毫无悔意,初始阶段全部用习得外语,然后就要依靠当世的文学氛围,才能确保大家喜好文学。19世纪下半叶,其他学科侵占了可用的时间。结果往往是浪费时间,语言却没有精通。我经常思忖,出自英国名校的大量学生,都流露出缺乏学术的情趣,可谓令人悲叹,原因就在于这种徒劳无功的感觉。古典作品的教学程序必须统筹安排,以期鲜明地取得一个确定的成果。通向远大抱负的学

---

① 原文为"They had the saving merit of sinning with cart-rope"。见《圣经·新约·以赛亚书》,5:18。全句为:"祸哉,那些以虚假之细绳牵罪孽的人,他们又想以套绳拉罪恶。"

② 原文为"the eternal wrath of God"。典出《圣经·新约·罗马书》,1:18。全句为:"原来神的忿怒显明在一切不虔不义的人身上,就是那些行不义阻挡真理的人。"

③ 典出《圣经·旧约·诗篇》,22:6。全句为:"但我是虫不是人。被众人羞辱,被百姓藐视。"

术理想的道路上，失败的产物比比皆是。

在接触每一部艺术作品的时候，在对待规模和速度这两层因素时，我们应该量力而行，恰到好处。如果用一台显微镜来检查罗马的圣彼得教堂，那么对于建筑师则有失公允，如果以每天仅读五行的速度，《奥德修纪》也会变得索然无味。我们现在面临的恰恰是这个问题。我们打交道的学生，永远不会精通拉丁语而能五行俱下，有待照明的盛景经纬广阔，而且置于时间的历史之中。仔细研究规模和速度，我们工作的各个部分的相应作用，这些应该是不可或缺的。有什么文献能够结合学生心理来探究这个问题，我尚未成功地偶有收获。莫非这是一个共济会秘密？

我每每注意到，伟大宗师云集之处，倘若引入译本这个话题，译本对于他们的情感和思想所产生的作用，恰恰犹如在体面人物的面前，谈论一个龌龊的房事问题。一位数学家不可失去学术体面，那么就由我来正视这个问题吧。

顺着我的整个思路演绎下来，自然就要准确地欣赏拉丁词语的含义，通过语法结构而把思想贯穿起来的门道，同时领略重点各有分布的拉丁语句的全部奥妙之处，懂得欣赏便构成了各种优点的主心骨，那些优点我则归诸于研习拉丁语。相应说来，教学上的任何含糊朦胧，对于语言精妙之处的忽视，都会使得我给大家树立的理想化为泡影。运用译本可谓谬误，因为这样便使学生尽快脱离拉丁语，或者不肯开动脑筋，力求攻克章法结构。严谨，精确，独立的分析能力，这些都属于全部钻研的主要宝贵之处。

可是我们依然面对着速度这个毫不留情的问题，全部过程仅有短暂的四五年时间。每一首诗本该在一定的时间限制内读完。那些对照，形象，喜怒之情的过渡，应该与人类心灵的节奏摆动相应和。凡此种种都有其周期，不能延伸而超越一定的限制。不妨以天下无尚崇高的诗歌为例，如果以蜗牛爬行的速度，磕磕碰碰勉强读毕，诗作便从一部艺术作品坍塌为一堆垃圾。设想一下学童在钻研作品时的头脑：他读到"正当"，然后得停顿下来，需要参考字典，继而他又往下读——"一只老鹰"，然后又得参考字典，接着又是一阵莫名其妙，看不懂结构，如此这般,永无尽头。这样能够帮助他领略古罗马的壮观景象吗?当然,可以肯定,常识要求你千方百计获得了最好的文学译本,这个译本充分保存了原作的神韵和活力,你朗朗上口,不紧不慢,还能加以点评,它们说明了你心领神会。于是一边有人抨击拉丁语,一边有人火上加油,认为拉丁语把一部有血有肉的艺术作品奉为神龛。

可是论者反驳道,译本较之原作则等而下之,令人遗憾。当然是不及原作,要求学童掌握拉丁语原作,道理即在于此。原作掌握之后,应有的阅读速度也就自然而来。我在此呼吁,理解作品整体的初步大意,可由译本提供,速度要适当,而最后欣赏整体的充分价值,则由原作提供,速度也要适当。华兹华斯谈到,科学之士是"谋杀为了解剖"。[①] 在过去,古典学者和他们相比起来,一直是名实相副的刺客。美感可谓迫切而又热切,故而应当报以应有的崇敬。不过我要求更高。蔚为大观的拉丁文学,必然传递了古罗马壮观景象,其伟大之处远远超过学子通过原作而可能咀嚼的程度。学子应该更多研读维吉尔,而不止于他们能够阅读拉丁语的程度,更多研读卢克莱修,而不止于他们能够阅读拉丁语的程度,更多研读历史,而不止于他们能够阅读拉丁语的程度;更多研读西塞罗,而不止于他们能够阅读拉丁语的程度。在钻研一位作者的过程中,拉丁语的精选内容,应该照明作者全部心智比较充分披露的一切,虽然并不具备他的母语文字的那种力量。然而,如果所读作者的任何部分,都不是他自己语言的原始文字,可谓罪莫大焉。

规模的困难主要涉及古典历史的展现。凡是安排给后学阅读的内容,必须植根于殊相和个体。不过我们想要照明各个时期的一般特性。我们必须促使学生耳濡目染,学而知之。我们可以通过视觉再现,由此显示各种生活模式。建筑物的照片,雕像的铸型,花瓶的图案或反映宗教神话,或家居情景的壁画,尽有可观。通过这种方式,罗马与地中海东部地区先前的文明,而且和中世纪后续的时期,我们都能够进行比较。古人的变化过程,体现于他们的外貌,他们的住所,他们的技术,他

[①] 典出华兹华斯的名篇《转败为胜》(*The Tables Turned*),第28行。原句为"We murder to dissect"。

们的艺术，他们的宗教信仰，凡此种种能够深入儿童的内心，这才具有本质意义。我们应该模仿动物学家的步骤，动物创造的来龙去脉，他们都了如指掌。他们教学的方式是演示典型例证。我们必须效法他们，展示罗马在历史上的地位。

人类生活环绕技术、科学、艺术和宗教而生生不息。四者相互联系，产生于人类的全部心智。不过科学与技术之间，存在着特殊的密切联系。不结合这四大根基要素，就不能够理解任何社会组织。一台现代蒸汽机承担了古代世界上数以千计的奴隶的劳作。掠夺奴隶，曾经是主要的古代帝国主义得以形成的关键所系。一台现代印刷机，曾经是一种现代民主体制的基本助手。认识现代精神的关键，在于科学持续的增进，还有随之而来的思想的转变和技术的进步。在古代世界，美索不达米亚和埃及是通过灌溉才得以孕育文明。可是罗马帝国的存在，则是凭借天下前所未闻的无比宏伟的技术应用：道路，桥梁，沟渠，隧道，阴沟，宏大的建筑，有组织的商船队伍，军事科学，冶金，农业，罗马一应俱全。这就是罗马文明的延展和统一的奥秘。罗马的工程师未曾发明蒸汽机，缘故何在？我经常感到好奇。他们随时都能够发明此物，那样的话，世界历史就会天翻地覆。原因我归诸于他们生活在温和的气候条件下，所以也就不曾引入茶叶和咖啡。18世纪期间，成千上万的人围坐炉火边，看着水壶沸腾。我们当然都知道，亚历山大的希罗①的发明，可谓先着人鞭。罗马的工程师当时需要观测水壶，通过这样一个微不足道的过程，蒸汽的动力便会给他们留下至深印象。

人类的历史依然有待我们参合它与技术增进而不断集聚的势头的适当关系。过去百年之内，先进的科学已经联姻先进的技术，已经开创出一个新纪元。

大同小异的是，基督诞生千载之前，第一个文学鼎盛的纪元由此发端，写作的艺术最终雅俗共赏。从较早隐约的起源来看，这门艺术用于传统僧侣书写公式，以及政府纪录和年鉴这些例行公事的目的。在过

---

① 希罗（Hero of Alexandria），活跃于公元62年左右。希腊几何学家和发明家。发明第一台蒸汽动力装置。

去,一项新发明从一开始便有人预料到其用武之地,这种想法则大谬不然。当今之世也没有如此先见之明,我们大家都受过培养,懂得沉思新思想的前景。但是在过去,由于思想的方向不同,标新立异便渐渐渗透于社会体制。相应说来,写作,作为保存思想上个人的新颖的一个激励方式,只是在地中海东部地区的边境,人们缓慢地掌握了这门艺术。在希腊人和希伯来人的手中,写作的前景充分实现的时候,文明便面貌一新,虽然希伯来人精神的普遍影响姗姗来迟,直至千年之后基督教降临。不过在那段时期,希伯来人的先哲记载的是他们内心的思想,而希腊文明则始具雏形。

我希望举例说明的是,为了理解古罗马壮观景象的背景和前景,大规模的历史考证当属必要,其中对于我们的历史著作来说,规模上属于传统的政治事件的持续年鉴荡然无存。即便文字解说也部分地进入了背景。我们应该利用模型,照片,图表,曲线,以便显示技术发展的典型例证和技术对当时生活模式产生的冲力。艺术同样如此,它奇妙地和实用及宗教融为一体,即能表达想象力的实际内心生活,又能通过自身独特的表达方式,改变着内心生活。从模型和照片中,有时借助博物馆里的实物,儿童能够认识前朝往代的艺术。处理往昔的历史时,不可首先搬出笼而统之的表述,而是应该从具体例证入手,它们显示了各个时期的缓慢交替,各种生活模式的更迭,种族之间的此消彼长。

我们开始接触地中海东部地区文学文明的时候,也应该应用具体处理这条相同原则。开始想到的时候,认为古典作品重要的整个主张所依托的基础是,直接的认识无可替代。希腊和罗马是欧洲文明的开山祖师,历史知识首要意味的是对希腊人和罗马人思想的直接认识。因此,为了把罗马的壮观景象置于适当的背景之中,我极力主张中小学生首先读一点希腊文学的范例。当然应该通过译本。不过我偏好的是一位希腊古人言语的译本,而不是一个一个作者所写的介绍希腊人的什么空话。对希腊有了一些直接认识之后,就应该阅读有关希腊的著作。

我所指的那类阅读是《奥德修纪》的诗体译本,希罗多德的一些史册,吉尔伯特·默里①翻译的悲剧的唱诗副歌,普卢塔克的一些传记,尤其是描写马塞卢斯②生活中对待阿基米德那一节,还有欧几里得《几何原本》的定义和公理以及个别命题,要读希思③精确的学术译本。这些内容,读者已经懂得的足够的说明,提供了这些作者的精神氛围。在与欧洲的关系上,罗马令人叹止的地位,来自于薪传给我们的双重意义的遗产。罗马接受了希伯来人的宗教思想,与希腊文明融合之后,留传给了欧洲。罗马本身屹立于世,印记可谓组织和统一,而凭借的则是各种不同的孕育要素。罗马法体现了罗马伟大的奥秘,在于帝国的钢铁框架之内,对于人性的隐私权,报以斯多葛派的那种尊重。欧洲历来各行其是,因为继承了各种爆发的性格;历来团结共事,因为永远无法摆脱继承于罗马的统一印记。欧洲的历史可谓制约希伯来人和希腊人的罗马的历史,继承了他们各种各样的冲动,包括宗教、科学、艺术,追求物质享受,汲汲于统治,凡此种种都势不两立。罗马的景象乃是文明统一的景象。

---

① 默里(Gilbert Murray,1866—1957),英国古典学者。以翻译古希腊戏剧著称。另有《希腊史诗的兴起》和《希腊宗教五阶段》等。

② 马塞卢斯(Marcellus),罗马执政官和名将。他十分器重阿基米德,下令士兵将其带来谒见。士兵闯入阿基米德家中的时候,他正在解决数学方程式。阿基米德要求做完之后再去见马塞卢斯,说道:"我的朋友,在你杀死我之前,让我画完这个圆吧。"遂让士兵耐心等待。士兵违抗命令,一怒之下,用长剑刺杀了阿基米德。

③ 希思(Sir Thomas Little Heath,1861—1940),英国数学家、古典学者和翻译家。英语国家的现代读者是通过他的译本而认识了阿基米德和欧几里得。

时代的学术特征

乔治·桑塔亚那

---

* 选自《学说的风向：当代见解研究》第一章。

乔治·桑塔亚那
(George Santayana, 1863—1952)

西班牙裔美国哲学家、诗人和人文主义者。桑塔亚那少年在西班牙，八岁即开笔赋诗。九岁随家人移居波士顿，在美国凡四十载。先后在波士顿拉丁语学校和哈佛就读，毕业后留学柏林两年，回到哈佛后开始学术生涯。后来有意摆脱学院生活的羁绊，于1912年辞去哈佛哲学教授教席，云游四方，著书立说。后半生四十年在欧洲度过，1924年起定居罗马。虽然毕生保持西班牙国籍，却自居为美国哲学家，属于美国哲学黄金时代的一代文豪，和他的导师威廉·詹姆斯、乔塞亚·罗伊斯齐名，学界有"三巨头"之称。而侪辈美国哲学家中，以文采风流和文化影响而论，恐无出其右者。不少名流均为门人弟子，包括托·斯·艾略特和罗伯特·弗罗斯特、罗斯福、李普曼等。桑塔亚那倡导人类各个领域的创造性想象力，故而在文学、美学等文化领域同样建树卓著，在美国文化中标举"温雅传统"，由是驰名天下。早期学术兴趣主要在文学和美学方面，后转向哲学，终其一生，始终关注文学、艺术、宗教和哲学四门之间的关系。著有《美感》、《诗歌和宗教的解释》、五卷本《理性生活》、《三位诗哲：卢克莱修、但丁和歌德》等。哲学方面有《批判实在论文集》、四卷本《存在的领域》、《怀疑主义与动物信仰》等。文学批评方面后人编有两卷本《批评文选》。小说有《最后的清教徒》。自传有三卷《人物和地方》、《中段》和《世界是我的东道主》。

当今的时代是一个批判的时代,生活在今生今世,不亦乐乎。以基督教精神为特征的文明尚未消失,不过另一种文明已经开始取而代之。我们依然领悟宗教信仰的价值;我们依然欣赏列祖列宗洋洋大观的艺术天地;我们从小到大,耳濡目染的是正统的建筑,雕塑,绘画,诗歌,还有音乐。我们依然钟情君主政体和贵族政体,还有伴随而来的那种诗情画意而又各司其职的社会秩序,后者依托的是地方建制,阶级特权,门阀威烈。我们甚至可能感到,所有这些前朝古制,都是基于一种有机体的需要,于是顽强牢固地恪守不渝,梦寐以求使之永葆青春。另一方面,基督教精神的外壳已经破碎不全。东方不可战胜的思想,信奉异教的历史,工业社会主义的前景,则分庭抗礼而与基督教文明对峙。我们整体的生活和思想,浸透了一种新精神缓慢向上的过滤——一种摆脱束缚、主张无神论、国际性的民主思想的过滤。

这些标签词语,可能令我们感到不寒而栗;不过标签所描述的某种因素,则可谓确然实在,可以自圆其说,那种因素根深蒂固,植根于我们的动物天性,而且对我们的心灵产生着激励作用,那种因素,类似每一个生命的冲动,孕育着其自身的道德规范。我们予以贬低也是一场徒劳;通过习性,风气,语言,那种因素已经主宰了我们的身心。我们的富豪财阀和皇室王公,唯有甘于庸俗的时候,才如鱼得水。即使那些教士和传教士,也鲜见胸怀真诚,或者意识到肩负着一份光荣的职责,除非他们在献身于社会工作的时候;因为无可奈何的是,新精神同样控制了我们的良心。这种精神一则可亲可炙,一则乱人心志,即摆脱束缚,又甘于化外;我们今日的哲学家,同时意识到了新旧生活一时俱现,或许会重复歌德的夫子自道,他曾经如此形容过一生此起彼伏的风花雪月——看到月亮冉冉上升,太阳的余晖犹然温煦,岂不美哉。

处于这个世代，我们的躯体一般说来平安无事，多半可谓安逸舒适；有些人可以尽管放下丧失理性的辛劳，优哉游哉，观赏周围的一切，大千世界的气象，哪怕不算江山如画，或者沁人心脾，至少为他们展现了一出戏剧，摩肩接踵，竞相登台，而且（这一方面令我最为关注）可以看个格外通透。民族众多，党派纷杂，运动迭起，瓜分了偌大一个舞台，自有一段众所周知的史话。我们也并非迫不得已，和多数世代一样，要去奋斗和相信事业，而来龙去脉则一无所知。过去展现于我们面前；事无巨细，无不见诸编简。人人都记载自己的见解，高声标榜自己的要求。在理想的这座通天塔里，鲜见有什么主张哪怕是表面尽如人意；而诸多理想则先后蒸发，渐渐融合，形成了一个不期而至的结局，理想也就此甘心了。万象整体的趋势，为观者展现了一出规模恢弘、令人心旷神怡的喜剧。这出喜剧激起了一种健旺的兽性和由衷的自信而并未令人不快，因为二者存在于人性的基底。

如此局面的一个主要特征是，道德混乱并非局限于全世界，天下历来是深刻冲突的舞台，而同时已经渗透一般个人的思想和心灵。或许有史以来，黎民未曾这样大同小异，而且黎民之间也未曾如此四分五裂。在其他时代，较之现在更有甚之，大家归属不同的阶级，处于不同的文化水平，却怀有一种赴汤蹈火的大节气概，为了维护各自的原则，躬行实践，而且勇于殉道。这些勇猛的信徒强烈意识到，他们面临的是敌人；不过他们的敌人是自己的陌路，他们可以仅仅视之为陌路，看待他们犹如十足的反对势力，充满仇恨的黑恶力量，其存在有可能致使生活变得艰难，可是无法混淆生活的理想。谁也未曾试图理解自己的这些敌人，甚至也不设法绥抚他们，除非迫不得已，或者出于狡猾的策略，才能违心地使敌人皈依；他无非是猛烈攻击敌人，用不分皂白的驳斥之词，和笨拙的打击。人人都衷心地感到，公理完全站在自己一方，明证便是他拥有如此的才智，能够灵活自如而一以贯之，同时并不逾越自己信仰的界限。由此而来的结果，就是他的信仰可谓明智，我指的是他领悟了信仰，而且哪些可以与之兼容，哪些与之格格不入，他都有着一种清楚的，近乎本能的认识。他保卫着自家的壁垒，他耕耘着自家的园地。他的立场和他的财富都明白无误。

等到民众阵营和思想阵线已经泾渭分明,就有可能分清皂白而引为同道。宗教改革时期天下大乱,暗无天日,世人倒是几乎可以通过数据来确定,哪些人物和哪些地区,分别采取什么立场,各方可以从对方争夺哪些力量,各个阵营的态度不容怀疑。结果各自的胜败经历,便可形诸史册。所以时至18世纪,伏尔泰和卢梭可能吸引多少人物,促使他们从此疏远波舒哀[①]和费奈隆[②],可谓一望而知。可是现在,举例来看,基督教依然在坚守阵地吗,我们怎样找到自己满意的答案呢?试问哪一位能够道出什么奇思异想,或者采取什么妥协态度,而可能谓之不属于基督教思想呢?一位主教有可能属于现代主义,一位化学家有可能是神秘主义神学家,一位心理学家有可能成为幽灵的信徒。因为科学,曾经允诺为哲学提供一个新颖和扎实的基础,反而居然也允许哲学削弱自身的基础,大家目睹了科学自食其言,通过科学的某些公认的代言人之口,目睹了科学降格为某种十足陈陈相因而把握不住的东西。看待未知事物时,忍受不了无知,可是同时唾手可得的知识,却懒惰而不肯学而知之,二者都属于人性的特点;即便有些人某些时候不算懈怠,他们却心血来潮而贬低他们的科学,论心理学的怀疑态度,却胜过专门的哲学家,目的在于把哲学家投入死气沉沉的思辨之中。基本原理把握不住,这种表现也不限于抽象话题。立场不稳同样在政治上随处可见。自由主义,大家过去以为提倡的是自由;可是依然自诩为自由主义的那些先进政党,如今提倡的是控制,财产,贸易,薪酬,工时,肉类和酒类,娱乐消遣,可谓无不控制,在法国这样名副其实的先进国家,教育和宗教照样受到控制;唯独在婚姻这个问题上(如果我们姑且忽视优生学),自由主义渐渐变得越来越开明了。有些人谈到大部分进步的时候,衡量进步的标准是数量,而非质量;多少人识字知书,或者有多少人能够读写,或者他们生意上每年价值几何;其实真正的进步,在于读得少些,写得好些,人数较少而素质较好,更多地品味生活。可是慈善家们如今却在汲汲于一条绝对屈从的道路,个人,在灵魂和肉体两方面,

---

① 波舒哀(Jacques-Benigne Bossuet,1627—1704),法国主教和作家。
② 费奈隆(Francois de Salignac de La Mothe-Fenelon,1651—1715),法国神学家和作家。

都得屈从多数人的本能——最为残酷和最不进步的主人；自由主义的格言"最大多数人的最大幸福"，我不能肯定这个说法尚未丧失其中蕴含的正义，或慷慨的本意，而开始意味着最大多数人口的最大限度的慵懒。

民族情绪为不可言状的道德混乱提供了另一机缘。一个时代趋于各个民族齐整划一，而又彼此息息相通，一个时代的真正成就，在于能在国际上推广应用，看来这样一个时代，注定要建立人类团结的关系，视为某种公理。团结的理念，确实往往有人在演说中加以引据，而且也出现了一个极端强调社会的政党——民族激情的浪潮，没有朝着相反方向推波助澜的时候——它笃信的是国际性的手足之情。可是即便这一方面，肤色黑黄的人群，一般也被排斥在外；进入上层领域，在历史学、文学、政治抱负主宰大家思想的那些地方，民族主义晚近已经变成一种吞噬性质而无不渗透的激情。地方议会到处都必须建立，濒临消亡或乡土方言，必须风驰电击而化为民族语言，哲学必须具有种族特色，凡是强调民族性的地方，宗教必须加以扶持，凡是超越民族的地方，宗教必须予以谴责。人类当然是一种动物，只要一息尚存，便要为了理想而生活。必须发现有什么东西能够占据人类的想象力，能够把快乐和痛苦升华为爱憎，安逸与不适这种二者取一的无谓选择，能够转化为幸福与悲怆之间的悲剧性抉择。既然日常经历的色彩如此黯淡，宗教多半是如此态度含混，而且随机应变，甚至战争也是超乎个人的一大盛事，世道如此，民族情绪似乎悄然跌落到了一个荣誉地位。这种情绪已经变成了雄辩的、公共的、勇猛的一个幻景。幻景，我的意思是，一旦大家把这种情绪视为一个终极的善，或者一个神秘的精髓，理所当然，民族情绪就成为一个事实。大家所说的是一种特殊语言，凡是到了别人在说另一种语言的场合，或者在他们自己的语言有了不同说法的场合，他们便浑身不适。他们所持的习性、判断、假设，都可谓以身相许，凡此种种前所未闻的一个社会，则令他们感到震惊，同时使他们处于为之恼怒的劣势。在无知之辈的眼里，外夷引来嘲笑，除非在人数或者威望方面，较之他们更为优越，而此时外夷又招致憎恶。天性而论，人喜好家居，长期寓居他乡而并无流放意识，则无益于道德健全。感受到较强的亲属意识,亲炙周围存在的事物的情怀,可谓天经地义。不过这个必然的事实,乃至民族情绪的义务则产生于偶然;比如年龄和性别,这是一个生理上的天数,能够用于构成特殊和合宜的长处;可是并非追求的一个目标,或者炫耀的一面旗帜,或者一种特权,而又缺少无数无能为力的方面加以平衡。然则我们同辈人中,这一特征往往构成了一个偶像,或许道理在于那是他们感到自己遗留下来的唯一特征。

这一类的异常现象,永远无法为人正确理解,直至大家都习以为常,接受一种理论,却又总是置若罔闻,因为,虽然简单而又真实,这个理论就是唯物主义学说:也就是说,精神不是我们行动的起因,而是我们身体成长和生命组织的一个结果,伴随着我们的行动。因此很容易出现的情况是,人们的思想,倘若用看来支配他们行为的那些原则进行检验的话,可能过时落伍,或者无关宏旨,或者属于先知先觉;因为有生命的机体存在着诸多层面,在其中的任何一个层面,在一个特定时刻,完善程度足以需要意识的活动有可能存在,然而意识十分薄弱和孤立,故而无法控制外在表现的器官;结果(根据地质学的说法)我们的实践可能属于历史性质,我们的风俗属于冰川性质,我们的宗教属于古生代性质。19世纪的那些理想,可谓全部落伍过时;那个时代为达尔文、俾斯麦、尼采所推动,而依然钟情于卢梭的向往,或者沉醉于康德的思辨;时至今日,在未曾受过完整教育的各个阶层中,在服膺宗教或者主张革命的各种宗派中,我们可能观察到,十分现代的工作方法,与某种略显落伍的心态密切相关。整个19世纪,不妨说是都在附和浮士德的呐喊:"两个灵魂,天哪,都托命于我的胸怀!"①这个世纪目睹的一场场革命,致使恐怖横行,致使天下满怀浪漫,钟情于往代,沉醉于遗迹,因为他们就是没落的遗迹;当时最好的学问和小说都在历史方面,激励来自于一种空前的努力:领悟生命和情感的邈远的形式,品鉴异国情调的艺术和宗教,重新思考生番和罪犯的那些无可指责的思想。然而,如此同声相应的辛劳和回顾,则远非是流于感伤情怀;因为这颗分裂的灵魂,还有一半正在翘首前瞻。那些性质相同的革命,往往充满破坏性,

---

① 《浮士德》,上部,1112行。

愚不可及,而且腥风血雨,让时辈引以为豪,促使时辈发明了若干互不相容的理论学说,共同关注的是天下稳固而必然的进步。研究往代的时候,并行不悖地寄予浪漫的共鸣,当时出现了一种求实治学的悟性,热爱真理的探险精神;仁慈也往往和莫大的好奇相济为用。病理学家通常都是治疗者,进化论的哲学家多为自我作古之士,或者人道主义者,或者至少是理想主义者:艺术史家(虽然这个领域谈不上乐观主义),同时也是趣味的向导,触发道德敏感的文人雅士,诸如罗斯金,或者不讲责任而唯美是求的人士,诸如佩特和奥斯卡·王尔德。19世纪期间,我们到处都发现存在一种双重的倾注,往昔与未来并重兼顾,怀抱一份渴望,要认识当时为止所有可能存在的人类经验,另一方面则汲汲于迥然不同的经验,力求标新立异,别出心裁,而且挥舞各种旗号。时代的想象力,倾注于历史;时代的良知,则倾注于革故鼎新。

革故鼎新!这个散发魔力的字眼本身,便是覆盖了几多模糊概念的遁词。革故鼎新意味着形式上有破有立;不过改革之举存在两个方面,二者并非始终体现了同等的用心,也未必取得同等的成功。通常改革运动发轫于单纯的压迫意识,民众打破某种现存形式,毫无疑虑他们释放的本能,具有能力产生可能需要的新的形式。于是宗教改革,在破坏传统的秩序的同时,旨在确保宗教形式上体现真理,自发性,以及丰富多彩;危险当然就在于每个形式有可能变得贫乏,而形式繁多则造成混乱。然则,如果重点能够仅仅放在转变的第二阶段,改革有可能意味着创新的秩序还没有充分呈现出来,结果涣散的生活就应该集中于一个协调的形式,后者应该使得生活变得强健而具有自觉意识。就这层意义而论,如果我们不妨听信吉尔伯特·默里的说法,改革的伟大浪潮创造了希腊,或者至少是其中具有特色而令人叹服的一切品质——那样一种努力,面对先前存在的野蛮风俗和激情所导致的一片混乱,旨在组织、培养、简化、纯化,以及美化。由此铸成了大错,希腊实际上屈服于这样一种危险,即便如此精良的一个机体,有可能十分脆弱,内部包容不足,外部则防御不够坚固,乃至抵御不住尚未开化的一切事物源源而来。基督教亦然,在其存在的最初成形的若干世纪里,体现为相同类型的一个综合同化的改革,规模不同,领域也不同;不过同样是在这一方面,灵魂里有一片乌合之众的奴役杂音,纷纷要求投票权,而智力上得天独厚的帝国力量则竞相崛起,似乎结果便是基督教体系,从自然状态促成了短暂的和谐,生命是片面而不稳固的。在理性的生命中,一种可怕的两难境地就在于,理性为了道德秩序而牺牲自然的馈赐呢,还是为了自然的馈赐而牺牲道德秩序。无论采取什么折中立场,结果证明都不稳固,迫使我们另起炉灶。

法国大革命以来,一个世纪已经流逝,或许在此期间,钟摆有了充足的时间左右摇摆,直至走向负面改革的方向,可能现在开始朝着综合创新这样一类改革迈进。从自由主义到社会主义,各种先进政治党派的转向,似乎就会成为这种新趋势的一个明显标示。热爱自然,体育运动,新式女性,以治病救人的友好态度,对待所有的激情,凡此种种,都昭示了新的趋势。

然而,在美术,还有宗教和哲学方面,我们照样全力以赴,走向解体。也许有人以为,时至今日,通过繁荣和建设性的美术门类,合理秩序的萌芽已经渗透于美术和思辨,后者会触动一个方面,而繁荣的自然和数学学科,则会触动另一方面。可是这样的迹象仍属鲜见。19世纪开始以来,绘画和雕塑走过了几个阶段,每个阶段的代表,在下一阶段出现之后,自然而然存留下来。浪漫主义,几分苍白,几分柔弱,屈服于对物质的真理的野蛮追求,还有对现代和卑微情感的虔诚偏好。这种现实主义包含了一份浪漫情调,探究的是邪恶和罪犯,无聊和绝望,同时给予了一种发自肺腑的惊骇的同情。有人热衷于炫耀考古学问,或者是异国风情的主题;另有些人则全部精力倾注于重新发现和强调制作方面的抽象问题,属于早已为人摒弃的技术传统的捷径。新手,人们原以为是研究他们的艺术,可是已经没有宗师可以师从了。于是,看来出现的危险,在于艺术竟然会为科学和历史学所淹没,这个时候,艺术家便纷纷巧妙地躲避危险,变成了业余涉猎之辈。有人致力于研究宗教古风,有人钻研起日本的篇章结构,还有人则倾注于五彩缤纷的野蛮画风;雕刻家力求表现戏剧性的高潮,或者无从言表的抒怀激情,而本来音乐则可能更好地传递这份情怀;顷刻之间的奇想,显然是要放弃所有痛苦的观察,旨在一味讲究装饰,或者直白的故作神秘,为了津津玩味象形文字的那份稚趣,或是漫画的粗犷。诸门艺术宛如逃学的顽童,一门心思逃之夭夭和尽情玩耍,他们的生活就会光前裕后;世人感觉不到需要一种主导的理想激情和主旨,在解释自然方面也毫无道德志趣。艺术家的才华不减当年;他们的趣味,他们的眼光,他们的情怀,往往引人入胜;他们的强大表现于独立精神,只是在作品里他们才显得软弱无力。

哲学方面的教授总是大有人在,如同艺术上肖像画家和正统雕塑的制作者也总是大有人在;两类学院派人物,往往精通本行,而且受过良好教育。不过在哲学方面,所有正统和卓殊的体系得以薪传之外,晚近还出现了一场十分有趣的新鲜运动,参与者多半为教授,从其光怪陆离的一面来看,这场运动不妨称为非理性主义,生机论,实用主义,或者纯粹经验主义。可是这场运动,无非为浪漫的无政府主义的一个极端表达,而远谈不上重新唤醒什么井然有序的本能。运动从本质上看,只是过去三百年来现代哲学在不断建设——或者说在不断拆毁——的那个原则更其直率的表白,我指的便是主观这条原则。贝克莱和休谟,倡导这个学派的先知,曾经教诲道,经验并非其他事物的片面发现,而是本身则为经验唯一可能存在的客体。因此,康德和第二代的先知纷纷声称,我们可能看似存在其中的任何世界,乃至神学或历史学的天地,贝克莱或休谟在这两个领域令人难望其项背,必然是我们当前的经验所暗示的一个理念,我们把它构架为我们的思想所允许和规定我们理应遵守的原则。可是后来,晚近的先知——阿芬那留斯[①],威廉·詹姆斯,柏格森先生——则声称这些精神原则绝非先行的必然性,亦非强加于我们想象力的义务;它们只是飘忽的经验本身的各个部分,而理念——比如关于上帝或物质的理念——引导我们去构架的这些理念,则不存在强迫的或者固定的因素。理念的唯一权威寓于下述事实:理念可能是或多或少合意或者合宜的,可以从美学上丰富飘忽的瞬间,或者有助于这个瞬间顺利地滑入下一个瞬间。直接感受,即纯粹经验,乃

[①] 阿芬那留斯(Richard Avenarius, 1843—1896),德国哲学家。创立经验批判论,认为内在经验与外在经验并无区别,只有纯粹经验。主要著作为《纯粹经验批判》。

是唯一的实在,唯一的事实;瞬间流动时,如果没有充分地加以再造的那些想法,我们依然称为真实的(它们显然不应该是真实的),那仅仅是就真实一词的实用意义而言的,即意念在展现了反映现实的一个虚假而异质的意象的时候,它们实际上并非误导性的;因为,举例来看,这一页上的文字,并非令人想起的声音的真实意象,也不是思想的声音,可是二者可能充分正确,只要它们最终引导读者认识它们所象征的事物。正是柏格森先生,这个往往没头没脑的学派里思路最为周密而且学养过人的思想家,这个观点他已经形诸一个直率而能够成立的形式,避免了这个观点有时已经导致的关于"真理的意义"的失误。真理,依据柏格森先生的说法,只有在经验发生时延长经验的直觉之中,通过经验充分的直接性,才得以产生;另一方面,所有的再现,思想,理论,推测,或者推理,都是对真理的莫大残毁,而可以原宥的缘由在于,它们仅仅是由于实际的迫切需要而强加给了我们。世界,是一个感觉,所以必须为人感觉,才能为人认识,于是乎世界和对世界的认识,二者可以相提并论;可是如果说世界在为人谈论或者为人思考,那是剥夺了自然的本质,虽然惯例和效用可能迫使可怜的凡人要去谈论和思考,而凡人罢黜于现实世界之外,而流放于抽象概念构成的巴比伦。生命,犹如豪猪那样,遭到实际惊吓的时刻,才会竖起棘刺,平时则能够让浑身容易发毛的棘刺收缩起来。神秘主义者能够自得其乐,安于自身心跳和宇宙心跳的低沉意识。

  如此交代之后,我们似乎已经走到了自我中心和自我扩张的极限,即自身一切的完满同一性和错综复杂。这些便是恶意的认识论势在必行的目标所在,上述学派则致力于这样的认识论,那个目标,可能远离了这一学派诸多弟子那种稚气的自然主义,背离了天真的用心。如果一切认识都是围绕经验的认识,而经验又无法成为对任何其他事物的认识,那么真正的认识显然不可能产生。唯有感受能够存在;丝毫的自我超越,哪怕是在记忆之中,都必然是一个幻想。可以随意产生最复杂的意象;可是幻想中描画的一切,都无法在外部存在,甚至过去或者外来的经验也不可能,如果去描画的话。① 唯我论历来是唯心主义的明显内涵;可是唯心主义者在面对如此推论的时候,后者从辩证法角度来说,不易自圆其说,从来内心就未曾对此感到不安,因为在内心,他们接受了这个推论。面向不谙此道的人,他们一味窃窃私语,面带怜悯的笑容,大手一挥道:什么!你还在耿耿于怀吗?或者迫不得已而要摆出学者架势,依照惯例,煞费周章,解释他们已经说明的要点:自身不可能是绝对,因为自身这个理念,若要展开探究,就必须与其他理念进行对照。由此可见,根本不可能怀有这样的世界理念:其中除了自身理念之外,没有呈现任何事物。

注释里的这番说明,自诩是旨在驳斥唯我论,当然是假定和证实它的存在;因为所有这些"能够"和"必须"之说,触动的仅仅是人认识自身的理念,而非实际的生命存在,人的自身内部,并不存在可以思考的世界,因为人是客观存在的。可见唯心主义者以身相许的对象是唯我论,已经无可挽回;好一桩美满姻缘,只是夫人的芳名,少不得要改从夫姓了。

话说回来,万一果真出现了平和的局面(平和如今既不可能,亦非人心所向),一股逆流顿时就会赶超时下的哲学,将其激烈地推向思辨

---

① 或许纯真的读者可能感到纳闷,我是否在误人子弟,或者是否有哪个凡人,当真坚持如此荒谬的思想。严格说来,唯心主义原理并不为一个否定论调辩解,那就是独立的事物,正巧类似本人的思想,是有可能实际存在的;不过它为下述否定论调辩解,那就是如果存在的话,这些独立的事物就能够成为我所认识的事物。如果我不把我的过去据为己有,我的过去就不会是我的过去;我的思想不会推及它们的对象,除非二者在我的思想里是等同视之的思想。所以,在实践上,唯心主义者感到可以随意忽视万物存在的无需理由的可能性,而这些客观事物存在于思想者可能认识的客体范围之外,这个范围,根据他们看来,乃是他的思想的范围。遵循这样的思路,他们把认识途径的一种人性的方法,转化为证明存在与非存在的一个宪章,他们的观点变成了创造的力量。唯心主义者研究天文学的时候,他对上帝创造的星辰是否有时了解呢?如此天真的一个思想,他拒之千里之外。他的天文学是由他自身的两种活动构成的(而且他十分喜好活动):凝视星辰和推测深思。等到他熟能生巧的时候,他便认识了有关凝视星辰和推测深思的一切;可是有关上地创造的星辰,他还是一无所知;因为除了他的视觉形象中的星辰之外,并不存在什么星辰,没有上帝,唯有自我。确实,为了委婉一些表达这个不中听的说法,他可以纠正我的说法,而谓之他的更高境界的自我;可是当他的境界较低的自我,成为他可能构建的自我的唯一理念时,那么他的更高境界的自我就无非是他自身而已;尽管他或者他的自身理念是否确实境界更高,看来是颇令外人感到怀疑。——原注

的另一极端——从神秘的直觉说,趋于驰骛行动的商业性膜拜,以及精神的物质化,后者则是任何唯物主义者从来未曾梦想过的。实用主义者对一般生活上感受到的那份温情,尤其是面对一种加速的现代生活,毫无疑问促成了这种剧变,可是对于当前的思辨考虑,则有可能独立地导致剧变。因为时下出现了显著的预期,渴望,祈求;最能吸引意识者,莫过于尚未完全获得的一切。于是看待时下,便有一种高明的解读,同时关于当代世界,也有一句合宜的话来形容,叫做现实寓于变迁,增长,行动,创造。以此类推,精神的突然物质化,意识并不存在这种始料未及的断言,其名正言顺的理由,也存在于相同的领域。时下呈现的是物,而非思想,而物则呈现于思想。即便从激情方面而论,反躬自问而严密审视的话,就会发现一种新的敏感,或者身体的迸发,或者形象和文字脱口而出;而很难发现有一种谓之愤怒和爱情的各自对象。于是,一旦其中的道德精髓为人淡忘,激情就可谓简直一文不值,无非是器官和对象的一种运动,正如思想可谓一文不值,而是物质界的碎片或乱麻。因此精神和客体被滚绕于一团不停运动的物质;各种运动都被等同于激情,事物乃是延伸的知觉,知觉乃是割断的事物。况且,通过情感方面的一次莫名其妙的革命,事物和运动,居然有人美誉为具有更其充实更其崇高的实在。唯心论与实在论之间的融合或者中立,在这样的幌子下,道德唯物主义,面对纯粹存在和力量而产生的敬畏,占据了心灵,伦理变成了偶像崇拜。然而,偶像崇拜也不太可能了,如果持有一种冷漠而清晰的木块和石块的思想,赋予它们的属性仅仅是其能够产生的运动;以此类推,唯心主义,作为补偿,便占据了物理学。在崇拜者渴望的凝视之下,偶像开始眨眼落泪了。物质,人们感到值得向往,进化,人们认为激发的神圣启示超乎了方针或理性可能启迪的程度。

极端态度相遇的时候,务实的唯物主义的趋势,从来就未曾从现代人的唯心主义里彻底消失。诚然,英德两国哲学上浮夸的体面,不觉之间令人感到落伍了;服膺达尔文的英格兰,服膺俾斯麦的德意志,另有一番灵感指引国民,我们只是但愿灵感进入得了教授的意识。崇拜力量乃是一种古老的宗教信仰,而黑格尔,无需追溯到更早的往代,便是满怀这种崇拜;不过他有类似传统宗教的一面,他的体系准予尊敬成功,即认为成功,至少在未来,属于真正可能激起尊敬的标志;而且如此一位含糊其辞的大师,居然毫无困难地说服自己相信,善终究必须获胜,如果说终究有什么可以获胜,那就是善。在实用主义者当中,崇拜力量也表现了乐观主义,可是他们没有认为力量属于逻辑。他们声称,科学的益处体现为有助于工业,而哲学的益处则是匡正科学方面有可能妨碍宗教信仰的成分,宗教信仰反之在生活中则有所助益。工业或者生活有什么益处,此类探究则是不予同情的;潮流是强力,我们必须随波逐流。然而,关注幸存,这似乎是道德观念的实用原则,并未对症下药而解决道德无序问题。为了牢牢把握住生活,依照尼采的理论,我们应该咄咄逼人,富有诗情,信奉无神论;可是依照威廉·詹姆斯的论调,我们则应该注重民主,着眼于具体,还有凡事宁信勿疑。我们难以断定,实用主义开始解放了个体精神,而且使其凌驾于物质之上,或者反其道而行之,宣称精神无非肉体幸存的一项工具而已。在意大利,思想似乎痴人说梦一般,拔高到了一个绝对造化的境界,每时每刻,任意唤起面貌一新的往代,面貌一新的未来,面貌一新的地球,面貌一新的上帝。然而,在美国,思想则有人谴责为一个没有专利的设备,用于给躯体这台机器加油,使得躯体能够加倍劳作。

满怀信任地信仰进化,渴望炽热的生活,二者为当代情操的特色;不过看来与蔑视智慧的态度格格不入,智慧照样是当代情操的特色。人类智力当然是进化的一个产物,一个晚近的和高度组织的产物;和软体动物的眼睛或者蚂蚁的触须一样,人类智力显然理应受到同等程度的推崇。如果生命更加优越,变得更加炽热而浓缩,智力看来便是生命的最佳形式。可是这个时代拥有的智力程度,却使之无从自由发挥,既然如此,智力要求的便是某种不太重要的东西,叹息的是进化认为落后的东西。面对诸如天文学这样极端显明的事物,或者诸如神学这样极端混乱的局面,智力所感受到的乃是"怀恋鄙俗"。① 柏格森先生告诉我们,只是在僵死的事物压迫生命的地方,生命才被迫变成了智力;如

---

① 原文为"la nostalgie de la boue",字面意思原为"留恋污泥",典出法国戏剧家埃米尔·奥日埃(Emile Augier)的剧本《奥兰帕的婚礼》(1855)。原文对白大意是:"把鸭子放入天鹅成群的湖泊,你就会看到它怀念池塘而最终回归那里……渴望重返污泥。"

此一来,智力扼杀了它所触及的一切;智力成为生命向死亡奉献的贡物。生命就会发现,惬意的做法是抛弃受制于环境的那份痛苦,而在比较合意的方向开花结果。柏格森先生的哲学,便是这样一种努力,旨在实现这种剧变,肢解智力而激发共鸣的经验。它的魅力寓于给死水一潭的想象力带来了解脱,那是宗教已经从中消失的一种想象力,它保持的用武之地,在于商业和社会的机器,或者驰骋于多少假借而来的卑微的激情,我们披上了鄙陋修辞的外衣,还用庸俗快事作为点缀。发现智力遭到奴役之后,我们当代人便臆断,智力本质而论具有奴性;他们不是去挣脱奴性,而是力求躲避奴性。自身道德方面缺乏充分的自由,在虔诚态度和工业主义两方面的共同作用之下,他们束缚于世俗,他们无法想到有所升华,本着超然态度,观照世俗的事物,观照生命本身和进化;反之他们却复萌了感性,探索本能方面的旁道,或者戏剧性的同情,希望流连忘返。既无胃口探究终究,他们便往下挖掘而趋向原始。可是渴望原始乃是文化的一个病患,体现了道德上的尚古。一味倾注于生命力,乃是生机匮乏的一个征兆。在生命真正生机盎然和朝气蓬勃的往昔,比如在荷马的那个年代,似乎无人恐惧生命有可能遭到挤压而失去生存空间,要则受到物质的重荷,要则由于智力的僵化枯萎。生命当年犹如白昼的光明,可以利用,或者荒废,或者享受。生命当年不是崇拜之物;生活的主要奢侈,往往在于充满活力地对付死亡。生命当年泊然为人热爱,生命的美丽和悲怆,大家都能细致入微地感受得到;可是生命的美丽和悲怆,寓于它典范的神圣性和它自身的脆弱性。认为生命是一种物质或者一种物质力量,当年无人给生命奉献如此含糊其辞的赞美。高贵所以在情操方面并非不可企及,因为生命之中存在的理想,较之生活本身更加崇高,更加坚不可摧,生命有可能照明这些理想,有可能为了这些理想而适时地献身。卑鄙之甚,莫过于活命之虞,苟延残喘。可谓荣光的一种精神,就是特立独行,否则宁肯不活,可谓隐含智慧的一种精神,就是不可朝思暮想活命二字。在那些岁月,大家认识到不朽的神明,同时顺应天命,而相信终有一死。然则那些才是体现人类精神的真正充满活力和本能的岁月。唯有生命力处于低潮的时候,大家才发现,物质的一切横行天下,而理想的一切则缺乏实质。如今运动甚于生命,仓皇甚于威力;在无聊的时钟滴答滴答的驱策之下,来自物质和社会两方面的驱策,我们变得神不守舍,我们被迫调整我们的生存。我们需要特许众天使从天而降,向我们飞驰而来,即便是从原生质的深渊。我们必须沐浴于某种非人性的生命洪流,犹如病入膏肓的肺病患者,必须沐浴阳光和呼吸山间空气;我们的病患遭遇到了诡辩,要说服我们相信,我们的康健程度前所未有,或者强烈意识到生命尚存。

混沌如此严重地渗透于各个民族的道德存在,大家也就很难冀望能够造就伟人。一位伟人不必清贞,见解不必合理,可是伟人必须具有坚定的精神,特性鲜明和光彩照人的品格;如果他要主宰一切,他的内心必须具备某种主宰的力量。我们感受到他的伟大之处,在于他昭示和焕然表现了某种特质,它潜藏于世上所有余者的内心,而由于凡身和环境的负荷,我们流于懒散而表达不出这种潜质。伟人乃是人性的一个天然变体;不过并非朝着某一方向变异。一个天然变体或许仅仅表现为疯狂,或者残毁,或者畸形;发现这个变体令人佩服的时候,我们显然祈求某种它所遵守的秩序原理。或许这个变体揭橥的是我们身上也预先形成的品质;如同一位诗人发现了形容一份感受的那个绝对恰如其分的语词,或者造化假以一个绝对美的形式突然令人震惊。或许这个变体从以前存在的事物之中,成就了一种前所未有的和谐,不过金声玉振而置之超然。开先河者,则属于后一层缘故的一位伟人;本为人猿,本能层出不穷,所以为之困惑,而且受到了腐蚀,突然之间,他发现了获得体面的一条新路,即所有那些本能,统统加以驾驭,通过记忆力和想象力,依次使得每种本能各得其所,适时有所施展;这就是我们所谓的具有理性。这是一条通向幸福的新路,只要具有足够的力量,可以对每次左右你的各种冲动,稍加砥砺。殉道者为了唯一吸引他的事物而牺牲一切,罪犯或者愚人也是如此,二者区别何在呢?显然由于殉道者摧毁躯体的那股精神,恰恰就是躯体在世上所有余者身上不断窒息的精神;虽然他一己的灵感,也许不合理性,其趋向并非不合理性,而能挫服公众的良心,他先着人鞭,其他的人却还没有勇气付诸行动。伟大品质可谓天成;质朴,笃信某一个清晰的本能,这是伟大品质所基本必备的;可是天然变体必须朝着某种可能存在的秩序的方向发展;它必须排除和遗忘那种无法接受道德教化的因素。那么,处于人人都不信任自我,或者都感受不到可以信赖理性这样一个时代,处于教条这个字眼成为指谪之词的这样一个时代,怎么可能出现伟大的英雄,圣哲,艺术家,哲学家,或者立法者呢？伟大品质具备的是品格和峻节,伟大意味着深湛和贤明,伟大意味着与众不同而又尽善尽美。由于这层缘故,当今之日,遑论伟大。

确实存在着另一类别的伟大,或者毋宁说精神的博大,体现为运用通行的说法来表达人性的集大成者,即使缺乏预见性的侧重或者方向：比如具有歌德那样的广度,而非雪莱或者莱奥帕尔迪那样的精妙。可是这类精神的博大,若要避免流于庸俗,则必须无所偏颇,兼收并蓄,具有奥林匹亚精神；细大不捐,同时又有清明天才的支配,面对万象的纷乱,诗人或哲学家本身要感到欣然,有所升华,而毫无困惑,否则的话,博大就达不到伟大境界。就伟人而论,博大也不意味着无所不知。为了认识事物而加以适当利用,没有必要事事刨根问底,或者洞达构造。石头不会令建筑师陷入窘迫,因为可能碰巧他并不知道石头的化学成分；同样生命和造化存在的尚未解答的问题,社会这座巴别塔,天生的观察家不必因此而感到不安,尽管他可能无法解开这团乱麻。他可以原封不动记下这些黑斑,如同看到一处风景有洞穴或古井,感到不必仅仅由于深度不明而去探究其深度。未经发掘的话,它们可能还带有几分光泽,一经发掘,它们有可能只是令其视若无睹,它们并不值得考察,可能认识到这一点,就是充分理解了它们。以此类推,一片混乱的世道和五花八门的恐怖现象,有可能透明地映现于一个伟大的思想,如同文艺复兴,有可能映现于拉斐尔和莎士比亚的作品之中；不过大师必须独具慧眼,风格必须完美无瑕,描绘的一切所蕴含的富有远见的意境,必须真诚而高迈。因此如此面面俱到的一种伟大,也是这个时代所不可能产生的,当今的道德混乱,可谓渗透性的,当今的性格错综复杂,取舍不定,仅仅由于存在者并不合宜他们的一切而为之烦恼,渴望失去自我而成为另类；一言以蔽之,当今的思想处于弱势,万物之流淹没了思想。

缺乏伟人,缺乏鲜明信念,这个时代却在才智方面非常活跃；时代风气勤而好学,注重经验,善于创造,易于共鸣。时代的智慧在于有一种追悔莫及的宽阔胸襟；精神在挣扎，而至少在挣扎之中，对于各个方向可能达到的深度，精神已经获得了意识。处于这样的情形之下，从正面成就来看，某种凡琐和巨大的混乱，并非前景不妙的事情，甚至并非不可亲近。这些就是信仰的"漫游时期"；信仰笑脸相迎每一张新的面孔，其中或许就有一张注定为友的面孔；信仰追逐每个迷人的陌路；信仰甚至一再呈现而如鱼得水，满怀一份新生的温情对待曾经放弃的一切。可是安顿下来现在则不可能。理智，判断力都束之高阁了。生命奔驰，浑浑噩噩而充实饱满；于是不足为奇的是，理性，在徒然以为主宰了天下之后，应该尽量优雅地退位，既然现在天下彰彰在目是比较粗野的力量的运动——既得利益，部落激情，股票情怀，偶然的多数派。既然没有让理性担负责任，理性也就变得不负责任了。许多批评家和哲学家似乎设想，自言自语本身就是文学。有时理性尝试把某种道德权威性暂借给当前的大师，通过证明这些大师较之理性何其优越；理性崇拜进化，本能，新颖，行动，在现代主义，实用主义，柏格森先生的哲学里，都确实反映了出来。还有一些时候，理性隐遁于这个世界已经罢黜的那些气质的长期保有状态，即不存在者的领域，聊以自慰的是在那里的征服不容置疑。这样的局面出现在浪漫主义者之前（在本书收录的论雪莱一文①中，我力求对此有所描述），虽然他们的诗歌和政治幻想并不容许他们对此有所意识。幻灭之后，现在这种情形出现在思想激进的人士和伯特兰·罗素之类的数学家身上，也出现在我们其他的人身上，后者或许不是数学家，或者甚至不是思想激进的人士，他们便感到现在出现的领域十分陌生，而且属于附带性质，所以吸引不了一个自由思想的全部发挥，在已经达到清明境界而且和事物形成和解之后，思想的职能，在于凭借自身的道德和智慧的光明触动事物，同时为了思想本身而存在。

　　以上所述，无非学说的劲风；不过它们证明了在稳定刮风的季节之间，精神并未在平息中死亡。何人知晓，哪一阵劲风就不可能顿时聚集力量，而在未来降临之前，就稳固地推动未来时代的思想呢？

---

① 即《学说的风向》中的第五章，标题为"雪莱：或革命原则的诗歌价值"。

科学与"文化"的分家

伯特兰·罗素

---

* 本文为 1958 年 1 月 28 日罗素在巴黎联合国教科文组织大楼接受卡林佳奖时的致辞。奖项为表彰普及科学而设立。

伯特兰·罗素
(Bertrand Russell, 1872—1970)

英国哲学家、数学家和社会改革家,分析哲学的创始者之一。出身名门望族,父母均系贵族。早年失怙,由祖母鞠育成人,受私塾教育,性格叛逆而充满怀疑精神。在剑桥三一学院读书期间,以优异成绩闻名。1908年当选为英国皇家学会会员。早期著作为三卷本《数学原理》,和怀特海合著。"一战"期间为和平主义奔走呼吁而身陷囹圄,毕生以天下为己任,主张国际自由贸易,反对帝国主义,掀起反希特勒运动,主张核裁军,1954年发表著名的《罗素—爱因斯坦宣言》,同时批评极权主义,反对美国卷入越南战争,由此成为20世纪最有影响力的一位公众人物。凡有命笔,皆为时而著,道德文章素为天下称道,而个人生活则充满传奇色彩,一生四婚,八九高龄因呼吁和平而遭拘禁。1920年在北京讲学一年,和杜威同时,故而也是中国学界最为熟悉的西方哲学家。他的《西方哲学史》问世后,在英美两国旋即纸贵一时,由于文笔清通,简明扼要,浅显易懂,遂成为文科学子必读书目。罗素随笔更是风流自然,性情毕现,《一个自由人的信仰》、《论老之将至》堪称天下至文。1950年因《西方哲学史》获诺贝尔文学奖,理由是表彰他的著述捍卫"人道主义理想和思想自由"。罗素始终关注人类命运和社会进步,同时躬亲实践,曾创办实验学校。在多方面均有著述,包括《婚姻与道德》、《科学世界观》、《教育与社会秩序》。三卷本《自传》,叙事生动,笔墨优美,坦诚相见,公认属于英国传记的佳构。今人编有《罗素文集》凡34卷。

曾几何时，有人尝试把科学家的工作变得能够为人广泛理解，科学家则侧目而视。可是，处于当今之世，再也不可能采取这样一种态度了。现代科学的发现，已经使得政府手中掌握着前所未有的力量，为善有之，为恶亦有之。除非驾驭这些力量的政治家对其性质有初步的理解，否则十之八九，他们不会聪明地运用。而且，在民主国家里，不仅政治家，还有公众，对于他们来说，一定程度上理解科学乃属必要。

而要确保这种理解得以广泛传播，则绝非易事。在精通技术的科学家与公众之间，能够有所作为而效果卓著地充当联络官的那些人士，不仅从人类福祉来看，而且哪怕为了人类种族的能够幸存下去，他们履行的工作都是必要的。我认为应该付诸多方努力，在那些并不打算成为科学专家的人的教育方面，要以传播科学为方向。卡林佳奖[①]为了鼓励那些尝试这项困难任务的人物，堪称公益方面的一大善举。

在我本人的国家，而且较低程度上，在其他的西方国家里，同样存在这样一个现象："文化"，大家主要视为首先是围绕文学、历史、艺术的某种东西，而这种看法却是文艺复兴传统由盛而衰的一个不幸结果。伽利略、笛卡儿还有他们的后继者的贡献，倘若有人一无所知，大家便认为他没有接受过教育。我确信所有高等教育中，都需要开设科学史这门课程，上迄17世纪，下逮当今之世，还有一门现代科学知识概况，难度是不用专门术语就能够表达清楚的。一方面这些知识始终局限于专家的范围之内，同时各个国家都能够运用智慧来处理各自的事务，如今这样的设想不太可能实现。

[①] 卡林佳奖（the Kalinga Prize），由印度实业家帕特奈克出资设立，旨在奖励普及科学方面贡献卓著的人物，由联合国教科文组织评审和颁奖。

有两种截然不同的方式可以评估人类的成就：可以根据大家认为属于其内在固有的优异品质来评估；或者大家可以根据其改变人类生活面貌和人类制度的因果效率来评估。这两种评估方式孰优孰劣，这里我就不来指陈利弊。我关注的方面在于指出，二者所提供的衡量重要性的尺度迥然不同。倘若荷马和埃斯库罗斯未曾降世，倘若但丁和莎士比亚未曾写过一行诗文，倘若巴赫和贝多芬未曾造响，当今绝大多数人的日常生活，基本还是原来面貌。可是倘若毕达哥拉斯，伽利略和詹姆斯·瓦特未曾降世，不仅是西方的欧洲人和美国人，而且还有印度、俄国和中国的农民，和今天的生活相比之下，日常生活就会面目全非。而这些翻天覆地的变化，还是仅仅才初露端倪。和目前相比起来，它们影响未来的程度必将超过既往。

当前，科学技术一日千里，犹如一支失去驱动轮的坦克部队，盲目向前，残酷无情，没有目标或意图。造成如此局面的主要原因在于，有些人固然关注人类价值，并且促使生活让人活得有价值，他们却依然生活在工业化之前旧世界的想象之中，那个天地大家都已经熟悉了，而且可以引为安慰的是，还有古希腊文学，还有诗人、艺术家、作曲家在工业化之前取得的成就，我们理所当然钦佩他们的工作。

科学从"文化"中割裂开来，这是一个现代现象。柏拉图和亚里士多德对于那个年代大家所知道的科学知识，怀有深厚的敬意。文艺复兴时期关注科学复兴的程度，和关注艺术和文学的程度不相上下。莱奥纳多·达·芬奇倾注于科学的心血超过了绘画。文艺复兴时期的艺术家发展了透视说几何理论。18世纪期间，为了传播对牛顿和他的侪辈工作的理解，大家不遗余力。可是，19世纪初期以来，科学概念和科学方法渐渐变得深奥费解，而使之变得普遍为人理解的尝试，人们越来越认为是无望之举。核物理学家的现代理论和实践，已经犹如晴天霹雳，昭示世人，人类若要幸存下去，那就再也容不得对于科学世界全然无知。

教育与纪律

伯特兰·罗素

---
* 选自《赋闲礼赞》(1935)。

凡是严肃的教育理论,都必须由两个部分组成:一则为人生目标方面的构想,一则为研究心理动态机制的一门学问,例如精神变化的规律。看待人生目标时产生分歧的两个人,不可能希望在教育方面看法吻合。教育机器,西方文明从古到今,都受到两种伦理理论的支配。基督教理论和民族主义理论。这两种理论一旦认真对待,便互不相容了,德国的情形已经彰彰在目。就本人这方面来看,我认为凡是二者出现分歧的地方,基督教比较可取,而凡是二者看法吻合的地方,双方都存在谬误。我要取而代之,作为教育旨趣的内容,可谓文明这个概念,这个术语,根据我的理解,它的定义既有个人一面,也有社会一面。个人而论,文明包括智力和道德两种品质;在智力方面,具有某种最低限度的普通知识,自身的职业技能,还有根据佐证形成见解的习惯;道德品质来看,是指公允,仁慈,还有些许自持。我应该补充一种既不属于道德,也不属于智力的品质,但是或许属于生理方面:对待生活的热情和喜悦。在社会群体之中,文明要求尊重法律,人与人之间保持公正,各种意图不得涉及对人类种族的任何一部分人造成持久伤害,手段适应目的时要讲究明智。倘若凡此种种成为教育的旨趣,那么心理学这门学问所要考虑的问题,便是可以通过哪些举措和作为来实现这些目的,尤为重要的是,何种程度的自由,才有可能证明功效卓著。

看待教育方面的自由问题,当前存在着三种主要思想流派,问题一则衍生于目的方面的分歧,一则衍生于心理学理论方面的分歧。有那么一些人说,儿童无论可能多么捣蛋,都应该享有彻底的自由;还有一些人则说,儿童无论可能多么懂事,都应该彻底服从权威;另外有人则说,儿童应该享有自由,而在享有自由的同时,他们应该始终懂事。第三种主张的人超过了名正言顺的程度,因为儿童,和大人一样,如果享有完全的自由,就不会养成十分高尚的品质。自由应该确保道德的完美,这个信念是卢梭主义的遗风余烈,对动物和幼儿研究一番,信念便不攻自破。持有如此信念的人士认为,教育应该不带任何明确意图,可是应该仅仅提供一种适宜自然而然发展的环境。这一派的思想我无法苟同,在我看来,此说流于个人主义,看待知识的重要性时过于漠然。我们生活在需要合作的社会群体之中,期望所有必要的合作,都能产生于自发的冲动,这是乌托邦理想。地域有限而人口众多,如此境况下的生存,只有可能归功于科学和技术;由此可见,教育必须传递最低限度的必需的科学技术。允许最大限度自由的教育家乃是这样的人士,他们的成功依靠一定的善心,自持,训练有素的才智,而凡是听任各种冲动不予约束的情况下,就难以激发出上述品质,因此,他们的方法倘若不能去粗取精,其优点就不可能长久发扬光大。从社会立场来看待的话,教育必须体现某种比较积极的内涵,而非一个单纯利于成长的机会。诚然,教育必须提供这个机会,但是同时必须提供一个精神和道德的资质,而儿童则无法完全自行获得这样的资质。

赞成教育上较大程度自由的论点,并非脱胎于人的天生善良品质,而是产生于权威的影响效果,效果反映于承受权威和行使权威两个方面的人。屈从权威的人要则变得唯唯诺诺,要么变得忤逆对抗,两种态度各有缺陷之处。

唯命是从者丧失了首创精神,思想和行动两方面都是如此;更有甚者,挫败感觉激发出来的怒火,往往在欺负弱者时,发现了发泄的出气口。暴君体制得以长久延续,道理即在于斯:大人吃了老子的苦头,又转嫁给了儿子,他在公立学校忍受的屈辱,耿耿于怀,一朝他身为帝国缔造者,就要传给"国人"。因此,过分注重权威的教育,会把学生变成怯懦的专制者,面对言语或行动方面的创新,他们即无力为之张目,也无力予以宽容。这样的教育给教育者造成的后果更其严重:他们往往变成了惯于虐待的执行纪律之辈,乐于激发恐怖心理,仅仅满足于此。因为此类人物代表了知识,故而学生获得的便是对知识的憎恶,在英国的上层社会,这种心理,大家以为属于人性,可是其实属于人们对极权思想的师资理所当然的憎恶。

叛逆之士，另一方面来看，虽然可能属于必要，但是看待现存的一切时，难以做到持论公允。进而言之，还有诸多叛逆的方式，而其中仅有极小部分属于明智之举。伽利略是叛逆人物，同时保持了明智；相信地球为平面说法之辈，同样属于叛逆者，但是头脑愚蠢。另有一大危险潜藏于一个倾向，即以为对抗权威，从本质来看，值得嘉许，不主故常的见解必然正确：砸烂路灯柱，或者坚称莎士比亚不是诗人，这不能解决什么实际有用的问题。然则这种过度的叛逆精神，往往产生的结果是给充满朝气的学生施加过多的权威。等到叛逆之士成为教育者，他们有时便鼓励学生的藐视态度，同时对于学生而言，他们又力求创造一个完好的环境，虽然这两个宗旨很难互相兼容。

实际需要的既非唯唯诺诺，亦非逆忤对抗，而是待人接物和看待新思想的时候，能够心平气和，保持一般的友善态度。这些品质一则应该归诸于实质方面的因素，旧式思想的教育者则甚少注意这一方面；而主要原因在于能够摆脱进退狼狈，无力而为的感受，由于至关重要的冲动遭受了挫折，这种感受便由此产生。如果青年成长为与人为善的大人，绝大多数情况下，势必他们会感到环境是友善的。这就要求看待儿童的重要欲望时，应该寄予某种同情，而不仅仅作为一个尝试，利用儿童达到某种抽象的目的，比如宣扬上帝的荣耀，或者祖国的伟大。而且，在教书育人的过程中，应该进行一切尝试而促使学生感觉到，师长教授的内容值得他去认识——至少在这种情况符合实际的前提下。学生一旦乐于合作，学习效果便可事半功倍。凡此种种，都是主张充分自由的有效理由。

然而，这个论点很容易为人推向极端。儿童在避免沾染奴隶的恶习的时候，应该沾染贵族的恶习，这种想法当然并不可取。不仅在大端问题上，而且在日常琐细上，为人着想乃是文明的一个基本要素，脱离了这一点，社会生活就会变得令人不堪。我现在想到的不是客套，诸如开口便是"请"和"谢谢你"之类。礼貌规矩在化外之民中间，演化得最为完备，而伴随着文化的每个进步却有所削弱。我现在想到的是适当参与必要工作的意愿，学会在细枝末节上与人方便，这样总的说来也是减少麻烦。头脑清明本身乃是礼貌的一个形式，而且大家以为并不可取的做法,就是培养儿童有一种无所不能的意识,或者产生一个信念,大人的存在仅仅是为了凡事要让后生开心快乐。而且有些人对悠闲富人的生活方式不以为然,他们难以始终一贯,倘若他们在养育子女时,并不带有工作是必要的这层意识,没有养成尽量持之以恒,专心致志的习惯。

还有一层考虑,某些倡导教育自由的人士很少予以重视。听其自然而,并无大人干预,在这样一个儿童群体里,强者为王,这种情形的残忍程度,可能远远超过多数大人的横行霸道。假如让两个两三岁大小的儿童一起玩耍,打过几回架之后,他们就会发现,谁肯定是胜者,而另一个然后就变成了奴隶。儿童人数越多的地方,就有一两个完全可以发号施令,其他孩子享有较少的自由,而大人出面保护弱小文静的孩子的时候,他们的自由就多些。对于大多儿童而言,为别人着想不是自然而然产生的,但是必须加以教诲,而且除了严加管教,这是很难教而知之的。这或许是反对大人放弃管教最重要的论点。

可取的自由形式与必要的最低限度的道德培养结合起来,这个问题我认为教育者尚未解决。应该承认,把孩子送往一所开明的学堂之前,往往由于家长的缘故,正确的解决方法变得无法实行,如同心理分析学家根据临床经验而推断,我们人人都是疯子,因此现代学校行政官员,根据他们与那些家长已经使得他们不服管教的学生的接触,倾向于断定,所有儿童都是"不易管教",而所有的家长都是愚不可及。父母的专横霸道(往往采取的形式是百般溺爱)逼迫一些子女变得粗野了,在他们能够无所猜疑地看待大人之前,可能需要一段完全自由的时期,时间或长或短。可是有些子女在家里时,父母的管教合乎情理,他们在细小的方面就能够承受约束,只要他们觉得在他们自身认为重要的问题上在得到帮助。有些大人喜欢孩子,不会由于陪伴他们而陷入神经衰弱的地步,在纪律方面就能够收获颇大,结果学生始终不渝地以友善的感情看待他们。

我认为现代教育理论家往往过于偏重强调不干预儿童的消极美德,同时过于轻视喜欢和孩子做伴的积极好处。倘若你对子女的那种喜爱犹如很多人对马或狗的喜好,你的各种建议,他们就会容易做出反应,禁止的事同时也接受,或许有些不发脾气的嘀咕,但是没有怨恨。看待儿童犹如一个园地,可以进行可贵的社会努力,如此这般的喜爱则毫无用处,因为那种态度无异于为权力冲动充当宣泄的出口。没有那个孩子会感激你对他的兴趣,倘若这种兴趣是来自于下述想法:将来他会肯定投票支持你的党派,或者为了国王和国家而牺牲生命。比较可取的那种兴趣,在于面对眼前的儿童,自然而然从中得到乐趣,而非别有用心。具备如此品质的教师将不太需要干涉儿童的自由,一旦必要,就有能力在干预的同时不会引起心理伤害。

遗憾的是,劳累过度的教师,根本不可能对儿童保持一份本能的喜爱;对待儿童,他们必然会开始产生一种感觉,犹如糕点名师的徒弟对待蛋白杏仁饼干的那种感觉。我认为教育不该成为人的全部职业:应该从事教育的人,每天至多花上两个小时,他们的剩余时间都花在远离儿童的地方。青年的天地令人疲劳,尤其是在避免采取严明纪律的时候。疲劳,到头来,产生的是心情烦躁,有可能莫名其妙就表现出来,感到烦扰的教师,就忘却了自己进修过而信奉的那些理论。单单凭借自持则无法保持必要的友善态度。可是凡是存在友善的地方,就没有必要预先为了对付"淘气"儿童而制定规矩,因为冲动可能导致正确的决定,而如果儿童感到你喜欢他,几乎任何决定都是正确的。凡是规矩,不论多么聪明,都替代不了温情和机敏。

科学与伦理学

伯特兰·罗素

---
* 选自罗素《宗教与科学》(1935)第九章。

我们在前两章①里有所交代,有些人坚称科学功能尚不健全,他们诉诸这样一个事实:谈到"价值观念"的时候,科学便无可置言。我承认这一点;可是伦理学包含的真理,科学无法加以证明或予以反驳,这样的推断我则不敢苟同。问题的性质在于思考明白这个问题,谈何容易,而且我本人的观点,较之三十年前的观点也判然不同。但是我们有必要廓清看法,如果我们准备评价这类论点的是非曲直,诸如支持宇宙目的说的那些论点。伦理一事,大家的看法并无共识,应该予以理解的是,下文属于我的个人信念,而非科学定论。

从传统来看,伦理学研究有两个组成部分,一方面注重道德规范,一方面则注重,就自身而论,什么是善。在生番和方外之民的生活中,品行规范发挥过重要作用,其中有诸多条规都起源于礼典。比如头领之食不得分享一脔②,不得用羊羔母的奶煮羊羔③;供奉祭品祭祀神明是命令规定的,而到了人类发展的一定阶段,如果祭品是凡身肉体,大家也认为可以接受。其他的道德规范,诸如禁止谋杀和盗窃,则具有更其明显的社会功效,起源时与之相联系的那些原始神学体系衰替之后,规范依然延续相祥。但是当人类变得渐渐懂得反思的时候,便出现了淡化规范而重视心境这样的倾向。这种倾向衍生于两个来源——哲学和神秘宗教。我们大家都熟悉先知书和四福音书里的一些章节,其中把心灵,纯洁置于一丝不苟遵守法律之上;圣保罗赞扬圣洁④,或者爱

---

① 即第七章"神秘主义"和第八章"宇宙目的"。
② 可参阅詹姆斯·乔治·弗雷泽《金枝》,第 20 章。
③ 见《圣经·旧约·出埃及记》,23:19。
④ 《圣经·新约·哥林多前书》,其中谈到"让女儿出嫁是好的,但是不让女儿出嫁更好"。

情,教诲的是相同的原则。在所有伟大的神秘主义者的典籍里,都能发现相同的道理,不论基督教还是非基督教的典籍,他们珍视的是心境,如同他们所信奉的看法,品行端方肯定是心境使然;规范在他们看来属于表面文章,并不足以随机应变。

其中有一个方面一直避免了诉诸外在品行规范的需要,这就是历来笃信"良心"的信念,在异教徒的伦理中,良心这个信念尤为重要。他们臆断,上帝向每个凡人的心灵启示了什么谓之是,什么谓之非,因此,为了避免罪孽,我们只能听从内心的声音。然而,这种理论中存在着两个难题:首先,良心的声音,可谓仁者见仁,智者见智;其次,通过无意识的研究,我们理解的是,有良心的感情包含着世俗的起因。

良心释然放怀而方式各异:比如乔治三世的良心便有所晓示:天主教解禁法①则不可予以首肯,因为,倘若他同意颁布此法,在加冕典礼宣誓之时,他则会承担背信弃义的罪名,但是后世的历代君主,在这方面便毫无顾忌。良心促使有些人谴责劫富济贫,那是共产主义者的主张;同时促使另一些人谴责富人剥削穷人,那是资本主义者的实践。良心告诉一位公民,遇到外寇入侵的情况,必须捍卫祖国,同时又告诉他人,凡是参加战争的行为概属邪恶。战争期间,官方人士发现,良心令人困惑不已,而其中研究过伦理的人却寥寥无几,所以官方被导向一些莫名其妙的决策,比如在和自己进行斗争的时候,一个人不妨良心上有所顾忌,但是不要反对殃及农田,乃至想方设法招兵买马。他们也认为,良心固然可能对一切战争不以为然,同时,极端立场姑且不论,良心却不能不赞成当时正在进行的战争。有些人士,不论什么理由,都认为兵戎相见属于错误行为,于是迫不得已而表明自己的立场,那时运用的便是这种略显原始且不讲科学的"良心"概念。

良心释然方式的差异在于,我们理解了良心的起源之后,哪些东西是我们可以期待的。在青春的早期,某些行为获得了许可,而另外某些行为则不能获得许可;从联想的正常过程来看,愉悦和不适的感觉,久而久之便依附于这些行为,而且不仅是依附于这些行为所分别产生的

---

① 爱尔兰宗教冲突的历史原因,因为天主教为当地主要宗教。乔治三世驾崩之后,1829年才颁布《天主教解禁法》。

许可和不许可。光阴荏苒,我们可能忘却自己早年道德培养方面的所有内容,可是我们依然对某些行动感到不适,而还有一些行动,则给我们投来一缕美德的光华。在反躬自问的时候,这些感情神秘莫测,因为我们再也无从回忆记当初触发这些感情的情景了;由此可见,我们就自然而然把它们归诸我们心灵里上帝的声音。不过良心其实是教育的产物,能够经过培养而懂得许可或者不许可,存在于人类的绝大多数之中,教育者不妨酌情而定。所以,一方面理所当然希望伦理从外在道德规范中解放出来,同时借助于"良心"的想法,却难以取得这种令人满意的效果。

哲学家另辟蹊径,已经获得了一种不同的立场,站在这个立场,品行的道德规范同样居于附属地位。哲学家已经形成了善这个观念的框架,所谓善,他们是指(粗略说来)从其本身而论,撇开结果,我们应该希望看到存在的是——或者,如果他们属于有神论者,那种令上帝愉悦的表现。幸福较之不幸更为可取,友善较之敌意更为可取,以此类推,大多数人都会看法一致。根据这个观点来看,如果能够促进属于善的一切的存在,仅仅就其本身为善而论,道德规范便名正言顺。在绝大多数情况下,从效果来看,可以证明禁止谋杀是合理的法规,可是在火葬丈夫的柴堆上焚烧寡妇,则无法证明是合理的。所以,前一规定应该予以保留,而非后一规定。然则,即便再好的道德规范,也会遇到某些例外,因为没有任何一类行动永远只有不良结果。因此,我们是就以下三层含义而言,一个行为在伦理方面可以值得嘉许:(1)这个行为可能符合公认的道德准则;(2)这个行为可能真诚的本意是产生善的效果;(3)这个行为可能客观上具有善的效果。然则,第三层含义,一般认为在道德方面无法为人接受。根据正统神学来看,加略人犹大的背叛行为产生的却是善的结果,因为就赎罪来说,这是必要的;可是由于这个缘故,背叛行为则并不值得赞赏。

不同的哲学家形成了不同的善之概念。有的认为善寓于认识和爱戴上帝;有的认为寓于博爱;有的认为寓于玩味美;不过也有哲学家认为寓于快乐。善一旦有所界定,伦理的一切就随之而来:我们理应具有的行为之道,在于我们相信最有可能产生最大限度的善,最小限度的恶。只要人们假定,终极的善是已知的,道德规范的构架便属于科学范畴的问题。比如,盗窃是否应当处以极刑,或是仅仅针对谋杀处以极刑,或者根本不用刑法?杰里米·边沁认为快乐即善,所以致力于制定的是极力促进快乐的刑典,他的论断是较之当世盛行的量刑标准,刑典不宜过重。除了快乐是善这个命题之外,上述种种均在科学范畴之内。

可是当我们力求确切地表明,我们说这个或那个言行是"善",我们指的是什么意思,这时我们便发现,自己陷入了莫大的重重困难。边沁提出快乐即善的信条之后,物议沸腾,一片反对,有人谓之猪猡哲学。[①]不论他还是那些反对者,都无法进一步据理力争。在一个科学问题上,正反双方都能够援引佐证,最终,大家看到一方略占上风——不然,如同没有出现这种情况,问题姑且阙疑。可是这个或那个言行是否属于终极的善,面对这一类问题的时候时,那么双方均无佐证可言;辩方各自只能诉诸自己的情感,利用的修辞手段也就是唤起对方类似的情感。

例如,在实际政策方面,它已经具有重要的意义。边沁认为,一人之快乐犹如另一人之快乐,具有相同的伦理重要性,前提是快乐程度不相上下;根据这个理由,他的导向是提倡民主。尼采背道而驰,他认为唯有伟人才能从其自身来看,为人视为重要,芸芸众生仅为伟人获得康乐的手段。他看待常人犹如众人看待动物:他认为众人为其所用,并非为了自身的利益,而是为了超人的利益。自斯以降,有人便采纳了这个观点,证明放弃民主言之成理。我们在此产生了具有重要意义的严重分歧,可是我们绝对没有体现科学或智力的力量的手段,它们可以借此说服辩论的对方,自己一方持论正确。诚然,有些方式可以改变人们关于此类话题的看法,不过都是动之以情,而非晓之以理。

"价值观念"这个问题——也就是什么是善,什么是恶,而善恶的影响却束之高阁——存在于科学领域之外,维护宗教之士强调地如此断言。我认为他们在这一点上言之有理,不过我得出了进一步的结论,而他们则不然。"价值观念"方面的问题,完全存在于知识领域之外。这

---

① 典出卡莱尔《当代评论》。卡莱尔针砭当世盛行的功利主义论调,后者认为人仅为贪欲的生物,而非赋有灵魂的上帝的造物。原句为:"如果我的命运是猪猡的命运,为何我不可以持有这种猪猡哲学呢?"

就是说，当我们断言这个或那个言行具有"价值"的时候，我们提供的是我们自身情感的表达，而非一个事实，事实依然是真实的，即便我们的个人感情存在差异。为了阐明这个问题，我们必须分析善的概念。

首先，显而易见，善恶的全部理念与欲望有着某种联系。根据初步印象[①]，凡是我们大家渴望的一切，都属于"善"，凡是我们大家憎恶的一切，都属于"恶"。倘若在欲望方面，我们大家取得共识，问题可以到此为止，不过遗憾的是，我们的欲望存在冲突。如果我说"我所需要的属于善"，我的邻里就会说"不对，是我所需要的"。伦理学乃是一种尝试——虽然我以为，不是成功的尝试——旨在规避这种主观性。在和我的邻里辩论时，我自然要力求证明，我的欲望和他的相比起来，具有某些更加值得尊重的品质。倘若我想保留先行权，我就要求助于当地那些户无寸土的居民；可是他呢，处于个人一方，则会求助于拥有土地的居民。我会说："如果别人视而不见，乡村之美有何用处？"他则会反驳道："如同听任远足者四处践踏，荒芜一片，那还能留下什么美？"通过证明一己之欲望与他人的欲望和谐并存，各方力求壮大阵营。当这种情形显然不可能存在的时候，比如以梁上君子为案例，他便遭到舆论的谴责，他的伦理水平属于罪人的水平。

可见伦理学与政治学有密切的关联：它是旨在促使一个群体的共同欲望对于个人有所影响的一种尝试；或者，反之而言，它是旨在个人促使一己的欲望变成他那个群体的欲望的一种尝试。当然，只有在个人欲望不是过于明显地与公共利益相对立的情况下，后者的尝试才有可能存在：梁上君子就难以尝试说服众人，他的行为是替人行善，虽然富豪也进行类似的尝试，却往往取得成功。当我们的欲望所追求的事物能够为众人共同享受的时候，看来就没有理由不期待他人会和而从之；因此，珍视真、善、美的哲学家，对他而言，看来不仅表达了自身的欲望，同时也指明了通向全人类福祉的道路。和梁上君子有所不同，哲学家能够相信，他的渴望在于追求那种具有超乎个人意义的价值的事物。

伦理学是旨在把普遍而非仅仅个人的重要性赋予我们某些渴望的

---

① 原文为拉丁语"*prima facie*"。

一种尝试。我说的是我们的"某些"渴望,因为有些渴望显而易见不可能得到满足,我们从梁上君子的案例中已经有所认识。股票交易所里,有人通过某种秘密信息而赚钱,他并不希望别人同样消息灵通:真理(就他所珍视的程度而言)之于他,乃是一件私有财产,而非哲学家所认为的普遍人类利益。诚然,在标榜对某个发现拥有优先权的时候,哲学家便沦落到股票操盘手的境地。不过此乃一昝而已:他运用纯粹哲学思辨之才,仅仅向往的是玩味对真理的观照,对于其他从事相同活动的人而言,他这样做毫无妨碍。

普遍的重要性赋予我们的欲望——这是伦理学的职责——看来不妨从两种观点进行这样的尝试,即立法者的观点,还有传教士的观点。我们先来探讨立法者。

为了便于论辩,我将假定,立法者个人而言是超乎利欲的。这就是说,当他认识到自身某个欲望仅仅关系到个人福利时,他不会听任其影响自己的立法构想;例如,他在制定法规时,并非为了聚敛个人财富。不过他还有自己看来无关个人的其他欲望。比如他可能相信一种森严的等级制度,上至国王,下至农夫,或者上至矿主,下至黑人契约劳力。他可能相信女人应该服从男人。他可能认为,在社会底层传播知识则属于危险之举。如此这般,不一而足。力所能及的话,他将会如此构建他的法典,结果凡是能够促进他所珍视的那些目的的行为,在尽可能的情况下,都要符合个人的自我利益;他将会建立一个道德训诲的体系,在这个体系行之有效的地方,它就会使得立法者规定以外另有所图的人感到罪过。① 由此可见,"美德"客观而论就会变得,虽然并非基于主观的评价,尽量屈从立法者的欲望,只要立法者本人认为这些欲望值得推广。

传教士的立场和方法,势必有所不同,因为他控制不了国家机器,所以个人欲望与他人的欲望之间,他无法产生一种人为的和谐。他唯

---

① 参校以下亚里士多德的一位同时代人的建议(是中国人,而非希腊人):"统治者不可听信那些人,他们相信的是自有主见和个人重要的人。这类教诲使得人们退居安静的地方,隐遁于洞穴和山间,他们会在那里抱怨朝廷,蔑视在位者,菲薄权贵俸禄,裁视所有在位之人。"韦尔斯《天道及其力量》,37 页。——原注

一的方法是在他人内心唤起他亲身感受到的相同欲望,为了这个目的,他的吁求必须诉诸情感。因此罗斯金不是通过论辩,而是借助讲究节奏的散文,促使大家喜好哥特式建筑。《汤姆叔叔的小屋》通过让读者设身处地想象奴隶的境地,从而促使大家认为奴役是罪恶。说服人们相信某个东西本身是好的(或者坏的),而非仅仅从其效果来看,凡是这种尝试,都取决于动之以情的艺术,而非诉诸佐证。在所有情况下,传教士的技巧就在于推己及人,唤起他人产生同声相应的情感,如果对方是伪君子,则唤起的是异己的情感。我这样说并非是批评传教士,而是对其活动的这种基本特性加以分析。

某人说"这本身是好的",这时他似乎在进行一个陈述,犹如他说"这是方形的",或"这是甜味的"。我相信这是一个谬误。我认为此人其实所指的意思是,"我希望人人都渴望这个",或者毋宁说,"大概人人都渴望这个"。如果他的话有人解释为一个陈述,那就无非是对其自身个人愿望的一个肯定而已。另一方面来看,如果有人笼统地解释他的话,那么他的话其实是无所陈述,而仅仅表示渴望某个东西。这种愿望,作为兴会所至,属于个人范围,可是兴会的欲望对象则是普遍存在。我认为,恰恰是殊相与共相的这种奇妙的纵横交错,这种现象造成了伦理学上十分混乱的认识。

伦理表述的语句与进行陈述的语句进行一番对照,或许有可能廓清问题。如果我说"所有中国人都是佛教徒",那么人家只要搬出一位中国的基督教教徒,或者伊斯兰教教徒,这样便能驳倒我的说法。如果我说"我相信所有中国人都是佛教徒",就没有人能够从中国找到任何佐证而驳倒我的说法,而是只能通过佐证表明,我并不相信自己的话,因为我所断定的只是我本人的某个思想情绪。此时,如果有位哲学家说"美是好的",我可能解释他的意思要么是说"大概人人都喜爱美"(这句话与"所有中国人都是佛教徒"相对应),要么是说"我希望人人都喜爱美"(这句话与"我相信所有中国人都是佛教徒"相对应)。第一句不下断言,而是表达一个愿望,从逻辑上看不存在下述情况,即存在支持或反对这个表述的佐证,或者这个表述要么具有真理,要么存在谬误。第二句,并非属于单纯祈愿,而是进行一个陈述,不过它是有关哲学家思想情绪的一个陈述,只有通过佐证表明他言不由衷,才能推翻这个陈述。第二句并不属于伦理学范畴,而是属于心理学或传记范围。第一句则属于伦理学范畴,表达的是向往某物的欲望,可是无所断言。

以上分析如果正确,那么可见伦理学并不包含陈述,真伪不论,而是寓于某种普遍存在的渴望,名义上看,诸如关系到一般人类的欲望——神明,天使,魔鬼的渴望,姑且承认它们存在。科学能够探讨的是渴望的起因,实现渴望的手段,可是无法包含任何真正伦理方面的语句,因为科学关注的是孰真孰伪。

我上文提倡的理论,是所谓价值观念的"主观性"学说的一个形式。这个学说的要义主张,倘若两人看待价值观念时存在分歧,那不是关于真理的性质存在分歧,而是趣味上的差异。如果一人说"牡蛎是好的",而另一人则说"我认为它们是坏的",我们便认识到没有什么值得争论之处。我们探讨的理论认为,看待价值观念的所有差异都属于这一类别,虽然我们在处理在我们看来较之牡蛎更为崇高的问题时,我们并非自然而然地这样看待差异。采取主观说观点的主要依据在于根本没有可能去发现什么论点足以证明这个或那个东西具有内在价值。如果大家对此看法一致,不妨认为我们是通过直觉而认识价值的。对于一位色盲者,我们无法证明,草地是绿色的而非红色的。可是有诸多不同的方式可以向他证明,他缺少大多数人具备的一种分辨能力,而谈到价值观念的问题时,并不存在这些方式,所以和辨别颜色的问题相比起来,出现分歧的时候,便会显得十分频繁。因为甚至无法想象出什么方式来断定看待价值时的差异,我们迫不得已接受的结论便是,差异并非趣味方面的仁智之见,不是属于看待任何客观真理时的差异。

这个学说的推论不可忽视。首先,不可能存在绝对意义上的"罪孽":一人谓之"罪孽"之事,另一人则可能谓之"美德",虽然由于存在这一差异,两人可能都不喜欢对方,而各自都无法证明对方犯了认识谬误。证明惩罚名正言顺的时候,我们不能以罪犯是"邪恶的"作为理由,不过罪犯的行为方式是他人希望加以劝阻的,这就可以作为理由。作为惩罚罪人的一个场所,地狱变得十分非理性了。

其次,在笃信宇宙目的说的那些人中间,属于常见的那种讨论价值观念的方式,我们不可能予以支持。他们的论点是,人们已经发展而来的某些事物是"善的",还有世界肯定具有伦理上值得赞扬的一个目的。用主观论的价值观念的语言来说,这个论点就变成了:"世界上的某些事物合乎我们的喜好,因此它们肯定是由怀有我们的趣味的一个神明创造出来的,因此,我们也就喜好这个无名的神明,结果这个无名的神明就代表了善。"现在似乎昭然若揭了:如果具有某些好恶的造物是客观存在的,那么他们肯定会喜好周围环境中的某些事物,因为否则的话,他们便会发现,生活令人不堪。我们的价值观念,是伴随我们的其他构造发展而来的,这些观念本来就是如此,根据这个事实,我们无法推论存在着什么原始目的。

有些人笃信"客观的"价值观念,他们往往声称,我所提倡的观点,产生了不讲道德的结果。这个论调在我看来,是由于错误的推理使然。如同有人所言,存在着体现了主观说价值观念的学说的某些伦理推断,其中最为重要者,就是排斥报复性质的惩罚和"罪孽"的观念。可是大家恐惧的那些比较一般的推断,诸如所有道德义务意识的衰退,并不是根据逻辑推论而来的。道德义务,倘若旨在陶冶品行,那就必须不仅仅寓于一个信念,而且是一个渴望。这个渴望,不妨告诉我说,就是体现"善"的渴望,而这里善的含义,则是我不再予以认可的。可是当我们分析体现"善"的渴望时,一般说来,这个渴望不知不觉变成了希望得到认可的一种渴望,或者换个说法,渴望言行举止的结果乃是产生我们所渴望的某些一般结果。我们所持的希望不是纯粹个人方面的,而且倘若我们没有怀抱这些希望,那么无论多少伦理训喻,都无法陶冶我们的品行,除非是由于恐惧别人不予认可。我们绝大多数人推崇的那类生活,是受到超乎个人的宏大渴望指引的生活;现在这样的渴望,毫无疑问受到的鼓励来自于榜样、教育和知识,可是凭借它们是善的这个抽象信仰,我们难以产生这些渴望,而通过对"善"这个字眼意义的一番分析,我们也难以劝阻这些渴望。

我们在观照人类种族的时候,我们可能渴望人类幸福、健康,或者拥有才智,或者尚武好战,不胜枚举。如果强烈的话,其中任何一个渴望,都会产生自身的道德;可是倘若我们并不怀有这些一般的渴望,那么不论我们的伦理如何,我们的品行就只能在自我利益与社会利益相和谐的前提下,符合社会旨趣。如果聪明的建制的职责,在于尽可能地创造这样的和谐,那么不论我们价值方面的理论定义如何,至于其他方面,我们就必须依赖于超乎个人的欲望的存在。如果你遇到的某人,在伦理方面与他存在基本分歧的话——举例来说,如果你认为所有的人作用不相上下,那么当他百里挑一,认为它是唯一重要的阶层——你就会发现,你是否怀有客观说的价值观念,与他相处的时候无所差别。两种情况下,你都只能通过陶冶他的渴望,从而陶冶他的品行:如果你的陶冶卓有成效,他的伦理便会面貌一新,否则,他就会依然故我。

  有人感觉到,如果某个一般渴望,比如说追求人类幸福,没有获得绝对善的许可,这个一般渴望在某个方面便是不合理的。这是由于关于客观价值的信念萦绕不去。从自身来看,一个渴望不可能要则合理,要则不合理。一个渴望有可能与其他渴望发生冲突,由此便导致了不幸福:它有可能引起其他渴望的反对,由此便不可能得到满足。可是不能仅仅由于没有为产生这个渴望的感觉找到理由,从而便认为它是"不合理的"。我们可能渴望 A,因为它是获得 B 的一个手段,可是最终,当我们用完了纯粹的手段之后,我们肯定得到的东西是我们无缘无故渴望得到的,可是并非由于这一点而"不合理性地"。一切伦理体系,都体现了提倡这些体系的人们的渴望,可是这个事实隐藏于文字的迷雾之中。客观而论,我们的渴望比较代表公众,较少纯粹自私的一面,而不像许多道德学家想象的那样;如果这个渴望并非如此,那么任何伦理理论,都无望在道德方面有所改观。客观而论,不是凭借什么伦理理论,而是通过培养宽宏大度的渴望,途径便是获得智慧,幸福,摆脱恐惧,这样和目前比较起来,才能够促使芸芸众生的行事之道,符合人类的普遍幸福。无论我们持有什么"善"的定义,也无论我们相信它是主观的,或是客观的,凡是并不渴望人类幸福的人,都不会努力发扬"善",而凡是渴望人类幸福的人,都会力尽所能而促成人类幸福。

  我的结论是,确乎科学无法决定价值观念的问题,那是由于这些问题根本无法通过才智而裁定是非,它们存在于真理与谬误的领域之外。凡是能够获得的知识,都必须运用科学方法来获得;科学无法发现的知识,人类也无法认识。

宗教为文明做出了有用的贡献吗?*

伯特兰·罗素

---

* 本文首次发表于 1930 年,后收录于《为什么我不是基督教徒》(1936)。

我本人的宗教观即卢克莱修的观点。我把宗教视为恐惧诞生出来的一个疾患,也是给人类造成无穷苦难的一个根源。然而,我否认不了宗教为文明做出了一些贡献。在开天辟地的岁月,宗教促使历法得以确定,促使古埃及的牧师教士,小心翼翼把日食载入史纪,日积月累,他们便能够预报日食。这两项用途,我乐于承认,可是还有其他什么贡献,我则不得而知。

宗教这个字眼,如今人们在用法上含义十分笼统。有人受到极端的新教教义的影响,于是利用这个字眼来指陈看待道德或宇宙本质时严肃的个人信念。这种用法完全有违历史。宗教首先是一种社会现象。教会的起源,可能归诸于胸怀强烈信念的导师,可是这些导师对于他们创建的那些教会,鲜见深远的影响,而教会则对他们在其中兴盛起来的社会群体,产生了巨大影响。姑举西方文明各国都兴趣十足的例证来看:基督的教诲,如同四福音书里呈现的面貌,与基督教徒的伦理思想,只有微乎其微的关系。基督教方面至为重要的关键,从社会和历史的角度来看,并不在于基督,而是在于教会,如同我们准备把基督教判断为一个社会力量,我们就不可从四福音书里搜寻资料。基督教诲道,你们应该把财物施与穷人,你们不该争斗,你们不该做礼拜,你们不该惩罚通奸。在上述任何一个方面,无论天主教徒还是新教徒,都未曾流露任何遵循基督教诲的强烈愿望。方济各会修士确实尝试教诲苦修学说,可是教皇谴责他们,而且他们的学说也被宣布为异端。或者再举一例,诸如思考经书所言:"你们不要论断人,免得你们被论断。"[1]大家可以扪心自问,对于宗教法庭和三K党,如此经文产生过哪些影响呢?

---

[1] 出自《圣经·新约·马太福音》,7:2。

基督教经历的一切，佛教也有相同经历。佛陀仁厚开明，弥留之际，他嘲笑门徒以为他长生不老。可是佛教神职人员……历来是无以复加的蒙昧主义，专横暴虐，残忍无情。

教会与创建者之间存在如此差异，绝非偶然。一旦大家臆断，绝对真理包含于某一个人的言论，就会出现一班专家来诠释他的言语，这些专家必然会获得权力，因为他们掌握了认识真理的不二法门。和其他特权等级一样，他们运用权力以牟取自身的私利。然而，在一个方面较之任何其他特权等级更加糟糕的是，他们的职责在于阐扬一个永世不变的真理，一劳永逸，完美无疵，如此揭橥之后，他们就势必变成一切知识和道德进步的反对者。教会当年反对伽利略和达尔文，当今之世，教会又反对弗洛伊德。在权力不可一世的年代，教会不遗余力，反对学术生活。教皇大格里高利曾致书某位主教，开头如此行文："我们收到一份报告，获悉足下居然为三朋四友讲解文法。我们言及此事不免为之汗颜。"迫于罗马教宗的权威，主教被迫辍止这份邪恶的辛劳，结果拉丁语法直至文艺复兴时期才重见天日。宗教为害之烈，不仅体现于知识方面，而且也表现在道德方面。我这样说的意思是，宗教教诲的伦理典章无益于人类幸福。数年以前，德国举行过一次公民投票，要决定废黜的皇室是否还应该获许享有他们的私人财产，德国的教会纷纷发表官方声明，表示剥夺皇室财产与基督教的教诲背道而驰。尽人皆知，教会反对废除奴隶制时无所不用其极，除了少数大肆标榜的例外情况，当今争取经济公平的每一场运动，教会无不反对。教皇正式谴责了社会主义。

基督教与性

然而，基督教这门宗教令人不堪的特点，反映于对待性的态度——那种态度如此狞恶可怖，如此不近情理，故而唯有参合日落西山的罗马帝国时期文明世界的病态，我们才能够理解那样的态度。我们时而听到一些议论，意思是基督教使得妇女地位有所改观。而彻头彻尾颠倒历史的论调，可谓莫此为甚。那套僵化刻板的道德法典，大家都认为妇女不得越过雷池半步,这样的地方,妇女无法享有为世人所容的社会地位。僧侣历来认为,女人首先是妖妇;他们一直认为,女人主要是激发淫欲的祸水。教会的教诲一向都是守贞为上德,现在依然如此,可是有人发现无法守身如玉,那么姑且许可她们出嫁。如同圣保罗所言,"与其欲火中烧,不如婚嫁。"① 通过婚姻束缚双方,爱的艺术的一切知识统统扑灭,教会不遗余力,确保它所许可的性爱的唯一形式,就是些微的快感和莫大的痛苦。教会反对节育,其实是出于相同的动机:假如女子年年生养,直至身心疲惫而弃世,大家便不会以为,她将从婚姻生活里得到多少快感;因此节育必须加以阻止。

和基督教伦理密切关联的罪孽概念,是为害之烈异乎寻常的概念,因为它给世人提供了一个发泄虐待的出口,他们相信,这是合法的,甚至是高尚的。姑举预防梅毒这个问题为例。众所周知,倘若预先采取预防措施的话,感染这种疾病的危险便可忽略不计。然而,这方面知识的传播,基督教徒却持有异议,因为他们固执己见,认为罪人理应受到惩罚。他们十分刚愎自用,乃至希望惩罚应当株连蔓引,累及罪人的妻小。而此时此刻,普天之下,尚有成千上万的儿童感染梅毒病菌,要不是由于基督教徒渴望目睹罪人遭受惩罚,这些患病儿童本来就不会降生于世。我无法理解,导致我们走到如此恶魔般残忍境地的那些学说,怎么可能移风易俗,风化天下。

不仅在看待性行为方面,而且在性问题的知识方面,基督教徒的态度,都给人类福祉造成了危险。凡是本着无所偏颇的精神,已经费神研究过这个问题的人士,都知道看待性问题时,人为的无知,对于身心健康造成了极大的危险,而这种无知,正统基督教徒却尝试施加于青年一代。有人通过"内容不宜"的谈话而拾取的性知识,比如多数儿童就是道听途说,结果导致他们形成的态度是,性本身有伤风化,而且令人不齿。知识永远不值得渴求,我认为这个观点不可能为之辩护。任何人在任何年龄获取知识,这一方面我都不应该设置障碍。不过就性知识的特殊情况而论,和多数其他知识的情况相比之下,诸多更有分量的论

---

① 《圣经·旧约·哥林多书》,7:8。

点都赞成传授性知识。一个人无知无识的时候,就不太可能行事聪明,而经过指导之后则不然,所以荒唐可笑的是,当青年对人生大事自然而然感到好奇的时候,却让他们产生了一种罪恶感。

男孩个个都对火车感兴趣。假设我们告诉他,对火车有兴趣是邪恶的;假设每当他乘火车,或者到了火车站时,我们便蒙住他的眼睛;假设我们在他面前绝口不提"火车"这个字眼,从一地到异地,他乘坐的交通工具,我们严格保密,滴水不漏。结果不会是他再也不对火车感兴趣了;相反的是,他对火车的兴趣会超过以往,不过他会有一种罪恶的病态意识,因为这种兴趣,我们是作为"不宜"事物显示于他的。凡是爱动脑筋的男孩,都有可能由于这种显示手段,而变得患有不同程度的神经衰弱。在性这个问题上,大家的做法恰恰是如此,可是,由于性比火车更加引人入胜,故而后果更加不堪。由于春心萌发的时候,性知识被视为禁忌,由此产生的结果是,信奉基督教的群体中,几乎每个成人都或多或少患有神经失常。因此人为移植的这种罪恶感,在以后的生活中乃是残酷、怯懦、愚昧的一大起因。可能希望认识的任何事物,不论性事,还是任何其他问题,没有任何一类合理的理由而让儿童处于无知状态。除非在早期教育中认识到这个事实,否则我们永远无望人口头脑清明,而只要教会组织还能左右教育上的政治问题,目前的局面就无法改观。

这些相对说来细枝末节的异议姑且不论,基督教的基本学说,需要在伦理方面有脱胎换骨的改变,然后才能够为人接受,这是昭然若揭的。经书告诉我们,有一个善良而又万能的上帝,创造出这个世界。上帝创世之前,他预见到痛苦和不幸将会充斥天下,所以由此可见,上帝要对这一切负责。人间苦难乃罪恶所致,这样的论调毫无益处。首先,这不符合事实;引起河流决堤或者火山爆发的原因并非罪孽。可是即便这个论调符合事实,也根本于事无补。假如我明知所要养育的子女日后会成为杀人狂,我就应该对其罪行负责。如果上帝预先知道人类会犯下那些罪孽,在决定创造人类的时候,上帝显然就要对那些罪孽的后果负责。基督教通常的论点是,人间受难乃是一种涤罪,因此是一件好事。当然,这种论调无非是对虐待狂的一种文过饰非,可是无论如何,这是一个十分蹩脚的论调。我愿意邀请任何一个基督教徒随同探视医院的儿童病房,目睹那里的儿童所忍受的苦难,然后他还能振振有词,声称那些儿童道德上放纵,所以现在理所当然吃苦受难。如果强词夺理,那么此人身上所有的仁慈怜悯之情,肯定泯灭殆尽。简言之,他肯定变得像他所信奉的上帝那般残酷无情。在这个苦难的世界,一切都是用心良苦,凡持如此信念者,他的伦理价值观念都无法保持完好无损,因为他不断在为痛苦和不幸寻找借口。

反对宗教的异议

反对宗教的异议有两种性质——知识方面和道德方面。知识方面的异议在于,毫无理由臆断任何宗教传播真理;道德方面的异议在于,宗教戒律可以回溯的年代,世人较之现在更加残酷,所以那些戒律往往恒久地坚持违背人道的内容,否则的话,时代的道德良心会成熟起来而废止那些内容。

先谈知识方面的异议:在我们这个务实的时代,存在着某种倾向,认为宗教教诲是否内容真实并不十分重要,因为重要的问题在于是否有用。然而,这个问题的两个方面互为依存,无法脱离开来而决定取舍。如果我们信奉基督教一门,我们看待善的观念,就不同于我们不信奉基督教时的观念。因此,在基督教徒看来,基督教也许可能产生了好的作用影响,而在不信教的人看来,它也许可能产生的是坏的作用影响。进而言之,一个人理应相信某个具体命题,而把支持这个命题的佐证是否存在这个问题束之高阁,这样的态度会对佐证产生敌视眼光,致使我们思想封闭,从而无视与我们的偏见格格不入的每个事实。

一种特定的科学坦诚态度,乃是一个极其重要的品质,而如果有人想象自己有义务信奉某些事物,这样的人就难以具备这样的品质。因此,宗教是否传播真理这个问题,如果我们不予探究,就无法真正断定宗教是否行善。在基督教教徒,伊斯兰教教徒,犹太教教徒看来,宗教的真实性所涉及的最基本的问题,在于上帝是否存在。宗教一统天下的年代,"上帝"这个字眼具有十分确切的含义;但是理性主义者横扫天下的一个结果,便是这个字眼变得日益苍白无力,乃至人们宣称自己笃信上帝的时候,我们难以看出他们所指的是什么意思。为了便于论辩,我们不妨接受马修·阿诺德的定义:"我们自身以外促进正义的一种力量。"这个定义或许我们还可以表达得比较模棱两可一些,同时自问一句,生活在这个地球表面的芸芸众生的目的姑且不论,我们是否还有任何证据能表明,这个宇宙存在目的。

对待这个话题,服膺宗教之士的通常论点大致如下:"我和我的朋友属于德才兼备而令人叹止之辈。如此才智美德,居然不期而至,确乎匪夷所思。由此可见,必然存在着至少和吾辈才智美德相侔的某个造物,他设置了宇宙机制的运转,而意图就是造就吾辈。"那些采用这个说法的人士,发现此说言简意赅,而我则要遗憾地说,本人不以为然。宇宙广袤无垠;不过,倘若我们听信爱丁顿的理论,可能宇宙间任何其他地方,都不存在人类这样的万物之灵长。倘若大家思考世界上物质的总量,并把它们与形成灵长的生命物质加以比较,就会发现,后者之于前者的比例近乎无穷小。结果看来,经过随机精选原子,几率法则产生出一个具有智慧的有机体,即便这是异想天开,宇宙间存在着类似我们客观上发现的那类为数极少的有机体,这种可能性依然存在。

其次,从上帝创世这样一个浩瀚进程的登峰造极来看,我们凡夫俗子其实在我看来还谈不上十分神奇。当然,我意识到,有许多神物远比我神奇,同时意识到,我无法完全欣赏大大超越我自身的那些功德。尽管如此,在这一项里我的立论留有余地,我依然只得认为,无穷无尽运转不已的全能的神,本可创造一个更加美好的世界。然后我们不得不反思,即便如此结果,也不过是昙花一现。地球不会永远宜于居住;人类种族终将消亡,如果宇宙进程要证明自身的合理存在,那么从今往后人类就得另找去处,而不是居住在我们这个地球的表面。而且即使出现奇迹,也肯定早晚会终止。热力学第二定律已经使得人们几乎无法怀疑,宇宙在渐渐耗竭,终极说来,哪怕意义微不足道的东西,在任何地方都不可能存在。当然,我们尽可信口开河,到了地老天荒的时候,上帝还会再度运转机器;可是,如果我们这样说的话,我们的断言只能基于信仰,而并不具有些微的科学根据。就科学根据显示的程度而论,在这个地球上,宇宙经过缓慢阶段的爬行,现在走到一个可谓可悲的田地,还要经历更加可怜的爬行阶段,最后进入宇宙死亡的状态。这种态势如果我们视为上帝创世目的的依据,我就只能说,这个目的吸引不了我。故而我看不出有什么理由要信仰任何一类上帝,无论它显得多么朦胧,多么微弱。古老的形而上学论调,我搁置一边了,因为宗教的辩护士们,早已纷纷抛弃这些论调。

灵魂与不朽

基督教强调的是个人灵魂,这对基督教社会的伦理观念产生了深远的影响。基督教伦理在基本原理上,可谓类似于斯多葛学派的学说,和后者的相同之处在于,它也起源于不再抱有政治希望的社会群体。品格正派而又充满活力的人,他的天生冲动便是力求行善,可是如果剥夺了他的所有政治权力,以及影响事态的所有机会,他就会改弦易辙,就会决定行善乃是要务。这种情形就是早期基督教徒的经历;这样的经历导致的概念是,个人圣洁是完全脱略善行的品节,因为圣洁理应是行动上无能为力的那些人才能够获得的品质。社会美德于是渐渐排斥于基督教伦理观念之外。时至今日,因循守旧的基督教徒还认为,一个私通者较之一个受贿政客更加邪恶,虽然后者可能造成的危害甚于千倍。中古的美德概念,从时辈的画幅可以看出,显得优柔寡断,弱不禁风,多愁善感。高风亮节的圣贤则为高蹈远举之士;大家视为圣徒的唯一有为之士,则把臣民的生命和精髓,都耗费于与土耳其人的兵戈相逼之中,圣路易斯即为一例。有人改革财政,修订刑法,或是革新司法制度,教会历来不会认为此等人物是圣人,在人类福祉方面的这些仅有的贡献,教会认为无关紧要。我想象不出,有史以来,有哪位圣徒是鉴于他致力于公益事业,而获得了圣徒地位。

随着人的社会层面与道德层面的这种割裂,同时出现的是灵魂与肉体日益加剧的割裂,而在基督教玄学思想和脱胎于笛卡儿的思想体系里,这种割裂态度居然相续相禅。广义而言,不妨说肉体代表着一个人的社会和公共一面,而灵魂则代表着一己之私。由于侧重的是灵魂,所以基督教伦理已经使得自身走向彻底的个人主义。我认为昭然可见的是,基督教自古以来的根本成果,就是把人变得更加以自我为本位,更加封闭自守,而自然造就他们的时候则不然;因为自然而然令人走出自我的藩篱的那些冲动,乃是来自于性爱,父母身份,爱国之情,或者群居本能的冲动。性爱一事,教会极尽毁谤贬低之能事;天伦之情,基督本人及其多数信徒,也是加以毁谤;爱国之情,在罗马帝国的臣民人口中,无法发现一呼百应的所在。四福音书里反对家庭的论辩,这个问题迄今尚未引起应有的重视。教会处处敬奉圣母,可是基督本人则鲜见流露如此态度。"妇人,我与你有何相干?"(《约翰福音》,2:4)便是基督对待圣母的言语态度。基督还有言,他的来临是为了子忤其父,女忤其母,媳忤其婆,还说凡爱父母甚于基督者,不配为基督之徒(《马太福音》,10:35—37)。凡此种种表明,为了维护信条,甚至连生物的家庭纽带也不惜破裂——随着基督教的传播,这种态度与充斥天下的不容异端的思想大有关系。

  这种个人主义登峰造极的表现,即为个人灵魂不朽的学说,鉴于境况各异,从此以后,个人的灵魂要么享有无穷无尽的祝福,要么遭受无穷无尽的痛苦。造成如此霄壤之别的境况,却显得有些莫名其妙。举例来看,如果一位神父念念有词,为你洒泼圣水,随后你便大限已尽,那么你承传的便是永恒的祝福,如果你一生积善余庆,而偏偏在松解鞋带的那一刻,口出恶言,顿时便遭雷电劈毙,那么你遭受的便是永世的折磨。我并非是说,现代新教教徒服膺此说,或许也不是指尚未经过神学充分训导的现代普世性基督教徒;而我指的意思是,这种学说乃是正统学说,人们坚信不疑,直至晚近。墨西哥和秘鲁的西班牙人,往日习惯于给印第安婴儿施行洗礼,然后立刻将其脑袋掷地:以为如此一来,他们便可确保这些婴儿能进入天堂。正统的基督教徒,都无法找到名正言顺的理由而谴责如此暴行,尽管暴行如今已是千夫所指。以基督教形式表现的个人不朽之说,千奇百怪,已经对道德观念造成了灾难性的影响,灵魂与肉体形而上学的割裂论,也对哲学造成了灾难性的影响。

不容异端的根源

伴随着基督教的降临，不容异端的态度可谓天下横行，这是基督教最耐人寻味的特点之一，我认为，原因要归诸于犹太教信仰正义，信仰犹太教上帝是独一无二的实体存在。犹太人居然存在这些古怪特点，个中的道理，本人也不甚了了。在奴役期间，左道之徒尝试把犹太人纳入外夷人口，他们便逆而反之，这些古怪的特点便由此演变而来。来龙去脉姑且不论，犹太人，还有确切说来，那些先知，无中生有地偏重个人正义，以及一教之外宽容其他宗教即为邪恶这个理念。个人正义和不容异端，这两个思想给西方文化历史造成了异常灾难性的影响。君士坦丁大帝时代之前，罗马帝国迫害基督教徒之事，教会曾经大做文章。然则，这类迫害不足为道，而且时断时续，完全限于政治方面。古往今来，从君士坦丁大帝时代，直至17世纪末叶，和罗马历代皇帝的行径相比，基督教徒之间的残酷迫害程度更甚于前者。除了犹太人内部之外，基督教兴起之前，这种迫害的态度，在古代世界则前所未闻。举例而言，如果大家读过希罗多德的史书，就会发现，他在描述足迹所至的那些异国风俗的时候，蔼如优容之情跃然纸上。确实，有些时候，某个特有的野蛮习俗，可能使他为之震惊，不过一般而论，他看待外国神明和异国风情时，都能心怀友善。他并不汲汲于证明，称呼宙斯时另有其名的异族子民，将会遭受永世的惩罚，而且必须处以极刑，以便他们尽早受罚。反其道的态度保留给了基督教徒。

确实，现代基督教徒不像在往代那么坚定不移，不过这种改变不能归功于基督教；而应归功于历代的自由思想家，文艺复兴时期以降，直至当今之世，他们潜移默化，从而基督教徒对于自己的诸多传统信仰感到愧汗。领教现代基督教徒则令人发噱，他们娓娓动听告诉你，基督教其实是何其温和而讲究理性，他们却无视事实：基督教的那种温雅品质和理性主义，乃得之于有识之士的教诲，而在当年，他们却遭受到所有正统基督教徒的迫害。如今谁也不会相信，这个世界创世于公元前4004年；可是就在不久以前，看待这个问题时的怀疑主义，世人却认为是十恶不赦。我的高曾,当年观察了埃特纳火山斜坡的熔岩深度之后,得出了如下结论:地球的年代较之正统的臆断更其邈远,并且著书立说表达了这个见解。他冒大不韪,结果郡府切断了他与社会的联系,他遭到放逐。倘若出身卑微,他遭受的惩罚毫无疑问会更加严厉。一个半世纪以前,世人相信的那些荒唐信条,现在再也无人相信了,而这份荣光则不能归诸正统学说。基督教学说的生命力渐渐大势已去,虽然还存在着极力抵抗,却是自由思想家所向披靡的战果。

自由意志学说

基督教徒看待自然规律这个问题的态度,一直依违两可,摇摆不定。一方面,存在着自由意志学说,绝大多数基督教徒都信而奉之;这个学说要求芸芸众生的行止,起码不可委从自然规律。另一方面,特别是在18和19世纪,出现的信仰是上帝乃是立法者,而自然规律是一个造物主存在的主要佐证之一。晚近以来,人们开始更其强烈地感觉到,反对自由意志的兴趣为这个规律所主宰,而不太相信自然规律为上帝提供了作为立法者的依据。唯物论者运用物理学定律来表明,或者说尝试表明,人体运动是机械地形成决定的,因此我们所说的每个言语和我们采取的每个位置变换,都超乎任何可能存在的自由意志的范围之外。倘若果真如此,我们无拘无束的意志选择有什么着手余地,就没有多少价值可言。一个人或可命笔赋诗,或可施行谋杀,倘若他的行为所涉及的身体运动,完全是物理机制使然,那么前者的行为有人树碑立传,后者则有人处以绞刑,这就未免显得荒唐。在某些形而上学的体系里,可能始终存在着一个纯粹思想的王国,其中意志是自由的;可是,由于意志与人的交流只能借助于身体运动,因而自由王国最终就是永远无法成为交流主体的一个王国,因而就永远不可能具有什么重要的社会意义。

其次,进化论对于那些已经接受这个学说的基督教徒,产生了相当大的影响。他们已经明白,毫无意义的便是以人类名义,发表种种侈言,它们与以其他生命形式的名义发表的侈言迥然不同。因此,为了维护人的自由意志,他们反对根据物理或化学定律解释生命物质的任何尝试。笛卡儿的立场,主旨是所有低级动物都是机械装置,在开明神学家当中,应者全无。延续性学说使得他们往往更加向前迈进一步,坚称即便所谓的无机物质,在行为方面并非受到不变定律的严格支配。他们似乎忽视了一个事实:如果毁弃了规律的支配,也就毁弃了奇迹的前景,因为奇迹便是上帝的作为,它们违反导致日常现象的那些运行规律。然而,我能够想象,现代开明的神学家会故作深奥,坚称一切创造堪称奇迹,故而他也就再也无需执著于某些事件,指为神明干预的具体明证。

受到这种与自然规律相悖的思想的影响,某些基督教辩护士便抓住最新的原子论学说,它们往往表明我们迄今相信的物理定律,只有在应用于说明数量较大的原子运动的时候,这些定律才具有某种近似和普通的真理,而单独电子的运行则完全自行其是。我的个人想法是,这是一个暂时的阶段,物理学家终将发现导致细微现象的那些运行规律,尽管这些规律可能与传统物理学的规律大相径庭。无论前景如何,值得我们注意的是,探究细微现象的现代学说,与具有实用的重要意义的任何事物都无所关联。可以目睹的运动,对任何物体确实在发生作用的所有运动,都需要数量较大的原子,而这些都在原有规律的研究范围之内。赋诗或谋杀(重温我们前面所举的实例),便势必需要移动大量墨水或铅弹。构成墨水的电子可能围绕渺小的舞厅自由舞蹈,可是整体的舞厅的移动,却是依循原有的物理定律,而诗人和出版社所关注的也只是整体运动。由此可见,现代学说与神学家所关心的那些人间烟火的问题,都毫无令人可观的关联意义。

自由意志这个问题,结果还是止步不前。无论人们如何看待终极玄学的问题,十分清楚的是,实际上无人信奉此说。大家历来相信,培养性格是可行之举;尽人皆知,酒精或鸦片,会对行为产生某种影响。自由意志的辩护士坚称,通过意志力量,个人可以避免醉酒,可是他并未坚称,醉酒的人能够如同清醒时一样,清晰地说出"英国宪法"。凡是和儿童有过交往的人,都懂得饮食适当较之天下娓娓动听的说教,更能培养儿童的高尚品格。自由意志学说实际产生的唯一作用,在于阻止人们行事时，完全依照合乎常识的认识，从而得出知识的理性结论。比如当某人的言行举止惹怒了我们，这时我们就会主观上认为其人品行恶劣，我们不肯正视的事实是，他那种恼人的行为是由于前因造成的后果，如果探本溯源的话，这些前因后果会把你引向他的出世以前，一直追究到大家认为他无法对之负责的种种匪夷所思的事件。

人在对待汽车的时候，就不会像与人交接那么愚蠢。汽车不能发动的时候，那种恼人的行为，人们不会归咎于罪恶；他不会说，"你这个邪恶的汽车，你不发动，就不给你加油"。他会尝试发现哪里出了故障，并设法排除故障。然而，以此类推来对待常人，大家便认为是违背了我们神圣宗教的真理。而在对待年幼儿童的时候，甚至也采用了这种态度。很多儿童有些不良习惯，由于惩罚而变得顽习难改，但是如果我们听其自然，也有可能时间一长就消失了。可是，十之八九，保育员都认为天经地义要处以惩罚，虽然如此一来，她们要冒的风险是逼疯儿童。一旦导致精神错乱的现象出现之后，法庭上就会举证说明，这是恶习危害的明证，而不视为惩罚所导致的危害。（我这里影射的是纽约州最近一宗猥亵起诉案。）

教育改革大多是通过对精神失常和弱智儿童的研究而展开的，因为大家认为，这些儿童对于自身的失败，并不负有道德责任，所以较之正常儿童，大家能以比较科学的态度对待他们。直至不久以前，人们依然认为，如果一个男孩不能好好学习，对症下药的方法就是棍杖相加。在儿童的处理方面，这种观点几近销声匿迹，可是在刑法上余绪犹存。显而易见，如果某人带有犯罪倾向，那么就必须加以制止，可是如果某人患有狂犬病的话，就会逢人便咬，所以也必须加以制止，虽然谁也不会认为此人负有道德责任。如果某人身患瘟疫，那么就不得不对他施行隔离，直至痊愈，虽然没有人认为他邪恶。如果有人不幸天生喜欢伪造，那就同样应该加以处罚；可是上述种种，无论哪种情形，都不应该认为有些是罪过，而有些则不然。这无非常识而已，虽然对待这样一种常识的形式，基督教伦理和玄学，均持反对态度。

要判断一个机制之于一个社会群体的道德影响，我们就不能不考虑冲动作用的性质和程度，性质具体体现于机制，而程度则表现在这个机制在那个社会群体里所增加的冲动功效。有些时候相关的冲动作用昭然可见，有些时候则更为隐然不现。举例来看，一个登山俱乐部明显体现的是探险的冲动，而一个学术团体则体现的是追求知识的冲动。家庭作为一个机制，体现的是忠诚和养育之恩；足球俱乐部或政党体现的是向往竞争游戏的冲动；但是两个最大的社会机制——也就是政教两家——在其心理动机方面则更为复杂。国家的首要目的显然是保证安全，防止国内犯罪和抵抗外寇。这个目的意识植根于儿童的倾向，他们担惊受怕的时候就会抱成一团，寻找能够给他们带来安全感的成人。

  教会从起源来看更其复杂。毫无疑问，宗教最重要的根源在于恐惧；这一点便在今日还是能够看出，因为凡是引起惊恐的事情，都往往促使众人将思想转向上帝。兵戈，疫病，覆舟，都会促使众人变得信奉宗教。然而，除了战胜恐怖之外，宗教还有其他的魅力；宗教尤其诉诸的是我们凡人的自尊。如果基督教信仰合乎真理，那么人类就不会像看上去那样，仿佛是可怜虫；他们之于宇宙的造物主是有意义的，人们循规蹈矩的时候，上帝尽量取悦于人，而人们不懂规矩的时候，上帝则感到不快。此乃莫大荣幸。因为我们不该认为，研究蚁巢是旨在发现，有哪些蚂蚁履行了它们身为蚂蚁的义务，而且我们当然不可想到要剔除那些玩忽职守的个别蚂蚁，将它们投入火堆。如果上帝能为我们代劳，那就说明这是在恭维我们凡人的重要性；如果上帝奖赏我们中间的善人，赐予天堂的永久幸福，那就更是令人倍觉快慰的一大荣幸。所以出现了相对说来属于现代的思想：宇宙进化乃是有所意图的，旨在造就我们谓之善的那类成果——那就是说，这类成果给我们带来的是愉悦。于是我们可以再度沾沾自喜，假想宇宙由一个能够分享我们的好恶和偏见的神明所掌控。

正义的理念

  体现于宗教的第三个心理冲动，是已经导致了正义概念的冲动。我意识到，有许多自由思想家十分尊重地看待这一概念，而且认定尽管教条主义的宗教走向衰替，正义概念则应该保存下来。在这一点上，我无法苟同他们的想法。关于正义理念的心理分析,在我看来表明了它植根于不良的激情,所以不可由于理性的背书而得以强化。正义与不义,二者必须放在一起探讨,偏废任何一面都不可取。

那么,什么是实际上的"不义"呢?实际上不义即民众所不喜欢的一类行为。通过名曰不义,同时围绕这个概念敷陈了一套煞费苦心的伦理体系,民众便可名正言顺,对于凡是自身所不喜欢的客体施加惩罚,与此同时,由于民众根据定义来看是代表正义,于是在发泄冲动而变得残忍凶暴的时候,便膨胀了自身的自大心理。这就是私刑的心理特点,也是惩罚罪犯的其他方式的心理特点。由此可见,正义概念的实质在于提供一个虐待的出口,披上公正的外衣而施加残暴。

可是有人要说,以上描述的正义根本不适用于希伯来的先知,根据上文的说法所示,这些先知毕竟创造了正义这个理念。真理则寓于其中:希伯来先知口中的正义,意味着他们和耶和华所许可的正义。论者发现,《使徒行传》表达了相同的态度,其中使徒开门见山,亲口道出"圣灵以为善者,我们亦然"(《使徒行传》,15:28)。① 然而,这样一种符合上帝好恶和见解的个人确执,并不能构成任何机制的基础。新教历来所要对付的难题即在于斯:一位后进的先知可能会坚称,和前辈相比起来,他获得的启示更加正宗,而新教的总体精神中没有任何思想可以证明,如此标榜不足为训。结果新教便分裂为无数宗派,彼此削弱力量;我们有理由臆断,百年之后,天主教将会成为基督教信仰唯一有效的代表体现。在天主教会里,诸如先知享有的神启灵感,还是有其地位;可是大家认识到,俨然犹如真正的上帝显灵这种现象,可能是魔鬼给予的启示,教会的职司在于辨明真伪,犹如艺术行家的职责在于辨识达·芬奇的真迹与赝品。通过这种方式,启示便可同时渐渐约定俗成固定下来。正义便是教会认可的行为,非正义则是教会不认可的行为。因此正义概念的这个行之有效的内容,便是民众厌恶异端的合理说明。

因此,大家可以看出,宗教所体现的三大人类冲动,是恐惧,自负,

---

① 原文"For it seemed good to the Holy Ghost, and to us",传统译本中这一节的译文为:"因为圣灵和我们定意不将别的重担放在你们身上,唯有几件事是不可少的"。

以及仇恨。宗教的旨趣,不妨说,在于让这三种激情显得道貌岸然,前提是它们有特定的宣泄渠道。总体说来,由于这些激情造成了人类的不幸,所以宗教乃是一股为恶的势力,因为宗教允许世人沉溺于这些激情而无所约束,而如果不是由于宗教的背书,至少在一定程度上,世人本有可能控制激情。

我可想而知,还会有人在这一点上提出异议,或许十分正统的信徒,不太可能极力反对,可是这一点依然值得探究。也许一个说法是,仇恨和恐惧属于基本的人类特性;人类总是感到仇恨和恐惧,而且永远会如此。有人可能告诉我说,对付仇恨和恐惧的最佳方式,便是引导它们进入特定的宣泄渠道,和其他特定的渠道相比之下,它们则会为害较小。基督教神学家可能会说,教会处理它们的方式类似于处理性冲动,而教会是对此感到悲叹的。教会尝试把强烈的性欲变得无所危害,所以把它限制于婚姻范围之内。所以,不妨这样说,如果人类不可避免地感受到仇恨,上策便是把这种仇恨矛头,指向那些切实为害之徒,教会恰恰如此作为,借助的则是它的正义概念。

对于这个论点,可以有两种答辩——一种相对说来可谓肤浅;而另一种则为刨根问底。肤浅的辩词是,教会的正义概念可能并非是最好的;而探本之论的辩词是,运用我们目前的心理学知识和我们目前的工业技术,仇恨和恐惧就能够从人类生活中彻底根除。

先谈第一点。教会的正义概念,从不同的方面来看,是社会上不以为然的——根本一条在于教会蔑视智力和科学。这个缺陷是从《四福音书》里传承下来的。基督晓示世人,大家要宛如童子,可是童子理解不了微分,或者货币原理,抑或对付疾病的现代方法。而在教会看来,获取这类知识并非我们的义务。教会现在不再主张知识本身是罪恶的这个说法,可是教会衣被天下的时候,确实如是看待知识;不过即便不是罪恶,获取知识可谓存在危险,因为知识可能导向的是以拥有才识为自豪,进而促使人们对基督教的教条提出质疑。举例而言,有这么两个男人,一个在经过热带地区的一大片区域时,总算消灭了黄热病,可是他在日常的劳作期间,与婚外的多个女子偶尔有染;而另一个则生性慵懒,得过且过,妻子年年生育儿女,结果生命枯竭而终,他也不好好照料孩子,结果子女有一半先后夭折,而死因是本可避免的,不过他从来不好私通。凡是标准的基督教徒肯定认为,第二个男人比前者更重视品德。这样一种态度,当然是迷信使然,与理性完全背道而驰。只要大家一天认为,避免罪恶比正面优点更为重要,只要尚未承认,作为一种有益的生活的辅助,知识具有重要性,那么类似上述荒唐的情况就在所难免。

教会在实践上利用了恐惧和仇恨,第二种也是更为基本的异议在于,通过教育、经济和政治三方面的革故鼎新,这些情感现在几乎能够从人性中彻底根除。教育改革必须是基础,因为凡是感受到仇恨和恐惧的那些人,也将推崇这些情感,而且希望天长日久保存下去,虽然这种推崇和希望有可能是无意识的,比如普通基督教徒内心的感受。创造一种旨在根除恐惧的教育,根本没有困难。我们只是必须在对待儿童时心怀仁慈,让儿童生活在一个可能出现首创精神而又不致产生恶果的环境之中,避免让他接触那些怀有不合理性的恐怖心理的成人,他们或惧怕黑暗,或耗子,抑或社会革命。切莫让儿童遭受严峻的惩罚,或受到威胁,或过分严厉的训斥。避免儿童产生仇恨,此事则比较错综复杂。引起嫉妒的环境,必须小心翼翼加以避免,途径便是要一丝不苟和完全公正地对待不同的儿童。儿童必须亲身感受到,至少当他需要与成人交往时,他是大人给予温情的对象,而且他的天然的活动和好奇心不应受到阻碍,除非出现危及生命或者健康的情况。在性知识,或者涉及保守人士认为儿童不宜的问题的谈话方面,尤其不可有所禁忌。如果从一开始便遵守这些简单的言教,儿童日后就会无所畏惧,待人友善。

然而,进入成年生活的时候,经过上述教育的后生,会发现自己投入的这个世界充斥着不义,充斥着残暴,充斥着本可防止的不幸。现代世界中所存在的不义,残暴,以及不幸,都是历史遗留的产物,其终极根源在于经济方面,因为为了生存手段而引起的生死竞争,在往日则不可避免。而在我们这个时代,这种竞争并非不可避免。凭借我们现在的工业技术,只要我们愿意,就能够为人人提供温饱条件。我们也能够确保世界人口保持稳定,只要我们不是受到教会政治影响的阻碍,因为教会宁要战争,疫病,饥馑,而拒绝节育。知识存在着,而凭借知识则普天之下的幸福便能够确保;为了天下幸福而利用知识,这方面的主要障碍来自宗教的教诲。宗教阻止我们的儿童接受一种合理的教育;宗教阻止我们排除战争的根本原因;宗教阻止我们传授科学合作的伦理思想,以取代罪与罚的古老残酷教义。人类跨入一个黄金时代的门槛,可谓前景有望;不过,果真如此的话,首先有必要扼杀守门的巨龙,而这条巨龙便是宗教。

宗教与科学

阿尔伯特·爱因斯坦

---

* 本文首次发表于《纽约时报杂志》,1930 年 11 月 9 日。

阿尔伯特·爱因斯坦
(Albert Einstein, 1879—1955)

德裔美国物理学家。出身于商贩家庭,家族有犹太血统。父亲创办电器作坊,母亲擅长钢琴。爱因斯坦颇有音乐造诣,能演奏钢琴和小提琴。十余岁即接触康德《纯粹理性批判》。在瑞士苏黎世联邦理工学院攻读物理学,大学毕业后当塾师维持生计,后在瑞士专利局当审查员,余暇从事科学研究。1905年连续发表六篇论文,推动物理学革命,遂有"爱因斯坦奇迹年"之称。1915年发表广义相对论。"一战"期间坚定表明反战态度。因成功解释光电效应而获1921年诺贝尔物理学奖。1922年在赴日本讲学途中,两度短暂逗留上海,亲笔记载当年中华民族的深重苦难,寄予深切的同情。"二战"期间遭纳粹迫害,移民美国。1931年公开谴责日本侵华。曾与罗素、杜威等人联名致电蒋介石,要求释放陈独秀。1933年任普林斯顿高级研究院教授。爱因斯坦主张和平主义,社会正义,《时代周刊》推选他为"20世纪伟人"。作为著名的和平主义者和人道主义者,同时怀有虔诚的宗教情感,《我所看到的世界》、《晚年文集》、《我的世界观》等反映了他的哲学、政治和社会思想,对20世纪东西方知识分子产生了广泛的影响。爱因斯坦具有伟大的人格魅力而为世人景仰。

人类种族迄今的一切作为和思维，都关乎深切感受到的各种需要的满足，以及痛苦的舒解。一个人如果希望理解精神的运动和发展，这一点理应始终铭记在心。感情和渴望是一切人类努力和人类创造背后的动力，无论这些努力和创造展现于我们面前的时候，可能显得多么道貌岸然。那么有哪些感情和需要，引导大家趋向内涵最广的宗教思想和信仰呢？片刻的思索便足以向我们表明，喜怒悲哀，七情六欲，主宰了宗教思想和经验的诞生。从化外之民来看，首先是恐惧唤起了宗教观念——饥馑，百兽，疾患，死亡引起的恐惧。在生存的开初阶段，通常关于因果关系的理解，尚处于懵懵懂懂的状态，人类心智创造了那些虚幻的生物，它们或多或少可以与人类自身相比拟，那些令人恐惧的意外便取决于虚幻生物的意志和行动。因此个人力求确保这些生物能普施恩惠，通过采取各自行动和奉献祭祀，根据历代相沿的传说，它们可以促使生物怀柔天下，或者促使它们善待苍生。就这层含义而言，我现在谈到的是一种恐惧宗教。尽管不是无中生有，这种恐惧宗教在重要的程度上，却是通过一个特殊教士阶层的形成，才得以稳固下来，这个阶层立命安身时，将自身定位为一个中人，在芸芸众生与他们恐惧的生灵之间进行调停，以此为基础而树立霸权。在诸多情况下，巩固地位需要依靠其他因素，而一个首领或统治者，或一个特权阶层，把教士职能与自身的世俗权威结合起来，以便更加巩固后者的地位；或者政治统治者与教士阶层，为了各自利益而同心携手，发挥事业。

社会冲动则为宗教的结晶体现的另一来源。父母双亲，以及规模较大的人类群落的首领，也是凡夫俗子，难免时有过失。因此向往指引，爱护，支持的欲望，促使大家形成了社会或道德意义上的上帝概念。这就是代表天意的上帝，上帝既能保护，亦可处置，同时典司奖罚；从信徒眼界的极限来看，上帝爱护和珍视部落或人类种族的生活，甚至自身的生活；陷入悲伤和渴望得不到满足的时候，上帝是给予安慰的圣灵；上帝保存逝者的灵魂。社会或道德意义上的上帝概念便寓于其中。

犹太人的经书令人叹服，示例说明了从恐惧宗教发展为道德宗教的演化过程，《新约》则反映了宗教演化的延续。天下开化的各个民族的宗教，尤其是东方民族的宗教，主要为道德宗教。从恐惧宗教走向道德宗教，这个演化是各个民族生活中伟大的一步。然则，各种原始宗教全然建立于恐惧基础之上，开化民族的宗教则纯然建立于道德基础之上，这是我们必须予以防止的一种偏见。真谛是各种宗教都体现了这两种类型不同程度的融合，存在的区别在于：社会生活处于较高水平时，道德宗教便一统天下。

所有这些宗教类型的相同之处，在于它们的上帝概念赋予了神人同形同性的品质。一般说来，只有才华盖世的个人，还有怀抱天下的社会，其升华的高度才未可限量，远出这一水平之上。但是还存在着第三个阶段的宗教经验，属于上述二者所共有，虽然天下罕见体现为纯粹形式的宗教：我将称之为宇宙宗教感情。倘若有人完全缺丧这种情怀，那么向他阐述明白则极其困难，尤其是根本没有相应这种情怀的神人同形同性的上帝①概念。

个人感受到人类欲望和目标的无谓，还有崇高境界和神奇天道，后者同时在造化和思想的天地之中昭然若揭。个人生存给人的印象是一种牢笼，所以他向往体验的宇宙，乃是意味深远的单一整体。宇宙宗教感情的端倪出现于演化的早期阶段，比如形诸《大卫诗篇》里的许多篇章，也见于《先知书》里的一些篇章。佛教，包含着远为强烈的这种感情要素，我们特别通过叔本华妙笔生花的著述，已经有所认识。

古往今来，宗教天才怀抱着这样一份宗教感情，所以卓绝千古。这种感情不懂什么教条，或是根据凡人形象构思出来的上帝，因此也就不可能出现核心教诲建立于这个基础之上的教会。因此恰恰是在各个时

---

① 即下文提到的人格化上帝（personal God），过去译作"位格神"，系指神人同形同性概念上的上帝。

代的离经叛道之辈中间,我们发现有人充满了这种至高无上的宗教感情,而在诸多情况下,侪辈视其为无神论者,有时也视其为圣徒。用这个眼光来看,德谟克利特,阿西西的圣方济各,斯宾诺莎,这些伟人物类相感,声应气求。

倘若无法产生认识上帝的确切观念,也就产生不出神学,那么宇宙宗教感情怎样才能在常人之间彼此交流?依我之见,艺术和科学最为重要的职司,在于唤醒这份感情,使之长存于有所感悟的凡人的内心。

因此,关于科学与宗教的关系,我们形成的概念,与通常的概念大相径庭。从历史角度来看待问题,论者未免认为,科学与宗教可谓不共戴天的对头,道理显而易见。天道亏盈在于因果规律,拳拳服膺这个学说的人士,一刻也容不得干预万物秩序之人的思想——当然,前提是他确实认认真真地看待因果关系这个假设。这样的人,对于恐惧宗教不以为然,同样也轻视社会或道德意义的宗教。在他看来,主司奖罚的上帝是匪夷所思,理由十分简单:个人的行动取决于必然,内在和外在两方面的必然,所以在上帝的眼中看来,这样的人不可能厚德载物,犹如一个无生命的物体在经历运动时,也谈不上责任在身。所以科学一直受到的指责是削弱道德,可是这番指责有失公正。个人的伦理行为,应该有效地基于同情、教育,还有社会纽带和需要,那么就没有什么宗教基础是必要的。倘若由于恐惧惩罚,同时希望身后获得奖赏,因此迫不得已而受到约束,那么人类确实陷入了可怜的境地。

由此不难理解,教会组织何以历来诛伐科学,迫害献身科学之士。另一方面,我坚持认为,宇宙宗教感情,乃是从事科学研究时至为强烈和无比崇高的动机。有些人把巨大的努力付诸现实,而且首先是躬亲践行那种奉献精神,否则理论科学领域的开拓工作,便无法有所建树。只有他们才能够领悟情感的力量,而唯有通过这种力量,工作才得以展开,因为这类工作远离生活的直接现实。关于宇宙的合理性,怀有多么深刻的信仰,格物致知的那份渴望,又是多么强烈,即便仅仅是这个世界揭示出来的心智的微弱折射,才使得开普勒和牛顿能够长年累月,寂寞辛劳,为了梳理天体力学的原理!有些人士主要从科学的实际成果来认识科学研究,他们对科学人士的心态,轻易演绎了一种彻底错误的看法,虽然后者受到了一个充满怀疑的世界的包围,却已经为志同道合者指明了道路。几个世纪以来,他们分散在天南地北,寥若晨星。唯有献身于类似旨趣的人士,才能如临其境地设想,是什么精神激励着他们,同时又给予他们何等的力量,他们才能百折不挠,矢志不渝。恰恰是宇宙宗教感情给予他们如许的力量。一位当代人士并无偏颇地说过,处于崇尚物质的当今之世,严肃的科学工作者,唯有他们堪称笃信宗教之士。

科学与宗教

阿尔伯特·爱因斯坦

---

* 本文收入爱因斯坦《思想与见解》。第一节选自 1939 年 5 月 19 日在普林斯顿大学神学院发表的一篇讲话。第二节选自《科学、哲学、宗教》专题论文集。

I

上个世纪之内,还有前一世纪的一段时期之内,大家广泛地认为,知识与信仰之间,存在着一种不可调和的冲突。在与时俱进的智者中间,下述见解风靡一时:信仰应该日渐为知识取而代之的时代已经来临。不以知识为依托的信仰乃是迷信,而这样的信仰理应予以抵制。根据这种概念,教育唯一的功能,在于为思维和认知铺平道路,而且学校,作为大众教育作用突出的机构,应该专门服务于那个目标。

有人或许将会偶尔发现,姑且属于罕见,理性主义的基点,竟用如此粗鄙的形式来表达:因为凡是明于事理的人,都会一望而知,如此陈述的立场是多么片面。然则,倘若希望廓清思路,认识问题的本质,最好还是直话直说,不加掩饰,阐明自己的论点。

依据经验和清晰的思路,确乎可以充分支持这些信念。在这一点上,大家必须毫无保留地赞同绝对的理性主义者。然而,绝对理性主义者的概念上的弱点在于,这样来说,对于我们的处事之道和判断而言,那些可谓必要而且产生决定作用的信念,单单沿循这条扎扎实实的科学途径,却无法发现。

因为科学方法能够教诲我们的,无非是事物之间相互关联,同时互为条件。追求如此客观知识的抱负,属于人类能够企及的至高无上的境界。大家当然不会以为本人希望菲薄人类在这个领域取得的成就和付出的英勇努力。不过同样明白的事实是,认识客观存的知识,并未直接开启认识合理存在的知识的大门。关于客观存在,人们能够具备最清晰最完整的知识,不过却无法由此而演绎我们人类抱负的目标应该是什么。客观知识为我们提供了实现某些目的的有力工具,但是终极目标本身和实现这个目标的渴望，则来自于另一种源头。而且看来几乎并无必要立论支持下述观点：只有通过树立这样一个目标和相应的价值观念，我们的存在和我们的活动才获得了意义。认识这样的真理本身，固然令人惊叹，可是这种认识，作为行动的指南而言，则无法大有作为，结果甚至无法证明，追求那种真理知识的抱负名正言顺，而且具有价值。由此可见，我们至此面临的是认识我们存在的纯粹理性概念的极限。

但是大家不可假定，在形成目标和伦理判断的过程中，明智的思维发挥不了作用。有人如果认识到，为了实现一个目的，某些手段将是有用的，这时手段本身便因此而变成一个目的。智慧向我们揭示了手段与目的之间的相互关系。但是单纯思维无法使得我们对终极和根本的目的有所意识。为了澄清这些根本目的和价值判断，为了使之牢固扎根于个人的情感生活，依我看来，在人类的社会生活方面，恰恰是宗教理应履行的至为重要的职能。倘若有人质问，这些根本目的的影响力从何而来，因为单纯通过理性，无法阐明这些目的，同时证明其合理，我们只能这样回答：它们存在于一个健康的社会，成为彪炳千秋的传统，它们作用于个人的品行和抱负以及判断；它们客观存在，也就是说，是某种生机沛然的东西，没有必要为其存在而发现正当的理由。它们从无到有，并非通过论证，而是通过启示，通过堪为媒质的衣被百代的伟大人格。人们不可尝试证明其合理，而是应该质朴而又明晰地感知本质。

在犹太基督教的宗教传统中，表明我们的抱负和判断的至高原则，已经传授给了我们。那是一个极其高远的目标，运用我们微弱的才能，我们只能自不量力地心向往之，但是目标却为我们的抱负和价值判断，奠定了一个稳固的基础。倘若有人准备剥离那个目标的宗教形式，仅仅看待其纯粹人性的一面，或许不妨这样阐述目标：个人获得自由而肩负责任的发展，最终他的才能自有用武之地，能够自由而欣然地为全人类服务。

在这一点上，没有给一个民族、一个阶级的神功圣化留出着手余地，遑论个人。我们不是圣父的圣子吗，如同宗教语言中所说的那样？求实而论，即便人性的神功圣化，作为一个抽象的总体性而论，也不会符合那个理想境界的精神。灵魂赋予个人而已。个人高尚的命运在于服务,而非统治,或以任何方式,将一己所欲施加于人。

倘若我们看待的是实质,而非形式,那么就能够认为,这些言辞也表达了根本性的民主立场。真正的民主之士,极少崇拜他的民族,如同信仰宗教之士一样,这里是指我们所说的宗教。

那么,在所有这一方面,教育和学校的功能又是什么呢?教育和学校应该帮助青年怀抱着这样一种精神成长起来,久而久之,这些根本原则之于青年,应该犹如呼吸的空气。而单单教诲则难当此任。

倘若有人服膺这些高尚的原则,犹如历历在目,同时把它们与我们时代的生活和精神加以比较,那么令人瞠目的现象是,文明的人类发现自身现在陷入了严重的危险。在极权主义的国度,客观上奋力毁灭人类精神的恰恰是统治者自身。在受到威胁较少的地方,正是民族主义和不容异端的态度,还有通过经济手段而对个人的压迫,其构成的威胁在于窒息这些弥足珍贵的传统。

然而,在善于思考的人士当中,上述威胁之严重,大家认识之后纷纷传播天下,而对付这种危险的手段,也在多方探索——手段涉及国家和国际政治事务的领域,立法,或者一般的组织方面。毫无疑问,如此努力大有必要。不过古人有所启悟——而我们却似乎已经淡忘。一切手段结果无非钝器而已,倘若背后缺乏一种生气灌注的精神。不过如果实现目标的那份追求,在我们的内心生机沛然,气贯长虹,那么我们将不会缺乏力量去发现手段,以期达到目标和化为行动。

II

我们理解的科学是什么,对此形成一种共识,看来不会存在疑难。科学乃是历时百年的努力,借助于系统的思维而把这个世界为人感知的现象,尽可能地融会贯通,化为一种彻底的会通。说得冒昧一些,科学乃是这样一种尝试:通过转化为概念的过程,后来重新构建客观存在。但是当我自问宗教是什么,我就无法如此容易地想出一个答案。而且即便发现了此时此刻可能令我满意的答案,我依然一如既往,确信在任何情况下,认真思考过这个问题的人们的思想,我永远无法融会贯通,哪怕是略加融贯。

所以,首先不是请教何谓宗教,我宁肯请教的问题是,一个信仰宗教之士给我留下的印象是,他的抱负体现了哪些特征:一个受到宗教启蒙的人,在我看来,在力所能及的情况下,他使自身从自私欲望的枷锁中解脱出来,他潜心于自身恪守的思想、感情和抱负,因为它们具有超越个人的价值。在我看来,最为重要的是这种超越个人的意蕴的力量,还有关乎它的压倒一切而孕大含深的信念深度,无论是否有人尝试把这种意蕴与神圣的上帝结合起来,因为否则就不可能把佛陀和斯宾诺莎列为宗教的伟大人格。相应说来,信仰宗教之士胸怀虔敬,其中的含义是,他毫不怀疑超越个人的旨趣和目标所体现的意义和崇高,后者并不要求,也无法形成合理的基础。后者存在和他本人存在一样,带有相同的必然性和客观性。就这层意义而言,宗教是人类古已有之的努力,旨在渐渐清晰而完整地意识到哲学的价值和目标,始终不渝地巩固它们的效果,同时发扬光大。如果有人根据这些定义来设想宗教与科学,那么二者之间的冲突,便不可能出现。因为科学只能确定客观存在,而非合理存在,所以超越科学领域,各种各样的价值判断依然属于必要。宗教,从另一方面看,仅仅着眼于评估人类思想和行动:宗教无法理所当然地谈论事实和事实之间的关系。根据这种解释,众所周知的宗教与科学之间过去的冲突,应该全部归咎于大家对上述情况的曲解。

举例来看,一个宗教团体坚持认为,《圣经》里记载的所有表述,含有绝对的真理性,这时便引起一个冲突。这个判断意味着宗教一方干预了科学领域;教会反对伽利略和达尔文学说的斗争,即属于此类。另一方面,科学的代表也经常进行一种尝试,根据科学方法而对价值和目标,形成根本性的判断,这样一来,他们便与宗教树敌,形成了对立。这些冲突全部源自于致命的谬误。

由此可见,尽管宗教和科学自身的领域,彼此泾渭分明,二者之间却存在着两种牢固的相互关系和相互依存。宗教固然不妨发挥的作用在于确定目标,然则,通过最广义的科学,宗教已经懂得运用什么手段,借此促使实现自身树立的目标。可是科学只能由那些完全立志于追求真理和格物致知的人士来创造。然而这种感情的源泉,则迸发于宗教的领域。来源相同的还有一个对于下述可能性的信念:关于客观存在的世界,进行有效调控是合乎理性的,也就是说,能为理性领悟。我无法设想,一位名副其实的科学家,会缺乏这样深切的信念。不妨通过一个形象来比喻这种情形:科学脱离宗教,便为跛足,宗教脱离科学,便为盲瞽。

虽然我在上文断言,宗教与科学之间,确实不可能存在名正言顺的冲突,不过我必须再次在一个实质性的要点上,限定我的这个断言,即有关历史宗教的客观实质。这个保留意见需要探讨的是上帝概念。在人类精神演化方兴未艾的时期,人类的遐想根据自身形象创造了诸神。凡人假想,诸神听凭意志的作用而决定了现象界,或者说无论如何有所影响。凡人力求借助巫术和祈祷,促使这些神祇改变意旨,普施恩泽。现在教诲的各种宗教里的上帝理念,是古老的诸神概念的一种升华。举例而言,芸芸众生进行各种祈祷的时候,求助于万能的神,祈求他们能够如愿以偿,由此表明了上帝赋有的神人同形同性的品质。

当然,有一个全能、正义、善待苍生的人格化上帝的存在,能够赐予人类安慰、援之以手和指引苍生,这一理念谁也否认不了;再则,这个理念的优点在于简明易懂,蒙昧未开的心智也能够接受。但是另一方面,存在着一些附丽于这个理念本身的确定的缺点,有史以来,人类对此已有痛苦的切身感受。问题在于,如果这个神明是万能的,那么每个事件,包括每个人类行动,每个人类思想,每个人类的感情和抱负,也属于上帝之作,那么怎么可能认为,面对如此万能的上帝,芸芸众生对于自身的作为和思想负有责任呢?在颁发奖惩的时候,在一定程度上,上帝也对自身作出判决。这又如何能够与归诸于上帝的善良和正义融为一体呢?

宗教领域与科学领域之间,当今冲突的主要来源,在于上述人格化上帝这一概念。科学的宗旨在于确立一些通则,它们决定了客体与事件在时间和空间上的相互联系。对于这些通则,或者说自然规律,我们需要的是它们具有绝对的普遍有效性——而非加以证明。这主要是一个纲领,原则上存在实现这个纲领的或然性,这个信念只是部分地依托于局部的成功。可是倘若有人否定这些局部的成功,同时把它们归诸于人类的自欺欺人,恐怕几乎天下罕见。根据这些规律,一定范畴内现象界的短暂行为,我们能够极其精确和确定地预知,现代人的意识中已经铭记这个事实,即便那些规律的内容,他可能一知半解,并不精通。比如他仅仅需要考虑一个事实,太阳系内的行星运行,我们可以根据若干有限的简单定律的基础,预先以极大的精确度计算出来。以此类推,虽然准确性有所不同,我们也有可能预先计算出电动机、传动系统或者无线电仪器的运行模式,甚至在处理以后发展的新生产物时,也能如此。

可以肯定,当一个现象组合中,产生作用的因素数量过大的时候,科学方法多半无法使我们成功。姑举天气为例,便可想而知,甚至提前数日的预报也不可能。尽管如此,谁也否认不了,我们面对的是一种因果联系,其因果成分,大体说来属于我们已知的范围。这个范畴的现象事件,超乎准确预报的范围,因为有各种各样的因素共同产生作用,而并非由于自然界缺乏秩序。

存在于生物王国之内的常规现象,我们的洞察程度远谈不上深刻,不过洞达的深度,令人至少意识到固定的必然性这条规则。遗传方面的系统秩序,我们姑举毒物,比如酒精,对于有机体的行为影响,便可想而知了。这一方面依然阙如的是我们尚未领悟深层普遍性的联系,而非对秩序本身缺乏认识。

一个人越是彻底洞达一切事件的有序常规性,他的信念便渐渐变得更为牢固:这种有序的常规性,决定了属于不同性质的原因没有存在的余地。在他看来,脱离自然事件的原因,不论人类意志的规则,或是神明意旨的规则,概不存在。可以肯定,干预自然事件的人格化上帝这条教义,永远无法为科学所驳倒,我们所指的是真正的科学含义,因为有些领域科学知识尚未能够涉足,而这条教义永远可以隐遁其中。

不过本人确信,宗教代表一方的这种行为,不仅不值一提,而且具有致命的影响。因为如果一个信条不能正大光明地立足于世,而是只能潜藏于黑暗之中,信条就势必丧失风化人类的影响,而在人类进步方面贻害无穷。在为伦理之善的奋斗过程中,宗教界的导师必须登高望远,放弃一个人格化上帝的教条,也就算说,放弃这个恐惧和希望的源头,而正是由于这两个缘故,过去才把莫大的权力托付教士掌控。他们孜孜不倦,必须善于利用能够在人性本身培养善、真、美的其他力量。诚然,这项任务远为困难,但是价值无可比拟。(赫伯特·塞缪尔[①]的《信仰与行动》一书,令人折服地表述了这个思想。)宗教界的导师完成了以上指明的升华过程之后,他们肯定会心怀喜悦地认识到,真正的宗教通过科学知识,可以变得境界更为崇高,意义更为深远。

倘若宗教的一大目标,在于最大程度上解放人类,需要摆脱的桎梏是利己主义的贪婪、欲望和恐惧。科学推理能够在另一层意义上辅济宗教。科学的目标固然确乎在于发现规则,它们容许人类联想和预示事实,然而这并非科学的唯一宗旨。科学同时探求的是把已经发现的事物联系,归纳为数目最小的彼此独立存在的概念要素。多重要素加以合理统一,科学正是在这种努力追求的过程中,极大的成功不期而至,尽管也恰恰是这种尝试,导致了科学所冒的极大危险,在于成为幻想的牺牲品。不过在这个领域取得的成功进展中,凡是经历过切身体验的人,都会由于认识到存在所昭示的合理性而为之感动,表示至深的崇敬。格物致知之后,他便从个人希望和欲望的枷锁中,获得了意义深远的解脱,由此而培养了谦恭的思想态度,看待存在所化身体现的理性之辉煌,就其深不可测而论,人类不可企及。然而,这种态度在我看来即是宗教,至高无上意义所指的宗教。所以在我看来,科学不仅纯化了宗教的冲动,剔除了神人同形同性思想的糟粕,而且作出的贡献在于促使我们领悟生命时,升华至宗教的神化境界。

人类精神的演化越是不断向前,我也越是肯定地认为,培养真正宗教情怀的道路,并非在于恐惧生命,恐惧死亡,盲目信仰,而是在于努力追求合乎理性的知识。从这层意义而言,我相信教士必须变成一位导师,倘若他还希望公正对待自己崇高的教育使命。

[①] 塞缪尔(Herbert Samuel, 1870—1963),英国政治家和哲学家。曾任自由党领袖。主要著有《实用伦理学》和《信仰与行动》。

宗教与科学：不可调和吗？

阿尔伯特·爱因斯坦

---

* 收入《思想与见解》，1954。首次发表于1948年。

宗教与科学之间,确实存在着一种无以克服的冲突吗？宗教能够为科学取而代之吗？数百年来,关于这些问题的回答,已经引起众说纷纭,而且确乎可谓唇枪舌剑。不过,依我之见,应该毫无疑问的是,在两种情况下,冷静下来的思考,只能导致一个否定的回答。然而,解决问题变得复杂的原因在于,绝大多数人关于"科学"的定义乐于达成共识的同时,他们有可能在"宗教"的含义上产生了分歧。

　　说到科学,我们当然不妨根据自己的论旨,界定为"讲究方法的思维,着眼于发现我们感觉经验之间的调节联系"。科学,直接方面来看,产生的是知识,间接来看,产生的是行动的手段。倘若预先设定明确的目标,科学导致的是注重方法的行动。因为设定目标和提出价值陈述,这个职能超越了科学领域。一方面,确实科学领悟了前因后果的联系,就这个程度而言,目标与评价的吻合与抵触,科学对这个问题可能得出重要的结论,同时,界说目标和价值的独立而根本的定义,则始终超乎科学力所能及的范围。

　　谈起宗教,另一方面来看,论者一般的共识是,宗教处理的是目标和评价,而且大体说来,处理的是人类思维和行为的情感基础,只要这些不是由本性难移的人类遗传而先天决定的。宗教关注的是人类对待一般自然的态度,关注的是为了个人和公共生活而确立理想,关注的是相互的人类关系。宗教尝试实现这些理想,途径则是依托传统而春风化雨,通过发扬和传播某些易于接受的思想和故事(比如史诗和神话),它们往往根据公认的理想的思路来影响评价和行动。

　　正是宗教传说的这种神话的,或者毋宁说象征的内容,有可能与科学发生冲突。这种宗教贮积的思想,关于某些属于科学领域的话题,包含着拘泥教条而一成不变的说法,这时便出现了冲突。因此,为了保存名副其实的宗教,至关重要的是应该避免这些话题所产生的冲突,客观而论,对于追求宗教宗旨而言,那些话题其实并无实质意义。

各种不同的现存宗教,我们在考虑基本实质的时候,也就是剥离了它们神话的一面,在我看来,似乎相互之间并无基本的分歧,我指的是"相对论",或者说陈陈相因的理论的首倡者希望我们信奉的那些内容。这个说法绝非惊人之谈。因为受到宗教支持的一国之民的道德态度,总是需要旨在保存和提倡社会及其个人的明达和活力,否则这个社会必然凋零。倘若一国之民引以为荣的是虚假、诽谤、欺诈、谋杀,那么便无法长久存在下去。

面对一个特定的情况,一清二楚地确定哪些内容比较可取,哪些内容应该含咀,绝非轻而易举的任务,犹如我们发现难以断定,制作美妙绘画或美妙音乐的奥秘所在。妙处可能是我们比较容易本能地感受到的东西,而非通过理性领悟。以此类推,培养人性的伟大道德导师,一定程度上说,乃是生活方式这门艺术的艺术天才。保护生命和免除不必要的苦难,由此直接激发了那些最基本的戒律,除此之外,还有一些内容,虽然,和基本戒律并不十分相称,然而我们认为意义重大。举例而言,获得真理,而且能为大家接受,但是在辛劳和幸福方面,需要付出沉重的牺牲,即便如此情况下,是否还应该探索真理而不讲条件?诸如此类的问题不止一端,从理性立场来看,无法轻易回答这些问题,或者根本无从回答。不过,我并不认为所谓"相对论"观点是正确的,即便在处理比较微妙的道德取舍的时候,这种观点亦属谬种。

即便根据最基本的宗教训喻的立场,现在考虑当今文明人类的实际生存状况的时候,大家势必对目睹的一切,体验到一种至深而痛苦的失望感受。因为一方面在个人和群体之间的关系方面,宗教规定注重手足之情,一方面现实奇观犹如战场,而非交响乐团。所到之处,在经济以及政治生活中,指导原则乃是无情追求成功,而以损害同胞为代价。这种竞争精神甚至在学堂也是所向披靡,破坏了人类博爱和合作的所有感情,设想的成就不是来自于热爱有成果和有思想的工作,而是产生于个人野心和惧怕排斥。

有些悲观主义者认为,这样的态势是人的天性之中必然与生俱来的，而正是那些提出此类观点的人士与真正的宗教为敌，因为他们的言外之意是宗教训示属于乌托邦理想，并不适宜为尘世俗务提供指南。然而，某些所谓原始文化的社会模式研究，似乎已经充分明白地昭示，这种失败主义观点言之无据。凡是关注这个问题的人士，在宗教研究本身方面，乃是一个至关重要的问题，建议他们去读一读露丝·本尼迪克特①的《文化模式》一书，其中有关于普韦布洛印第安人的描述。在十分险恶的生存条件下，这个部落显然已经完成的艰巨任务，把本族子民从竞争精神的祸害之中解脱出来，同时培养了一种讲究分寸和与人合作的生活方式，脱离了外部压力，也毫不削弱幸福。

这样的宗教解释，意味着科学依傍宗教态度，本人已经有所揭橥，在我们这个唯物主义横行天下的时代，这样一种关系，轻而易举便为人忽视了。一方面，科学成果确实完全脱离了宗教或道德的考虑，同时伟大的创造性科学成就应该归功于那些个人，而他们则无一例外濡染了真正的宗教信念：我们的宇宙是完美的，在理性追求知识的过程中，也能够为人吸纳。倘若这个信念还谈不上是具有强烈情感的信念，倘若那些探求知识之士，尚未受到斯宾诺莎所谓"对上帝的理智之爱"②的启迪，他们就难以获得孜孜不倦的献身精神，而唯有这种精神才使人能够取得至高无上的成就。

---

① 本尼迪克特(Ruth Benedict，1887—1948)，美国考古学家。她的"文化模式"理论对文化考古学产生了深远影响。《文化模式》(1934)为其代表作。
② 原文为"*Amor Dei Intellectualis*"，见《伦理学》，第五部分。

论人类知识[*]

雅克·马利坦

---

[*] 选自《理性的范围》,第一部《人类知识和形而上学》,第一章。

雅克·马利坦
(Jacques Maritain, 1882—1973)

法国哲学家和政治思想家。出身于律师家庭，母亲为名门之后，双亲笃信新教而思想开明，自幼受到宗教熏陶。在索邦大学读书期间亲炙柏格森教诲，受到直觉主义学说的影响，研究现代思想和社会问题，攻读哲学、文学及生物学，后留学海德堡大学。回国后志趣在于研究和阐释托马斯·阿奎那哲学，并运用于解释当代问题。和大学同窗拉依撒结婚后，受夫人影响而皈依天主教。1913—1939年在大学教授哲学，早期著述为《哲学导论》。马利坦身兼数任，作为教授、作家、编辑、评论家，一生硕果累累，著作等身，涉及社会科学的诸多领域，包括政治哲学、文学批评、艺术、宗教、伦理。各种著述多达五十余部。"二战"期间移居美国，先后执教于普林斯顿、哥伦比亚和芝加哥大学。1945—1948年任法国驻梵蒂冈大使。后回普林斯顿继续教学，退休后回到巴黎。马利坦的思想基于亚里士多德主义和托马斯主义，同时兼收并蓄，汲取人类学、社会学和心理学的养分，充分重视道德哲学，揭橥"存在的形而上学"，自成一家之言。马利坦以宣扬人道主义和社会正义著称，在法国和英语世界的知识界产生了广泛的影响。主要著作有《艺术与经院哲学》、《真正的人道主义》、《基督教与民主》、《艺术和诗歌中的创造性直觉》、《人与国家》、《艺术和诗歌》和《道德哲学》等。

我们时代的悲伤和希望,毫无疑问都起源于物质原因[①],经济和技术因素,在人类历史进程中,它们发挥着一个本质的作用,可是更其深广的程度上,则起源于思想,精神卷入其中的这场戏剧,我们思想感情中产生和演变的各种无形力量。历史并非各种事件的一种机械展现,而人类则犹如陌路而置于事件之中。人类历史的人性体现于它的根本精髓;人类历史乃是我们自身存在的历史,可怜的肉体,屈从于自然和它自身的弱点所强加的所有奴役,然则,精神寓于肉体而又启蒙肉体,同时也赋予自由这个危险的特权。至为重要的方面,莫过于无形的宇宙内在发生的事件,而人类心智即是无形的宇宙。那个宇宙的光明则寓于知识。如果我们关注文明的前景,我们就必须首要关注的是,何谓知识,知识的价值,知识的程度,以及知识如何才能培养人的内在统一性;凡此种种,应该获得真正的悟彻。

　　我要简约探讨两个基本问题:人类知识固有的多元性,以及知识的内在价值或本质——我指的知识是推理和思辨性的,属于哲学和科学。然后就有必要略及一种迥然不同的知识类型,哲学家往往予以忽略,可是这类知识却在文化方面发挥着一个本质的作用——诗性知识,这类知识乃是艺术家本身所特有的。

Ⅰ．科学与哲学

　　第一个探讨的问题是科学与哲学之争。我们正在走出实证主义时期,而在此期间,研究现象的科学,大家都视为唯一有效的知识,唯一值得人类拥有的知识。这是一段漫长历史的终极结果,笛卡儿否定神学

[①] 即亚里士多德四因说中列为首位的"质料因"。

能够作为一门科学而存在，可谓创其滥觞，康德否定形而上学能够作为一门科学而存在，可谓继其嗣响。我们不妨说，尽管存在少数余绪，或者抱残守缺之辈，这段实证主义时期已经告终。20世纪伊始以来，柏格森，或者怀特海，或者德国现象主义者之类的哲学家，都纷纷开始证明，除了科学知识之外，另一知识领域则有用武之地，其中运用自身的工具的哲学，能够把握现实最内在的本质，以及绝对。

另一方面，研究科学及其特殊逻辑的理论家们——在法国，特别是梅叶松[①]——已经表明，科学家的哲学见解或偏见，以及理论上服膺实证主义的这种立场，可能因人而异，这一点姑且不论，哲学家是在现实中从事实践，如果论者观察的不是他的言论，而是他的作为，这个逻辑便和旧有的古典实证主义框架毫无关系。

最终，科学家们自身而论，尤其是自从众所周知的现代物理学的危机时期以来——危机产生于发展——便一直处于相当不安和分裂的思想状态。有些人恪守的思想是，能够产生一种精确而又可以论证的知识的唯一客体，乃是感官可以知觉的，而且能够运用实验和数学两种分析方法予以处理，而且他们继续排斥哲学，或者视为某种神话大全，仅仅适合于满足情感的需要。还有一些科学家，也生活在相同的年代，却经过科学本身的引导，在自然与人类这个神秘的宇宙之中，发现有些问题是数学分析所解答不了的感觉现象，而且十分确定地同时摈弃了机械论的世界观和实证主义训练所规定的禁区，他们毫不犹豫地承认哲学问题的客观存在而且具有核心的重要意义。我现在想到的物理学家有金斯[②]、爱丁顿[③]、阿瑟·康普顿[④]、薛定谔[⑤]，数学家有赫尔曼·外

---

① 梅叶松（Emile Meyerson，1859—1933），波兰出生的法国化学家和科学哲学家。代表作为《同一与实在》。基于实在主义和因果律而提出理性认识的概念，在20世纪30年代科学理论家中盛行一时。

② 金斯（Sir James Hopwood Jeans，1877—1946），英国物理学家和数学家。率先提出物质不断创生理论。

③ 爱丁顿（Sir Arthur Stanley Eddington，1882—1944），英国天文学家和物理学家。相对论、宇宙论等领域的先驱。

④ 康普顿（Arthur Holly Compton，1892—1954），美国物理学家。1927年与英国的威尔逊共获诺贝尔物理学奖。

⑤ 薛定谔（Erwin Schrödinger，1887—1961），奥地利物理学家。与狄拉克共获1933年诺贝尔物理学奖。

尔①或者贡塞斯②,生物学家则有德里施③,维拉顿④,柏坦狄杰克⑤,基诺⑥,雷米·科林⑦,威廉·罗宾·汤普森⑧,勒孔特·德·努尤⑨,阿尔伯托-卡罗·布朗克⑩。

可是仅仅廓清实证主义的思想状态,则并不足以说明问题。我们的智力要求的是一种建设性和真正哲学上的解答。我们当今面临的任务,便是发现这样一种解答。一方面,大家应该注意的是,柏格森设想的形而上学,是科学的某种延伸,或者毋宁说,是对科学本身这个可以理解的宇宙的某种探索,而他终究推导的却是纯粹运动这一非理性哲学。另一方面,可以这样说,转向哲学问题的当代伟大物理学家中,多数都依然在探求解答这些问题,途径可谓他们科学方面根本方法的延伸或者推断,同时却未能清楚认识到,哲学关注的是一门客观鲜明的知识领域,并且构成了一门真正独立存在的学科,拥有探索这个知识领域的适当手段。如此一来,这些探索者所指导的哲学上的,或者确切说是哲学—科学方面的考察,便产生了诸多逻辑上的弱点,混为一谈或者武断的断言。所以,我们面临的问题在于发现一条区别看待的原则,应该泾渭分明,从而允许我们看待科学知识与哲学知识两方面时,都持之有故,同时通过各自更加完满地认识自身的真理,从而能够纯化二者。

有一家学派的哲学观点,可惜不能左右逢源,不过它已经把科学的逻辑付诸一丝不苟的分析,这个学派的著作便能够帮助我们进行上述探索。我这里所指的是维也纳学派及其"逻辑经验主义",或者称为"逻辑实证主义"。依我之见,维也纳学派著书立说最为重要的成果在于,

---

① 外尔(Hermann Weyl,1885—1955),德国数学家。1933年移居美国,后入美国籍。

② 贡塞斯(Fernard Gonseth,1890—1975),瑞士数学家和哲学家。重视科学与哲学的关系问题,就此展开过探讨。

③ 德里施(Hans Adolf Eduard Driesch,1867—1941),德国生物学家和哲学家。

④ 维拉顿(Louis Vialleton,1959—1929),法国生物学家。

⑤ 柏坦狄杰克(F. J. J. Buytendijck,1887—1974),法国生物学家。

⑥ 居埃诺(Lucien Cuénot,1866—1951),法国生物学家。

⑦ 科林(Rémy Collin,1879—1957),法国生物学家。

⑧ 汤普森(W. R. Thompson,1887—1972),加拿大昆虫学家。

⑨ 努尤(Pierre Lecomte du Nouy,1883—1947),法国生物学家和哲学家。

⑩ 布朗克(Alberto-Carlo Blanc,1906—1960),意大利古生物学家。

它已经通过一种确定的方式表明,对于科学家具有意义的那些断言,其关注所在并非事物的实质,即本质或者何物的本质,而是仅仅关注事物之间的联系,比如一部好的词典或者符号的句法,能够帮助我们确定这样一种联系,就运用数学解释的经验而论,根据感官而且特别是通过观察和衡量这些工具而收集起来的数据,我们煞费周章,为之定名或制定符号,就这层意义而言,科学,从现代大家接受这个名词的语义来看,处理的仅仅是感官可以知觉的王国,也就是说那一切是通过我们观察和衡量的手段而企及的内容。不过,由于在物理学中,表现为最纯粹的形式的现代科学,所有这些数据都移译为数学符号;因为在粒子物理学里,这类数据逃脱了我们人类感觉器官的认识能力;由于理论物理学所建立起来的世界,逃脱了提供给我们想象力的所有可能的反映,我们不妨说,从另一层意义来说,科学超乎感官,超乎想象力。科学的王国乃是超乎可以想象范围的一个悖论王国。尽管如此,科学却不趋于自体存在,而是趋于对可观察和可测定的一切,获得一种变异形态或变异感官的符号性质的领悟。类似"经验逻辑"这样的新词用法,我认为是可以命名这种性质的知识的十分贴切的字眼,道理就在于此。

  一个科学定义并未告诉我们一个客体为何物,而仅仅晓示,关于从自然中获得的观察和衡量的现象,我们能够以什么方式达成共识,结果获得的知识并非那个客体的实质,而无非是符号采用的方式,借此符号关涉的是客体之于经验的影响,以及归类于这个客体名目之下予以确认的各自模式,符号则能够产生一种有条有理的语言。如果我说"物质",在物理学家看来,这个字眼并未指称一种本体或者一条实质原理,他尝试向我们揭示的是它的本质。这个字眼仅仅指称一个数学符号的系统,它是由粒子物理学建立起来的,依据则是观察和衡量而来的庞大数据库,而数据还要经过不断的修正。

  我们不妨注意的是,由此而来的一类表述,诸如我是,或者,我爱祖国,或者柏拉图是一位伟大的哲学家,或者类似下述问题,比如人禀赋了自由意志吗?或者,我们的智力能否企及实在?或者,人拥有权利吗?这些表述或问题,对于科学家而言则毫无意义,因为,所谓具有一层科学含义,一个表述就必须表达名称与术语之间的一种稳定关系,名称能够终究归结于某一类别的感官知觉,而包含于那些表述里的术语却不是这类名称。

维也纳学派至关紧要的谬种,在于假定下述命题不言自明:凡是对于科学家毫无意义的,也就根本没有意义可言。在这一方面,逻辑实证主义始终摆脱不了实证主义偏见的羁绊。可是,关于科学本身及其逻辑结构,以及对于科学家本身说来具有一个意义的一切,维也纳学派的分析,我以为,一般说来可谓准确,而且言之有据。

我们从而一笔勾销了伪形而上学的诸多形式——唯物论,机械论,心身平行论,宇宙决定论——凡此种种,俱为科学的寄生虫,而同时又要求成为科学的组成部分。维也纳学派的理论家所强加于我们科学观念的那种严密的逻辑纯化过程,使得我们意识到科学所趋于的理智论理想,同时也意识到科学运作有泾渭分明的领域,而且这个领域并不属于探究存在的那个知识领域。

这个另外的知识领域,即探究存在的知识领域,乃是人类智力所不可企及的,而且在任何情况下,对于人类智力都毫无意义,论者是否可能得出这样的结论呢?存在这个理念,我们一切思想的母体,即才智首要和普遍的工具,结果即便对于严格非本体化的知识而言,诸如表现为纯粹形式的科学知识,它所精心构造的标记和符号,仅仅以二手实体或者二手存在的形式——理想实体①——为智力所领悟和使用,那是科学知识本身创造出来的,难道不是如此吗?

另一方面——这就是维也纳学派认识不到的一面,梅叶松却有所认识而令人钦佩——科学自身,即便当它开始从本身的结构中抹杀了围绕存在和本质的思考,获得的激发却是一种不知满足的欲望,一种企及一切实在的渴求,还有一种始终意在为其支配的令人佩服的迫切心理。这种情形发生的表现形式为事物的内在生命,寓于科学自身领域之外,对于科学而言,内在生命始终是一个硕大而又生生不息的未知世界,科学永无止境从中积累的是观察和衡量,科学的标记和符号,即建立于这个基础,二者的作用是在这些观察和衡量之间,编织起演绎构成

---

① 原文为"entia rationis",一译"理智存在者"。

的一个井井有条的组织,从而能够把握自然。

进而言之,研究科学的逻辑学家的反思哲学,它所处理的是我们的心智所取得的认识活动,故而由于其根本的存在,它并不赞成下述理论:它宣称一个判断的意义,判断所能理解的内容,永远不给思想展现任何事物,而无非展现的是实验程序,观察和衡量的方式和手段,判断则借此而得以证实。这种理论固然言之成理,说明了科学的判断,而相反的情况是,科学的哲学所做出的判断,却没有为才智提供判断所得以证实的那种观察和衡量的程序;判断晓示心智什么是科学的本质,以及什么是认识的方式。

最后,下述情况并非不可能出现:智力,它通过反思而认识和判断自身以及科学的本质,无法凭借自身的力量而深入认识的活动机制,也就是说,洞达事物的本质。智力不能永远处置于那些活动的范围之外,无非具有感官的一个目击者和调节者的能力,如同研究现象的科学中所出现的那种情形。所以必须有一门科学,一门知识,伴随着其特有的迫切需要,能够投入于内部任务,处于认识活动之内,它可以在其中自由发挥其最深邃的雄心壮志,智力之所以为智力的凌云之志。这样一门知识直接关注智力可以把握的事物的生命,这就是哲学和形而上学的知识。

这样我们就认识了科学天地与哲学天地之间,应该如何划定正确的分野,而且这样我们就拥有了以前一直不断求索的区别二者的原则。存在着两种本质上不同性质的方式,都对感官可以知觉的现实加以分析,以及进行这种分析所需要的构建概念的不同方式,我们有必要认识二者。第一种方式是通过非本体的分析,即对现实事物进行"经验逻辑的"分析。这是科学知识的范畴。第二种方式是通过对现实事物进行本体的分析。这是哲学知识的范畴。我们姑且说,那种科学的范畴也属于智慧,因为,归根结底,反映智慧的知识,即可谓智慧的知识,乃是以各自方式,向我们揭示事物的根本存在的知识。智慧是一门美味的知识;现象则毫无美味可言,可是存在之于智力,乃是滋味令其迷惑的一种果实。科学在可以观察和可以衡量的事物范围之内,解决其概念和定义。哲学则在智力可以理解的存在之中,解决其概念和定义。

这种解决科学与哲学之争的方法假定,为了把握变化和现象的流动,可以这样说,科学的运作与智力的自然倾向格格不入,而且科学视为自身的工具而运用了属于建立于现实的理想实体(entia rationis)的解释符号,超越了所有的数学实体,而后者是建立于感官收集起来的观察和衡量的现象。根据这个条件,人类心智能够以科学方式主宰变化和感官可以知觉的现象,可是,与此同时,人类心智却放弃了领悟事物内在生命的任何希望。

而且这种相同的解决方法假定,哲学拥有进行理智认识和判断的工具,它们是由属于智力属性的抽象直观所提供的。如果实证主义,不论旧式还是新式,以及康德主义并不理解,形而上学和哲学都是名副其实的科学,也就是说,这些知识领域能够具有定性,而定性又能够加以论证,具有普遍性和必然性,那是因为二者并不理解,智力有所识见。① (举例而言,智力识见初步的原理——同一性,非矛盾性,因果关系等等原理,因为智力从感觉经验中彰显了可以理解的内容——首先就是可以理解的对象,存在②——它寓于万物,可是感官却无法知觉。)在康德主义者和实证主义者的眼中,唯有感官属于直观性质,智力的作用仅仅在于联系和统一。

因此,他们还是保持缄默为妙,因为我们在说"我",或者用任何语言宣称一个名词的时候,是证明了事物之中存在客体,或者视程中心,我们的感官无从企及,可是我们的智力则能够企及。毫无疑问,我们并无任何天使般的智性直观,就柏拉图或者笛卡儿所指的意思而言——我指的直觉并不需要感官的工具属性。毫无疑问,智力方面的一切,从本源来看,无不衍生于感官经验。不过恰恰是智力的活动游离了感觉经验——而且上升至活动之中③非物质性视程的白热境界——客体可谓感官无从揭示,而智力则可识见:存在及其属性,本质的结构和智力可以理解的原理,凭借存在之灵光则可以把握。那就是抽象直观的奥秘。而且在那些客体之中,这种直观有所识见,智力有所认识,而并未

---

① 原文为"see"。
② 原文为"Being"。
③ 原文为拉丁语"in actu"。

直接目睹客体,因为超验的客体并不包含于感官经验的世界。那就是类推的智力活动的奥秘。形而上学的问题因此归结于,归根结底,直观抽象思维这个问题,同时归结于下述问题:处于抽象思维顶峰之际,是否存在本身,就它是存在而言——存在渗透和充溢这感官经验的世界,可是存在又超越这个世界而朝着四面八方延伸——是或者不是这样一种直观活动的对象。正是这种直观活动造就了形而上学者。

自称存在主义者的哲学家,不论他们是基督教存在主义者,诸如加布里尔·马塞尔,或者无神论存在主义者,诸如胡塞尔和海德格尔的法国信徒,其悲剧都在于他们怀有的感觉或统觉是领悟了存在,或者说生存的首要,而与此同时,他们却否认存在这一概念有什么价值,以存在是抽象的为借口:结果他们所认识的存在,仅为一个空洞字眼。另一方面,如果说本人是托马斯主义者,那是就终究分析而言的,因为我已经理解了智力有所识见,智力注定要征服存在。智力在十分完美地发挥其功能的时候,即不是制造具有的功能,而是判断,智力把握了万物使然的存在。而且与此同时,智力形成了其第一个概念——存在,形而上学将凭借自身的灵光,彰显至高程度的抽象形象化。

现在,从结果来看,我们便能够理解,各种各样典型的知识范畴,它们分布于悟性的不同水平,是如何彼此各异——相互关联,不过本质而论则各不相属。我们便能够理解,研究自然现象的科学——对现实事物进行"经验逻辑的"分析——其次为数学,再次为研究自然的哲学,最后为形而上学,如何构成了自然而然不同程度的思辨知识。知识的这些各自各样的学科,无法相互取而代之,也无法彼此抗衡,因为它们并不在相同的水里钓鱼,而是将各种各样的见地,应用于不同的客观领域;物理学、化学、生物学能够永无止境有所进步,各个学科都处于自身的水平,范围是关于人的知识,举例而言,而永远不会碰到研究这个相同的人的哲学知识所特有的问题和答案,哲学知识处于一个不同的水平。一位生物学家在反思自己的那门科学时,如果有人引导他去提出这些哲学问题,那么他就不再只是生物学家,而且同时还是一位哲学家了,他将不得不凭借哲学的工具来恰当地回答问题。在眼科仪器和视觉神经中枢的知识方面,我们能够用取得永无止境的进展,可是"什么才是感觉?",这个问题将永远取决于另一层面的知识。在化学构造或者人的生理学方面,我们能够取得永无止境的进展,或者甚至人的心理,我们也根据经验而加以思考和解释,可是"人具有一个精神的灵魂吗?",这个问题将永远取决于另一层面的知识。归根结底,关于知识程度的具体多样性和有机等次的上述思考,能够帮助我们理解科学和智慧如何相济为用,而且,由于智慧创造了知识的等次,处于才智生机沛然的平和心态,人如何能够恢复其统一性,时至今日,人所最为缺乏的祝福之一便是才智,而且人往往在甚至并不认识才智的情况下,却充满渴望而心向往之。

可是为了理解所有这些方面,首先有必要拨正笛卡儿引入现代思想的大谬之论,那就是其本质的和具体的科学统一理论。其实不然,人类知识并未赋有本质而完美的统一性;人类知识并非一块宝石,绽放出精神统一性的光芒。人类知识具有的统一性,仅仅在于它是典型类别不同的部分聚合而成的整体。上帝的科学,即创造的科学,乃是天衣无缝的一门学问,因为它与神性的智力和本体本身具有同一性。可是人类科学则为不同于心智的一个结果,而这门学问又是从心智发源而来的,而且它是一门化缘性质的学问,依傍的事物是它所迫不得已而要在观点上兼收并蓄,因为存在着具体不同的智力美德,凭借具体不同的抽象过程的能力,它们从感官经验之中而清理出了可以理解的内容。

在人类知识的历史中,我们看到这些智力美德彼此起伏,忽而此兴,忽而彼衰,这些知识的类型此消彼长,都有几分霸道,竭力把捉知识的全部宇宙,而不惜舍弃其他类型的知识。因此在柏拉图和亚里士多德的时代,出现过哲学和形而上学独霸天下的时期;在中世纪,至少在圣托马斯·阿奎那之前,出现过神学独霸天下的时期;笛卡儿、康德和奥古斯特·孔德以降,科学独霸的局面已经愈演愈烈,降低了理性的水准,而与此同时又确保了物质自然方面技术主宰的辉煌局面。

倘若人类心智能够结束这些获得精神帝国地位的尝试,那将是一次伟大的征服,因为精神帝国主义随之而来产生的是同样严重的损害,可以肯定,其程度并不亚于政治帝国主义所产生的后果;倘若人类心智能够在不可动摇的基础之上,建立自由和自治以及知识,还有活力充沛的和谐,以及知识伟大学科之间的相互强化,那将是一个伟大的成就,因为人类智力借此而能坚持不懈,追求真理。

Ⅱ. 知识的价值

我们由此可以进行本章第二部分内容的探讨,因为笛卡儿关于人类科学绝对统一性的谬种,与他的唯心主义知识观,可谓本质上一脉相承。唯心主义还是实在主义——我们在探究知识的本质和内在价值的时候,这是我们所面临的重大争论。我相信古人——我所特指的是柏拉图和亚里士多德,其次为圣托马斯·阿奎那和16至17世纪注疏其说的大家——在认识这个课题时,较之今人则持有更其深刻的见解,尽管他们未曾想到,探讨知识问题,需要单独地系统撰著一部专题的批评论著。我乐意简要概括的,便是古人的这些见解。

他们首要关注的是保持知识的本质完好无损,这是哲学能够观照的至高无上的奥秘,而又不将之归结于——我们时时刻刻都受到诱惑而跃跃欲试——通常的一种比较,那是从我们身体的视觉借鉴而来的,在我们的想象力里,它们处于休眠状态。古人在探讨知识的时候,告诫我们要把精神境界升华到一个更高的水平,道理即在于斯。

在圣托马斯看来,认识既不在于接受一个印象,也不在于推演一个意象;认识乃是某种远为透彻远为深湛的活动。认识意味着变化;变化意味着无我。如此说来,是否这种活动意味着丧失自己的存在而沉浸于事物之中呢?那个说法或许是推向极端的柏格森的直觉说。那个说法当然不是托马斯学说所指的智力活动。进而言之,没有任何类型的物质结合或者转化,能够企及存在于知者与所知①之间的结合程度,如果沉浸于他物而忘却我的存在,以求达到物我合一,我就不会变化为那个他物的存在;物与我的合一会构成一个合成物,即中间物②,而不是

---

① 知者与所知(the knower and the known),一译"能知与所知"。
② 原文为"tertium quid"。

知者变化为所知本身。知者与所知的结合，因此是一个真正的和名实相副的统一体；二者超越了物质和形式的结合。

可是假定这种"变质"存在于两个实体之间，而二者仍然保持着各自自身的存在——因为在我认识物的时候，我依然是我，物依然是物——则无异于说，认识过程包含了一个非物质的变化，一个非物质的同一化，知识乃是有所依傍的非物质属性的一个变数。由此可见，认识存在于非物质性地变化为他者，就认识乃是他者而言，即 aliud in quantum aliud。因此，从一开始，托马斯·阿奎那便认定，知识绝对依傍具体客体。其实，认识本质而言意味着认识某物，而某物，作为我的认识活动的特指客体，并非产生于我的认识，而是恰恰相反，某物测量和主宰了我的认识，从而拥有了它自身的存在，独立于我的认识；因为测量仪自身要依傍测量物，这个说法是荒谬的。以下说法远离了真理：认识的客体，如同康德所言，乃是思维制造的一个产物，它有别于事物自身，根据已知客体的根本属性来看，它必须是这样一个物——此物有别于我自身和我的认识活动，此物恰恰包含了他物属性，即它自身所具有的属性，而非我的属性。由此可见，我的智力活动全部的具体确定过程，来自于作为某个他物的这一客体，不受我所支配。在认识过程中，我将自身隶属于独立于我的某一存在；我已经为这个存在所征服，所折服和所屈从。而且我的心智的真理，寓于它符合超乎心智之外，而且独立于心智的外在之物。

以上便是托马斯哲学基础的实在主义和客观主义。进而言之，圣托马斯教诲说，固然欲望的主观意向，在支配我们行为的实践知识方面，发挥着一个本质性的作用，固然这些意向也能够在我们的理论知识方面进行干预，不论为善还是为恶，当后者臻至自然而然的完美境界的时候——也就是说，当它变为科学，并且为我们提供不可动摇的理性真理的时候——本身而论可谓绝对纯粹，而且摆脱了所有下述的考虑：对于人的主体来说，什么是善的和有利的（或者对于国家，民族，社会阶层或者主体所归属的精神家族）；理论知识绝对纯粹，而且摆脱与感情或行动上偏好、循规蹈矩和随机应变的千丝万缕的联系；在此唯有客体是主宰；无论得出什么结论，智力甚至会羞于启口自问，这个结论令其痛苦还是喜悦。智力观照客体;智力凝神于客体;智力是否确实认识到我存在,而且有所他求?尽管感情用事的作风延续了一个多世纪,科学具有坚如金刚的客观性,如果我们依然抱有这种想法,我们就要归诸于古老的经院哲学的训练。

可是,在圣托马斯看来,科学并不只是对感官细微经验的"经验逻辑"分析,甚至并非只是数学,它和我们是处于相同的水平。科学超越所有的形而上学,迫使我们昂首仰视。因为如果我们的智力,就其具有人性一面而言,是把感官可以知觉的事物的性质,作为和它相称的或者"同质的"客体,智力,然而就其是智力而言,则往往趋于全部的存在和上帝①,通过类比的过程,智力上升为研究精神实在客体和上帝的一门名副其实的科学,毫无疑问不是通过上帝的本质而为人认识,诸如上帝寓于自身——而是仅仅通过上帝因果律的结果而为人认识,表现为造物的映象,以逐个的形式,不过是伴随着确定性和真理性而为人认识。

这里的要点十分重要,应该细心留意。如果托马斯哲学,它一面以这种方式,引导我们走向征服智力可以理解的存在,同时却使得我们的知识依傍于他物存在这层意思而为人认识的物,使得我们的知识绝对隶属于超智力的存在;假设这种知识因此而要求我们的智力,在一定意义上说,以被动态度对待客体的物,不过同时却又说明,认识乃是某种本质上能动的活动,具有活力和自发性。

我们才智之于物的关系上的被动性,实现了一个具有人性的条件,这是一个必然的条件;我们必然要从客体有所认识,这样才能通过客体而具体确定我们的认识。不过虽然才智从起因来看是被动的,智力活动就其根本属性而言,是犹如纯粹自发而进行的——我指的是智力活动的生机或者内在能动性,而非过渡性,具有自发性是因为它是充满生机的。因为我前面谈到,认识乃是本质上非物质性地变化为他者;智力能力表现于他者的这种非物质性的勃发,乃是某种纯粹内在的活动,它甚至并不存在于寓于其中的一个果实的制造过程之中;这种活动是智力能力的一种纯粹质的实现,而智力则通过把自身化为客体而完善自

---

① 原文为"the Supreme Being"。

身。一个概念其实是认识过程的智力产生的,不过那是一个(必要的)手段,而非智力活动的根本实质;具有制造能力的智力活动最后以概念告终,概念为我们内在产生之物,凭借认识能力而又以可以理解的自然本身告终,人们在概念中凭借直觉认识了自然,而且智力直接与自然等同起来了。

由此可见,论者可以理解,在智力活动的过程中,对于客体的依赖性与能动的自发性,二者如何互为表里,在这个活动之中,所有的生机如何来自智力这种能力或者主体,所有的具体说明则来自客体,从而智力活动完全是从智力而且完全是从客体进行的,因为,智力在认识的那个契机,它是非物质性的客体本身,认识活动中的知者乃是被认识的活动中的能知本身;认识之前,我们的智力犹如一种无形的生机,有待塑造成形;一旦凭借自身的抽象能力,智力通过感官而获得了对客体的可以理解的印象,智力便变为那个客体,而通过智力从印象中产生的概念,又将客体推向终极程度的成形过程和可以理解的客观存在,为了同时能够上升到非物质性的物我同一的至高顶点。

因此圣托马斯先着人鞭,乃真理之集大成者,即现代唯心主义后来触及的认识过程中精神的能动性和自发性。康德仅仅通过消灭客观性而肯定了能动性,因为他唯一念念不忘的是一种制造功能的能动性,而托马斯主义,由于旨趣在于真正内在和真正有活力的能动性,故而把知识的客体性作为能动性的存在理由和终结。我们才智的生命在于化为万物;而且目的即在于发挥其完美的自发性——尽可能完美地反映于才智的人性和创造的境界——它完全服从于存在,要求为存在所孕育,以便能够构思真理的果实。

托马斯主义也是下述真理的集大成者,即现代唯心主义一直能够触及的知识的内在属性。因为笛卡儿看得十分清楚,我们的心智——其中寓于了它的伟大之处——在自身内部企及了它的客体,表现为一种完美的内在属性。可是圣托马斯关于这一层的认识胜于笛卡儿。依照托马斯的理论,智力为了领悟自身所要认识的客体,在自身内部转化了客体,结果这个客体便沐浴于智力自身非物质的灵光;和感官有所不同者,因为感官把握的客体是就它具体作用于心智的外部而言的,而智力认识客体则是就它存在于智力内在而言的,寓于智力的内部。可是笛卡儿,怀着一份莫大的天真,而且由于他终年仅有几个时辰致力于形而上学,故而他相信,结果我们的心智直接领悟了其自身的思想(思想从而变成了事物)。相反,托马斯主义者则已经认识到,智力因此在自身内部所领悟的,并不是它思想,而是凭借思想领悟了事物本身,此时事物已经剥夺了其自身的存在而在智力内部传达,转化为智力自身的非物质属性。

以上关于知识本质的研究和探索,向我们显示了知识的客观价值,以及知识本质方面的实在特性。如果在人类方面,这种知识的基本实在论受到诸多限制,如果,正如我们在本章探讨的第一节中看到的那样,十分成功地征服自然和感官可以知觉的现象细节的那种知识——即科学,就这个名词的现代意义而言——为了获得成功,迫不得已而放弃了征服事物的根本存在,同时却诉诸符号,诉诸心智构建的实体,诉诸某种数学理想化,它抽象处理了人们所观察和衡量的现实事物,可是始终存在的情况是,由于具有无比深湛的动力作用,知识则趋向于认识的形式,尽管可能显得很不完美,这些形式却把握了存在本身,因此形式即是智慧,也是科学。

知识！智慧！自从人类起源以来,这些字眼便令人心醉神迷。原始时期出现的巨大偏向,而且在我们历史的动荡岁月,大有重现之虞,那就是知识与力量混为一谈,或者等同视之。那就是智慧或科学有魔力的概念。日耳曼帝国主义野蛮的特性之一,在于复活了科学与力量的这种混为一谈。在马克思主义学说里,我们发现了同样混为一谈的论调。我感到纳闷的是,较低程度而言,现代世界的一切是否没有受到这方面的污染。毫无疑问,存在着一种趋于行动的实践知识——并非趋于力量——力量的宗旨,要则创造一个结构精制的作品,比如以艺术为例,要则完成善良的行动,比如以道德知识和审慎的美德为例。可是,鉴于知识的根本属性,知识并非趋于力量,甚至亦非趋于行动;知识趋于的是真理。而且从知识的全部程度来看,从最低至最高,真理才具有解放作用。唯一真正的文明,乃是这样一种文明:人类从中把知识的理念释放为客观纯粹,在自身保持和发挥真理的意识。如果文明,如今摇摇欲坠,若要获得新生,这种新生的基本条件之一,在人类交流的领域,就必须把语言的功能回归它的真实本质,而现在语言却遭到极权国家采取的那些步骤的歪曲,而且,在精神的内在生命这个领域,知识同样必须回归它的真实本质;知识不可继续为力量铺平道路,或者与力量混为一谈;智力必须认识到,在认识范围的各个程度上——是否我们思考过日常经验方面最为简单的客观真理,或者科学依据真理而系统陈述的现象规律,根据的是观察,或者哲学所领悟的真理,根据的是可以理解的感知,存在的结构和存在的普遍原理——智力必须在它的全部经纬和多样性的范围之中,认识到真理的神圣本质。

Ⅲ. 诗性知识

前面的分析围绕的是思辨理性的知识,即属于哲学家和科学家的知识。

可是另有一种类型的知识,我们如果不能兼容并包,那么我们看到的就是一幅大有缺陷的人类知识图景,这门学问迥然不同,它并非通过概念和推理学而知之,而是如同圣托马斯所言,通过才性所好,或者通过同声相应,志趣相投或者天生禀赋而先天所赋。

此乃正人君子的道德知识,他可能理论上并不懂得什么正义或名节,可是他自身体现了这些美德,一个行为是否不公和可耻,他只能听从自己内心的从违。

此乃性好观照之士的神秘知识,他可能从来未曾研习哲学或神学,可是他神圣之事他则身体力行,而且凭借自己热爱上帝而融为一体,他认识了神圣事物。

此乃终极而言的艺术家的诗性知识,他可能理论上并不懂得心理学或是社会学,宇宙论,伦理学或者什么其他学问,可是为了在他一部作品里,能够给自己揭橥自身最为奥妙的存在,他潜心于创造直觉或情感,在精神无意识的生命和主观的深层境界之中,通过从现实界所获得的冲击,看待天下万象及其奥妙时,他产生了一种非概念性的知识。

我要探讨的不是和这种类型的知识相联系的问题;我无非乐于注

意的是那种方式,而艺术和诗歌借此已经逐步意识到自身和它们所特有的知识——诗性知识——在我看来,乃是现代世界的一大征服;表现为特殊专注的反思意识这场运动,我相信,由德国浪漫主义者和波德莱尔首开其端。

关于诗性知识,我相信,应该提挈的本质性要领可以表述如下:

艺术活动就其本身而论,并非一种认识活动,而是创作活动;艺术追求的是创造一个客体,它符合那个客体的内在需要和自身的善。

确实,艺术活动必须具备和兼收并蓄诸多以前的知识;进而言之,艺术活动要则需要一种观照的心境,类似伟大的中国画家①十分强调的那种心境,要则是某种永无止境的沉思默想,通过感官而进入灵魂的一切无所不及——总之,可谓感官触发的精神觉醒。不过这些知识(就其普通意义而言)是先于艺术活动本身而存在的。艺术活动的开始则在此之后,而且发生于一个单独的、自主的天地,因为这是一种创造活动,而且鉴于其根本属性,艺术活动需要心智不是由一个应该认识的事物所塑造,而是要塑造一个应该从无到有的事物。

这里令人发生兴趣的情况是,这种创造活动本身,在其精髓里隐含了一种类型的知识,就是我现在谈到的诗性知识,我们如何才能说明这种知识呢?

一个思维活动,从其根本精髓来看,属于创造性质,它塑造了某种从无到有的事物,而非被事物所塑造——如果不是那个进行创造的人的根本存在和实质,那么这样一种活动所表达和显示的,又是什么呢?

可是人的实质之于自身而言,可谓蒙昧无知;唯有通过来者不拒和承受一切,通过觉醒而认识世界,我们的实质才能有所觉醒而认识自身。诗人只有在一个作品里,才能够表达其自身的实质,倘若万物在其内心回荡不已,而且,倘若在其内心,处于同时觉醒的时候,万象和诗人,在睡梦中便会一时俱现。他从万象之中察觉和神悟的一切,因此与

---

① 马利坦对国画和中国艺术颇有研究,认为主体赋予客体以生命,"道"的精神隐含于物,"马的强健运动体现了马的精神",进而谈到南齐谢赫《画品》中标举的"六法",突出了"气韵生动"和"骨法用笔",指出第一法即精神生命,第二法即艺术技艺。参阅《艺术与诗中的创造性直觉》,第一章第三节。刘有元、罗选民等译。三联书店,1991。

他自身和他的情感便不可分割,实则他有所察觉和有所神悟的一切,已经属于他的生命,要运用一种知识,才能朦胧地领悟他自身的存在和他的情感,而这种知识的目的,就在于创造。他的直觉,创造直觉或情感,乃是同时关于其自身和万象的一种朦胧领悟,要运用物我合一,或者一脉相通,这种领悟仅仅在作品之中成形,结出果实而且发现表达,这种领悟,凭借浩然之气,追求的是创造和制作。这种与一般所谓知识判然不同的一种知识;这种知识无法用观念和判断来表达,这种知识可谓经验而非知识,而创造经验,因为冀望的是达到表达,而且只有在一个作品里从能够得到表达。这种知识不是先前存在的,或者是创造活动的先决条件,而是融入其中的,与形成作品的活动过程化为一体了,而这恰恰就是笔者谓之诗性知识的含义。

诗性知识乃是创造从中发源的观照固有的契机。从中源源而来的是每一艺术作品所隐含的美妙音乐,它是赋予形式以生机的一种意蕴。因为艺术无法对艺术客体感到满足,客体包含于一个特定范畴,客体仅仅作为一种制作活动而趋向于这个特定范畴。作为智力的活动,艺术以一定的方式——我指的是创造方式——趋向于上帝,而上帝是超越一切范畴的。由此可见必须达到这样一种境界:艺术家正在塑造成形的那个客体,不论土制花瓶,或是渔船,应该体现的意义超过客体本身;这个客体必需一身二任:既是标记,也是客体;一种意蕴必须赋予客体以生机,从而使得客体无声胜于有声。

教育的宗旨[*]

托·斯·艾略特

---

[*] 1950年11月在芝加哥大学发表的演讲集。讲稿文本分别刊载于《均衡》杂志(*Measure*，1950年12月，1951年春季号，夏季号，秋季号)。——原注

托·斯·艾略特
(T. S. Eliot, 1888—1965)

美籍英国诗人、批评家、剧作家和编辑。出生于美国密苏里州,家境殷实,父亲经商,母亲从事社会工作。家庭环境十分开明,自幼接受的是无拘无束的教育。在哈佛攻读哲学和比较文学期间,深受桑塔亚那和新人文主义者欧文·白璧德等人的熏陶,同时接触梵文、佛教和东方文化,在哈佛时已开始发表诗作。后赴牛津深造,1910—1911年留法期间,在索邦大学继续攻读哲学,聆听过柏格森的哲学讲座。1914年结识艾兹拉·庞德,两人保持了亲密的友情。"一战"爆发后寓居英国,曾教书并在银行供职。艾略特从20世纪20年代起在英美文化界产生了深刻的影响,自诩"政治上属于保皇派,宗教上是英国天主教徒,文学上是古典主义者"。1922年创办著名评论季刊《标准》,主持笔政达十七年。艾略特在20世纪诗坛留下至为深刻的烙印,以揭示现代文明的复杂性为诗歌旨趣,诗风艰涩深奥。第一部诗作《普鲁弗洛克的情歌》是英美诗坛现代主义的杰作。代表作《荒原》当属当代诗坛之绝唱,恐怖的声音表达了基本的否定态度,反映了诗人对现代社会的认识。主要作品还有《四首四重奏》、《小老头》、《空心人》等。身为批评家,艾略特在宗教、社会和文学方面主张传统主义,《传统与个人才能》一文成为文学批评的经典之作,另有评论集《圣林》、《关于文化定义的札记》。戏剧方面的建树,也是不主故常而自开堂奥,主要有弘扬宗教献身精神的《大教堂谋杀案》、《家庭重聚》和《鸡尾酒会》。1948年获诺贝尔文学奖。

一 "教育"能够界定吗?

有位著名的神父①,最近在一本小书②里发表了一个判断,我力求深思熟虑。书中专门探讨的是我下文所要关注的这类问题。"看来,"他说道,"确实令人遗憾的是,绝大多数教育家并未充分忽视舞笔弄文之辈,情况恰恰相反,他们对后者留下了异乎寻常的深刻印象。"诚然,发出这句严厉的忠告之前,他先讲的一个说法比较令人心安——他在上文如是议论道:"物理学家,宗教人士,博物学家,艺术家,研究人类交往的学人,如果大家能够齐心合力,给予他们(即舞笔弄文之辈)止于彼此之间谈话的特权,而且大家能够共同转向重新思考:哪些内容构成了真正的教育,以便恢复基于适当经验的健全思维,那么在教育界,就会较少出现思想混乱的局面,而更多的则会是相得益彰的合作——这些应该在各界人士当中蔚为风气,他们通过各种方法,通过各种补充的渠道,孜孜探求唯一的真理。"在今天这个场合,我无法肯定,本人应该被视为一位艺术家呢,还是一个舞笔弄文之辈。有益的贡献与无知的干预,二者之间存在的一条界线,可能确实仅有咫尺之遥:如果我毕竟有话要说,那就必须不避盲瞽之说的嫌疑。

教育这个话题,我们大家都感到有话可说。我们大家都接受过教

---

① 即伯纳德·艾丁斯·贝尔(Bernard Iddings Bell,1886—1956),美国20世纪50年代和杜威唱反调的人物,反对所谓"幼稚、粗俗文化",提倡道德和宗教的传统教育,主张道德哲学再度成为教育方面首要考虑的问题。著作包括《牧师之道:牧师的精神规避》、《超越不可知论》、《群众文化:美国生活方式审视》等。

② 伯纳德·艾丁斯·贝尔著,《教育的危机》(Crisis in Education),纽约麦格罗·希尔出版公司,1949年出版。——原注

育,只是程度不同而已;我们,其中绝大多数的人,看待我们自身教育的欠缺之处时,都有所微词;大家都喜欢责怪我们的教育家,或教育体制,因为他们都在这个体制之内迫不得已地工作,罪名便是我们在自我教育方面已经失败。我这个舞笔弄文的人,曾经几度涉足过教书行当。我做过校长,在一所语法学校任职一个学期,还有一年在少儿学校;一生中,我有三年时间,是在指导一个成人教育班,每周一次;还有一段时间,我身为哲学课的助教,安排每周的辅导小组,后来岁数很大的时候,我负责一门本科生课程——上帝宽恕我吧——当代英国文学。我在高校发表的各种各样的系列公开演讲并未包括在内,因为此类演讲无须任何人通过测验,所以它们并不属于教育的组成部分。我提到本人这些名义上的资历,无非为了肯定一点:依我之见,就现在的任务而言,它们根本算不上什么资历。

两三年前,我完成了一本书,叫做《关于文化定义的札记》——有些读者断称,这个书名自命不凡,且书生意气,还有些人则断称,这是明摆着的故作谦虚。在这本书里,或许有点无关宏旨,包括了一个章节,探讨教育理论的取舍问题,我相信,当前教育理论中存在着种种谬论。我不敢妄称,这一章有什么统一性或结构可言,无非是条分缕析,或许主要作用在于平息怒火,因为当时我感愤的是,在兵火连天的英国,竟然还有人坐而论道,而且连篇累牍,尽是些无稽之谈。当年百感交集——或者说肝火太盛——终于得以释怀,我觉得好受多了;同时我认为,本人再也不会身不由己而重提这个话题。不过遗憾的是,这一章竟不入法眼,冒犯了一位大名鼎鼎的教育家[①],他先是客客气气恭维几句,然后便将我公之于众,指为满纸矛盾之说的作者;而且,实际上是要求我拿出一点顺理成章的东西,不然就要我赔罪致歉。也罢,今日的尝试,

---

[①] 罗伯特·梅·哈钦斯(Robert M. Hutchins, 1899—1977),美国教育家,20世纪30年代就任芝加哥大学校长。长期担任《不列颠百科全书》编委会主任,也是54卷本《西方名著》丛书主编。他批判了高校过分专业化倾向,倡导"通识教育",力求课程统筹兼顾,保持西方学术传统。著作包括《美国的高等教育》、《乌托邦大学》、《追求自由的教育》等。——译注

《托·斯·艾略特论教育》,(T. S. Eliot on Education),见《均衡》,第一期(1950年,冬季号)。——原注

多少可谓一举两得。

  我顿时认识到了一个过失：一方面,在此书上述章节的前文部分,我希望那是写得较好的部分,"文化"这个字眼,在不同的语境里,至少包含三层意思,彼此不同,而又密切相关,我尝试区别对待；而我在运用"教育"这个字眼的时候,没有费心用相同方式予以分析。不过旋即显而易见,"教育"一词意思另有所指。首先我们在谈论提供的是什么教育,我们在谈论接受的又是什么教育；其次我们在谈论的教育,是指施教予人的内容,还有我们指的是,他们为了自身考虑而有何作为。我们可能是指机器,或者我们可能是指一个聪明的学生和一位因材施教的老师之间的接触。

  说到这里,我不免要走题扯远一些。我已经披露了本人的意愿：在教育方面,不怕落个舞笔弄文的名声；在语义学和语义符号学方面,也不怕落个舞笔弄文的名声。比起教育,这个领域更是不可涉猎的禁区；可是现在铺天盖地,处处都是高度专业化的科目,好一派光景,竟如此彻底地割裂为各个禁区,处处可见告示牌在提醒我们,不可入内,违者问罪,或者干脆竖起"内有公牛"的牌子,结果舞笔弄文之辈,经不起刺激,便口无遮拦起来。所以关于这个话题,我不得不说点什么,先要标明经纬——下面所谈的内容,如果受到过多的嘲笑,以后就束之高阁——所以我取的标题是,"关于一箭三雕①的定义",或曰"驳麦塔格"②。

  约翰·麦塔格·埃利斯·麦塔格,剑桥三一学院的已故哲学家,在世之日享有盛名。我未曾拜读过此公的任何一部著作,不过我相信,他是黑格尔的信徒；他阐说的那套哲学,现在遭到冷落了,除却存在于辩证唯物主义的形式。不过据说,就是这位麦塔格先生,他予以这样一个说明：三叉一词,意为玳瑁。这个解释,他找到两个出处,引为依据,一

---

 ① 原文"runcibility"系由下文提到的爱德华·李尔所用的"runcible"(三叉)派生而来。
 ② John MacTaggart Ellis MacTaggart(1866—1925),英国哲学家。20世纪初叶英国黑格尔派代表人物之一。著作包括《黑格尔辩证法研究》、《宗教的一些教条》、《存在之本质》等。

处见《猫头鹰和猫咪》①,一处见《不长脚趾的波波乐》。② 诸位请记住,猫头鹰和猫咪,在饱食婚宴酒席时,用的便是一把三叉匙;还有波波乐的姑妈约比斯卡,她养着一只绯红胡须的三叉猫。麦塔格认识到,有的时候人们用玳瑁制作汤匙,玳瑁猫也时有出没,于是他便肯定,只有玳瑁是同时适用于猫和汤匙的形容词。英语里是否还有其他形容词,也可以同时用于猫和汤匙,这个问题我不会提出来;我愿意接受麦塔格在这一点上的发现。爱德华·李尔的作品,他还谈不上耳熟能详,而我的异议,也无意基于以上事实;我的意思是,本人也言之有据,因为在另一首诗里,李尔曾形容自己走来走去"戴了顶三叉帽"。③ 麦塔格的任何一位门人若要避实就虚,十分便当,可以附条脚注提示读者,李尔乃一介怪才——这一点难以否认——像李尔那样的人物,很可能头戴玳瑁壳,权当冠冕之用:附带说明一下,一只玳瑁的壳和有些英国大学文学博士的学位帽,在外形上不无相似之处。休矣,我断定麦塔格的方法,开头便陷入了谬误。

虽然语义派生于一个词根,同一语词可能演化为互不相关的两层意思,此类现象可谓屡见不鲜。试比较法语中的动词 évincer 和英语中的 evince,前者意为"排除,剥夺",后者如今意为"显示,展现,显露"。这两个词语本义为"征服"——也就是说,二者起先都忠实于拉丁语中的本义,然后它们才得以形成。这个法语动词的现代用法,首先属于法律范畴。可是这个英语动词则源远流长,引人入胜。16 世纪初叶,它的意思仍为"战胜,胜于",同时意为"信服"(convince)——在辩论中取胜(当然,convince 保存了胜利的含义),也意为"驳倒"。稍后,此词呈现的意思为"迫使,强求";而在同时,词义也可能为"证实"或"证明无辜"。到了 18 世纪末,evince 的语义似乎突然飞跃,形成的意思为"变

---

① 这首打油诗在英国家喻户晓,诗题原文为"The Owl and the Pussycat",诗人系爱德华·李尔,为赞助人爱德华·斯坦利(德比伯爵十三世)子女而作。原诗全句为"…they ate with a runcible spoon",见第 3 节第 6 行。

② 也是一首打油诗,诗题原文"The Pobble Who Has No Toes",作者同上。原诗全句为"Runcible cat with crimson whiskers",见第 3 节第 8 行。

③ 原诗全句为"He weareth a runcible hat",出自"How Pleasant to Know Mr. Lear",见第 5 节第 4 行。

得醒目或彰明较著"。这个飞跃可能看似令人费解,其实不然,我们只需查阅《牛津大词典》里照明这层语义的引证,出处为《库克船长探险记》①(1790年):"他们太平洋人的性情完全显露了出来②,只要看他们友好接待所有生客的态度。"1790年的语义是"变得醒目或彰明较著",与1610年的一层意思相去不远:"通过论辩或佐证而证明。"而且"变得醒目或彰明较著"这层语义,轻而易举便过渡到了十九世纪至今的用法,即"显示,展现,显露"。由此可见,一个语词从一层语义到另一层语义的过渡,可能显得简单、自然,而且肯定在 evince 一词的历史沿革过程中也合乎情理;每次过渡,可能完全不知不觉,结果作者——而且,我们不可忘记,还有消失于记忆中的言者——功不可没,可能意识不到,当时他们有什么标新立异:经过了一段漫长的道路,从拉丁语动词 evincere 演化到了"征服",而英语动词 exhibit(展现)或 manifest(显露)则来源于不同的词根。于是,英语的 evince 与法语的 évincer,二者之间的语义今日便相去霄壤了。

我们学会了解重要词语的来龙去脉,这样便有一个明显的功用,因为如果缺乏这一方面的理解,我们总是会根据现代语义解读英国文学比较古老的文本。举例来说,我们有必要知道,在英国,袜带(suspenders)用于系吊袜子,而在美国,它们的用处是支撑长裤(pants)的背带,在英国长裤则用背带(braces)系吊,而且不叫长裤(pants),因为这个保留下来的名词是专指美国长裤里面的内裤。不同时期相同地域,同一词语的词义会出现变异,不同地域相同时期,亦然出现变异,除此之外,相同地域和相同时期,同一词语还发生了远为重要的词义变异。在进一步展开之前,我想提示一点,词语的这种摇摆现象,并非什么令人悲叹之事。我们不可力求限定一词确指一义,不可要求一个词义在各个时期,各个地域,对所有的人,都是如此确指。诚然,一种语言肯定包括许多语词,至少相对而言,一个语词总有一层语义固定下来。科学术语姑且不论,有许多名词用于具体物体的命名,它们肯定本质上所指的是

---

① 詹姆斯·库克(James Cook,1728—1779),英国海军上校、航海家和探险家,也是澳大利亚的发现者之一。

② 原文为"Their pacific disposition is thoroughly evinced"。

相同事物，而贯穿于语言的全部历史：比如下述两个名词，过去在思考某物存在与否的时候，一直为哲学家所用——即桌子和椅子。不过还有许多词语，肯定改变了词义，而正是由于语词在语义方面的变化，这样才保持了语言的活力，确切地说，这样才表明语言有活力。如果词语一成不变，那就意味着，要么我们过的生活和祖先一模一样（一个原始部落的语言中词语意思的变化速度，在其他条件相等的情况下，我料想是非常缓慢的），要么我们的语言已经不再满足得了我们的需要——在这种情况下，近邻比较发达的语言便有可能取而代之。

世世代代，词语意义都在发生变化，与此关联的是意义的变异，它们可能在相同时间内出现，而这里我的关注所在正是这些变异。源于相同词根的两个词语，在两种不同语言里，它们已经获得如此互异的语义，比如 évincer 和 evince，此时它们其实是两个不同的语词。设若英语里的 evince，同时意为"剥夺"和"显露"，那么词义混淆的程度，便会令人不堪。但是有许多词语，我们是在不同语境里取其大同小异的意思；而意义方面的差异虽然微乎其微，却可能十分重要。我们的思维存在着大量的混淆现象，都是产生于以下这种情况：我们没有注意到，在运用相同词语的时候，表达的是多层意思。

现在我暂且回到"三叉"一词。这是一个无含义词语，但是我认为，通过探究无含义词语，我们能够对"有含义词语"有所认识。刘易斯·卡罗尔用过一些"缩合"词语，比如 slithy, gimble, wabe①，它们并非纯粹的无含义词语，因为他界说了其中的含义：它们都不是爱德华·李尔所用的"spongetaneous"（伸缩自如）一词的意思。可是三叉一词，据我发现，则可谓纯粹的无含义词语：如此立论的依据是它没有词根。所以这个词语无从界说。可是我应该否定以下说法：这个相同

---

① slithy, 由 slimy（黏糊糊的）和 lithe（柔软的）合成的词语，意为"滑不唧溜"。gimble, 从 gimlet（手锥）一词而来，意为"像手锥般钻洞"。wabe, 从动词"swab"（抹布）或"soak"（浸泡）衍生而来，意为"日晷旁边的草地"，指"山坡"。以上据卡罗尔自注。出自刘易斯·卡罗尔（Lewis Carroll, 1832—1898）《镜中世界》里的小诗《胡言怪兽》（"Jabberwocky"），全句为"'Twas brillig, and the slithy toves / Did gyre and gimble in the wabe"。字面英语为"It was evening, and the smooth active badgers were scratching and boring holes in the hill side"。

的词语,他有三种用法,而彼此之间并不存在任何关系。这个词语的正确性体现于三种用法的每一种,它能令人感到满意之处,在于可以修饰大相径庭的客体,比如猫、汤匙和帽子,这个事实就是我们的识力予以认可之处;我们也感受到,每种用法都蕴含一层不同意义的微妙差异。词语的这类无意义的阴影,便是本人关注的方面。所以"三叉"不可能意为玑珥。附带提醒一句,李尔是位诗人;所以,倘若他指的是玑珥,他可能说的就是玑珥。

我按图索骥的词语,当然,是"教育"。在《关于文化定义的札记》里,我考虑欠周,写完一个章节的札记,探讨教育问题。我付出了一番努力,刚才已经有所交代,旨在区别我们在运用文化一词时,所指的三层意义:我们谈到个人、群体或者整体而言的社会的时候,文化的意义略有不同。我坚持认为,倘若用三个不同的词语表达,则并不可行,或者乃至开口便称"个人文化,群体文化,或社会文化",也不可能,因为三者的意义彼此渗透,互为照明。不过我坚持一点,我们必须始终防止出现以下情况:关于其中一个范畴,我们进行表述的时候,这些表述却仅仅适用于另一范畴。有可能我本人已经混淆了所指的范畴,即使在我力求区别看待的那些章节。偶尔误导视听的情况在所难免,因为自我误导的情况也难以避免,而前者往往更有甚之。而且我们必须记住,一个词语的定义,永远无法全面体现它的意义,也就是说,无法通过其他词语而全面体现;还要记住的是,诸如"文化"这样一个词语,它的所有意义之间存在着内含的统一性,故而无法全面限定于一个定义之内:当前用法中,这个词语有若干定义,我们逐一探讨的时候,感受到的正是这种统一性。

然而,我当时的不足之处,在于未能分析"教育"一词的若干意义。我现在并不认为,我曾经提出质疑的任何一位作者的那些表述,已经进行过这样的分析;不过这并不成为我不加分析的托词。和我所批评的那些作者一样,我那时也姑且理所当然以为,"教育"只有一层意义。

我们可以推究这个词语的来龙去脉,从中得到启发,照明"教育"一词意义的复杂性,如同刚才追溯 evince 的由来那样。我回到《牛津大词典》。"教育"一词的沿革过程,较少出现曲折,除了包括驯化动物,还有培育蚕种的技术应用。教育首先应用于对年幼者的施教：词典里提供的第一个实例，追溯到1540年，言及周岁婴儿的施教。然后教育进而是指后生的培训，关乎他们日后在人生中将要从事的岗位：即进入固定的群体。（早期的教育论文，当然关涉的是修习年轻绅士，以便他们出入宫廷生活。）继而教育进一步是指，"为青年提供系统讲授、培养或训练，以备他们从事生活中的工作"；还有"个人所接受的学术讲授的全部过程"——也就是说，教育一词的演化是和中小学校及高等院校平行产生的；不过它往往还包括一个职业的内涵——比如法律和医学。最后，这个字眼变成了"文化，或者综合能力的发挥，性格的形成，与单纯知识或技能的传授形成对照"。而正是在这个阶段，关于不同语境里这个词语的意义，我们开始碰到重重困难。

光阴流逝，一门语言也由盛而衰，词语的意思是什么，对于不同的人而言，词语是否意味着相同的事物，要找到这些问题的答案，于是变得更加困难。我们运用"教育"这个字眼的时候，或许我们的用法，要么面面俱到，结果无所不指，所以一无指称，要么我们脑海深处想到一个特定的意思。举例而言，我们可能会想到"受教育者"。但是登堂入室的那类受教育者，不单单是出身于最好的教育机构的学子；首先，较之绝大多数的人，他更是可造之才，而且自从不做学生之后，他多方努力，进行自我教育。所谓受教育者，我们可能指的是，在某个十分狭隘的专业领域，某人经过十分高深的培训，而且达到十分精通的程度；或者我们可能指的是，一个受过良好"全面教育"的人——然后我们可能进而勾画出全面教育的面貌，尽管什么样的教育才可谓全面，这个问题我们很少达成共识，虽然说谁也没有足够的时间接受"全面"教育，即使他通才兼备。当我们想到个人的时候，我以为，理所当然，我们总会强调，此人为了自身有些什么作为，而不是别人为他做了些什么。而且受过完美教育的人，如同具有完美文化修养的人一样，并不存在。环境各异，完美的种类也各不相同。从群体方面着眼的话，思考起来比较容易。在先前的年代，群体是指社会群体，那时还保存着往代的绪风；在我们这个时代，群体更为重要的是指技术群体。一旦诸位仅仅关注相同社会等级的小群体，教育的目的或意义这个问题就不太可能产生。所有的中小学生，都有着基本相同的背景，都抱有名义上相同宗教信仰上的忠贞态度，他们以后就会继续在相同群体内从事各种活动，这个事实意味着，大量最广义的"教育"可以视为理所当然，或者遭到忽视。而凡是涉及技术教育的地方，其目的一清二楚，其成败可以衡量；唯一的问题在于，以什么年龄开始这种教育。大学生，毫无疑问将来自大相径庭的背景，最终会各奔东西，他们的专业活动姑且不论，将来过的也是截然不同的生活；但是应该给予他们的授业内容，还有孰先孰后，这个问题则可以调控。依据年代最近的意义来看待教育，即"文化，或者综合能力的发挥，性格的形成"，此时现实的困难便产生了。因为与某个社会或职业群体相关的意义，是通过一切它并不属于的事物而得以识别的；但是，从最广义而言，教育覆盖的方方面面，则涉及社会整体的全部生活。

教育一词演化而来的这层意义，我在此并非提出异议。我认为伴随着在规模、复杂性、组织方面社会的发展，这层意义的出现可谓势在必然，同时也伴随着我们这个时代如此显见的压力，越来越多的生活趋于有意识的方向和集中化。但是我们已经迫不得已，凡此种种都要用教育一词来泛指；处于这样一个时代，我们越是意识到文化问题，就越是对文化产生怀疑；处于这样一个时代，看待性格形成的问题时，大家都各执己见。上述定义，我们用于阐释各级教育机构的各种目的时，这样的危险有增无减，我们期望，这些机构为了社会的有为之举，正是社会应该为了自身而付诸的努力。而"文化，或者综合能力的发挥，性格的形成"这层定义，给我们目前的教育机构提出了一个尤为艰巨的任务需要完成。在各个国家，这些机构的规模如此庞大；它们聚集了莘莘学子，其类型如此截然不同；它们有如此之多的院系；它们同时经过如此高度的组织化，结果反而变得如此不成章法。和祖辈及曾祖辈相比起来，我们可以轻易地好高骛远，而成就甚微。

西·埃·米·乔德博士[1]在建议中列举了三项教育目标，在《关于

---

[1] Cyril Edwin Mitchinson Joad(1891—1953)，英国哲学家和作家。1941至1947年期间参加英国广播公司"智囊团"节目，由此知名于世，成为公众人物。著作凡四十种，主要有《现代政治理论入门》、《现代思想指南》和《哲学指南》等。晚年皈依宗教后，著有《上帝与恶》和《信仰的重新发现》等。

文化定义的札记》里，我已经扼要地予以批判了，现在我要回过头来进行探讨，因为这些目标在我看来，和本人所看到有人提出的任何三项目标，可谓同样言之成理。三大目标是：

> 帮助少男或少女日后能够自食其力。
> 培训他们日后有资格在一个民主国家中恪尽公民义务。
> 帮助他们发挥所有的潜力和天赋而可以享受美好的生活。

凡此种种，客观而论，构成了教育中职业、社会和个人这几方面，这些就是乔德博士看待问题的着眼之处。首先，为了生计的培训，肯定是教育的一项固定内容。不过在解释这个目标时，当然要结合第二及第三个目标。生计问题，理应适合社会的需要和要求；生计也是指在品位和才能方面个人十分合适的那种生活。意在言外，要有一个良好的社会：因为众所周知，在大多数社会里，某些十分重要的活动报酬微薄，甚至令人心灰意冷。第三项目标，即"发挥潜力"，隐含的要求也是，有良好的社会，还有正派的个人。因为有些潜力或许是邪恶的，而个人综合能力的发挥并不单单是为了一己的生活享受：有些能力应该是有益的，其他的能力则应该无损于社会。

我们就来谈谈这个问题，应该有什么样的社会？我不大乐意一言以蔽之，曰"在一个民主国家"，那是乔德博士和其他诸人的说法。首先，这个说法，如今每个国家的每个政客，都会表示赞同；人人同意用相同的词语，形容截然不同的机制，此时这个说法就变得令人怀疑了。其次，民主一词给大家的暗示，总是各自在其中生活的那种特殊类别的民主，下一步就要说，"我的民主国家要比你的民主国家更加民主"；反之，在我看来，每个民主国家都要形成一种民主，它将在某些方面和其他国家的这些方面有所不同，不过可能是同等程度的"民主"。再则，一种名副其实的民主，在我看来，是芸芸众生的民主，而非流于形式体制方面的民主；诸多方面需要依靠公民，还有他们选举出来代表自身的那些公民。形式机制与运作它们的特殊人群的精神品质，二者之间有可能缺乏合拍；由于这层缘故，同时也因为腐败存在于从事政治之辈，或者大众之中存在着漠然，或无知，或偏见，或喜怒无常的情绪，一种民主在有些时候便可能运作得十分糟糕。

民主政体乃是可能最佳的社会宗旨,这个断言,我们大家已有了共识。我所能够发现的最宽泛的民主定义,乃是最大限度的责任与最大限度的个人自由相辅相成的一个社会。不过我们不能到此为止。首要的是,"责任"这个概念似乎意味着"自由"的概念,反之亦然。个人承担着强加于他的任务,从而逃脱不了,但不能据此便认为他就肩负责任了;个人要确实承担责任,就必须享有可以逃避各种责任的自由;凡是"不负责任"的人,一律不能称为准确意义上的"一个自由的人"——换而言之,他听任突发奇想,或各种欲望的支配——这样的人对自身根本不负责任。

我应该十分清楚地表明,教育的宗旨之一,理应使其培训出来的产物,有资格在一个民主国家中恪尽公民的义务,乔德博士的这番断言,我可以领教。我说可以领教的意思是,在相同话语范围之内,与此相悖的任何断言,都将是谬论。举例而言,此类断言可能是"教育的宗旨之一,理应使其培训出来的产物有资格在一个反民主国家中恪尽公民的义务",或者"教育的职责并非在于塑造好公民"。我想承认,简言之,一个名词的定义,很可能离不开缺乏定义的界定性名词的运用。可见,这种情形似乎在所难免;这是语言和思维的一个恒久的、固定不变的条件。为了能够正确运用有定义的名词,我们无须对界定性名词作进一步定义,这种情况下,一个定义才绰有余裕。我们引申了界定性名词的意义,而引申意义并未包含于定义者意图中的意义,这个时候出现的情况是,一个定义词不达意,而且带有危险性——因为凡是定义都始终存在这种局限性,定义由某人界说,又由某人领会。存在着一些精确思想的领域,其中定义者为何许人也,这并不重要;而在这里,我们并非置身于那些快乐的科学天堂。

现在,谈到我们探究的这个断言,我认为有必要假定,我们所指的乃是民主的精髓——我们并非在意义之间舍此取彼。民主必须意味着我刚才已经提示的所有内容:不仅仅是一种政府形式,而且是一种共同的精神品质,情感上回应的一种共同方式,甚至是私人生活中品行方面的一些共同标准。可是读到如此定义的人,往往对"民主"一词的反应无非是些许印象,如代表大会、各级选举、参加投票,诸如此类。如果他进一步要求有比较清晰可闻的内容,他可能继而要界说民主,而他的方式,要么给某些读者的暗示是,他所指的根本不是民主,要么他的方式给人的印象是,读者感到词不达意。爱德华·里恩博士①,爱尔兰神学家,写过《何谓教育》一书,内容精彩,值得一读,其中谈到:"大家的共识是,某个特定的可以接受的意义,它可以提供如下的说法:青年必须为了民主而接受教育,前提是我们都明白,民主意味着什么。"他接着告诉我们,他所指的民主是什么意思。"正确理解的民主,"他说,"恰恰正是贵族。"我认为,他应该说的是"正确理解的贵族",因为他继而提出了他本人所理解的"贵族"的意义。他指的是"体现价值的一类贵族,而非反映偶然因素的贵族"。他说,跻身贵族,不是凭借钱财或是世袭,而是通过人品、道德、才智方面的努力。

现在首先要说明,这并非"贵族"的普通意义,而且有些尝试旨在牵强附会,改变普通意义,我对此颇为怀疑。但是,其次要说明,在我看来,里恩博士无非是把问题推向更远,而无助于我们迎刃而解;因为如何发现精英人士作为治人者,这个问题仍然有待解决。进而言之,在我看来,这并非理想的民主,因为至少这种民主可能暗示社会截然分化为治人者与被治者;在我看来,他已经把个人的民主观,局限于政治方面。

一个正式的教育定义,以及关于教育旨趣的笼统表述,并非信手拈来,这种认识开始显现了。"培训少男少女日后有资格在一个民主国家中恪尽义务",这个表述一望而知是次要的旨趣,除非我们决定十分狭隘地限定"教育"的意义。因为显而易见,倘若这是教育中一个不可或缺的部分,那么历代诸多十分伟大的圣贤和学者,便不能谓之受过教育;而且我们必须说明,即便民主之父也是如此。作为一个次要旨趣,大家在接受的时候就必须充分意识到,它存在局限性和危险性。主要的危险在于,一个民主国家里,教育可能有人会解释为适应环境的教育。可以肯定,没有人接受教育是为了在一个民主国家恪尽职守,除非

---

① Edward Leen(1885—1944),爱尔兰宗教作家。著作颇丰,主要有《通过精神祈祷的进步》、《灵魂中上帝的精神和作用》、《貌似基督》、《一个牧师的心声》等。

他受教育仅仅是为了适应民主的特定惯例,置身其中,他才感到如鱼得水;他必须接受教育,这是为了能够批评他所身处其中的民主国家,为了对现存的民主与应有的民主面貌进行衡量比较,同时为了认识差异所在。一种民主中,哪些举措合宜可行,而另一种民主中,又有哪些举措合宜可行,二者之间,存在着哪些差异。当然,他必须经过教育而学会适应:因为不能适应的话,他便无法在其中恪尽职守,他甚至很难在其中生存下去。但是在自己发现周围存在的形式方面,他不可彻底学会适应;因为那样就意味着,培训出来的一代人,会彻底无力去促成任何变化,或改变面貌,无法有所发现,或进行实验,或者无法适应那些变化,而变化又是层出不穷的,任何人都不是刻意打算推波助澜,促成变化。因此"为了民主的教育"之说,并非如此简单的问题,那是我们初次听到时的感觉。

我们已经看到,"为了谋生的培训",它是教育的旨趣之一,这个说法意味着在一个特定的社会内的培训:不同的社会里有着全然不同的谋生之道,即便在最好的社会里,也有一些谋生之道远谈不上值得嘉许。而教育的第三项旨趣,"帮助我们发挥所有的潜力和天赋而可以享受美好的生活",也只有在一个特定社会的范围之内,才具有充分的意义。如果我们所谓的"美好生活",意味着那个社会认为是美好的那种类型的生活,我们就寄托于一个培训计划,旨在达到彻底适应目的;如果我们所指的"美好生活"并非仅此而已,那么美好的生活便脱离了地点和时间上的种种社会限制,我们就必须有衡量美好的另外某种标准。而我们所有的潜力(即使我们限定为自身追求善的那些能力)的发挥,则局限于我们不得不谋求的生计,还有我们谋生时所处的社会。这样看来,教育必须一方面是适应客观社会的一个过程,另一方面是一个准备阶段,以便踏入我们想要改变面貌的那个社会;而且与此同时,我们意识到教育,还有我们对于我们施教的那些人的责任,不是我们对于客观社会的认识所能领悟的,不论我们所追求的社会应有的面貌,在多大程度上修正了我们的认识。举例而言,为了某一个人,他注定要成为永远漂泊的鲁滨孙·克鲁索,我们会设计什么样的教育呢?肯定,那种教育势必在实用技能上面面俱到,可能不受欢迎的应用科学方面的内容就会十分单薄；不过他接受的教育毫无疑问,就会包括一些心理素质的训练,在这方面,给他提供思想和精神上的智谋对策,这样那位英雄就有备无患,可以经受得住持久的寂寞独处。另一方面,有些子弟,我们知道,他们将不得不生活在一个彻底恶劣的社会里,我们又会为他们设计什么样的教育呢？假如所谓恶劣,不仅仅是所有社会都存在的腐败,而是有组织地走向罪恶呢？我们的教育者,所幸的是,不必为这些局面开发一套课程；可是除非我们的教育定义能够给这两个问题提供一个解答,否则这依然还不是一个完整的定义。

我并非建议大家应该力求提供一个完整的定义；我无非提示大家,可取的态度是认识到,我们提供的任何定义,都存在不足之处。首先,比如"教育"这么个字眼,其意义超过了词典里词义的总和,而那些词义无非是缕述几个世纪以来,作家笔端一个词语的各种用法。但是,在一门语言是有活力的情况下,这些词语始终是在新的语境里为人使用,词语便因此获得新的词义联想,同时失去了一些原有词义；每一位伟大的作家运用关键词语的时候,在语义方面都有所贡献,这些地方乃是他个人风格的特色所在。词语的有些用法,与人俱亡,还有一些,则进入普通语言。一个词语意义的丰富过程,不可能永无止境,这个词语的某些用法,会同时渐渐淘汰,为人忘却：一则由于我们的心智无法容纳全部词义,即便我们通过研究文献而有所了解；一则由于永无止境的语义外延,会导致歧义和混淆。研究一门死亡的语言,有利条件是比较容易处理,其中的词语已经走向意义的极限：这些词语存在于文本中,它们的意义无法超越那些作者所赋予的内容,作者都是在那门语言繁荣的时期形诸文字的。我们并不希望自己的语言变成僵死的语言；但是,无论多么徒劳无功,只要我们还要进行思维,我们便会一直努力,而且确实必须努力,为每个词语固定一层永恒的意义。

所谓教育,我们大家所指的是某种培训,关乎心智,同时一般也是关乎身体——这样我们就能包括体育,以及针对某个进一步的旨趣,进行技能的培训。但是何谓教育,我们无法获得清楚的或有益的理念,除非我们对上述培训为了什么有所认识。于是我们就要开始探究,什么才是教育的旨趣,这时我们便不可自拔,陷入了冲突的区域。如同我前面所说,我们能够推演各种定义,在一个有限而不稳定的语境里,这些定义都言之成理,就像我们谈到,"培训是为了在一个民主国家里,恪尽我们作为公民的义务"。所幸的是,存在着某些话语范围,其中我们能够达成共识:我们使用的某些词语没有必要加以界说,限度便是我们在使用词语时,一如既往——不论如何用法。不过存在一个界点,逾越之后,我们便渐渐意识到,相同的主张对于同时采用的两人而言,意味着不同的意思——这种情况,经常出现在条约和其他政治谈判中;然后我们不得已而力求界说一个或多个词语,我们先前在运用时一直以为,这些词语之于我们双方,表达的是相同的意思。正如一个教条,可能没有必要加以宣明,直至出现左道旁门,俨然进行挑衅,同样,一个词语可能不必加以界说,除非我们发现,有两人或者更多的人,所用措辞相同,而所指含义相异。

我暂时不想暗示诸位,我们应该放弃界说教育旨趣的尝试(况且旨趣的定义,乃是教育一词本身的定义势必产生的一步)。倘若我们看到一台新型而神秘的机器,我想大家要问的第一个问题是,"那台机器派什么用途?"接着大家要问:"机器如何实现它的用途?"但是一旦我们询问某个事物的旨趣,我们就可能不由自主要询问一切事物的旨趣。如果我们界说教育,就会导向一个问题:"何谓人?"如果我们界说教育的旨趣,我们便要正视的问题是:"人为了什么?"由此说来,教育旨趣的每一个定义,都暗示某种隐含的,或者说意在言外的哲学思想或神学思想。定义之间,我们有所取舍,我们为之吸引而选择的定义,会比较合乎我们对"人为了什么"这个问题的回答。我们或许并不明白自己的答案是什么,因为答案可能不是充分有意识的,而且可能是完全无意识的;我们的答案并非始终存在于我们的头脑里,而是存在于那些无意识的假设之中,我们在处理生活方方面面的时候,都是基于这些假设。某人界说定义,诸位不论接受,还是摈弃,不论全盘接受,或是部分接受,和诸位相比起来,他可能或多或少意识到他的定义的内涵;在他界说定义的那一刻,在你有所反应的那一刻,逾越语场边缘之后的所有言外之意,或许你们双方都意识不到。

以上我所谈的内容——倘若还算言之有物,也许诸位从中可以看出，我们应该抛开"教育为了什么？"这个问题，进而应该正视的问题是"人为了什么"。关于人，我所知有限，不过我可以肯定，我们头脑的思路并非如此，也不可能如此。我们无法在真空状态下探讨终极的问题；我们的心智，识力，生活经历，必须全部发掘出来，才能处理这些问题；而我们的部分经历就是在比较有限的背景下，通过处理这些次要问题而获得的；同时正是这些次要问题，为我们提供了攻克首要问题的道理。进而言之，次要问题比较清楚明显地和日常出现的实际问题息息相关，如果我们要继续生活下去，就得立刻以某种方式应对这些实际问题。教育的旨趣，有人提供了如此之多而又纷然杂呈的描述解释，这个事实我也不悲叹。我们必须继续发明新的解释。每个答案都是一条线索，指向教育对某人意味着什么这个问题；每个答案都是一种激励，促使我们去发现教育之于自我意味着什么。倘若教育对于所有的人意味着完全相同的内容，世界便果真会是一潭死水；因此我们没有理由悲叹这个事实，倘若我们发现教育的意义令人捉摸不透，犹如三叉一词的意思。

二　宗旨之间的关系

综上所述，作为最为方便的起点，我们接受乔德博士开列的三项教育宗旨：职业方面，或者以十分谦卑的说法来讲，为了谋生的培训；社会方面，或者借用乔德博士的说法来讲，培养具备公民素质；个人方面，或者沿用马修·阿诺德的说法来讲，追求完美的境界。可是我们不能由此界定，教育仅仅表现为这三种活动的总和。因为，倘若"教育"这个名词应该涵盖上述三方面，而不是割裂开来适用于其中任何一个方面，我们就必须重视三者之间的某种关系，或者不如说，彼此之间的牵连，具体说来就是，我们不妨依然称之为教育的时候，三者的任何一面都不是教育本身的全部内容。我们认识到，谋生之道的选择范围有所限制，首先，由于个人能力有高下之别；其次，个人发现自己所处的社会对于活动的各种类型，或者表示支持，或者不予鼓励，或者换而言之，要看人们准备支付报酬的工作类别。谋生之道的选择，意味着面临社会环境时有所适应,虽然有人乐于从事满足温饱的谋生,这样便可以追求一门职业,和左邻右舍比较起来,在这样的人看来,这门职业似乎更有价值。进一步看,我们注意到,有那么一些谋生之道,本身而言不足为训,而我们也不应该为此而培训众生:比如寄生性质的活动,最好的一面来看,这些活动滋生愚蠢行为,最坏的一面来看,滋生人类的恶行。由此便产生道德标准的问题;结果谋生之道的公式,双重意义上讲,都存在不足之处,我们无形之中便被同时导向前面开列的其他两项宗旨。或者,如果我们从"为了公民素质而培训"这个公式展开探讨,那就隐含着培训为了生计这层意思;或者,比较广义而言(包括有些人,其中为数不多的人依然存在,他们的生活能够依靠不劳而获),培养一些有益的活动。"有益"一说,我们可以引申的范围十分宽泛,乃至包括的一些活动对于绝大多数的人而言似乎毫无用处;不过我认为,大家必须达成共识,根据衡量的各条标准来看,凡是对于社会毫无用处的人,都很难说是教育的一个成功产品。而且我认为,我们还必须达成共识,优秀公民很可能是"发挥所有的潜力和天赋"的那些人;或者至少说,一个社会,倘若不是付诸努力,以便那些具有优秀潜力和天赋的人在潜力和天赋方面尽量得以充分发挥,那么这个社会信奉的公民素质概念十分狭隘而且平庸,也不会成为一个值得教育人民为之努力的社会。最后,潜力和天赋的发挥取决于从事正当的活动,包括个人所能发现的满足生计的最佳职业;同时取决于以下一点:能力和天赋能够获得滋养,而且能够结出果实,在这样一个社会里,个人是否如鱼得水。由此看来,上述的教育宗旨中每一条,都导向一个在正确语境里能够称之为"教育"的过程,尽管我们无法单独通过其中任何一项宗旨来界定教育。而且这三条道路中的每一条,都势必导向道德判断和道德抉择,二者使得我们逾越了界限,而倘若教育这个论题还在可以探讨的范围之内,我们就应该把"教育"局限于三项宗旨的界限。

这份列单的危险在于,单单作为一份列单来看,一旦我们开始力求施教于人,我们便无法在头脑里长久地将三项宗旨等量齐观。之所以如此,不仅因为注意了其中一项,结果我们便往往容易忽视其他两项;而且可能造成的结果是,在付诸实践时,三项宗旨有些时候恰巧不能兼容,我们迫不得已,或此或彼,有所偏废。当我们发现,自己远远走向一个极端,自然的反应便是远远走向另一极端。

当我故地重临,走访一些高校的时候,那是在战争结束之后。有人告诉我,一代新人——既有那些被迫中断或推迟高等教育的,也有那些晚生几年,刚刚离开中学的学生——比起三十年代我熟悉的学生,比起我本人读书时候的本科学生,他们可是严肃多了。我现在谈的是英国,美国,还有欧洲大陆的高校。确实,此言不虚,因为眼见为实嘛。在四方大楼和校园,在大学城的街道,每到一处,我都看见,一张张诚恳的面庞显得神色凝重,那些青年学子似乎总是马不停蹄,从一个讲座奔赴下一个讲座,经过导师个别指导,然后赶回寝室,再从寝室奔向图书馆。察言观色之中,我觉得在每张脸上,都看得出焦虑,乃是关乎未来生计的焦虑。他们在学习上如饥似渴,想在最短的时间内尽可能多学一些,为了获得资格,等待文凭一朝到手,就能出去找到胜任的工作。现在看来,在我那个年代,关于以后我们要做什么,大家的担忧可少得多,至少在开头几个学年。当然,也有少数人和我不一样,他们流露出明显的倾向,在学术方面或者在某个特殊的科学领域,他们都全力以赴,攻读各自的学科,已经开始期望获得更高的学位,期望毕业后从事他们感兴趣的学科的教学。但是我认为,即便这些人,也没有感到思想上有压力,担心在求职方面或许会碰到任何困难,他们或许会发现,起先的去处未必十分理想,但是前途无量。他们期望的倒是自食其力,因为他们精通各自感兴趣的学科;不过其中并没有多少人一味关心学位,作为可以找到一份工作的必要条件,至于工作性质,他们自己也并不了解。

我现在意识到了,和我同时代的许多人,大学毕业时,获取的唯一优势在于,他们出去找工作的时候,和不读大学相比起来,他们年长了三四岁。当然,通过交游,参加课外活动,通过和各色人等的往来,他们来自美国各地,也是自己的同辈,个人便有所获益。不过我此时此刻关注的,不是伴随而来的益处,而是正式的教学。在我那个年代,实行的是自由选修的学制,无所约束,所以我必须将此放在资产负债表上的负债一方。三四年的时间内,通过某些完全无关的科目的考试,学生便能获得教育证书——文学学士文凭。仅有的限制是,如果讲座时间冲突,学生就无法在同一学年选修两门课程。我知道有个学生，他的选课原则是讲座全部安排在周二和周四，周六没有讲座；如此一来，他便可以一周四天在纽约潇洒。我还要补充的是，即便这样的学习课程，他也没有充分用功读完，所以没有资格获得学位，不过他在音乐欣赏方面略知一二，而矿区的住房问题呢，他也有点滴了解。然而，这种教育体制对于懒散学生所产生的效果，我现在并不十分关心，而比较关注的是，它对于像我这样的青年的效果，比如我在冷门学科方面，抱有主次不分的极大好奇心，举例来说，喜好涉猎晚期拉丁和希腊作家，可谓有悖常理，而同时又未能精通真正的经典。我现在要为之辩护的，不是十九世纪后期那些教育家所倡导的教育体制，这些人的想法，在德国得到推波助澜；我感到遗憾的是，那些本科学生中间，一种心境荡然无存。有些学生，基本说来态度认真，而非等闲之辈，他们能够为了自身考虑而追求学问，无非是因为他们乐在其中。过去四十年来，经济、社会，或许还有政治方面都有发展，所以满目沧桑，学风也为之一变，而近十年来，这些演变大为加剧；而且，倘若现在的条件仍和从前一样的话，论者便无法敦促学生放弃那种环境强加于人的态度。我只是希望指出一点：乔德博士形诸公式的三项教育宗旨，虽然相辅相成，同时却也可能互相妨碍。我只要提示诸位，这一点可以变得稍微明了一些，在培训自己以便日后谋生的时候，个人为自身树立的宗旨，还有在工作时，为了发挥和培养自己的心智和识力，个人又为自己树立的宗旨，二者性质不同。前者所追求的宗旨，诸位可以在目的和手段两方面都有意识地保持在头脑里。希望将来在哪个行业求职，诸位可以自行抉择一般的领域，然后读完校方制定的教学课程，或者说大家接受的作为就业适当准备的课程。但是为了培养能力和天赋，超乎功利乃属必要，这方面的培养往往把我们造就成为受教育者，脱离了我们专业性质的职业。因此，诸位就要为了学问而追求学问，为了热爱真理或者智慧，或者至少是出于好奇，掌握的学问可能带来实际的好处，全然在所不计。

当然，这个问题我是轻描淡写了。如果有人要在任何行业出类拔萃，他就必须出于那个行业本身的需要而热爱那种活动；它对于社会的用处，他从中获得的经济和其他的报酬，无非证明这个行业的存在是合理的而已。我们绝大多数的人,至少发现有必要说服自己,我们从事的工作具有一定的重要性。可是,另一方面来看,狭隘地全神贯注于自身特殊工作的人,整体而言都不是一个受教育者;他可能不仅谈不上温文尔雅,而且在待人接物方面,还是个十足的笨伯。我们绝大多数的人不得不舍弃可能超越某个阶段而继续深造的前景,只是由于我们时间不够充裕,如果我们还要设法完成本职工作。另一方面,凡是不能全神贯注于本职工作,而是朝着不同方向追求深造的人,都不过是涉猎者而已。大千世界,天资各异,作用不同,我们只能宽以待人,但是这个事实并未解决教育问题。而且在我看来,在尝试统筹兼顾特殊培训与一般文化的时候,我们倾向采取某些教育方法,这些方法所造就的男女人才,往往在某个狭隘的科学或学术兴趣方面受过高级培训,而在其他方面却一知半解;我们往往安排他们所完成的学习课程,尝试兼顾技术学校与淑女修行学堂的内容。因为,"为了谋生的培训",还有"发挥所有的潜力和天赋",如果二者,我们简单作为互不相关的两种学科来对待,属于每个学生必须经历的内容,那么后者的用处无非是一种消遣而已。当我们认识到,我们所以能更加聪明地履行专业化工作,那是因为认识到,这种工作关系到各种各样的人的工作,包括生者与死者,他们所献身的工作与我们自身的工作,属于全然不同的类型,这时我们就走往解决自己的问题的方向了——这意味着,我们需要适当的妥协——平衡的困惑在于,有些活动,我们参与其中,还有一些活动,我们只能希望成为懂得欣赏的观者,二者不可偏废。

或许我能够为这番探讨增添一点现实的表象,或者通过点滴比较容易明白的趣谈,至少给大家几许宽慰。我来问问:"一位诗人,应该接受哪一类教育呢?"我认为,凡是父母养儿育女的时候,谁也不曾指望子女日后成为诗人;有些子女等父母抚养成人之后,他们结果沦为罪犯;不过对于有爱心的好父母来说,几乎最不希望看到的,莫过于孩子后来做了诗人,除非他们认为,这是拯救孩子免于沦为罪犯的唯一方式。我想诗人,尚未成年的时候,通常显示出语言和表达方面的兴趣,显露出几分眉目,其爱好在于研究语言,而非科学。但这也未必尽然;我认识一些人,童年时代在父母的心目中,他们似乎有望成为汉弗莱·戴维①,或者克拉克·麦克斯韦②,而到了十五六岁,兴趣突然转向文学。当然,一个孩子能赋诗,这并不是将成为诗人的苗头。几乎人人都涂抹过几句诗文;聪明的家长则不该给他的习性泼冷水,也不要附会什么特殊意义。但是如果这位年轻诗人属于常见的一类,他就会在语言方面表现出卓尔不群,尤其精通母语;他有可能属于另一种类型,而在拉丁语和希腊语方面才华横溢。当然,这样的诗人日后必须具备的资质是,通晓拉丁和希腊文学,除了母语之外,还要培养自己能流利运用一门现代语言,同时还有几门语言,他能够借以博览群书。然而,如此资质,吾辈能有几人符合条件:本人肯定不符合。从这一点来看,显而易见,起码文学教育对他最为适合,可是他还要学些什么呢?首先,他通常少不了要谋生,而诗歌,一望而知,是谁也不能指望借以谋生的职业。对于大多数人而言,职业的要求,这是他们人生的主要关注所在,而对于发挥"潜力和天赋"的要求,二者之间则存在着冲突。可是诗人有一个三重性的问题需要解决:一则必须谋生,二则必须在写作上付诸实践,精益求精,三则必须培养其他的志趣爱好。最后一项他必须做到,不仅是为了运用潜力,为了成为一位修养有素的人,同时也因为,他必须怀有其他方面的爱好,才能够在写作时言之有物。几乎没有一种知识的形式不存在缺陷(除此之外,当然,他能够吸收的范围之内,应尽量通晓多门语言的上乘诗歌),因为缺乏其他方面的知识兴趣,他对芸芸众生的体验就会十分有限。条件是凡事水到渠成,他能够信手拈来;别人的所想所为,他都应该充满好奇,这些事情他应该抱有兴趣,而别无所图。他永远潜心于解决的问题,乃是人人必须为自身解决的问题,人类的一切活动,都和他自身的活动息息相关;他探究的题材中,有多少或者说哪些题材,作为诗人而言,将来能够直接为其所用,他不得而知。但是他的研究和兴趣,势必在他的诗歌中潜移默化,如果他善于吸收的话,便多多益善。最终,他面临的问题是维持生计:有的时候,他要作出选择,是从事一份单调的日常工作,不过工作所能提供的

---

① Sir Humphry Davy(1778—1829),英国化学家。
② James Clerk Maxwell(1831—1879),苏格兰物理学家。

精神食粮很少，或者根本没有，还是从事一种活跃而有趣的工作，而这样一来，他的时间和精力便所剩无多了。对于有些人而言，在新闻或附庸风雅的职业的不同形式中，可以找到这样的谋生之道；也可以通过教书和演讲谋生。对于另一些人而言，有哪个行当和他们的文学兴趣不着边际，那就正中下怀；这种行当，根本用不着那种倾注于诗歌的心力，这种行当，可以使他们接触三教九流，而与文学艺术圈子则相隔千里。在这样一个或者任何能够设想到的社会里，一位诗人应该如何谋生，这个问题不可一概而论。不过对他来说，或许从各个观点来看，最糟不过的，便是无所事事而又无忧无虑，唯有作诗。

如此说来，我们已经看到，谋生和培养个人潜力，并非十分容易调和，以上我聊举诗人为证，乃属特例，他想作诗，还想谋生和培养个人潜力。我们现在不妨质问，具备恪尽公民义务的资格的过程，对于教育的其他两项宗旨来说，是否会造成任何可能出现的妨碍。这完全取决于我们赋予的公民素质理念有哪些内容，以及我们采取什么手段帮助大家取得这种公民资格。我认为"好公民"的理念，乃是一个道德概念；果真如此的话，我们应该期望的好公民，无非是指在社会环境里显示善良品质的善良公民。不过我认为，我们依然能够说，某人是好公民，如果我们认为，在某一方面或其他方面，他不是一个好人。一个人可能奉献于国家利益、他的宗教信仰或是他所在的城市；他可能为了公共利益而舍弃快乐、安逸、名气；勤勤恳恳，为了公益而呕心沥血；不过在个人生活上，他却品行堕落，名誉扫地。如此之辈，在什么程度上我们能够称其为好公民呢？这个基本的问题，即良好公民素质与善良品质的关系，公德与私德之关系，尚未引起乔德博士之类教育问题作家的重视，在我看来，可谓咄咄怪事。培养德行，有可能一般认为，属于责任——唯一的责任——教育者留待父母去完成。一个坏人，何等程度上能够成为一个好公民，这个问题本身便是有趣的问题，而且这个问题，苏格拉底倘若今日能起死回生的话，不会不置一词。在乔德博士看来，至少十分清楚，伦理问题乃是理应忽略过去的问题，同时在他看来，公民素质的教育乃是把智力应用于公共事务的教育。

他告诉我们，公民素质教育应该由哪些内容组成，这时他的说法就渐渐明晰了。首先,那些内容似乎在他看来显而易见。一个孩童,应该给他教授历史、宪政史(讲授内容包括,他如何被治理,他的治理者如何选举出来,地方以及全国政府的结构);生物学和生理学,这样他就可以在大事上自由处置(这是乔德博士的说法),包括男女之事,因为关乎他的人体机能活动;地理学,还有国际事务。对于任何孩童说来,这可是一份令人望而生畏的教学大纲;而且它完全是心智的培训。我不揣冒昧,关乎人体机能活动的大事知识,比如要劝说孩童早晚刷牙,倘若他是个完全明白事理的孩童,就像乔德博士当年肯定是如此;我们绝大多数人都是首先从习惯学起,后来才懂得其中的道理。或许还有许许多多其他的事情,均属孩童可学之列,仅仅是为了让他们成为好公民:比如柔道,为了对付盗贼和拦路强盗;急救,为了抢救遇难者(因为乐善好施之士①,从我们所知有限的情况来看,似乎具有好公民的形成条件)。不过关于乔德博士开列的造诣表,我的主要意见,并非批评它们全是书本知识,而是道德的行为和感情方面的培养,其中根本忽略不提。诸位大概认为,好公民就是见多识广的公民;然则我不能信服的是,一个孩童,用乔德博士的话来说,他"脑海深处记住了一张现代世界政治地图",将有资格区别好的治理与坏的治理。乔德博士不仅忽视了一般所谓"私人"道德,而主张"公共"道德——这样就忽视了下述问题:归根结底我们是否能够区别私德与公德的界限;哪怕他的公德,俨然只是见多识广的问题,为了正确推理而接受培训。

  诸位当中,有人大概已经认为,我花费如此之多的精力,大谈乔德博士的教育思想,是因为他写过一本书,叫作《论教育》,通俗而又十分好读。诸位甚至可能怀疑,我如此津津乐道,是因为在这个话题上,他这本书是我读过的仅此一本。如果这么认为本人孤陋寡闻,诸位大概就有点言过其实了:我选择从乔德谈起,一来因为,一种典型的观点,他说得如此头头是道——不雅不俗的知识分子的观点,他从小是读乔治·萧伯纳和赫·乔·威尔斯成长起来的——因为乔德博士比本人年轻不了多少;二来因为,他看待教育的态度,其实已经隐含于更有资格

---

① 原文为"Good Samaritan",撒马利亚好人,见《新约·路加福音》,10:33。

的教育家们有时所发表的各种说法。有位权威开列的教育宗旨中——在这些问题上,他的名字如雷贯耳,远远超过乔德博士——我读到了"每个人都有人之为人的作用"一说。此说本人并无分歧:每把安全剃刀都有作为安全剃刀的作用。然后我又读到,"每个人都有属于身处社会的作为公民或国民的作用"。关于作为一个人的人之作用,我稍后再尝试探讨。此时此刻,我可以说,本人看不出身为公民的作用与作为一个人的作用,怎么能够割裂开来。我认为后者更为重要,不过我必须稍后摆出自己的道理。但是我要回到本人前面提出的问题,真正的好公民是否不必也是一个好人;在某些场合,我们有资格说,某某人是位"好公民",我们具有这种资格如是说,而对于他是一个"好人"这样的断言,同时我们并不表态。谈到培训一个青年,或者如同乔德博士所言,培训一个孩童是为了使其成为好公民,我依然认为,重要的是,首先培养他成为一个好人。

有些我们不妨提出的问题是伴随而来的。民主是最好的社会形式:这一点我们大家都有共识。我们存在分歧的主要一点在于,我前面已经谈过,何谓民主国家。我们绝大多数人的共识是,民主表现为议会政体,也就是说,存在两个政党,一党当政,一党在野,不论当政或是在野,两党都不可历时过久。和另一政党比较起来,当我们所支持的政党当政的时候,我们国家的政府当然是民主得多。我领教的说法是,"一个民主国家中公民的作用,在于为了全体人民的美好生活而轮流执政"。当然,两党,不论我们谓之共和党与民主党,还是保守党与工党,在执政期间,都要为了全体人民的美好生活而当政:虽然一朝下台之后,两党都不可能承认,国家的现行治理是为了全体人民的美好生活。可以肯定,在一个民主国家,人人都应该懂得如何治理和被人治理。成为完全的治理者,成为完全被人治理的状态,则可谓丧失人性。而且,客观而论,再卑微的工人也需要确保自己的后代遵纪守法,而权倾天下的暴君,倘若不是受到宪法权力的支配,也可能俯首听命于夫人、情妇或者朋友。一个民主国家的精髓,在于根本不存在绝对统治,因为绝对统治意味着有人掌控事务,而其中某些事务,他完全力所不及。在一个民主国家里,科学家和学者以及艺术家,他们应该治理各自的领域:一部交响曲,居然被指为立场偏差,或者一首描写不幸爱情故事的忧郁诗篇,居然背上失败主义和思想颓废的罪名,或者一种生物学理论,被指含有颠覆作用,这个时候,民主政体就无从谈起。

在我看来,我们不妨提出的问题是,在多大程度上,良好公民素质能够成为教育课程的一项宗旨。在很大程度上可以肯定,这种素质必然是一种培训的产物,而这种培训,大家并非有意识地旨在如此面面俱到,同时又如此狭隘地界定为公民素质。相信权力能够运用有责任心的自由,迫不得已而采用的时候,能够行使权力,这些习惯俱为早年无意识中所养成。如果父母都是热心公益的人士,兴趣爱好,并非自私地局限于一己和家庭,子女就会通过父母的榜样而懂得(父母的潜移默化作用,较之训诫规矩,产生的影响更大),他们对待左邻右舍,也负一份责任,这就意味着承担责任和学会自持。而且在心力许可的条件下,他们要懂得这份责任不仅意味着习以为常的反应,而且要思考和做出深思熟虑的选择。在学校里,他们将要学会适应更大一些的共同群体;而进入大学,就要在各种社团和志愿活动中,进一步形成自己的公众意识。

如今有人说,"在一个民主国家,好人和好公民可谓同一",我并无分歧意见,不过我宁肯讲得比较笼统一些,简单说成"好人和好公民可谓同一"。因为前面的命题,似乎隐含着另一层意思,大意是:"处于不属于民主政体的国情之中,无法同时成为好人和好公民。"此时,在一个邪恶的政府制度下,好人有些时候可能认识到,他的良好公民素质体现于反对政府。从治理者的观点来看,他就不是一个好公民;另一面来说,从治理者的观点来看,他也不会是一个好人。如果良好公民素质意味着善良,那么良好公民素质中就有普天之下某种大同小异的品质。当然,我们可以说,遭受罗马人迫害而殉难的基督徒便是坏公民;而且从迫害者的观点来看,他们毫无疑问是坏公民。然而,或许我们不妨说,在一个民主国家,好人有莫大的机会表现公民素质中自身的善良品质,而坏人也有莫大的机会表现自身的邪恶品质——或者不如说,在一个民主国家,更多的好人,还有更多的坏人,都有这种机会。这样便给我们提供了某种民主的定义,就是提供这些机会的那类社会;不过还要注意的是，借助于"公民素质"这个名词我们形成了关于民主的定义，而同时我们也隐含了着眼于民主的良好公民素质这一定义。

恐怕从"好人"之说，转向"好公民"之说，这时我们便不知不觉，从"好"的一层微妙意思，转向了另一层意思。在这个命题本身，我们无从检验词义差异的程度，而要通过我们所得出的进一步推断，才能发现如何检验：我们要经过很长一段推理，这种差异才可能显现出来。触类以推，"因为在一个民主国家，所有的人都是治理者，所有的人都必须接受治理者所要接受的教育"，这句话也可作如是观。我们现在明白了这句话的意思，大家都没有分歧；但是我认为，"治理者"一词包含着两层不同的微妙词义。有位卓越的英国文职人员，两三年前发表过一次广播讲话，为本地公民解释什么是"联合国教科文组织"，他说"联合国教科文组织"，是一个"世界俱乐部"。现在，诸位可以明白，他意在表达什么意思；不过我不由自主要提出下述看法，一个俱乐部从定义来看，是指有些人不是其中会员的一个组织；倘若天下人人都是会员，这个俱乐部便不复存在。这里的疑难还不算十分极端。但是即便我们的共识是人人皆为治理者，我们也不可忽视，治理的性质和程度上存在着差异。如果我们想到的是某个特殊类型的治理者，我们便能看出，其中有些人需要的教育有别于另一些人：最高法院的法官为一类治理者，交响乐团的指挥则另属一类；他们都经过非常专业化的培训，还具有与生俱来的过人天资，这样他们才有资格履行治理的职能。

困难，还有危险的根源，在于我们有关教育宗旨的笼统表述，应用于比较具体的问题。关于这些宗旨，大家看法一致。注重公民素质的教育，从这个笼统表述出发，我们把其中的意思缩减为政治活动，再把教育的意思缩减为课堂和书本里可以教授的内容，我们便可以过渡一下，把公民素质方面的课程纳入我们的教学范围。我并非说，这完全是一桩坏事，虽然聪明地讲授历史的话，从中便能够传递很多意思。这甚至可能是必要的；但是当这种必要存在时，我们应该力求了然于胸的是，必要的道理何在。素质教育可能是必要的，作为缓和现状的一种权宜之计，逾越了教育体制的范围或管辖。从范围来讲，素质教育可谓一种尝试，旨在施教社会良知，灌输美德，可谓力求补充一种培养，它本该由家庭和社会环境来提供,而且这种培养之所以需要,原因在于家庭和社会环境尚未达到应有的水平。从范围来讲,教育是传授必要的或者可取的知识和见闻,它可能意味着我们社会的管理已经变得如此错综复杂,问题又是如此盘根错节,结果开始对普通公民提出的要求,超乎其所能负荷的程度。举例来说,从前的外交政策在任何一个国家里,无非是为数不多的人关注的事宜;而且每一回仅仅涉及和另外一个国家的关系——根本不是涉及多国外交——问题会严重到每个受过教育的公民都理所当然必须知晓。如今天下发生的一切我们大家则要始终关注。美西战争,从当时来看,无非是美国和西班牙之间的事情,和他人无关;当今之世,凡有战事,即便表面上规模不大,则和普天之下所有的人休戚相关。这个次要问题我无意深谈下去,只是为了点明要害而已。所谓"注重公民素质的教育"一说,我们可能是指一些基本能力的培训,在处理个人私事的时候,以及看待公共政策而要形成个人见解的时候,这些能力均属必要:能力之一在于推理,估量证据,确定个人需要了解多少情况,这样才能胸有成竹;能力之二在于明辨是非,洞达基本的道德差别,而且能够应用这些能力。还有,凡此种种,能够授而知之,就此而论,通过学习历史,也能够博闻强记。不过我们所指的,还可能是涉及当代生活中所有的多重社会问题的各种学习课程:政治理论,公共财政,经济学,市政管理,或者现在社会学所覆盖的整个领域,于是若干极其重要的问题便再次出现了。学习这些课程应该从什么年龄开始?每个阶段应该在这些课程上花费多少时间?我不相信,超乎一定程度,诸位还能够给某些人讲授这些内容,因为就个人而论,他们以后不会关心这些东西;因为假如任何学科凡是与我们作为个人无关,而仅仅与我们作为其成员有关,我们绝大多数人在这些学科,便不可能钻研得十分精深。我的意思并非说,谁也不该深度关注此类问题,那样便会显得荒谬。但是还有些人深度关注此类问题,而且他们名正言顺全神贯注于这些问题,因为他们日后要以此为生,更为重要的是,要能够表达个人见解,作出积极的贡献。换而言之,有些学科我们能够有所收获而给予最大的重视,正是因为在这些学科我们希望能够超群出类。始终能够投票给当之无愧的候选人,这份心愿无法变成个人毕生的志向。

注重公民素质的教育，由此说来，似乎首先是指社会良知的发扬光大；而我已经提示诸位，"社会"良知只能是发扬"良知"的结果：我们一旦谈论起"社会良知"，而淡忘了良知，我们便陷入道德危险——正如"社会正义"，必须建立于"正义"之上。我们思想上的割裂态度，可能导致罪过以及谬误，而这种态度的产生，无非是由于我们念念不忘"社会"这么个形容词。在社会正义的名义下，面对非正义，我们便能够要么为之开脱，要么为之辩护，要么视若无睹；在社会良知的名义下，我们也能心安理得如此对待良知。同样"民主"这个字眼，也可以取而代之，如此演绎一番。"社会民主"初听上去，这个说法谁也不会提出异议；可是外延则能够为人恣意利用，结果把它变成指向某种意思，我想，对于我们绝大多数人而言，这种意思除了"民主的"之外，能够泛指一切。

通过这番竹篮打水的努力，我希望有个道理已经呈现出来：我们罗列的三项教育宗旨——职业方面、社会方面以及所有的潜力和天赋的发挥——其中每项宗旨都和其他两项彼此交织，而且我们在追求每一项时，如此这般，结果和其他两项彼此抵触。这种情况，一则是由于这三项无可争辩的命题，我们付诸于应用；一则由于在我们进行推论的每一步骤中，一个词语的定义，我们可能应用的内容比较狭义，而又令人质疑，而在原初的命题中，其定义没有必要加以界定。以上我谈得最少的是"潜力和天赋的发挥"这个命题，我们可能从中抽绎出来不正确的推断，或者说，我们此处想到的，如果不仅仅是嗜好和消遣，而是阿诺德所说的"追求完美境界"。我曾经认识这么一个人，他衣食无忧，为自己制订了一个面面俱到的人文教育计划。我不能确定，他在一所美国大学申请了哪些课程，不过其中没有包括拉丁语和希腊语，因为他一直延期，为了能够进入牛津或剑桥，他认为这两所大学在这方面尽其所长，他能够有所收获；也没有包括几门现代的语言和文学，因为他打算读完牛津或剑桥之后再留学一两年，先后就读法国、德国和意大利的大学。周游四方，为了他的文化修养能够登峰造极。如此方案，他永无完成之日，这自不待言。追求完美境界，或者追求面面俱到的文化修养还不够充分，因为它是我们向往有所作为的一个附带产物。完善自我，在力所能及的范围之内，在个人能够完善的方面，这可能是一个义务,不过只是和超越自身的某个宗旨有所关联。关于这一点,我后面再谈。

我现在打算转向的问题是一般的前提、假说,或者凡是教育理论都必须作为基础的有意识的社会和政治方面的理论学说。然而,在结束讲演之际,我想援引一位当代的法国作家——居斯塔夫·蒂蓬①,他为西蒙娜·薇依②《重负与神恩》一书所作的序言,此书思想深湛,自抒己见。在序言里,蒂蓬阐述的是西蒙娜·薇依的思想:

> 奉献于绝对善之追求的灵魂,在这个世界遭遇了解决不了的矛盾。"我们的生命在于不可能性,荒谬性。凡是我们有意为之的一切都与现状或者附带的各种结果发生抵触。那是因为我们本身就是矛盾,无非是生物而已……"举例来看,如果你有无数的子女,那样往往招致人口过剩和战争(日本即为典型实例)。如果你要改善人民的物质条件,你冒的风险是精神恶化。如果你完全献身于某人——你便不再为了那个人而存在。唯有想象中的好事才不隐含矛盾:比如姑娘憧憬满堂家小,社会改良家则梦想人民幸福——此类个人不会遭遇任何障碍,只要他们有所克制,无所行动。他们寄托于善,快乐航行,善乃绝对,不过是向壁虚构;磕磕碰碰撞到了现实,便是清醒的信号。这个矛盾是我们的卑鄙与伟大的标记,我们虽体味到其中的百般苦涩却必须接受。③

---

① Gustave Thibon(1903—2001),法国天主教作家、哲学家和诗人。法国知识界颇有争议的人物。父母为农场工人,拥有一个葡萄园。蒂蓬十一岁即辍学,在葡萄园做工。父亲通晓今古诗文,熟记数千首,邻舍藏书甚富,蒂蓬从中获益良多,自学拉丁语、希腊语、德语和意大利语,文学和哲学方面博览群籍。在雅克·马利坦(Jacques Maritain,1882—1973)鼓励下,钻研德国哲学。著作有《诊断法》、《回到现实》和《我们认识的西蒙娜·薇依》等十余部。

② Simone Weil(1909—1943),法国神秘主义者和社会哲学家。早慧的女才子,年方6岁即援引让·拉辛的作品。第二次世界大战期间,成为法国抵抗运动的积极分子。遗著刊布之后,对法国和英国的社会思想产生过影响。1941年认识蒂蓬神父后深受影响,后将笔记本托付于他。《重负与神恩》,即由蒂蓬从其笔记中整理而成。此书问世后,纸贵一时,传诵天下。著作还包括艾略特作英文版序的《扎根:人类责任宣言绪论》、《期待上帝》、《压迫与自由》等。

③ 原注附法文,从略。见蒂蓬为《重负与神恩》所写的序言(巴黎,普隆出版社,1950年,第XX至XXI页)。

三　宗旨之间的冲突

我们已经察觉到，由于三四百年以来的社会变迁，"教育"这个名词的定义，界说起来变得比较困难。我们不妨区别出四个重要的阶段。第一阶段，我们关注的只是少数人群的培训，着眼于某些需要学问的职业。第二阶段，关注文化修养，我们关注的是绅士的教育，或者说honnête homme①的教育；与此同时，还要关心的是，为比较卑微的社会阶层提供读书识字的基本知识。十九世纪期间，教育家头脑里主要关注的问题，是当时所理解的教育的益处，或者说自以为的益处，要推而广之，加惠于数量渐增的人口。这个问题看似简单：大家依然认为，他们懂得何谓教育——就是过去一直传授给一部分公众的知识；只要这种教育能够提供给越来越多的人，教育家便觉得他们走在正确的道路上。可是如今我们认识到，我们已经几乎完全走到了拓展的尽头，而面临的是一个全新的问题。教育拓展的尽头和地理扩张的尽头，可谓平行出现。十九世纪期间，美国还在向西部推进，欧洲各国还在殖民帝国为各自树桩标界。

地理扩张的地盘已经穷尽——至少，上个世纪所利用的那些方法，都无能为力了。十九世纪期间，看来剩下的唯一问题，便是让更多的社会成员能获得教育。可是现在我们处于这样一个阶段：我们并非仅仅力求教育更多的人——我们已经有义务向人人提供所谓的教育。我们正在走向我们教育前沿的尽头。很久以前，我们断定人人都要学会念书、写字和做算术；只要一日还有为数众多的人不会念书、写字或者做算术，而教育意味着什么，这个问题我们便没有必要仔细探究。我们社会发展的每个阶段给我们展现的问题，不仅前所未闻，而且更加困难，同时还有相同的问题，以更为困难的形式表现出来：因为出现了一种新的文盲现象，我们现在不得不处理，这种文盲克服起来难度大为增

---

① 法文，上流社会中有教养的人。

加——具体说来，人口中有一部分人的文盲现象，他们已经接受过基础教育，可是所学内容由于缺乏机会不能学以致用，结果他们再度变成文盲。这种次等文盲乃是一个新的现象。由于广播和电影的效果，还有通俗杂志里图画取代了文字，文盲现象便更为加剧。我确信，英国的读者——任何东西的读者——多少可以根据他们能够予以重视的字号大小来划分类别。论者可以说，受教育者能够阅读议会辩论报告和重大案宗报告，可以从头到尾读懂——当然，聪明读书，五行俱下。如果字号很大的话，有大量的人能够读懂几个段落。人口中所占比例越来越多的人，在一份报纸上凡是和体育或犯罪无关的任何版面，他们只能看懂标题。

这是一个题外话，具体说明了一个事实：即便文盲——哪怕是目不识丁——也不是能够一次解决和一笔勾销的问题。本人的观点是，既然我们有义务为人人提供正式教育，对于一切问题——教育的形式、内容、方法、旨趣，我们就必须提出疑问，加以探究。于是我们便不断遇到新问题，还有呈现为新形式的老问题。

诚然，我们思考教育问题的过程中，面临的仅仅是人类意识碰到的一种特殊情况。当今之世，我们发现，本来遗留的问题可以顺势而为，而我们却越来越有意识地力求人为操纵——具体说来，我们有意识操纵的地盘变得越来越大。由于我们有能力逐步对此有所意识，一个问题便出现了；意识形成了问题；一旦我们觉悟到一个问题，我们便无法从意识里抹杀；我们发现自己义务在身，便千方百计要找到一个答案。

所谓一种"教育体制"——不论我们目前考虑的是一个特殊建制，还是施教的普通组织，其中我们能够辨识民族特色——我们所指的意思，乃是成长和构建的一种合成。我接受了一个观点，其中提到"教育理论和实践与一种盛行的秩序存在着相对性"，我赞同阿道夫·洛[①]教授下面的议论，他说：

[①] Adolf Lowe(1893—1995)，德国社会学家和经济学家。长期以来，他是纽约一所大学的后台人物，即"社会研究新学校"，创建于 1919 年。著作等身，主要有《经济学与社会学：关于社会科学的合作之呼吁》、《自由的代价：一个德国人论当代英国》、《演变中的大学》等。

……没有一种教育体制能够实事求是为人赏识,或者加以批评,除非我们看待的时候,能够结合它得以运作的社会秩序的背景。其中的道理在于,教育总是服务于一个社会旨趣,即便师生双方都意识不到这个事实,他们体验到教育上的接触乃是完全自然而然的事业。其实在每个阶段,从小学到大学教育,强大的社会力量都在起着作用,按照一个模式塑造渐渐成熟的个人,由此旨在创造一个确定的人的类型。①

关于这段引文,我只有两点意见要发表。首先,"强大的社会力量"可能是或多或少为人有所意识;这些力量可能包括一个统治阶层的影响,或者看待作为一个整体的社会生活的那种盛行的态度,或者,在一个集权政府治下,这些力量可能集中体现于一个政党的领袖人物的蓄意目的。其次,我们必须认识到,每个国家的教育体制都是历史的产物,而且折射出历史,同时对国民的性情有所回应。就下述范围而论,一种教育体制是由少数人物有意识的目的而形成的——不论这些人物是在组织本国百姓的教育,或是为了某个比较落后的种族创造一个体制——总是存在着严重的危险:要么拿来主义,要么强加于人,而二者都不适合那个国家国民的精神气质、生活方式、思维和感受的习性。在美国,我们已经看到,教育家们纷纷推销不同的宗旨和方法,由于热衷于或德国、或法国、或英国式的教育体制,所以不无偏颇,他们各有所好——这些教育家有时自身就在上述某个国家接受了部分的教育。诸如哈佛校长埃利奥特②他本人一定程度上乃是德国体制的产物,我认为,这样一位人物的学术构成过程,导致了德国式教育方法的过分应用。另一方面,我认为很有可能出现的情况是,印度的英国机制模式,

---

① 见洛著《演变中的大学》(*The Universities in Transformation*)[《基督教新闻书信册丛书》(*Christian News Letter Book*),第9辑,伦敦,麦克米伦图书公司]。——原注

② Charles William Eliot(1834—1926),美国教育家。1869年当选为哈佛大学校长。在长达40年的掌门期间,由于他的努力,哈佛由一所地方学院发展为美国一流的研究型大学。19世纪中叶,美国高等教育陷入危机,传统经典课程落伍于工业化进程中的美国的时代需要,他连写了两篇文章,题为《新教育:它的组织》,发表于《大西洋月刊》,阐述了关于改革高等教育的思想。著作主要有《民主国家中个人主义与集体主义的冲突》等。

还有一般东方运用的那些欧洲教育方法的模式,都是强加于人,可谓过于草率仓促,且又自以为然。但是美国模仿各式欧洲体制的混乱现象,还有东方实行西方——包括美国的——方法时的混乱运用,现在正陷入变得更加笼统的危险,因为世界上各个地方都渐渐较多地意识到了彼此对方;因为财富和权力的集中,从一个民族转移到另一个民族;因为在文化方面出现了较大程度的千篇一律,这种现象似乎产生于一种文明对于另一种文明形成的压力。

通过我以上所谈的这些变化,通过人类制定规划的领域的不断扩大,昭然可见,我们生活在这样一个时代,其中构建居先,成长次之。这是一个演变,我们必须接受。时不我待,否则只能听任各种不同的自然力量争斗出个结果。我们生活在这样一个时代,城镇不得不进行设计,举凡建筑物的类型、建筑物的高度、建筑物可以派哪些用处,我们都不得不制定规章条例,每处城区,无一例外。而且处于这样一个时代,我们也发现,自身有义务更多地意识到,在我们的教育机构里,我们正在有些什么作为。我们必须记住,凡事都要有所意识,仅此一端,便是一个莫大的负担,因为这无异于一份越来越大的责任,强加于越来越少的人。当今政府内阁成员的心理和生理负担,身为政府首脑的负担,或者即便身为国务卿,或者外长,论其重大程度,几乎超乎应该要求任何凡人承担的负荷。

凡事不能等到露出苗头,才有所觉察,所以我们必须未雨绸缪,准备面临这样一种倾向:各个地方的教育都走向普遍标准化。两三年前,已经有人通告,关于螺帽和螺栓的标准化,英美两国之间已经达成一项协议,这样我们便能够在一国购买螺帽,而在另一国可以拧上螺栓,这份通告是用很小的字号刊登出来的,但是令我一惊,认为这是当日最为重要的新闻。此事乃是一个先兆。还有一事,我们也必须有所准备,就是在教育方面,越来越大的干预和调控来自国家。我说的是"国家",而不是指伊利诺伊州或者其他的州——我指的是各个国家的中央政府。从前在某些欧洲国家,凡此俱为形式上的例行公事;但是在所有国家,我认为,国家可能发现自身承担了更多的义务,要付钱给戏子,于是乎欲罢不能,当然要点戏目。

形成这种局面,自有一些显而易见的物质方面的原因。教育机构,尤其大型高校,运作起来的花费日益高昂。它们的规模变得更大,总是需要更多的大楼,更多的员工,而维持这些运作所需要的行政和财政工作,占据的比例也越来越大。它们需要的图书馆和陈列馆也越来越大,需要更多更好的实验室,科学设备变得越来越精致而昂贵。与此同时,捐赠带来的回报渐渐缩水,而作为新的捐赠的源头活水,私人款项的来源,渐渐枯竭了。结果呢,或许破产可能导致高校不得不由国家来接管,或者被迫关闭。但是另一方面,对于大学的分内之事,中央政府越来越有兴趣。(理应说明,我现在想到的是英国的状况,这些考虑,多大程度上能适用于美国的状况,要由诸位来判断。英国政府,由于文职雇员庞大的扩充,因而是劳动力方面一个特大的雇主。文职雇员的资格条件变得多种多样,专业性更强,而这些人员的招聘来源,必须由高校予以满足。)再则,如今的各国政府都越来越关注科学的进展,可谓千方百计,只要政府觉得有此需要。如果高校设备欠缺,不能从事相应的研究,不能输送政府要求的专业上训练有素的人才,那么就必须给高校提供基金——基金的用途要加以监管。

极权主义的政府,人人憎恶,我更是丝毫不假宽容;但是一味憎恶无济于事,或者说,这类政府在其他地方有些更为丑陋的表现,而我们的厌恶情绪则不能一味发泄。至少我们必须承认,存在着各种压力,它们处处都在改变社会面貌,哪怕仅仅是为了有所警觉而可以反其道而行之,凡是我们并不需要的,则坚决不予接受。肆无忌惮的酷爱权力,或者狂热的意识形态,并非所有的人都会为之所动;人们有时发现,他们所处的位置使其掌控的权力超过了自己追求的程度——或者某个位置掌控的权力可能看来貌似合理,是对付危机或者缓和某种不可容忍的局面的唯一方式。中央集权的国家要调控每个教学部门,要行使终极的调控,如果此事变得日益重要,那么教育的"社会旨趣"与负责教育的国家部委长官考虑的"社会旨趣",大家便会渐渐等同视之。

我一直在旁敲侧击,拐入切实促使我面对的一个问题。几年前我写的那本论教育的书里,一位批评者发现有一处前后矛盾。他说,"看待其他论述教育问题的作者时,艾略特先生的主要不满在于,他们力图利用学校达到他们关切的社会旨趣。然后他又落入自己给别人设下的圈套：他是想利用学校推行他本人提出的社会旨趣"。诸位，我并不认为，有谁能够认认真真思考教育问题，倘若他缺乏一家之言的社会旨趣；我确信，只有成一家言的社会旨趣，才能指引他推演出看待教育的某些论断。因为任何人如果否认，教育应该具有一个社会旨趣，他就会有所遗漏，而舍此便无教育可言。可是我认为，凡是结合社会旨趣来思考教育问题的人，都应该力求十分明了，有哪些社会旨趣，可以指引他本人的教育理论；这些旨趣，是其一家之说，或者一派之说，观点不为其他流派所赞同，而且他相信，它们可以适用于他和同声相应的论者共同属于的那个社会，可能的话，还可以适用于每一个社会。

所以，我以上谈论的内容是旨在引出以下一点："社会旨趣"之说的意义，往往因人而异。在一个自由的民主国家，"社会旨趣"应该意味着全体国民的思想和气质方面可以分辨之处，它产生于一国的共同精神气质，而这种气质的表达，则要通过百家争鸣的学术宗师，他们各持己见，有时见地相左。在一个极权主义社会，"社会旨趣"可能意味的内容，会在少数当权者头脑中形成公式，它是根据一种特殊的政治—社会理论演绎而来，通过各种手段强行灌输和长期训导，从而施加于人，结果旨趣可能迟早逐步融合为共同的精神气质。这是一种类别上判然不同的社会旨趣。在一个自由的社会，论述这个话题的每位作者，都有一家之说的社会旨趣；他希望通过教育手段，保持、恢复或者介绍一些想法。因此他应该有自知之明，懂得在多大程度上，他的假说可谓一家之言，在多大程度上，他可以理所当然假定，怀有善良愿望的一切有识之士都赞同他的假说。总之，他应该探究个人假说的前提。

现在大家取得了共识，教育具有若干宗旨，社会旨趣需要加以防护，而不能受到其他宗旨的干扰；而且还有，我们不免要顾及下述可能性：我们可能抱有的社会旨趣不得不相互调和。我要提醒诸位，请记住居斯塔夫·蒂蓬和西蒙娜·薇依的圣言，前面我已经加以引述了。下文要示例说明的是"机会均等的理想"，因为关于这个理想的适应性问题，我以前的保留意见似乎激起了尤为强烈的异议。这个理想当然表达了一个社会旨趣，同样适用于教育以外的其他事物：教育无非是诸多益处中的一项，而不论男女，理想上看，都应该享有同等机会，获得这些益处。这个理想具有两个非常有说服力的吁求理由，二者必须区别开来。其一是由于我们认识不到，没有加以培养，社会需要的这种能力就会荒废。这是一个功利主义的论点，它的说服力来自第二个理由，不过性质大相径庭。这就是说，情况并不在于因为我们未能教育某人，所以他的潜力和天赋便应该受到阻碍而得不到充分发挥。第二个理由，在我看来更具普遍性和迫切感，因为这是一个道德的理由。现在，至少根据这个理由，每个儿童都应该享有接受教育的平等机会，这个断言谁也不会否认。唯一的困难出现的时候是，怀着这个理想，我们着手尝试去实现理想；还有在我们的教育方案中我们予以优先考虑，而教育的其他理想则置于次要。

　　如果我们严格追求机会平等的理想，在我看来，我们就非得保证，除了标榜提供相同等级的教育，任何教育机构都没有优越可言。我们就非得保证，不可仅仅因为能够收费更高，任何机构便提供更好的教育，筛选学生的时候，唯一的理由在于其智力前景。什么程度上，昂贵的私立学校的学生能获得更好的教育呢？他们的父母是为了什么而付费呢？我知道，有钱的家长择校的动机，往往和教育根本没有关系。他们的愿望是，自家的子女同应该交往的其他子女应属于相同的家境和社会类型；还有一个算盘就是，子女能结交的那类子弟，在日后生活中，对他们可谓"有用"；再则，有一种简单的势利心态附加于某所特别的学校或大学的鼎鼎名牌。不过除此之外，还有一些说得过去的理由：比如一个具有传统的学校机构的吸引力，还有杰出校友的长串名单。而且最好的理由，尤其是选择私立学校时——正是在求学时期，这个理由最为令人信服：家长知道，自家的子女将成为一个小圈子的成员，子女听课的班级只有十五或者二十来个学生，而非四五十人的大班。凡是曾经力求教诲年幼孩子的人都知道班级越大，超过了十五或二十人，能够传授的内容就越少。

　　全国每所学校都拥有足够的住宿条件，足够的师资，从而能够组织较小的班组，对学童实施教学活动，这当然是称心如意的安排。一九四四年的时候，我认为当年的教育法案——当然，那是为了改善国家教育的一个尝试——可谓本末倒置。不该错误地为及时延长义务教育的年限而增加学生的人数,依我之见,我们应该首先着眼的是,为国家资助或援助的中小学校在校学生,提供更多的师资和住宿条件;为十四岁以下的学生努力提供比现有的更好的教学。但是,在任何国家,何时我们才能为这项改革提供资金呢?再则,我们在培训更多的教师之前理应考虑,现在是否给教师支付了适当的工资。我未曾在煤矿、铀矿或者鲱鱼拖网船上工作过,可是我从个人经历中知道,银行的工作时间为九点一刻至五点半,四周一次周六全天上班,每年两周休假,和中小学的教学工作相比起来,可谓一份赋闲的美差了。

我听说,"凡是主张机会均等的美国倡议者,都不会提议禁止富人创办自己的学校,这些学校结果有可能办得比国家资助的学校更为优越"。这个说法是提倡有限均等,这种均等是以大量的不均现象为限制条件的。如果富人为富人创办的学校结果成为较好的学校(虽然我并不相信可以一概而论),那么机会均等又从何说起?而且,获得良好教育的一个同等机会,如何能够把我们所说的均等局限于此?如果一个孩子一生拥有的机会比另一个孩子更好,仅仅因为父母比较富有,很多人不是会认为这种情况有失公平吗?那么看来,教育方面的机会不均无非是普遍机会不均的一个特殊情况,而且一个领域里的一项原则,我们如果予以认可,我们不是会迫不得已在所有领域都接受这项原则吗?当然,主张教育机会均等的一些英国倡议者,如同我所听说的情况,比起美国的倡议者会有过之而无不及:他们会主张废止私立学校、私人捐助的机构,或者将其统统纳入国家教育体制。

"机会"这个字眼,我们附加了各种各样的意思,所以"机会均等"之说的用处便混淆起来——"机会"之于各色人等,意思因人而异,相同人群处于不同的时刻,意思也不尽相同,往往我们还不知不觉。在我们力所能及的范围之内,人人应该能够从事自己最适合的活动,这个目标,我们大家都能够喝彩赞同。时而有人注意到,小康家境的子弟,论天资和气质,其资质令人佩服,在汽车修理场里本可成为呱呱叫的机修工,不过从来没有这样的机会。家庭和环境的压力,情趣品位方面的要求,这些与他最适合的职业却南辕北辙,或许还有存在缺陷的教育背景,这些方面,通常妨碍了他的成才之路。恐怕对于大多数人的大多数时候而言,"机会"意味着许多其他的东西,而非发挥潜力和才干的机会:它意味的机会是赚钱,获得更高一层的社会地位,拥有对人指手画脚的权力。在一些年轻的女子看来,机会意味着获得一次试镜的机会;而在那些梦寐以求的人当中,理所当然获得这种机会的则为数寥寥。总之,"追求什么的机会?",除非我们能够回答这个问题,否则,机会就是一个空洞的名词。

于是,看来我们谈到"机会均等"的时候,十之八九,我们要么不知所云,要么言不达意,再不然就是不由自主得出的那些论断,大部分人都会避而不谈。机会均等之说可谓避重就轻,如果我们含混地假定,"不均"仅仅是指特权太多的与特权太少的社会阶层,二者之间有失公平。可能出现下述情形,国立学校中有个孩子遇到的老师,善于发掘他在某个特别学科的才具,而在一所昂贵的私立学校念书的孩子,偏偏遇到的老师不懂得因材施教。可是,在相同的国家,特权太多的与特权太少的地区又当何论?一个穷国或贫困地方可能无法像比较富裕的国家或地区那样,提供良好的设备或师资、良好的图书馆或实验室。此种不均难道不也应该革除吗?因此机会均等这个要求,倘若推向合乎逻辑的论断,在我看来,则会不可避免地导致国家教育体制带有普遍性和排他性,导致一个国家富裕的地区,如同富裕的个人一样,费用依照比例分摊,可是富裕地区与邻近的贫困地区一样,只能得到相同的教育回报。再看,一个富国或发达国家的公民和一个落后国家的公民相比起来,拥有更多的教育机会,这难道公正吗?除非我们认定,有些种族或民族比其他的种族或民族优越,否则我们似乎就不得不追求一种世界教育体制的目标。最后,如果我们要追求教育机会完全均等,似乎随之而来的就是我们必须有统一的制度,可以借以评定学生智力的高低,这样每个学生才能接受到那种因材施教的教育。

如果像我前面提示的那样,机会均等的原则得到彻底贯彻(通过我已经谈到的其他压力得到了强化),那么往往造成增强国家调控的局面,这样一来,国家在机会方面便拥有某种话语权。国家将发现,它把机会限制于服务于国家目标的某些行业,目标也是由那些凑巧掌控国家的人物设想出来的。我这里无意暗示，在一个西方民主国家，教育会走向劳动力的地步；但是有所偏废，在一个方向提供更大的诱因、优势及便利，这样就有可能产生的倾向是，教育局限于各类培训，它们要能符合国家的眼前旨趣。

平等机会的理念，由此看来，在考虑的时候，只能参合我们开始谈到的三项教育宗旨的每一项；可能出现的情况是，这样统筹兼顾的话，一项宗旨，要是以某种方式追求下去，结果会与另一项发生冲突。在实践上，我们无法完全割裂看待三项宗旨，困难便由此产生。毫无疑问，有那么一些人，天生好奇，渴望知识，所以活力充沛，欲罢不能，能够在从事研究时，完全脱离他们人生的实际召唤。也有斯宾诺莎之辈，为了能够无拘无束，从事一种劳而无获的活动，属于天下人人都不认为十分有用的活动，他们甘心情愿，唯求温饱，靠磨镜片为生。还有其他一些人身处卑位，而思辨或观照的动机却如此强烈，结果发现过着这种双重生活而乐在其中。另一方面，有些人的兴趣完全局限于术业的职责，结果他们似乎和机器大同小异。绝大多数人逃脱了如此境地，仅仅凭借消遣和嗜好，通常都是不登大雅。理想境界的人生应该是：个人的生计，个人身为公民的职能，以及个人的自我发展，三者能相互适应，相得益彰。对于我们多数人而言，三项宗旨，充分追求其一，则肯定与其他二者发生冲突；而我们理所当然，最佳状态的话，在上述若干要求之间，几乎日复一日，仔细盘算而决断取舍。我们人人受到限制，由于环境使然，即便不受能力的限制。若要得到心向往之的东西，诸位就会发现，向往的其他东西不得不有所舍弃；获得之后，其他并不想要的东西，大家又不得不接受。不过我们必须坚持的是，一个人接受教育，并非仅仅是指接受某个行业或职业的培训；他要恪尽公民的义务；作为一个公民要成器，而不只是一台投票机器，而且，作为一个工人也要成器，而不只是一台操作机器，他必须经过培养和发展，达到的造诣要超乎公民素质和工作。而且我们发现，"平等机会"这条原则并无意义——也就是说，容易各抒己见，各人都着眼于他渴望的东西，而不是自身理应渴望的东西——除非我们先能回答"追求什么的机会"这个问题。

显而易见，有些"机会"理应人人可以获得。每个人都应该有机会自谋生计，条件适中，生活体面；有机会谈婚论嫁和养儿育女，子女也会有相同的机会；有机会休息和消遣，诸如此类，不一而足。诸位会注意到，组成这句话的名词在不同的社会环境中所指的意义有所不同——所以它必然语焉不详。可是当我们超越了物质上的必需品的时候，我们便进入价值观念的领域。于是"平等机会"之说便逐步把我们引向一个界点，进入这个阶段，我们必须明白，所谓"良好生活"，我们指的是什么意思。"何谓教育"的问题，或者"何谓教育的宗旨"的问题，便把我们引向这个界点。现在不可能出现下述情况：关于"何谓人"这个最后的问题，我们能够在答案上达成共识。因此，实践方面所谓的"教育"，我们所指的意思就是受过充分教育的众人所指意思的最大共核。于是诸位可能会说，"教育"实际上有可能意味着，不同群体所指的意思，也有所不同，所以便择乎中庸。

我希望谈到现在，大家已经清楚，我抱怨有些作者，并非是因为"他们力图利用学校达到他们关切的社会旨趣"。我们谈论教育的时候，无法在教育问题上戛然而止，仿佛这片园地，我们可以隔绝开来，仿佛在这个领域里，我们能够达成共识，而不论我们在哲学上存在什么分歧。我们必须在教育上持有一个社会旨趣，所以我们如果要谈论教育，就必须有备而来，向自己和我们的听者交代清楚，什么是我们的社会旨趣。但是社会旨趣本身，不可源自一种偏见，一种感情上的偏颇，即赞成人人平等抑或贵贱有位，赞成自由抑或秩序。再说社会旨趣本身也不足为训，因为它未能兼顾人类的全部天性。

我们已经看到，如同我们推论的走向所示，一旦我们开始认真思考教育问题，思考公民素质问题，公民素质方面的思考便把我们引向超乎公民素质之外的某个方面；因为好公民归根结底要成为好人；这样一来，整个伦理问题把我们引向什么推论，我们就会走到多远。现在诸如乔德博士的这种教育观，意在言外，公民素质的培养与发挥个人潜力和天赋的培养，二者能够分别由单独的部门予以实施；关于公民素质的培养问题，此种观点可能交代得比较清楚了。可是关于个人发展问题，或者我们不妨说，人之为人的"完善"问题，根本未曾提出一个笼而统之的方剂。作为公民而论，大家必须恪守一定的共同原则，看待一些社会风尚时，必须达成共识；既然不免要和他人接触，那就非得讲究一种规矩。但是在发挥潜力这个问题上，这种观点并未进而认定，有某些潜力引人从善，而另有某些潜力则引人从恶，人之为人，二者并存。这种观点倒是暗示，每一个人都有自己独特的潜力和天赋；芸芸众生，有各种各样消磨余暇的方式，这就可以具体说明问题。千真万确，有些人天生能干，喜欢亲自动手，在家里小修小补；而另有些人，则善于言听计从，请来水管工、木工或是电工。我毫不怀疑，乔德博士谈到潜力和天赋的时候，他想到的并非能工巧匠，而是更高水平的潜力和天赋。然而，潜力和天赋，这个领域他还是听之任之。社会生活与个人生活，割裂二者的危险——其必然推断是，道德的唯一准绳，是个人品行是否损害邻舍，对待自己，人人都应该自由，可以随心所欲——在于社会法规、公民规范将会变得越来越有约束力，越来越施加一种压力，趋向于必须遵守；在于服从社会的这种公共奴性得到如下补偿：凡是以为不在社会事务之列的任何品行，一概听之任之，予以许可。

确实，在根据如此原则组织起来的社会里，社会的一切可能最终证明会越来越多地侵犯私人的一切。在根据如此原则组织运作的社会里，婚姻关系和性关系的规则，起初看来可能比较松懈。但是大家可能发现，这种松懈现象带来了令人不快的社会后果——它从负面影响了出生率，从而一个民族会发现需要更多的工人和士兵；或者对儿童产生一种令人遗憾的影响，他们可能开始表现出心理失常，或者可能成人以后，成为不太令人满意的公民，而不像政府希望他们那样：这时的私人生活便会受到以社会名义的干预。社会可能规定，某些人要有多子女家庭，或者某些人不能建立家庭，这要根据社会的判断，他们是否属于未来公民的合适养育者。如此一来，个人便可能发现，他的私生活，他行驶自己道德自由和责任的机会，在社会的名义之下已经逐渐遭到剥夺。

然而，大家私生活方面某种秩序的恢复，当它仅仅是以一个社会旨趣的名义进行的话，便进一步把人都降格为机器，而这种现象与发挥他们的人性可谓背道而驰。人们能够拥有控制的范围，以及完全自由的范围，这些假定，肯定要么导致令人窒息的统一秩序，要么导致一团混乱。不同领域之间,自由或控制的实际程度可能有所不同。公共范围而非私人行为的规范,我们大家都比较乐意屈从,久而久之,随着现代文明变得日益复杂,我们便准备屈从越来越多合乎公共利益的条规。还有很多人反对接种疫苗,可是现在如果患有伤寒的话,很少有人会怨恨被隔离开来。绝大多数人都认识到,家里下水道的畅通与否,事关他们对邻舍的一份责任;虽然不是人人都认识到,家里收音机的音量开得高低,他们也负有相同的责任。居住在公寓里和乡间的独家小屋比较起来,在生活中鸡毛蒜皮的小事上,人们预想的自由便会少一些。另一方面,大战以来,英国的公众便反对没有获得政府所发的许可证,禁止在乡间花园搭建工具棚,也反对被迫雇用工匠去干那些亲自能够动手的活儿,我对他们表示同情。所幸的是,公共利益方面的普遍规范,我们还没有屈从;同样引以为幸的是,有些私人行为,我们依然可以感到震惊,即使看来对人无所伤害,而伤害的只是被告本人。只要我们还能够憎恨控制,能够对他人的某些私生活感到震惊,我们就依然具有人性。至少,我们还认识到,人不仅仅是一个社会动物:社会控制的范围应该有所限制。而且能够感到震惊(当我们为之震惊的时候,不仅仅出于偏见),我们就认识到,哪怕是模模糊糊存在着某种行为法则,它的内容超越了对国家的一份责任。

　　如果超越乔德博士表述的范围,在考虑个人的时候,不能俨如袋里翻出来的一粒种子那样无名无姓,我们播种了,出于好奇而看护,想看看它长成什么模样,将来结出什么样的花朵或果实;而是把个人视为熟知的一种植物,经过世世代代的不断培育——这种植物,我们知道它的花朵或果实应该是什么样子,只要它能受到健全的栽培,自会瓜熟蒂落,那么,所谓个人潜力和天赋的发挥,我们应该意味着什么呢?既然认识到,好公民的理念意味着好人,我们又当如何争取教育出好人呢?关于好公民,我们作了一番粗枝大叶的描述,难道就应该满足于此,而听任各人依照自己的品味和喜好,任意界定善的品质吗?可能不出诸位所料,这个问题给我提出了最终的问题:教育之于宗教的关系。

四　宗教问题

　　我们至此已经(希望如此)得出结论：注重公民素质的教育，或者说作为一个社会人的教育，与个人潜力的发展，或者说"人之为人"的完善，这二者之间存在着一种互为依存的内涵。除非同时成为好人，否则一个人就不能完全成为好公民；而完整的好人必须也是一个好公民——至少这层意思是指，他是关心邻舍之间公益的人。这就好比工作与游戏之间，也是既有区别又有关系。如果从工作之中，有人根本得不到乐趣，那就出现问题了；凡是游戏，若要玩得精通，就少不得用功钻研。

　　然而，即使我们认识到公民素质和个人发展含有彼此依存的内涵，我们依然缺乏一条标准，据此可以衡量一面，或者另一面。于是在不同情况下，我们容易把一面的标准用于衡量另一面。在一种场合，公民素质的定义并无明确界定，无论它表示什么，我们认为这是理所当然的，我们人人都理解它的意思；而我们关于个人发展的观念，则要适应缺乏明确定义的公民素质之说。在另一种场合，我们可能恰恰颠倒过来。一种观点的局限往往会促使我们变成权力主义者，在行使个人选择或心血来潮的时候设置严格的限制；而另一种观点的局限则会促使我们变成自由主义者，如同有些人那样，认为最好的政府就是尽量无为而治的政府。后者往往相信，芸芸众生天性本善，所以听其自然发展，就会含苞待放，成长为好公民；而前者，大家可以通过实施良好的法律，使得他们从善——除此以外，凡人行止的雪泥鸿爪，超乎立法所能控制的范围之外，无关紧要。而且在这场角逐中，有可能获胜的是权力主义者，因为权力乃是对付弊端和不公的捷径；在某些场合，更具有强制性质，因为我们是其中一个群体的成员，而在某些场合，则较少强制，因为我们是个人。在后者的情况下，我们特立独行；我们认同某种权力的时候，屈从比较容易，而要宽容他人的不遵从态度，则比较困难。

　　在这一点上，尽管我们可能取得共识：公民素质和个人发展，意在言外，相辅相成，我们还是缺乏一条外在的标准，据此可以同时衡量公民素质和个人发展;因为彼此测定的话,我们便走不出互为循环的虚幻界定,依次根据对方说法相互界定。我们已经发现,"人之为人的完善"是一个空洞的说法,除非关于何谓完善,我们能够达成共识;而我们对此无从达成共识,除非对于"何谓人"这个问题,我们能够发现一个共同的答案。现在我们无法期望对这个问题找到唯一的答案;因为对于这个问题,我们的分歧最终会变成宗教上的分歧;你是不是一个"信教的人",或者,凡是你称之为"一种宗教信仰"的论调,你是否明确拒绝接受,这并不重要;总有某种宗教态度——即便你可能称之为非宗教的态度——隐含于你的答案之中。

有两个问题需要区别看待:其一为教育方面宗教的位置,其二为宗教方面教育的位置。第一个问题我们比较熟悉。关于教育方面宗教的位置问题,有若干答案。最为重要的似乎为以下几种。

一、国家本身宣布矢忠于一个特定的宗教或者具体教派,在这样的地域,在国家控制的所有各级教育机构,这种宗教可以予以肯定,予以宣教;而教导内容则要合乎这个教派的学说。私立机构,适于对象为另一些人,他们宣布信仰另一种宗教,或相同宗教的另一个宗派,还有那些反对所有宗教教诲的人,不妨将他们置于某种制度管辖之下,要么宽容,要么压制;但是压制各种形式的宗教教诲,仅仅认可国家的官方宗教,在我看来,这便有悖基督教信仰,所以我并不关注这种极端现象。(所有的教育基本原则都不妨带有宗教性质,没有任何原则是政府特别赞成的。因为这可能是一种偶然情形,意味着政府本身不该承担任何教育责任,而这是一个纯粹假说的情形,无须我们予以关注。)

二、宗教训导与其他科目的教学截然割裂开来。这种情形意味着,在中小学校和高等院校,没有任何宗教信仰大家会视为理所当然,或者认为应该强行灌输。宗教训导的任务便会保留给家庭、主日学校,当然还有神学院。

三、在中小学校传授那类宗教训导,它们代表着当地社会绝大部分人的共同信仰,而任何特殊教派的学说则留待家长和教会去传授。或多或少,这就是一九四四年教育法案的意图所在;当然,法案也有所限定,予以一些家长某些特许,他们如果希望子女免于这种宗教训导,理由是想获得某种具体的教派或者另一种宗教的训导,再不就是反对任何一种宗教教诲。

四、双轨并存的体制,其中在国立学校里任何宗教概不教诲,而凡是拥护任何宗教信仰的人,都可以为自己的子女创建教派学校。

以上所述,我相信,是处理教育方面宗教问题的主要方式。遗憾的是,这些方式都不尽如人意。

我们不妨类聚群分,上述体制的一、二两种建立于一种原则,而三、四两种则建立于权宜之计。如此划分区别的时候,我并非在做什么价值判断:前后矛盾的方法,较之一以贯之的方法,可能更为行之有效。我无非是说,权宜的体制不能顺理成章为之辩护。反映宗教与教育关系的正确的理论,如果教派学校有所体现,那么可谓令人嗟叹的是,较大比例的人口的优势便会遭到剥夺;如果世俗学校体现了正确的理论,那么需要提出质疑的是,教派学校是否不该受到阻碍,说得温和一些的话。(当然,来看付诸实践,两种学校并非如此判然有别:世俗学校的教育,未必非要熄灭其产物所信奉的宗教信仰,而教派学校里,接受教育的学生离开学校踏入社会不久之后,也经常会摆脱先前接受的那类宗教教育。)两种体制,不仅不可能都合理,各种教派也不可能完全合理。自己教会学校的支持者也不可能十分满意自己的特权。因为他必须意识到,属于自家教派的学校之所以为外人宽容,原因是代表了少数人群,所以并不值得压制,或者原因是代表的群体势力强大,压制不了。他还必须意识到,一所现代大学配置的费用实在庞大,自家教会自身难保,无法提供足够的资金,满足其他需求;还要意识到,莘莘学子离开教会学校之后,就要进入一种截然不同的氛围;在英国,当然,所有名牌大学中的宗教基础,如今无非仅存余绪而已。

政府注资的学校里,引入此类宗教训导,大家能够形成的共识是,这代表着最广大基督教教派的共同信仰,而一九四四年教育法案即为一种试验。一方主张宣扬一家教派的教义,另一方则主张宗教教育全部留待家长和主日学校去完成,这项法案乃是一种妥协。法案的效果如何,不妨拭目以待。然而,这项法案的背后存在着一个值得注意的理论,而鼓吹者则毫无疑问还意识不到。这种理论隐含了一个定见:"基督教"乃是所有基督教徒共同笃信的宗教思想,这就是精髓所在;具体差异并不重要;一个人有可能成为令人满意的基督教徒,而又并不属于任何教派。通过这种方式,国家可以传授一种自己的神学教条,它与所有的教派相矛盾。凡是成为一个基督教徒的必要教义,理应在学校传授给儿童;而圣公会成员,卫理公会教徒,长老派教徒,公理会教友或浸礼会教友,要成为这些教派成员的必要教义,则留待家长自行选择——如同他们可能要上家教的钢琴课或小提琴课。这套理论就是如此。那种不太可行的过程倘若全部完成的话,趋势便会是若干教派由一个新兴的国家基督教取而代之。因为仅仅教授基督教的一部分内容,言外之意,那是唯一事关紧要的部分。

  以上谈了第三种和第四种方法,前面我说过,第一种和第二种原则上可以为之一辩。第一种,所有国立学校都传授一种特定宗教和教派的教义,只有在下述二者居一的情况下,才是可行之举。要么举国上下,必须在宗教方面同宗同源,从而国家的官方宗教,便是绝大多数个体公民的宗教,要么一个独裁政府把自己的学说强加于社会民众——或者至少强制推行,表面上一致遵从国教——通过戒律、灌输或者欺蒙。面对这类专制政府只能缄口无言。第一种方法,仅在少数几个国家为可行之举,而即便在这些国家,此种方法也引起十分严重的危险,它可能像任何其他方式一样,变得令人不满。它可能导致国家对教会的控制,或者国家由教会控制,这两种局面之间可能没有多少选择余地。不过至少在理论上,第一种方法有个令人瞩目的长处。依照我的观点来看,在这种特殊环境下,教育中体现的宗教组织是一个国家宗教组织,有一位全国的首脑,还是一个国际宗教组织,有一位国际的首脑,这都无关紧要。如果是一个国家宗教组织,那么就应该有一个等级制教士集团不受政府干预,必要的时候还要准备反对政府;但是如果教士集团本身就是由政府任命的神职人员所组成,我们便只能依赖政府,切勿任命那些日后对其卑躬屈节之辈。不论哪种情形,比较可取的是,有一个具有权威而又独立的宗教组织,才能面对难题,就是前面结合我们"教育的宗旨"中第三项内容时,我所提出的难题。我说过,第二项宗旨,"公民素质的培养",其方向取决于公民素质的含义,而公民素质则是由一个外在权力机构所代表的,与此相关的是,个人有十分明确的权利、责任,还有屈从的义务;而第三项宗旨,"发挥潜力",或曰"人之为人的完善",则留给每个个人,或者至少是每位教育家,可以悉听尊便,自圆其说。在这个领域,我们的宗教师长在我们的潜力方面有所指教,教诲我们善恶之分,关于"人之为人"的完善问题,给予一个确定的含义。我们需要一种教会组织,既能与国家冲突,也能与之合作。我们需要一种教会组织能够保护我们不受国家干预,相对我们的权利,我们对待自身和上帝的责任和义务而言,能够确切说明关于我们的权利、责任,还有屈从的义务的界限。再则,由于人性脆弱,我们可能有些时候需要国家保护,不受教会组织干预。过于密切的政教合一会导致无法逃脱的压迫。

　　第二种体制,即中小学校和高等院校的教学属于纯粹世俗性质,宗教训导则留待家长和自愿参加的主日学校完成。起初看来,如此体制俨如我刚才探讨的方法的对立面。它达到一以贯之,即尝试省略第三项教育宗旨,或者至少是把"潜力"的含义局限于"精神生活之外方方面面的能力",把"人之为人的完善"局限于"作为类人猿最高阶段的人之完善,或者作为 homo faber et ludens[①]"——而非作为上帝之子。但是,一个人的宗教信仰是一己私事,从社会观点来看无关宏旨,如此论断可能导致的一种局面,十分有利于国家确立一种宗教,或者以政代教。宗教意识和社区意识,二者无法最终彼此割裂开来。当然,它们起初在家庭中形成;如果在家庭中它们存在缺陷,这个缺陷无法由中小学校和高等院校来弥补。但是另一方面,这种对照的局面长久说来则令人不堪:社区生活中宗教没有地位,而家庭生活中宗教保存下来;外部世界中宗教的社会一面有所削弱,也往往会在家庭中削弱宗教;同一屋檐下,家人之间宗教纽带的削弱始于幼小的年龄,那时我们开始认为,

---

　　[①]　拉丁文,制造人与游戏人。现代社会关于人的理念,和18世纪以来所谓"理性人"和"经济人"相对而言。20世纪初叶,荷兰语言学家和文化史家约翰·赫伊津哈(Johan Huizinga,1872—1945)在《游戏的人》(*Homo Ludens*)中有所论述。关于"制造人",可参阅瑞士德语作家马克斯·弗里施(Max Frisch,1911—1991)的小说《制造人》(*Homo Faber*)(中译本名为《认为技术决定一切的人》)。

我们在为自身思考,这将会致使家庭降低为一种并不牢靠的纽带,由亲情和柔情来维系。因此,宗教一事,一朝开始逐步变成个人之事,不再成为一个家庭维系之所在;一朝宗教变成每周一日的随意交往之事,是日天气不算太好,也不算太坏,成为世代相传而渐渐失去意义的布道用语,有些时候出现于政治论坛;一朝宗教不再渗透于生活的全部内容,此时便发现存在真空状态,而宗教的信念,就会逐步为国家的信念所取代。独立于国家的那一部分社交生活就会缩减到更加微不足道的地步。于是下述情况必然会出现:大家需要对于某个事物的共同信念来填补群体之中宗教的地位;自由主义者则会发现,构成他们理论学说基础的个人自由,他们正在日益拱手相让。

我暂且回到本人的选择方案里,置于首位的措辞说法,援引如下:

> 国家本身宣布矢忠于一个特定的宗教或者具体教派,在这样的地域,在国家控制的所有各级教育机构,这种宗教可以予以肯定,予以宣教,而教导内容要遵守这个教派的学说。

在这个方案里,存在着付诸实践时显而易见的困难。其一是如此一个体制在任何实际讲英语的国家,显然非可行之举。我们偏向于主张自由:我们不是偏激地,或者在宗教方面充分重视同质。但是凡是发现这类同质现象的地方,对于一方人民的精神生活而言,便存在着偶发的危险,具体的危险,我无意深谈。比较一般的危险有三种:国家将控制教会,或者形成自己的教会;教会将控制国家;或者公民将认为自己在相同水平上矢忠于两个国家政府。因为"宗教"这个名词令人十分捉摸不透,和"教育"或者"民主",还有不胜枚举的其他名词一样,我们往往在一个场合意味着一种意思,换个场合又另有所指,却认为,我们用的是相同字眼,所以我们所指的是相同意思。我们谈到政治和宗教的时候,是在对两个机构加以对照,教会的含义比较丰富,是一个与世俗机构有所不同的事物。我们这就忽视了教会的宗教这一面;而宗教正因为无所不包,故而不能和任何事物相提并论。

还有一层复杂的因素,在这一要点上我必须插入探讨。诸位可能还记得,我开始演讲时,批评了三项教育宗旨,作为起点,我采用的是乔德博士的论述。我提示了鉴于"注重公民素质的教育"之说,可能渐至于意味着某种过于确切的意思,而且限制于眼前的标准,"发挥潜力"的教育则含有危险而语焉不详;我也提示大家,需要产生另一个权力机构,而非国家,在道德、才智、精神力量的培养训练方面对我们有所教诲,因为国家并不关注这些方面。在回答"何谓好公民"这个问题时,国家的过度干预和控制,还有一套国家的风纪规定,是为了造就好公民,而锱铢必较制定出来就会调教出一些一味遵从的人。在回答"何谓好人"这个问题时,教会的过分干预和控制,也有可能调教出一味遵从的人。良好的生活有着诸多方面,对于个人和社会来说都是如此,而教会则并非直接关注这些方面。有个问题任何一种宗教的教会组织必须提供一个答案,这个直接的问题就是,"哪些内容是灵魂超度所必要的?"有一些教会组织在各个时期和地域一直十分确信,唯有灵魂超度,其他的一切概不属于必要,由此产生了大量的损害:举例来看,穆斯林入侵者毁坏了亚历山大图书馆,新教改革运动时期,圣坛遭到强夺,偶像掷地,利用酷刑和令人发指的处死形式作为一种威慑,禁止信奉异端。另一方面,古往今来,各个国家的教堂都是诸门艺术的中心;欧洲和亚洲的宗教提供了动机,促使欧亚大陆产生出无比伟大的艺术作品;欧洲和亚洲的文明倘若缺乏各自的宗教基础则不可思议。不过文明、文化比较高级形式的发展,从宗教的观点来看,只能视为副产品予以思考。只有通过笃信一种宗教,否则我们就不会获得这些作品,这个事实并不意味着,任何教会组织或者宗教的神职人员,必然胜任愉快,在所有的艺术问题上都有话语权——考察一些现代的宗教宏伟建筑,便可作为明证。

我的道理所在,现在应该昭然可见,就是在转入教育方面宗教的位置这个问题时,我已经预先提示诸位,我列举的所有可能的方案都不尽如人意。至少廓清一个认识:有的社会中,全部人口并非信奉一门宗教,或者,在一门宗教之内,又划分为几个宗派——而这就是英语国家的社会性质,我们不得不为之立法,因为在这样一个社会,必须有一种或另一种折中办法可以付诸实践,而且每个社会或社区必须为了自身探求一种折中办法,对于自己信奉的宗教而言,还算差强人意。如此一来，在这类国家框架构建者设计的任何可以实现的教育理论，在某一界点必须止步不前，因为超越这个界点，宗教方面的分歧，大家就不可掉以轻心。除非关于宗教真理，我们能够取得彻底的共识——那就是关乎人类的终极真理——我们切勿期望，出现一个理想的教育体制可以付诸实践，大家都能够达成共识。人生有许多境况只能通过妥协来处理，面对人类状况的如此不幸，我们不该心存怨尤。不过我认为十分重要的是，当我们迫于环境，尚未走到我们如意算盘应有的终点时便止步不前，此时能够对我们眼前的作为有所意识；关于当前我们这个论题，不要妄称有一种教育理论能够面面俱到，而排斥那些终极的宗教问题——我已经说过，其中之一便是"何谓人"这个问题——而且尝试为教育理论划定一个范围，其中宗教可以予以忽视。

处于本人现在的立场，我希望能够略陈己见：前面我一直着力探讨的是，"教育方面宗教教诲的位置"，对于我为这些系列演讲设定的旨趣而言，探究这个问题其实并不重要。只是这个问题我们必须首先加以探究，我们才能看出，在这个语境里它并不重要的原委和道理。在我的"教育宗旨"里面，要害问题并非教育方面宗教的位置，而是宗教方面教育的位置。一开头我便说明教育有三项宗旨，我希望大家应该达成共识，然后我尝试首先表明，这三项宗旨的每一项都包含于其余两项，而且每一项都拓展和限定其余两项的意义。在此之后，我又力求表明，追求这三项宗旨的意义导致我们逾越相关领域的疆界——而我们本该画地为域，以教育为域；而且迫使我们进入举步维艰的疆域，比如社会哲学和政治哲学、伦理学，最后还有玄学和神学。所以，我们先要在神学方面取得共识，否则我们在具体教育问题上的共识，只能是根据地域、时代以及构成成分的特定条件，对于一个特定社会而言，什么才是可行之举和可取之举而达成的共识。而且在关于教育的理论探讨中，我们应该力求向我们自身和他人阐述清楚，有什么哲学思想在背后支持着我们的见解。

我无意给诸位留下的印象是，我认为大家应该延缓探讨教育问题，或者延缓大家的各种尝试，比如完善现行体制，匡正其缺陷，直至关于终极的问题，大家达成共识之后才着手。我也并不臆断，如果我们大家都渐渐持有相同的哲学和宗教观点，我们就会忽然发现，如何运作我们的中小学校和高等院校，在这个问题上，大家已经取得一致见解。我们无非是应该达到这样的程度，就是混淆概念、曲解误会，抵触冲突，凡此种种的可能性都降至最低限度。剩余下来的诸多问题应该是哲学和神学无法提供直接答案的，或者对于这些问题，它们会提供形形色色各种可能的答案；而且依然还会存在一片广大的园地，其中分歧、论争、试验乃是展开活动和加以完善所不可或缺的。

　　因为要接近尾声了，现在请允许我勉力概括演讲过程中我所得出的一些结论。首先，"良好公民素质"之说，不能完全局限于一个政府所提供的定义，或者任何特定政治哲学的学说信条。其次，"何谓个人潜力的发挥"这个问题，或者"人之为人如何完善"这个问题，唯有参照神学来看待，否则便无从回答，虽然"完善"之说含有深意，而完善之事，则并非直接属于神学的领域。所以，我们已经发现，我们必须求教于我们的政治哲学家，就我们的第二项教育宗旨，他们能够有所照明，提供解答，我们也必须求教于我们的神学家，在照明第三项宗旨方面他们有所助益；而且有的神学家也是政治哲学家，在两个问题上他们都有高见需要表达；与此同时，我们还是发现，他们都没有完全覆盖各个宗旨所应用的全部领域，因而我们迫不得已要重新展开探讨。

　　我们已经发现，这两项宗旨意在言外，相辅相成，正如二者同样隐含于第一项宗旨之中。我们可以说，大家的共识是，每个凡人从理想境界来看，他接受教育，通过他的邻舍和他本人，应该是为了力尽所能，凡是他能够尽力而为之事，都力求做到最佳境界。进而言之，他接受教育应该是为了面对互相冲突的要求时有能力决定取舍，因为我们在实际生活中往往面临的是必需舍弃个人利益——不是自私自利，而是一种曲高和寡的个人利益——为了满足社会要求，或者舍弃社会义务，为了满足我们自身本质自我的需要。有些主张由国家所代表，有些主张则由教会所代表；但是，进而言之，还有些要求则由我们自身的存在所代表。如果我兴之所至，想要赋诗，于是我便婉谢在代表某个义举的大会上致辞，或者谢绝为一个重要的周末讨论会准备论文，结果会如何呢？如果我的篇什是佳作，我便心安理得；如果是败笔之作，我便感到内疚。

成功总是无法确定；至于失败呢，我想到有些例子，有人心里可能有底，比如舍弃写诗，而另有旁骛，至少算得有益之事。而且我们如果自身都难于决定取舍，要为他人判断，则往往是不可能的了。梭罗隐居瓦尔登湖，他是一位好公民吗？有多少人所从事的事业，在家人看来可谓愚蠢，或者看似具有反社会性质，或者意味着给他人带来痛苦和牺牲，我们过后要么指责，要么称道，看的是结果如何，而结果则永远未可预卜。所以我认为，在"发挥个人潜力"方面，我们必须为个人选择留有余地，尽管这个说法，我们已经有过很多限制性的描述。

然而，不入虎穴，焉得虎子，所以作出我的论断之前，还有一条羊肠小道要走。至此为止，我们探讨的宗旨都是着眼于个人；培养个人是为了他能够人尽其才，造就成器。我们一直关注的仅仅是目前，而非既往或未来。现在我要提示一点：面向所要传授的对象之外，教育还有一个宗旨，应该关注另一种义务。如果我们仅仅考虑前者，我们的全部课程就可能随波逐流，随着各家学说而变化；何谓谋生的正当方式，何谓良好公民素质，何谓良好个人发展，我们大家的看法，可能受到一代主流情绪的左右，或者听任个别教育家心血来潮的摆布。我们的文化要薪尽火传，这应该成为教育的一项宗旨——而文化的相续相禅，或者尊重既往，都不意味着停滞不前。当今之世，我们尤其应该期待的是，教育防止我们会犯一味偏重当代的错误。我们期待各级教育机构能够坚持认识和理解既往。对于每一代人而言，既往都需要重新解释，因为每一代人都带来自身的偏见和新的曲解。凡此种种可能要参酌历史才能领悟；但是历史则包括对已经消亡的伟大语言，对现代语言的过去的研究，包括对我们母语的研究。确实，尤其是对我们的母语；因为我们需要理解我们的文字过去的用法，理解文字的沿革和语义的变化，这样才能理解我们自身如今的文字用法。而且为了保存既往的智慧，我们需要在评价时着眼于这种智慧本身，而不是单单以它的用处为由，加以维护。以用处为由而支持宗教，显然可谓谬误；因为，下述第一个问题较之第二个问题更为重要：其一是人类之于上帝有何用处，其二是上帝之于人类有何用处。而我们之于我们文化的关系，可以触类以推——虽然我承认，对待一时性的事物进行这样的类推，可谓存在危险。因为，倘若我们在评价历代的智慧、经验和艺术的时候，仅仅根据其对于我们的用处，我们陷入的危险则在于局限"用处"的意义，也把"我们"的意义局限为如今健在的人。我想维护的是这样一个观点，依据这个观点来看，更为重要的是——如果我们不得不选择，而且或许我们确实不得不选择——为数不多的人应该接受良好教育，而其余的人只需一种基础教育，而不是人人应该分享质量等而下之的教育，如此一来，我们便可自欺欺人，认为凡是以量居多者，必然属于最佳。而且我所要呼吁的是，马修·阿诺德当年所说的"知识乃天下思想之精华，文章之鸣凤"（我还不妨补充一点，古往今来，世界上的上乘之举，世界上诸门艺术创作的精华）；这种历史知识，最广义而言，不应该保留给区区专家机构——保留给他们，而且在其中瓜分——而应该成为部分学子共同拥有的遗产，他们已经修毕非专业化教育的高年级学业；对于其中多数人而言，这份遗产有可能形成诸多比较现代的研究的基础，而这些研究如今往往有人用以取代这个基础。

我们力尽所能，兼顾教育的三项宗旨，对教育的定义抽丝剥茧，现在不妨进而探究，我们得出的那种性质的论断有何用处。我们发现，教育的定义，我们根本未曾提供，客观而论，教育似乎也无从界定。我们能够有所作为的极限，在于罗列一些任务，可能大家期望凡此均由教育来完成，同时力求表明其中的各项任务，倘若谓之教育，则肯定意味着其他方方面面。这些乃是大家一直要求教育能够服务的部分旨趣；其中有些旨趣，我们已经能够形成定义；虽然我们无法绝对地界定教育，它的若干旨趣意在言外、相辅相成，我们有所认识，这给我们的一种感觉是，教育一词具有同一性，类似于我所明言的，三叉一词的多重用处之间具有同一性。然而，教育一词有若干可能的用处，当我们所指的是其中之一的时候，我们还得继续谈论"教育"；大家感觉到了这种同一性，所以为了明白起见，我们也就不可能用若干不同的字眼取而代之。

最后的问题是，"如此探究有何用处，换言之，我们是否思辨这个字眼的意义，对于实际教育会产生什么影响？"人类自从成为人类以来，生生不息，培养子孙后代，而且确乎此前也是如此；在衡量生灵万物的标尺上，在哪个精确的刻度，可以说是从此开始培养后代，这我就不得而知了。教育的内容和形式，根据具体的社会组织有所变化，因为后代处于社会之中，而且是为了社会才接受培养；在有必要提出"何谓教育"这个问题之前，教育的传统由来已久，而且教育机构可谓名目繁多。或者确切些说，关于一项活动的旨趣，在我们提出问题的时候，我们开始付诸实践已经有一段时间了；而且我们发现，这个问题反反复复需要提出，因为世代之间活动本身有所变化。可是教育机器必须保持始终运转，现在几乎普天之下它已经变得庞大而复杂。诸多的变化和发展要归之于偶然的因素，针对当地眼前的形势要有所反应，有些则要归因于个别教育家刻意的用心——不论有无道理，有些要归因于一部书的影响，诸如卢梭的《爱弥儿》（和我本人一样，卢梭也是舞笔弄文之辈），有些要归因于政治理论或者神学教义，有些要归因于智慧，有些则归因于愚昧，还有一些则要归因于我们无法左右的形势。但是当我们着手界定教育的时候，我们应该尝试去做些什么呢？我们并不是在尝试编写一个词语的定义——即一个词语的习惯用法。我们是在尝试孤立地看待共同的要素，而脱离了大量不同性质的培训，各种培训都着眼于不同的目的，而且处于截然不同的文明之中。换言之，我们是在尝试发明一把万能钥匙，可以用于开启多种不同的锁。不过我们同时也在尝试发现一个规定的定义，我们不仅是在尝试说明教育一词是指什么意思——也就是说，对于我们认为有资格使用这个字眼的人而言，它所指的意思——同时也要说明，真正的教育应该有什么面貌。我们旨在界定一个真实的定义，而非名目上的定义，同时我们其实是在力求说服众人接受我们自己的一个定义。但是我们尝试提供一个定义的动机可能产生于下述原因：针对我们目前忍受或奉行的教育实践，或者针对他人关于何谓教育的理论学说，我们持有异议。因为我一直坚持认为：在每一种教育理论的背后，我们发现，不论隐含还是明言，都包含着哲学和神学的前提，同时也有社会学的前提，所以可能有人认为，教育问题仅仅是哲学家的问题，而非那些从事教学和教育机构行政管理的人的问题。但是后者积累了教育方面的经验，倘若堪称智者的话，还有取之不尽的智慧，而唯有那些实际以教书为业的人，才能够获得这些经验和智慧。在我看来，教育家的任务在于围绕教育进行思考、著书立说，但是那些社会、哲学和神学方面的前提假定,它们构成了其笼统概括的基础,教育家则要加以廓清,便于自己有所认识;而纯粹的理论家、哲学家或是神学家,他们则要把自己的理论提供给教育家参考——因为教学授业的困难所在,他已经有了切身体验。而立法者,附带说一句,当他凡事无动于衷,唯有政治上的权宜考虑,此时就要咨询这两类人士,同时也要学会一点独立思考。

显而易见,教育的词语定义解答不了"何谓教育"这个问题,因为一部词典能够做到的,无非是告诉我们,过去人们使用这个词语的主要用法,直到辞典编纂者衷录了他对这个词语的记述的年代为止,用法出自他尊重其权威性的那些作者。虽然我们意识到,这个词语在用法方面的多层定义之间存在着一层关系,我们似乎却无法获得任何一个基本定义,即所有那些次要定义都能隐含的定义。我们现在探求的定义是包含价值判断的定义,因此它将是我们无法达成共识的一个定义,所以可能无法成为词典的释义。(附带说一句,关于"定义"一词的定义,人们距离达成共识已经越走越远。)关于我们罗列的教育宗旨,不论有三项,还是更多,不论我们是否介绍细分的宗旨,都有若干限定条件需要说明。总有可能,一位作者罗列的旨趣,有一项或者多项可能是错误的,或者他人根本无法接受;总有可能,事实上相同的旨趣,不同的作者用全然不同的说法来表达;总有可能,列表应该写得更加详细。当然,我们大家都争取尽量归结为区区几条——此乃游戏规则之一。但是恰恰由于教育一词的意思在过去有沿有革,人们便可能期望它在未来进一步发展和变化,这样便有可能在某个未来和未可预卜的情形下,教育的旨趣将不得不重新形诸公式,而且还有可能新的旨趣会呈现出来,而论者无法把它们归结为大家已经承认的那些说法。

再则,诸位可能有所察觉,关于这个话题,我们的思想表达得越清楚明白,这些宗旨或旨趣所指的意思是什么,大家达成共识的可能性也就越小。你的观点越是明确,你就会发现,接受的人越少。绝大多数人会接受的论断是,教育包含某种性质的道德培养;较少的人会接受的论断是,教育包含宗教培养;会接受宗教培养这条原则的人之中,就宗教培养应该进行到何种程度,又应该在何种程度上化为教义教条,能够达成共识的人更是为数寥寥。我们可能看法一致的是,"当我们充分理顺了我们的玄学、种族学、心理学、神学和政治学,可以直接思考教育的时候",教育问题才能够得到令人满意的解答。不过这可是遥遥无期,恐怕一直要到地老天荒。上述任何一门学科的耆宿圣贤,什么时候彼此之间能达成共识,看来前景渺茫;而这些学科的那些实干家在促使教育达到完美境界方面,根据各自的科学作出的相对贡献,对此达成共识,看来前景更是渺茫无期。

我们大家其实都在争取说服别人,换言之,我们诉诸他们的情感,而且往往其实是在诉诸他们的偏见,兼顾到诉诸他们的理性;我们能够尽量做到的最佳境界,在于注意到兼顾(我们的理性)不是变成代替(我们的理性)。我们至少能够争取理解我们自身的动机、激情还有偏见,这样在诉诸他们的这些方面时,才能意识到我们正在做些什么。意识到自己的作为谈何容易,因为我们自身的偏见和情感好恶,在我们看来总是如此理所当然。我们总是汲汲于指出,他人的理智受到情感的影响而有所偏颇。我深知自己一直在争取说服大家,虽然我可能未必十分肯定要说服什么问题。不过虽然我以上所说的一切,如果根本无人赞同,我会感到寒心,但是如果天下从而和之,我则会感到惊恐不已;因为,在探讨诸如此类的话题的时候,一个陈述如果天下从而和之,那就肯定没有多大意义可言。然而,我希望我的主要动机始终在于促使诸位活跃思路,而非把某种理论强加于人;我一直在进行界说,却未曾想过要令人信服,而恐怕诸位的心思早就在下一场鸡尾酒会了。

两种文化？
查·珀·斯诺的意义

弗·雷·利维斯

---

* 发表于1962年。

弗·雷·利维斯
(F. R. Leavis, 1895—1978)

英国文学批评家。出身于中产阶级家庭,父亲经营钢琴和乐器。自幼读私塾,校长是古典学者,故而利维斯通晓拉丁语和希腊语。"一战"爆发后任前线救火车担架员,随身携带弥尔顿诗作。战后重返剑桥,攻读历史,后转向英语。1929年和弟子奎妮·罗丝结婚,后密切合作而各有建树,成为英国文坛著名的伉俪。1932年发表较有影响的批评著作《英诗新方向》,探究当代诗人叶芝、托·斯·艾略特和庞德等一代诗豪,同时创办评论季刊《细绎》,和美国倡导精读和文本分析的新批评派不谋而合,属于20世纪英国著名文学刊物,也成为品藻当代英国文学作品的主要喉舌。同年担任剑桥的唐宁学院英语研究所所长,此后执教凡三十年。夫人推出《小说与读者大众》。1936年出版《重新评价:英诗传统与发展》,追溯17世纪以来英国诗歌的源流。40年代起兴趣转向小说,先后著有《伟大的传统》,重新评价奥斯丁、乔治·爱略特等,《戴·赫·劳伦斯:小说家》,认为他是继承伟大传统的当代作家。利维斯十分重视英语和教育,鼎力促成英语纳入大学课程,50年代与查·珀·斯诺展开论战,激烈抨击两种文化观。另有文集《共同的追求》和《大众文明与小众文化》、《教育和大学》等。

自恃一代文宗,才具、识鉴、学问三者俱备,综观当今文明诸多令人畏惧的问题时,俨如权威而高谈阔论,倘若如此自信便可谓天才,那么查尔斯·斯诺爵士的天才,自然无可置疑。他胸有成竹。当然,精通术业且以权威自居,此类人士自告奋勇,同时纵论科学和文学,肯定意识到自有磐磐大才而不同凡响,不过旁人可想而知,如此意识伴随着一定的谦逊——确实,那就是一种强烈的意识:范围有限,权柄有限。斯诺那份自信的特有品质,洋溢于一种无孔不入的语气,旁人可以如此议论这样的语气:一方面唯有天才能够证明持之有故,一方面论者不能顺理成章,认为天才便可颐指气使。我们领教的就是这样的语气(在一句脱离语境的话语中,可谓登峰造极之论):

　　　　世界一流的唯一作家,看来对工业革命有所理解者,当推步入晚境的易卜生:没有多少东西那位长者理解不了。①

　　显然,查尔斯·斯诺爵士所不理解的事物则少之又少:他是以权威口吻贡奉赞词。我们体味得出其言外之意,体味得出其溢于言表的确信程度,超过了字面分量,因为话中饱含锐气,即本质性的灵感,反映了十足自以为然的表现。其实斯诺的无知堪称出奇。毫无疑问,他给那些文坛友朋提出的各种测试,他本人能够轻松地答卷,还暗示了考题会难倒他们。和他相比起来,在科学这个方面,他们的教育程度则有所不及,会大出洋相而令人悲叹,虽然身为科学家,他可以声称尊重文学。我丝毫都不怀疑,他能够界定一种机床,说明热力学第二定律。甚至有可能的话,我揣测(虽然我有义务说明,在我看来并无佐证表明他有这

----
① 引自《两种文化》第二章。

个本事),他可以貌似精通而炫耀宇称不守恒说,那种内行才懂的高度精深实验的最终妙着。他提示我们,只要我们的教育局面可观,就自然会成为高校餐厅贵宾席上的一个主要话题。可是谈到历史,文明的性质和文明晚近发展的历史,工业革命的人类历史,那场革命必然产生的人类意义,谈到文学,谈到那类合作的人类创造的本质,文学是此类创造的典型,斯诺踌躇满志,而暴露出来的却是一种十足的孤陋寡闻,这个说法应该不算夸大其词。

我不得不公之于众的判断是,此公非但不是天才,学术方面平平庸庸,程度可想而知。倘若仅此而已,那么斯诺其人,只是不屑一顾罢了,大可不必以持续的公开形式,大谈特谈,论者不会选择这样的做法。不过我用"堪称出奇"这个词语时,傅益了充分的意图:斯诺乃一介奇才。他这位奇才的出奇之处,就在于其人虽属微不足道,而在大西洋两岸,却偏偏成了广大公众心目中的一代宗师和圣贤。他的意义在于,他已经为人接受——或许更能切中要害的说法是"为人创造":别人把他创造出来,推为一言九鼎的智者,而造就其人的文化状况,通过大家接受其人这个事实,可谓彰彰在目。真正出类拔萃的彦哲,当然,自身便属于他们的时代:从最为深刻的层次上,他们响应了时代特殊的负担和挑战;他们能够积极而创造性地照亮天下,预示天下和影响天下,道理俱在其中。而斯诺之于时代的关系,则属于另一性质;概括特点来说,不是凭借真知灼见和精神力量,而是视若无睹,缺乏意识而又流于机械。他并不明白自己的意图所在,可谓以其昏昏而欲使人昭昭。这就是他那种令人陶醉的意识,即启示天下而又肩负公共职能,还有他的灵感,其总和不过如此而已。我们需要予以重视的,并非他认为自己道出的什么挑战,而是他所体现的挑战。我关于他所不得不发表的议论,势必是暴风骤雨,而且充满鄙视;不过,祈求诸位,切莫以为本人喜好杀气腾腾,口诛笔伐。斯诺,我重申一句,其人不屑一顾。我全力以赴的方面,在精神上具有积极意义。斯诺把智慧转向了教育和剑桥大学,他也就表明了它的本质。

我并没有很快给自己提出和他展开论辩的任务:我希望,即使论辩也会得到同意。《两种文化和科学革命》,确立他享有智者和圣贤声望的这篇《里德演讲》,1959年发表于这所古老的学府。在剑桥大学出版社的陈列室里,我翻阅了已经付梓的演讲,那种表达方式却令我为之骇然,而斯诺则发现,他的方式恰如其分,而且自然而然,我十分明白地看清了演讲属于什么性质的表演,故而无意掷下三英镑六便士。然而,令我惊讶的是,演讲声名鹊起,享有了经典之作的地位。大家持续不断引证其说——不仅仅是见诸各种周日副刊——斯诺,那位资质罕见而又具有深厚创见的彦哲,仿佛洞中肯綮,已经将一个当代的关键真理形诸系统论述了。那是什么促使我认识到,我必须克服内心的抗议,花费我三英镑六便士呢?原来在给学术答卷批分数时,我意识到,那些中学六年级校长,纷纷要求那些聪明学生拜读斯诺演讲,认为既有教义,也有定论和形成思想的作用——还可谓一次价有所值的备考投资。

于是,我去年夏天买下了他的演讲文本,而且注意到,印刷已达六次之多①,我通篇读毕了。当时我第一次能够认识到,我的以下说法是何其温和的一个声明:《两种文化》暴露无遗的是,全然缺乏卓异的学术品质,而且风格庸俗令人不堪。这篇演讲,客观而论,由于有意向我们显示这位伟人吐属开合自如的风采,却例示了不良文风的各种表现,如此黼黻文章,而又如此语重心长,我姑且承认,如果中学校长未来示范初级批评时,要利用这样一个文本,或许不无道理:风格的批评,因为要逐步走向分析,所以就变成了对思想、实质、各种侈言的批评。

斯诺那种全景展示的貌似中肯之论,大张旗鼓,炫耀了一个命题,在讨论这种文风的时候,学术思想的无效,乃是构成可能存在的困难所在:我们要与之进行论辩的一个心智——其实并不存在;我们看到的是文不对题。姑举"文化"这个至关重要的名词为例,脱离了这个字眼和他能够赖以大做文章,坐而论道的内容,论者也就剥夺了斯诺那番先知的深奥和启示的炫耀。他关于文化一词的用法,让我们把焦点集中于(姑且允许我用一个看来合适的悖论)学术思想的无效;它使得我们明确无误,面对的是缺乏能够提出问题(遑论解答问题)的思想。他立场方面的一般本质,还有他自居权威的态度,可谓众所周知:存在互不

---

① 《两种文化》在1960年印刷达五次之多。

沟通而又漠然相对的两种文化,有必要促使二者取得和解,有一位查·珀·斯诺,他在历史上的地位,在于他贯通两种文化,所以我们通过他的论述,看到了可取而又必要的合而为一的范式。

斯诺,当然并非无名小卒,我可不能这么说;他不是:斯诺自视为一位小说家。我并不想探讨此公的那一方面,可是我觉得如鲠在喉。大家普遍相信,他是一位卓越的小说家(而且应该传布远近的是,造就他的文化状况意义深远),这种共识当然发挥了作用,促成了他成功地摇身一变,俨如智者,从而为人普遍接受。他自居为小说家的那种一本正经,可谓滴水不漏——如果说一本正经居然可以表现得如此不折不扣而难以言喻,如此不知不觉。前程灿烂的科学家生涯,他居然中道而废(我们理应理解),在解释其中道理的时候,他晓示各位,成为一名作家素来就是他的使命。况且他臆断,具备了欣然接受和毫不质疑的实事求是的态度——迹象则是显然无误的——他的使命意识,已经胜利地证明了持之有故,他无疑是一位上乘(甚至用他本人的习语,"世界一流")的小说家。他享有的那份自信令人吃惊,我们不妨出于礼貌,谓之令人难忘——如果论者还能够想象,小说家斯诺留给人们的记忆经久不衰;可是这份记忆不会经久不衰,不可能经久不衰,尽管英国文化协会关于斯诺其人,有介绍一览(他属于英国文化协会的一位经典作家。)我说"令人吃惊地享有",那是因为作为一位小说家而论,他有名无实;他也并未开始名副其实。论者无法说他懂得什么是一部小说。他的虚构作品,每一页都是子虚乌有——通篇彰彰在目,无论人们想去寻找一部小说哪一个侧面。我现在想回忆,是在哪里听说(可能我是梦中听说吗?)有个名叫查理的电脑,为他构思出那些作品,指令则以回目形式输入电脑。不论真假,造就一位小说家所需要的本领的任何事情,他——或者是电脑(如果解释不错的话),都无法完成。他告诉你应该让他去做什么,可是他所能为你做的,无非吩咐而已。那些人物大概要谈情说爱的时候,作者告诉诸位,他们在谈情说爱,可是他显示不了卿卿我我的过程。滔滔不绝的对话让读者确信,这是长篇小说的艺术,不过读者未曾领教过如此笨拙的对话;根本无法想象居然口中道出了那种对话。况且斯诺爱莫能助,只有通过言语暗示人物。他在回目里预告了主题和来龙去脉，我们从中可以看到由此而来的意义所在，可是下文除了预告的大致意思，并没有增添什么新鲜内容，除了戏剧——或者说生活，完篇的作品里看不到更多的意义。斯诺不仅无法为我们创造出呼之欲出的人物——他缺乏那种创造力；他所能想到的那些人物，完全是无源之水，而人们还以为他们兴趣广泛，并且代表了那些兴趣，即使作者向壁虚构，让他们栩栩如生，个别人物也罢，全体角色也罢，读者不免要请教他们："这里哪有什么生活可言，通过诸如此类的人类的代表，还能够传递出什么意义，可以吸引一个受过教育的头脑呢？"

属于斯诺最流行的小说，有那些号称从内部描绘剑桥资深人物学术天地的作品，这些小说暗示其特色在于反映了那个学术界的生活和主流的兴趣爱好，它们的平庸程度，居然如此单调乏味，毫无文化底蕴，所以如果有人能够认为，斯诺的小说艺术，还称得上产生了什么想象力的冲击，那么不妨说，他给自己的学府贻害匪浅，因为适逢这样一个时期，一般说来，维护这所古老学府的形象，可谓兹事体大。即使当他炮制了一项令人怀疑的研究项目，对于他的小说情节具有核心意义，比如在《事件》①这部无力的习作之中，他的本事无非一个十分无能的犯罪小说炮制者的能耐：没有任何学术兴趣反映于这部小说，科学无非一个字眼而已，科学使命无非假设存在。不可能采用斯诺那样的处理方式，安排一位才华横溢的科学研究人员，承担一个深致嫌疑的研究项目——不可能让任何一类科学家这么做。乔治·艾略特和劳伦斯，倘若由他们来处理这样一个主题，可以写得远为真实，而他人则无从比肩。

小说家斯诺真正的信仰所在，通过刘易斯·爱略特②这个角色，已经昭然若揭：深不可测的自我，他等同于小说人物的经历，因为如此经历令其感觉到，自己身为俊杰和生命之主宰。爱略特已经坐镇"权力走廊"；这才是真正的大关节目；这才使得他有资格目无余子，包括这些导

---

① 即《陌生人和兄弟们》第八分卷，主角唐纳德·霍华德，年轻的科学皇家学会会员，因科学造假事件而受到指控并被剑桥开除。

② 详见《陌生人和兄弟们》第九分卷《权力走廊》，主要描写了主角爱略特的发迹过程。"权力走廊"指高层政府部门大楼里，官员穿梭于走廊之间，比喻权力中心。

师,科学家以及文学界知识分子,他自上而下,亲和地"评骘"智慧;从中我们看到了本来面目的斯诺,重复一句,他是我们文明的一位奇才;从中我们明白了,他何以怀有自恃的"要津意识",凡是他的笔墨涉及之处,通过一种非同寻常的方式,这层意识变成了赋有天才的一个明证:他已经从内部理会了"权力走廊"。他确实已经身为一位科学家,科学便以这样的身份,以任何重要的内部方式,为了他而存在,而在他的虚构里,读者却看不到科学的佐证。

况且我现在不得不说,在《两种文化和科学革命》里,也没有这样的佐证。其中科学唯一的显示,则是作为外部参考之用,因为炫耀博识多通时,需要搬出科学。论者可能发现不了有什么品质,可以美誉为一种科学训练。从内部佐证来看,构思和执笔《里德演讲》的作者,并没有任何一类的学科知识的优势。我就要根据斯诺运用"文化"这个名词的方式,示例说明这种真实情况——因为就其论旨来说,这个名词至为重要。科学家"有其自己的文化",通过强调他的表白,他告诉我们:"这种文化包含着大量的说理论证,通常比较缜密,几乎总是处于高深的概念水平,文人墨客的论点则不然。"斯诺《里德演讲》的论点,属于极其低下的概念水平,松散歧出,莫此为甚,连我本人,从事文学的人,在我指导的小组讨论里,都不会允许出现此类情况,学童的随笔自不待言。

思想,确乎其然,在斯诺向我们挑战的这个领域,并不允许通过对关键术语的严格定义,从而为人控制;人们比较充分地认识到这一点的同时,也就更多地意识到,在术语用法上,需要培养一种警惕滥用的责任意识,要有一种警觉的意识,防止论点随着语境的转换,术语可能造成分量的变化。而且我不能不说的是,斯诺的论点在展开的时候,带有那份极端天真的无意识和不负责任,故而谓之思想活动,无异于溢美之言。

他胸有成竹,从容处理了他所谓的"文学文化",姑举他的态度而论,作为他提出的对立文化之一,身为一位小说家,他感到自己有资格向我们展示一下他那种独特的个人权威。套用他本人的说法,"文学文化",他是等同于"文学界知识分子"——此说他指的是时髦的文学界;他指的"知识分子",乃是《新政治家》上一班人物所代表的知识分子,以及周日副刊上发表评论的撰稿人。斯诺含蓄地接受了这种"文化",视为我们时代的高雅文化①;作为一种科学方面孤陋寡闻的文化而论,他认为代表的是时代比较优良的意识。他,我们理应理解,拥有了这种文化,而且与此同时,他也拥有了科学文化;他合而为一了。我不禁要道出我的看法:他所建议的这种等量齐观(无论如何,事实上是等量齐观了),在我看来,肯定构成的是一位文人,看待斯诺所谓两种文化中的科学文化时,文人引起了莫大的怀疑。因为他所谓"文学文化",在由衷雅好文学之士看来,则是只能本着蔑视和绝对反对态度去看待的某种东西。

请注意,斯诺带着何其崇高、喜剧性而又令人畏惧的自如(因为这位圣贤毕竟是一位剑桥人物),丝毫意识不到定义有所转移,便从他的"文学文化"滑向了"传统文化"。天真无意识的表现,令人瞠目而且耐人寻味,因为他当时谈论的是当代舞台。可是当他又以相同的自如态度,把实际采取的等同论调推演到往昔——"传统文化",他告诉我们,就工业革命而论,"并未留意":或者说当它留意的时候,并不喜欢目睹的局面:这场革命的意义变得如此蔚为奇观,所以几乎并不值得美言。不过我们必须提醒自己,斯诺其人令人生畏,这表现于概括代表性现象的能力。他丝毫不懂历史。他纵论历史时的那份十足自信,一如他纵论文学(法国、俄国和美国以及英国文学),不过论及二者时,他可谓同样孤陋寡闻。他根本就不明白文明方面的变迁,而这些变迁则造就了他所谓的"文学文化",使得查·珀·斯诺如今才能够享有声名卓著的知识分子这样一个地位,才大受鼓舞,因为他获知,六年级学生都在认真研习他的《里德演讲》,同时成为(伴随着实际的结果)高等教育领域的一位权威:目前的形势是,现实的、生机勃然的"传统文化"(因为存在着回应这个提法的现实情况),再也无法赞成它在19世纪所能够预见到的态势了。

学术思想的无效,表现于他处理"文化"这个名词的方式,在我们看来,这一点尤为突出地反映在他围绕另一种文化的探讨中,即科学家的

---

① 原文为"haute culture"。

文化，因为他本人身为科学家，所以他莫名其妙显示自己关注一种"高深的概念水平"。他说，"处于一个极端，科学文化其实是一种文化，同时包含知识和人类学两层含义"。关于那种"人类学含义"，如果我们探究文本语境，便发现在下面这句话里，他提出了持之有故的说明："不假思索，他们就会同声相应。"斯诺进而说道："这就是一种文化的含义所在。"我们不必煞费周章，探求什么"人类学"含义；可以肯定的是，斯诺这里给了我们一个值得玩味的暗示。当然，在那篇《里德演讲》中，他大概是在思考，而且是在深思熟虑，不过其实那是梳理"文化"性质的一个完整的文献，沿用他关于这个名词的用法，他在文献里界说——界说正式的定义，尽管意识不到他的言论的充分意义，通过全篇演讲的语境，可谓语义完整，内涵明白——也就是说，通过实际的演讲活动。他的无意识可谓一个基本的特色。"不假思索，他们就会同声相应"：身为有识之士和一代圣贤，斯诺的习性便是在如此这般的背景之中形成的。思维乃是一门艰巨的艺术，需要在特定领域进行培养和实践。思维可谓一门悲怆性与喜剧性并存的艺术——就斯诺一方而言，有一个咄咄逼人的幻觉：他能够思考的问题，是他提出来建议我们加以思考的问题。如果说他这篇演讲还有什么价值可言，可供中等学校——或者高等学府之用——这是用于研究陈词滥调的一份文献。

我们通常认为，陈词滥调乃是风格问题。不过风格则为表达习性，而走向陈词滥调的表达习性则晓示我们，如此习性所表达的思想质量存在问题。"历史对待失败是无情的"：斯诺玩弄的此类命题，层出不穷——姑且承认"命题"是个恰当的字眼。我们谓之陈词滥调，因为，虽然斯诺清楚地感到，自己是在表达思想，我们稍加推究就能看出，他的思想无非一个幽灵，而斯诺的幻觉应该归诸于一个事实：他不在思考，而是在顺乎惰性（虽然带有一层力量意识）而停滞于耳闻（或者目睹）这些措辞的用法所留下的朦胧回忆。对他而言，它们包含着——因为他属于他所谓的一种"文化"——币值的承载，而这种币值独立于一手的思考，即切实的思考。倘若闻知它们是陈词滥调，他就会为之惊讶。

他会更加为之惊讶，如果有人告诉他，以下说法是陈词滥调，在描述他所谓科学家的鲜明特性时，他说："他们的未来意识深极骨髓。"他清楚地感到,此说具有一种自家风味的言语辛辣,它赋予他的智慧以一种蔼如的权威性。不过这是基本的陈词滥调——对于斯诺的那些侈言而论,较之我前面列举的任何一类滥调,这句陈词为害尤甚,因为它把要端一笔勾销,不动声色便抹杀了问题,那就是探讨这篇演讲本来应有的存在理由①,如果斯诺一直能够全力以赴,思想得到和谐的发挥,这是他为之张扬的一面。

"他们的未来意识深极骨髓"之类的说法(况且斯诺反复标表),我们无法解释为一个有意义的命题,从这层意义来说,这个命题是无谓的。它是从斯诺所属的文化天地自然而然生发出来的,同时也不加批判地(所以在他看来具有不言而喻的力量)记载了其中的假设和态度以及无知。那个天地,我几乎要说,乃是他所谓"科学文化"的天地,不过我不妨等同论之,那也是《新政治家》、《卫报》和周日副刊的天地。斯诺理直气壮,大肆宣扬陈词:如此令其振奋的运动,就是他视为灵感驱策,而且具有权威的思想。

他焕发了有意为之值得嘉许的力量,"他们的未来意识深极骨髓"(没有廓清视听的任何具体说明)之说实际的大端意义,在于树立对立面,晓示我们,哪些人是"传统文化"的代表:"他们是天生的勒德分子②。"这是一个株连蔓引的指控,他十分清楚表明,此类人物包括19和20世纪英国文学的创造者。最后一着就是,如果诸位坚持需要有其他性质的关注——任何其他性质的忧患——即关注人类的未来,势必就要有前瞻思维,行动和未雨绸缪,除非探讨时着眼于生产力、生活的物质标准,卫生和技术的进步,否则论者便是勒德分子。斯诺的立场可谓毫不含糊,虽然陈词滥调和感伤无味之谈凌乱不堪,凡此种种便构成了他的文风。

对于骄傲地自视为一位重要小说家的人物而言,看来或许这是一个莫名其妙的立场。可是当我再次感到如鲠在喉,我现在就要直奔主题了,这一次我的意图带有更其鲜明的焦点,我要说的是,斯诺非但并

---

① 原文为"raison d'etre"。
② 勒德分子(Luddite),18世纪初期英国参加捣毁机器运动的人。现在泛指阻碍技术进步者。

不具备一位小说家的端倪；而且什么是创造性文学，或者这种文学意义重大的道理所在，他一窍不通。这个有意义的真实情况，我们认识得一清二楚，令人发笑可是终究如此，那就是开篇伊始，他立意已定，要给我们留下深刻印象：他本人身为一位创造性作家，在人性方面品质优越之至——他强调具有一个灵魂。"我们每个人的个人状况都带有悲剧性质，"他告诉我们，况且，为了解释这句声明，他补充道，"我们都死得形影相吊。"他曾经说"我们在世时茕茕孑立"，可是一般而论——因为他要使得自己的要点贯穿始终——他偏重于强调死亡；这样显得比较令人肃然。他在强加于人，要求大家承认科学家有一种优越之处：他说，他们"偏偏看不出道理所在，正是由于个人状况带有悲剧性质，社会状况也肯定带有悲剧性质"。就其本人而言，因为怀有悲剧性的斯多葛思想，他说，"我们都死得形影相吊：仅此而已"，不过——下文便是他的启示所在，也是他的智慧总和——"社会希望，尚犹不绝"。

他擅长反复重申，不过除此之外，他并未进一步的推演阐发。他从未想到是否存在这样的需要，认为那是徒劳之举，因为凡是具有思维能力的人，都能够看出对立面。与"个人状况"毫不相干的"社会状况"是指什么？那种超越、抹除或者使得每个个体逃脱不掉的悲剧性状况变得无关痛痒的"社会希望"又是什么？倘若不是存在于个体之中，那么寄托于非悲剧性状况的希望，论者不免要揣测——又该定位于何方？或者说，在希望他人拥有一份幸福，那是我们为自身而提出要求（"画饼充饥"，斯诺在下文中如此称说——我们死得形影相吊，不过先是要画饼充饥），同时不抱幻想，这时我们应该去发现生活的现实吗？斯诺堂而皇之的措辞，为我们提供了关键和造极之论的例证，即我所谓的"基本的陈词滥调"。他无效地照搬过来——作为不言而喻简单明了的事实——现实与他好为人师而赐教我们的那种文明，他混为一谈，可谓他的特色，同时贻害无穷。

所有的创造性作家，用混淆现实与未来的眼光去看，都是意在言外的冤家对头。这个世纪最伟大的英国作家，态度明确地处理过这个主题——三番五次处理过，采用了多种方式，留传给我们的理应是经典的暴露文学。可是斯诺，为了炫耀他通晓现代文学的程度，列举了尤其重要的那些作家,而忽略了劳伦斯(虽然他给我们推出了温德姆·刘易斯——那个残忍而又令人生厌的温德姆·刘易斯)。劳伦斯,全部的心力都倾注于西方文明的本质和运动,把天才的智力用于描写我所谓现实与未来那种具有特色的混淆。在《恋爱中的女人》这部上乘之作里,看待这种混淆时,他作出了诊断,一方面假以推论,一方面运用一位小说大家那种诗情画意的手法。关于不妨称之为现代世界的精髓展现,他的关注所在,是要坚持劳伦斯式的格言:"生命之外,余者概不重要。"他强调这样一个真理:生命仅仅存在于生活中的个体之中,个体的生命,不可通过任何方式综而论之,均等论之,或者以量论之。

坚持这一点在我的心目中所占有的位置,由此产生的激怒,是因为用了"均等"这个字眼,而引入这个字眼的语境,不妨通过下面的说法而受到启发。乔舒亚·麦迪森爵士,开明而理想主义的圣贤和社会哲学家,《恋爱中的女人》中的这位角色,令人情不自禁,想到伯特兰·罗素(在斯诺眼中,近似于行为世范的人中之杰,而斯诺本人可谓赫·乔·威尔斯的精神之子)。劳伦斯这部小说里的人物,那位继承了劳伦斯衣钵的伯金说道:"天下的财产,我希望人人都有一份,这样我也就摆脱了他的强求……"①"摆脱"和"强求",这两个字眼所表达的非劳伦斯式语言,则是戏剧性的伯金和那个戏剧性的语境所特有的,可是通过伯金的言语,我们看到了纯粹的劳伦斯:"精神上我们都不一样,都不平等——只是社会地位的差异,那是建立于偶然的物质条件基础之上的。抽象和数字上来看,我们都是平等的,如果你乐意这样去看。人人都饥渴交加,长了两只眼睛,一只鼻子和两条腿。我们在数量上全都一样。可是精神方面,存在着纯粹的差别,而且平等和不平等,都无法解释。"②

其中的道理和劳伦斯说明的另一个道理,有着密切的关联,他曾有言,生活得适得其所的人,寥寥无几——这就等同于说,生活得真实的人,寥寥无几。斯诺,因为规劝我们撇开各自的个体生活,生活应该以

---

① 引自《恋爱中的女人》,第八章。
② 引自同上。

"社会希望"为寄托,作为拯救之路,他便鼓吹典型的现代生活方式,即拒绝生活得适得其所。"生活",固然是包含诸多可能存在的价值的一个字眼,正如伟大的小说家和诗人,都促使我们有所认识。斯诺,由于竭力不让自己怀有一种个体悲剧的病态意识,所以他享受着一种个人生活,我推测,那种生活令其感到踌躇满志——身为圣贤,"权力走廊"的常客,科学学会会员,周日副刊的台柱人物,伟大的小说家,栽培后进小说家的前辈,(或许)开辟学术前程的决策人士。看待他所慷慨怀有"社会希望"的那些大众,他则难以筹划,或者预见,他们的生活在那一方面,将会充满喜乐和意义。不过首先需要强调的是,斯诺本人感到满意的表面范围,可谓贫乏——这反映于他本人圭臬上的贫乏,他对意义的认识贫乏;这种贫乏反映于思考方面,即个人发现自己所思考的是,他对人类天性和人类需要的认识不足。

面对文学时,他的认识空白意义巨大。这种意义尤其应该予以谴责(结合他那些侈言来看),因为他胸有成竹,好为人师,以古今文学的权威自居。我曾经说过,他并不懂得什么是文学,这并非言之过甚。他关于文学方面所发表的一切言论——况且他发表了大量言论——都迫使大家接受这个事实。艺术与生活,作家与当代世界,二者之间存在着性质重要的关系,为了示例说明他对这层关系的想法,他告诉我们,俄国作家(俄国文学他无所不通)"乐于运用艺术来处理生产过程,和当年巴尔扎克乐于处理工艺品制造一样,可以同日而语"。可是,在致力研究斯诺摆在我们面前的那些问题的人看来,并非有意为之,文学具有直接和关键的关联意义,因为作家的性质所系,作家生活在他的艺术之中,促使我们生活,故而他所提出的各种问题,除了有些是反映陈陈相因的深奥道理,有时人们应该脱帽示礼,似乎从来就未曾进入斯诺的认识范围(他所谓"悲剧性质","我们死得形影相吊"之类的说法,只是更加突出了这一点——当然,他那些说法属于十分蹩脚的报章文笔)。目的何在——终究目的何在?终极而论,芸芸众生凭借什么而生活?这些问题存在于而且属于创作的动力,这种动力造就了康拉德和劳伦斯作品的伟大艺术(仅举本世纪大相径庭的两位作家为例,他们并未打动斯诺,论者可以笼统地说)。

作为一个简单的实例说明,姑举康拉德的小说《阴影线》为例,请大家留意——嗯,处处都要留意,不过尤其要注意的是,年轻的船长,目光初次落在了他的船上,那是他初次掌舵,此时此刻唤起了他内心的反响。在《恋爱中的女人》中,迫切创造的探索心理,通过各种问题而得到了展现,问题的复杂程度则不可估量,这部作品对现代文明所作的研究,可谓面面俱到,而又强化"集中"。诚然,对于此类问题,不可能存在普通意义上的"解答",在康拉德与劳伦斯之间,总体的"解答"的效果彼此不同,或者说在任何两位伟大作家之间,都是彼此不同的。可是处于一个时代文明之中的生活,往往典型地缺乏一个维度,如果上述创造性的质疑,对于这种生活无所作用,而且未能陶冶普遍的感受力:生活往往便会缺乏深度——由于习以为常,缺乏觉察,生活便不能悄悄防止自身陷入缺乏深度的境地(于是斯诺嘱咐我们,要在"社会希望"这层维度上过我们的生活)。在和伟大的文学取得和解的同时,我们发现了在骨子里,我们真正信奉的是什么。目的何在——终极目的何在?芸芸众生凭借什么而生活?——这些问题有所作用,而且有所示意,是在我只能谓之思想感情的宗教意义的深度方面。或许,由于我的目光落在形容词上,我不妨提醒诸位,重温一下《虹》里的汤姆·布兰温,在夜空之下,他守候在产羔时分的羊栏旁边:"他明白他并不属于自己。"

堪称斯诺一大特色的是,"信奉"一词之于他,乃是十分简单的字眼。"根据统计数字来看,"他说,"我揣测为数略多的科学家,和知识界的其他人士比较而言,在宗教方面属于不信教者。"存在着信教者与非信教者;我们都明白宗教方面是指什么。与宗教的这个形容词相关的一切,他都谈到了。斯诺继续说道:"同样根据统计数字来看,为数略多的科学家,在公开的政治问题上属于左派。"他的天真可谓暴露无遗;这种天真与出奇的无知,论者则无从分辨。在叙述工业革命和在19世纪所产生的后果时,他的无知表现为历史知识的孤陋寡闻。这种表现便是他在轻描淡写的时候,显示出一种令人骇然的自恃——令人骇然是因为,它势必导致歪曲和篡改历史,以及看待人类未来时,在那种实际智慧的精神方面产生了作用,而斯诺的这篇《里德演讲》,不妨称为探究人类未来问题的经典之作。他以高贵的鄙视态度,抹杀了完全凭空想象的反对力量,认为后者针对的是他那种极端粗糙的威尔斯思想①,他说道(而且这就是他的历史观——也是他的逻辑):"因为,鉴于万众一心的共识,在穷人存在机会的任何国家,穷人竞相背井离乡,纷纷进入工厂,只要工厂能够尽快吸纳他们。"如此论调,当然,可谓纯粹残忍的断言,就其不负责任一面而论,可谓冷酷无情。不过这个断言属于斯诺智慧的基本内容。倘若论者指出,实际的史实,要比他的断言更其复杂,而达到了无可比拟和辛酸惨痛的地步,斯诺便会斥为"天生的勒德分子",而一笔勾销。他一笔勾销了如此众多的作家——因为他看不出,那些作家的作品还有什么进一步的意义——比如狄更斯和罗斯金,还有先前为劳伦斯铺平道路的所有作家。然而——我谈的范围仅限于非创造性作家,关于他们,发表挑战性的评论,固然十分容易——恰恰是罗斯金把财富与福祉的区别传布远近,通过莫里斯和英国社会主义运动,这个区别论得以相禅,直至福利国家的诞生。

可是在罗斯金看来,具备了技术和科学的卫生学的优势,"福祉"或者"福利",仅仅属于生活的物质标准问题,那是匪夷所思的。况且我们这方面发现了差距——差距表现为斯诺孤陋寡闻背后的空洞——不仅存在于斯诺与罗斯金之间,而且包括斯诺之前20世纪伟大的创造性作家:在他的眼里,他们并不存在;文明也不存在。我们必须献身于那种努力的迫切意识,他在强加于这所古老学府,他说"然而,"——那种"恐怖景象",他说,是"令人难以直面目睹"——"然而这些变革证明了,在追逐明日的水中月的时候,平民百姓表现出多么惊人的坚韧品质。而今日的馅饼,大家却并非万分激动:水中月,往往看得十分高贵。这些变革也证明了,有些问题唯有科学文化能够一蹴而成。然而,当我们不能一蹴而就的时候,那些问题就使我们显得愚蠢了。"

表达方式上的无动于衷,可谓丑陋到冷酷无情的地步,这是完全有意义的。如此表达则使我们认识了斯诺其人,他全面代表了世界,或者说文化,因为文化本来属于世界。这个世界的面目是,身在其中的麦克

---

① 指赫·乔·威尔斯的社会哲学。

米伦①先生说道——或者有可能受到斯诺的点拨,换个说法——"你过去从来没有过这么多的馅饼;身在其中,如果你明白事理,就会看出智慧的总和寓于加速进程,这个进程将能确保刚果人,印度尼西亚人,布西曼族人②(不对,不是布西曼族人——人口太少),中国人,印度人,能获得越来越多的馅饼供应。"这个世界的面目是,其中生死攸关的灵感,创造的动力,就是"画饼充饥"(如果你今天一无所有)或者(如果你今天拥有)"明天有更多的馅饼"。这个世界的面目是,即便以学术周刊的水平来评判,其中"生活标准"乃是一条终极的圭臬,它所提出的一个终极目标,就是工资薪水和能用它们购买什么的问题,工时减少,技术资源可以使得你有越来越多值得享有的余暇,因此生产力——至高无上的要务——必须保持增长,要不惜一切反对保守的习惯。

切莫曲解。我不是在宣扬大家应该蔑视,或者力求逆转外部文明(我希望这个提法足以揭橥含义)的加速运动,那是由日益发展的技术所决定的。就他提倡改进科学教育这一点而论,我也并非暗示斯诺立论错误(我揣测,他也未必是自我好古)。我现在所言的内容在于,不可停留于此类关注——停留于此则贻害无穷。斯诺其人便是这方面的明证,自身就是那类高速变化的初始文化成果的产物,他希望目睹这场变化加速到无以复加,同时同化天下,为全人类带来(他确信无疑)拯救和持久的幸福,前提是我们要充分高瞻远瞩,能够认清现在没有任何人会长久满意缺乏充足的馅饼的状态。

不过诸位必须认识到,他并未道出"拯救"或"幸福",而是"馅饼"。倘若"馅饼"意味着(因为实际是指)我们衣食无忧的工人阶级享有的富强悠闲,那么斯诺未曾留意的意味深长的事实是,馅饼所代表的幸福,一个人性完满的心智,则无法视为可以供人幸福地观照的一个问题。受益者也不会感到这种幸福令人满意。最后这一点,我还未及拓展深谈。我只想说明一点,观察范围并不局限于"天生的勒德分子":近来在《经济学人》上,我读到一篇介然于怀的书评,评述的是一位法国社会

---

① 似指哈罗德·麦克米伦(Harold Macmillan, 1894—1986),英国政治家。曾任保守党领袖和首相。

② 布西曼族人(Bushmen),南非一部落。

学家所写的一部书，主题（在我们看来并非新颖的想法）是产业工人无行为能力，产业工人——势在必然——把现实生活看做是留作闲暇之用，通过实质上近乎消极的方式利用闲暇。在我看来，这种局面唤起的是那个总体的憧憬，它使得斯诺所谓的"社会希望"，令我们许多人未必为之陶醉——这个憧憬便是今日美国，即近在眼前的我们的明日：能量，骄人的技术，生产力，高档的生活水准和生命枯竭——人性的空洞；空洞和无聊便借酒浇愁——不管什么，贪杯而已。有谁来断定，和一个布西曼族人，一个印度农民，或者那些生存艰辛原始族类的一员相比之下，因为他们拥有令人叹止的艺术和各种技艺，还有生机沛然的才智，一个现代社会的普通成员，就具有更加完满的人性吗？

不过我要态度明朗，从正面表明一点，在这一方面它历来是我的目标（因为本人并非勒德分子）：科学技术的进展，意味着人类未来充满着一日千里，层出不穷的变化，前所未闻的考验和挑战，各种决策和可能存在的不决策，从其后果来看，可谓事关重大，而又隐而不显，结果人类——这是肯定明显可见的——将需要充分的智慧，才能把握全部的人性（此处的"把握"意味着，不是对属于我们的那种禀性——我们的属性——有自信的拥有意识，而是看待那种属性时，怀有一份亲身体验到的基本尊重，尽管人性确实深入到未知领域，而且自身无涯无际，我们则懂得，人性乃是属于我们的）。我还没有选择另一种说法：人类将需要所有的传统智慧；这个说法也许暗示了几分保守主义，而就本人涉及的范围而论，保守主义乃是大敌。我们所需要的，而且将继续同等需要的，乃是具有至深的生机沛然的本能体现的活力；作为灵性，一种力量——根深蒂固的，经验上强烈表现出来的，至高无上的人性的——体现为面对光阴新的挑战而做出创造性的回应；这种东西与斯诺所谓的两种文化，可谓互不相容。

他的空白昭然若揭，那就是他泄露了天机（他自以为然）：关注高校改革的时候，他展望了总体的教育职能，这时他告诉我们，受过教育的人，居然无法欣赏科学界的莎士比亚，何其令人震惊。他简直未曾想到过，形容科学大师的心智（比如卢瑟福）而以莎士比亚相称，这无非是不合时宜的廉价报章文风。在报道了他的文友不会描述热力学第二定律之后,他要把自己的意图强加于人,便告诉我们:"不过我问的话是相当于科学上孤陋寡闻的问题:莎士比亚的作品,你读过一部吗?"这个问题并不存在科学上的对应问题;如此异类的类别之间的等式处理,毫无意义——这并非是说,提出这些等式说法的新威尔斯式的自信态度,没有其自身的意义。斯诺笼而统之,大放厥词:"仿佛物质世界构筑的科学大厦,从知识深度,复杂程度和表达方面来看,并非人类心智最美妙最神奇的集体工作。"

斯诺沉思的问题在于,或许日复一日在沉思,知识深度,复杂程度和表达方面,体味到其中的美妙,我们想到此时的斯诺,可谓令人欣然。不过存在着一个居先的合作创造的人类成就,一个更为基础的人类心智活动(而且超乎心智),脱离这个活动,科学大厦的胜利落成,则遥遥无期:那就是人类世界的创造,包括语言。这个活动我们无法像借鉴过去完成的工作那样有所依傍。这样的创造,生命寓于针对当前变化而做出的具有生命力和创造力的回应之中。我提到了语言,因为着眼于文学,我才能够十分容易直抒己见,同时由于在我看来,也是对斯诺所规划的高校教育,需要做出的回答。正是通过研究文学,首先是研究母语的文学,人们才开始认识到第三领域的本质和优先地位(毫无疑问,不从哲学角度去看,在和我的学生谈话的时候,我就是这样称说文学的),文学的这一领域,既非全然关乎私人或个人,亦非全然关乎公众,意思就是不能把它带入实验室,或者无法加以指明。你无法指明诗篇;诗篇在"那里",仅仅意味着面对白纸黑字的符号,个人的心智产生了再创造的反响。可是——一个必然的信仰——那是某种心心相印的东西。证明这个信仰持之有故的过程,在批评性质的叙述中,得到了充分的体现。判断乃是一己之见,否则便一文不值;他人的判断,你不能为我所用。一个判断的隐含形式是:事实如此,对吗?问题就是一种诉诸,要求肯定事实的确如此;言外之意是,从典型的情况来看,虽然期望形式上的一个回答"对的,可是——"这个"可是"代表了限制条件,保留看法,匡正意见。这里我们看到的是合作兼创造过程的一个图示,其中诗篇作为"外部存在"的某个东西而得以确立,看到的是一个普通平台的图示,其中存在着某种意义上的公共世界。它也让我们认识了英国文学的存在本质,那是一个生气灌注的整体,唯有在活生生的现在,在个人的创造性反响之中,它才能获得自己的生命,个人通力合作而促使他们所参与其中的生命得以更新和长存——他们参与的是一个文化共享或者说文化意识。进而言之,它促使我们认识了我所谓的"第三领域"的一般本质,凡是造就我们人性一面的要素,都属于这个领域。

或许我不必为了把自己的信念强加于人而说明,为了我们的人性——我们的人之禀性,为了迎接一个人性的未来,我们必须怀抱智慧的刚毅精神,并且怀抱信仰,力尽所能有所作为,以便维护当前充实的生命——而生命则是我们薪传而来的文化的增进。和斯诺相似之处在于,我寄望于这所学府。和斯诺不同之处在于,我关注的是使之成为名副其实的大学之堂,某种东西(可谓)并不只是专家部门的配置——使之成为人性意识的中心:认识、学问、判断力和责任心。而且或许我已经充分表明了,我将根据什么思路证明我的眼光正确,就是大学之堂的中心,在于一所生机勃勃的英语学院。我的言下之意现在就不能多说了,能够说的就是,学究是冤家对头,学究能够战胜,我们主办《细绎》杂志凡二十个春秋,已经有所证明。我们曾经是,而且知道我们曾经是,剑桥之魂——剑桥精髓,而非剑桥大学:这样大家就体会到我所怀抱的精神。斯诺亹亹不倦,大谈他所谓的"传统文化",我甘拜下风。为了用他那种反学院派的严峻态度打动我们,他和大家谈起耶稣学院的老院长,后者曾论及周日火车驶入剑桥的情景:"在上帝和我看来,都是同等令人不快。"更能击中要害的是,我记得,那种态度和学院当权人物的态度大同小异,当时,三十年前了,我撰著了探究现代英国诗歌的开山之作,这部书推出了艾略特这位风云人物,而且提出了新图标,再次是我甘当劳伦斯的后盾,视他为一位伟大作家。

我相信,大家以为科学部门的工作,肯定与实验兼创造的前沿保持着密切接触。以此类推,对于剑桥英语学院而言,也有一个创造的前沿,学院肯定与它的职能和性质保持着最密切的关系。我想到的不是下述的时髦想法:胜任愉快的教席,理应由一位诗人来担任——或者延聘一位商业上成功的小说家。我再次想到的是《细绎》过去代表——而且现在代表的意义:在维护批评功能方面,杂志在当代学术—文化前沿阵地做出了创造性工作。我现在不能冒昧多谈,这样一所学院如何在剑桥诞生了维护我们文明的一个意识中心(和良知中心)。我只是坚持一个并非匪夷所思的想法:剑桥有可能成为这样一个场所,在这里大家并不认为,周日副刊的文化代表了我们这个时代思想和认识的精华。

如果成功的话,或许可以设想的是,我们学术界知识分子沉湎报章文学的风气——而且新闻作风(形式各异)现在是大学"英语"造成威胁的弊端——有可能,在剑桥,大家普遍认识到,原来是这路货色。在具有这样精神面貌的一所剑桥,我就大可不必如此重视斯诺之流。

当代教育舞台：挑战与机遇[*]

西德尼·胡克

---

[*] 节选自《当代人的教育》，第一章(增订版,1963)。此书初版于1946年。

西德尼·胡克
(Sidney Hook,1902—1989)

美国教育家和社会哲学家。家境贫寒,父母为奥地利-犹太血统的移民,生长于贫民窟的环境,曾经把社会主义视为"希望的来源"。在哥伦比亚大学读书期间,是杜威的得意门生,后来则是亦师亦友的私谊。1927年毕业后,在纽约大学执教长达四十二年,1948—1969年任哲学系主任。早年为布尔什维克革命和马克思主义理论所吸引,属于率先分析马克思主义的美国学者,尝试将马克思主义价值观念沿用于美国社会,以坚定反对极权主义,主张自由民主制,哲学上以积极阐述理性主义、现世主义和理性主义著称。1932年公开支持美国共产党的总统候选人福斯特,后因苏联清洗运动而转变政治立场,30年代后期成为美国知识界著名的异见者。在杜威名义领导之下,成立了文化自由委员会,极力反对左右两翼所主张的教条主义的言论控制。大萧条时期成为托派组织美国工人党党员。60年代直言支持美国的侵越战争,与爱因斯坦和罗素展开论辩,由此声名狼藉。胡克是纽约知识界的代表人物之一,终其一生笔耕不辍,虽然身为学院派哲学家,他却始终为时而著,参与时代的政治活动。从1927年发表《实用主义的形而上学》,直至暮年的自传《不合节拍:20世纪的动荡生活》和最后一部著述《信念》,著述和编辑的书籍达35种以上。主要有《对于卡尔·马克思的理解:一种革命的解释》、《历史中的英雄》、《当代人的教育》、《保卫学术自由》、《革命、改良和社会正义》等。

近年来，教育口号不绝于耳，这样的大合唱我将置若罔闻，而有些思想学派标举的主张则宣称，他们掌握了令人向往的教育改革的关键，我要考虑的便是后者的主要学派。其中掷地有声的一家之说，便是新托马斯主义。它号称为世俗教育提供了导向，就此而论，它所标榜的许多思想，罗伯特·梅·哈钦斯[①]，莫蒂默·阿德勒，在著书立说的时候，在构建圣约翰学院的课程设计时，已经推波助澜了。本书初版的论点，在我看来足以表明，从我们的时代需要来看，这一教育哲学存在着严重的不足处。阿德勒博士在捍卫个人立场时，运用了一些关键比喻，我们不妨加以分析，由此便可说明其基本的谬误。阿德勒的辩词是，虽然学生的能力存在差异，可是应该要求所有学生完成文科学业的相同课程。在《工业化民主社会的人文教育》[②]这篇演讲里，他写道：

　　　　论接受教育的能力，人的差异可以视为大大小小的容器。显而易见，半品脱的罐子装不下一夸脱或一加仑的罐子的液体。现在天分不高的儿童，好比半品脱的罐子，而有才华的儿童，则好比一夸脱或一加仑的容器。[③]

　　他的结论是，不仅每个容器必须充实满盈，而且个个必须装满着相同富足、厚实的"人文教育的膏髓"。

　　儿童好比不同的量器，由于设想教学是把相同的内容注入被动的

[①] 哈钦斯（Robert Maynard Hutchins，1899—1977），美国教育家。30 岁即任芝加哥大学校长，20 世纪 30 年代和阿德勒共同倡导通识教育，主张用"名著"精神灌注于大学课程，由此知名文坛。并任《不列颠百科全书》编委会主任，也是《西方世界伟大著作》主编。著有《美国的高等教育》和《为了自由的教育》等。
[②] 收入系列演讲三篇《我们时代的主要问题》，1957。
[③] 引自《我们时代的主要问题》，旧金山，工业赔偿公司，1957，第 35 页。——原注

容器的概念，这个比喻变得强化了，它所表达的观点，与我们的认识却难以调和，即儿童是有机的生灵和求知者，他们的反应存在着差异，这不仅决定了他们能够吸收什么和消化什么。比喻在暴露我们趋向的时候，可谓无辜。比喻在歪曲探索的主题的时候，可谓危险。教育探索的任务，在于为不同类型的有机体发现和提供适合的课程滋养，它们将使学生在身心方面获得充分的发展。课程的滋养可能千篇一律，也可能各不相同。检验滋养是否充足的标准，要看它在学生的生命和发展过程中所完成的职能。在焕发学生的能力和激发他的学术兴趣方面，不同课程的精神食粮，可能完成相同的职能。可是完成了相同的职能，未必产生相同的结果。愚钝儿童绝不可能像聪明儿童那样善于读书，或者读书时有同样的悟性，普通儿童也绝不可能像有音乐天赋的儿童那样善于演奏。可是在经过教育之后，两类儿童都能在一定程度上喜好读书和音乐。两类儿童都能懂得几分优雅和品位，这样的修养总是和文科教育息息相关。两类儿童可能并不能够通过学习相同的科目而获得这样的修养，即便某些课程将是他们所要共同学习的内容。

理应公正看待阿德勒博士的论点，所以我再援引一段话，其中他缕述了不同的容器这个比喻，而他的论调背离了他以前在教育方面的论著的全部重点，即认为对全体学生采用统一课程，这样的做法自有道理。

  我的说明的要点可能为人忽视，倘若大家所犯的错误，是把文科教育的膏髓与传统的书目、学科或者任务等同视之，而后者曾经是文科教学的实质内容，过去是为少数人提供的，据本人的判断，就较有天赋的儿童的教育情况而论，它们依然属于最好的教材。为出类拔萃之辈所提供最好的教育，变成了为所有学生提供的最好的教育，不是通过相同的教材和方法，相反是通过对所有的儿童产生相同的效果，即在不同的能力层次上，运用能够产生相同结果的那些教学内容和方法。①

---

① 引自《我们时代的主要问题》，旧金山，工业赔偿公司，1957，第38页。——原注

这段文字,尤其是我用斜体标明的最后一句,与传统教育哲学的字面意思和精神实质,可谓大相径庭,结果人们可以名正言顺解释为面向渐进教育哲学的最具戏剧性的一种皈依,即便未曾明言表态。

当代美国教育思想的第二种倾向,在于强调对待教与学的问题的途径上,采取坚韧的治学之道。它的重点放在"硬功"学科——理科和数学——其他还要求学生随时留意这些领域的发展动态。它期望这方面的知识变成便于获得专业技能的基础,而这些技能将使得我们学校的一般产品能够完成专业化的任务,如果民族要长治久安,工业、技术,还有战争,这些任务就可能需要有人来履行。

应付一个紧急情况而需要一个应急计划,这是一回事。树立一种教育哲学,考虑的问题仅仅关乎紧急情况,同时把一个模式强加于绝大多数的学生,它或许适用于一个刚刚进入工业化的时代,这就另当别论了。可是如果紧急情况变得"旷日持久",或者长期延续下去,又当如何呢?遇到如此情形,既有民族需要的压力,专业天才又可获得报偿,这样往往会造就出应运而生的专家大军。凡是聪明的教育体制,都必须为应景对付留有余地;然而,谁也无法确保现在未雨绸缪,未来就万事大吉了。未来可能需要的教育,与我们今日展望的一种永久性的紧急情况所需要的教育,可能相去甚远,乃至专家有可能发现自己深造的结果是,进入了一种培训导致的无能状态。

如同本书正文将显示的情况,现代教育倘若不让学生接触科学教育,那就不配享有教育这个名称。可是这样的科学教育,在专业化时期开始之前,应该设想为是文科教育的组成部分,而不仅仅是技术培训的预备阶段。对于一个自由社会里的教育而言,尤其应该这样考虑,因为这个社会的宗旨,并非是生产匠工和专事设计手段之徒,为了实现政治统治集团所制定的目标,而是应该旨在努力培养公民,他们对待这些目标当有批判意识,而且能够并且愿意评价这些目标。技术人员和专家,无论是在基础学科,还是在应用学科方面,在对待社会的政治和文化的价值观念时,不该由于态度敏感而声名不佳,因为社会给予他们的地位十分受人青睐。在苏联,这个国家正在迅速变成许多人眼里的教育楷模,即便他们厌恶苏联的社会制度,就大家耳闻的程度而论,解放的呼声已经成为诗人、戏剧家,还有人文学者的呼声。当一位文人或者人文学者的思想,为了抵制官僚压制而大声疾呼创作自由的时候,他是在为那些探索任何领域里真理新天地的人说话;当科学家要求享有不受党派教条束缚的探索自由的时候,在极权主义国家,他们往往提出这样的要求,他们有时每每把自己的要求局限于自身或者同类的领域,通常在提出要求时一口承诺,科学自由将产生更好的实际结果。和文学艺术方面捍卫创作自由的人士相比之下,科学家更多的时候是准备向压制真理的现象让步,如果在政治和文化方面,有人所说的真理不合时宜。

呜呼!历史已经昭示,自由并非不可分割——但是具有战略意义的那些自由,它们为最大限度发挥文化自由而展示了最为广阔的前景,我们指的是最全面意义而言的文化含义,则为政治、社会、伦理上的自由,它们本着批判态度,致力于一个社会的价值观念和基本机制。极权社会最不乐于准予的,正是这些方面的自由,尽管解冻现象随处可见。这类社会的统治者,可能未来会认可自然科学领域享有探索的自由,以便他们能够长治久安,或者征服天下。他们甚至可能容许某种百无禁忌①——少数宠幸获得了朝廷弄臣的特许,享有嘲讽龙颜瑕疵的自由。可是他们不能允许有人对其智慧提出质疑的批评,因为这类批评彰显的是个人和官僚既得利益的命脉根基,后者掩藏于那些虔诚的陈词滥调,侈谈的是公益,或者粉饰压迫的公共政策。

上述考虑突出了查尔斯·斯诺爵士假说②的不足之处:存在着两种文化——科学文化和人文文化——二者的割裂威胁到了西方社会的生存。如此简单割裂文化的态度,可能有人会根据不同的理由予以挑战。探索精神和拓展意义和真理方面新的天地的探究,从这个角度来看,以技术和工程科学为一方,以理论科学为另一方,二者之间存在的分歧,较之后者与人文学科之间的分歧更其深刻。从研究的论题这个角度来看,存在着政治和社会学科的整个范围,包括历史,无视历史则

---

① 原文为"Narrenfreiheit",指狂欢节时大家可以嬉笑怒骂,随心所欲。
② 参阅本书所选的斯诺《两种文化》的章节。

会导致人文学者中间,出现不负责任的现象,科学家中间,出现粗野不文的现象,一旦他们从自己大端和聪明的思想出发,而为日常实践抽绎出各种推论。人文学者乃是一介悲天悯人之士,如果他毫无政治练达可言,他便反对推广科学和科学方法而用于解决不发达或者工业落后国家的问题,理由是这样会撕毁部落风俗和价值观念那种天衣无缝的构造,会破坏"站在村井四周的村姑之间"的交流那种亲密的圈子。有些科学家懂得,机器能够解放人力,只要加以适当的控制,可是他们认识不到,民主的共识和参与,乃是自由人的基本需要,很有可能他们终究变成官僚,或独裁者的科学顾问或亲信,因为官僚或独裁者扬言,他们知道什么才是自己管辖的黎民的最佳局面,而黎民自身则未必明白。

我们的学校必须多方作为,可是无法教诲我们善解人意和理解其他的文化,其他的思想模式和意识形态,校方只是在总课程表里增加数学和物理两门的课时。我们且来回顾当年的情景,天下出现法西斯主义和共产主义之后,传统的人文学者和科学家,在领悟这种现象时,都感到无能为力。科学的冲击对不同文化会造成什么社会后果,自然科学家无法预测。有些值得注意的情况则另当别论,面对国际核武器控制方面的合理提议,克里姆林宫会有何反应,科学家一直并不善于预料,可谓具有悲剧意味,这可以上溯到当年的美国,在首席科学家们纷纷敦促之下,美国主动提出放弃原子能垄断,委托给一个世界权威组织处理。社会变迁的过程,居于主导地位的文学文化方面的人文学者看不明白,自然科学家同样看不明白,甚至那些通晓热力学和原子物理而得到斯诺首肯的那些人文学者,还是看不明白。利维斯博士[①],对斯诺信口雌黄的批评家,显然相信,戴·赫·劳伦斯所提供的福音,足以成为指南,可以解决我们这个世界层出不穷的社会和政治问题。自然科学家有些时候矛头指向所谓社会科学的那些讥嘲之辞,流露了一种十分狭隘的科学概念,以及对知识天地的低估,固然知识可能显得模模糊糊而不精确,我们在控制和理解人类行为的时候,却已经应用到了这些知识。战争与和平,自由与奴役,处于文化和社会存在差异的世界中的

---

① 参阅本书所选的利维斯《两种文化?查·珀·斯诺的意义》。

国际法和治国之道,这些大端问题,对于不妨名正言顺谓之"第三"文化而言,乃是属于核心内容的问题。如果罢黜这些以及连带的论题的强化研究,置于全部课程的边缘位置,诸如此类的教育改革,都是令人不可接受的,尤其是在一个民主社会里,面对极权主义的攻击,这样的社会有可能发现自身走投无路了。

从比较局限的教学角度来看,由"硬功学科"组成的全部课程,对于学生的教育经历和成长,却产生了一种制约的影响。"硬功"和"软功"之类语词的特别用法,容易产生误导。这两个名词无法标示任何学科内容的固有属性。学科属于硬功还是软功,要看传授的门道和对象。这两个名词目前的用法,似乎反映了学生中间对当前兴趣爱好的一种评价,而他们是由上一代教师培养起来的,而后者却未曾付出显著的努力,以一种令人激动或者戏剧性的方式来展现数学和科学。"易学"科目——人文学科和社会学科——掌握的可靠衡量尺度极其有限,所以不易评估这些领域的学术进步和能力。

"应急计划"力求美化数学和科学科目具有战略意义,关乎民族存亡,其中莫大的困难在于,无法确保学生最后保持对这些学科有一种持久的学术兴趣,从而今后在职业方面,他们能够有所利用。这种计划更有可能产生的效果,是使得有才华的学生中间,有人对这些学科产生了深层的讨厌,姑且不说反感,而这些学生在这些学科方面开窍较慢,或者他们的天赋在于其他的方向,虽然他们具有足够的才智,可以掌握科学的要素。倘若在教学的正规过程中,教师能够更有技巧地传授理科和数学,可能为数更多的学生就会持久地为这些学科所吸引,而不至于用新出台的教学计划来处理,因为它们是仓促之中制定的,而且有些时候授课的教师,对于学生的需要却无动于衷。

在分化和选举的正式年龄未到之前,强调以科学和数学科目为中心的任何类型的教育,其危险在于倾向助长一种狭隘的工具主义思想,约翰·杜威肯定会率先驳斥这种思想。这类教育忽视了经验的那些完成方面,以及技能及学问的多样性,而获得有修养的品味和判断力,则需要这些因素。定向于"硬功"学科的教育,几乎总是*职业*定向的一个前奏,而可能造就的学生则属于教育方面的化外之民——极其精通科学研究,可是在政治和社会事务方面极其天真。有一个事实值得我们深思:魏玛共和国期间,德国的工程学生,属于纳粹运动中最残酷的党徒,而他们的全部课程,主要是由科学和数学科目构成的,而从事基础科学工作的那些人士,则以比较抵抗的态度对待极权主义。缺乏就业机会或多或少说明了这一现象,但是解释不了不同性质反应的强烈程度。论者可以稳妥地预测,如果当前有人强化突出数学和科学熟练能力的倾向,和他人相比起来,这些学科方面天分不高的学生结果会感到,他们没有为未来太空时代做好适当的准备,许多学生会中途辍学,而不再享有教育的过程。灰心,怨恨,自卑 凡此种种都不是激励教育努力的最佳因素。

当今的技术科学教育,使得成功接受的学生和他人相比起来,享有职业优势,这是不容否认的。完成这类训练的人士所获得的报酬,会高于那些从事人文学科或社会研究方面事业的人士。可是我们再次看到,除非遇到了紧急情况,这样一类职业教育思想,即便从技能和学问的优等水平来看,对于文科教育的纲领所持的敌视态度,一如职业教育主义中比较传统的各种思想。

如果当前的经济和社会倾向延续下去,就会出现一种危险:当自动化会拓展到商品生产和服务行业的时候,即便职业方面的前景,也会逐渐更加黯淡。技术类的职业,从性质来看,将会变得更加高度专业化,而职业的类别则会减少。有些经济学家甚至预测,在可以预见的未来,战争撇开不论,工业方面有意义的工作,将会变成一种奢侈,将会分配给尔曹之辈:他们希望逃避非创造性悠闲的无聊单调,作为一种报酬,因为没有任何进一步的金钱诱因。这种预测是以存在下述社会为前提的:自动化通过机器,能为大家提供充足的商品和服务,这些机器将设计和生产其他的机器,几乎无需任何人力的投入。论者不必完全流于表面去理解这幅充满幻想的画面,就能够认识到,它昭示了一个真实而又可怕的寓意。

毋庸赘言,任何一类允许冠以"文科的"这个形容词的教育,确实必须给予数学和科学这些内容以重要的地位。可是在通识教育这一层面上,我们则不能允许这些内容主宰全部课程,同时标榜教育的主要目标,应该是才智或心智的教育。我们也不能简单根据下述理由,而排斥这种片面性:因为这是培养完人的教育,所以应该成为教育努力的北极星。而在往往标榜这一点的流于口号的形式上,"智力"与"完人",这种对举所产生的误导作用,超过了它的成果,即便我们认识到,这两个对峙的立场表达了重要的真知灼见。如果其他方面无所造就,我们能够以如意的方式,造就"智力"或"心智"吗?如果不能造就某种类别的个人,他的整体完满性将与他的邻舍有所不同,我们能够造就出"完人"吗?

智力或心智,并非一种抽象的,徒有其名的能力。它陶冶我们的情感,而且与之互为表里。它引导感性认识,同时受到感性认识的制约。另一方面,虽然在人格行为的模式里,个人身心的各种能力,不知不觉相互关联,在决定反映特性的格式塔的时候,能力的重要性,似乎并不可等量齐观。这些能力不可能全部培养,当然也不是同时培养。除非我们适逢达·芬奇之辈,一般说来,我们难免会取舍和培养某些能力,而代价便是其他能力的培养受到约束。开音乐会的钢琴家,他的客观情况就不可能培养拳击手的技巧,原因并不仅仅是唯恐双手受到损坏。我们所有知识方面的兴趣爱好,简直没有充分的时间可以培养,遑论我们所有实际的才性。培养就会展示新的前景,可是确乎其然,培养则要经历接踵而至的前景方面的限制。如果培养烹饪,垂钓,溜冰这些能力,妨碍了培养读书写字和解决问题的能力,那么前者必须让位。培养完人,其理一揆!

我们不妨探究活动之中的心智。可以发现,心智从来就不会脱离实际,而是一直沉浸于具体的问题,即发现和探索意义。举例来看,就教育而论,培养学生在生物科学方面的思维能力,这意味着什么呢?凡是开始教导学生在这些领域进行思考的人,同时是在传授他们如何察看,如何观察,如何运用仪器,如何控制急躁,如何抑制采取捷径的冲动。凡此种种都是属于心智的部分吗?各个领域训练有素的观察能力,都可谓一门艺术。观察能力并不只是眼观,因为它受到一般思想的指引,后者所构建的感性认识的领域,则有别于接受一切而无所辨识的心智所看到的领域。围绕机器的思考,就涉及认识如何制造或利用这些东西。思考并非流于推理。否则,每个妄想狂患者,我们就难免看作一个善于思考的人。善于思考与明于事理,可谓密切关联,这并非偶然现象。切斯特顿尝言:纯粹逻辑是一个疯子留传的唯一东西。

思考一个剧本,或者一首诗,或者人物,又意味着什么呢?它同时意味着感受,想象,揣测一个场景。不仅由此,而且及彼。我们常对某个不会思考的人说,"你要设身处地",这是什么道理呢?为何对另一人则说,"你还没有其中的体会或掌握门道"?对第三个人则说,"情况你一切明白,可是不得要领"?我们并非通过这种言语方式传达真理,而是要帮助他人发现真理。如果艺术家和音乐家思考,音乐和艺术批评家同样思考,那么他们的感觉辨别,肯定与他们进行的思考相关。归根结底,我们在谈的是受过教育的趣味。因此,可谓荒唐的说法是,教育排除一切的要务,应该是培养或训练心智。

然则,虽然必须摈弃上述两种观点对举的态度,侧重还是应该落在心智一边,而非完人一边。为了避免与"心智"这个名词的用法相联系的内蕴能力这层心理学含义,我偏向于"才智"这个名词。才智一词令人联想到,并不只是推理过程。才智一词暗示的,是有本领探求佐证,有能力觉察在哪些可能的地方发现佐证,同时有才具去明断地衡量佐证。富有才智的人懂得,什么时候应该停止推理而付诸行动,什么时候应该停止实验而揭橥他的成果。此辈人物,论者绝不能说,他接受的教育超越了他的能力。他的聪明多于学问,因为他懂得学问的用途和局限所在。

多年以来,"教育中的民主"和"追求民主的教育",这些提法已经是有些作者大书特书的业内行话,他们更有兴趣的是标榜自己的服膺态度,而非廓清思想。如今这些提法可谓身价大跌。钟摆趋向于复兴传统教育立场,来势开始猛烈起来,诸多批评者纷纷主张,杜威著述里赋予这些提法的意义,还有更多的是受到其祝福的渐进教育在实践方面的意义,即便并未明确表示赞同,却鼓励那些习惯做法,诸如调整和符合现行惯例,崇尚平庸,迷恋平等,系统地贬低提倡学术优异的思想。

如果这些批评者自身思想上表现出学术上的左右逢源,悲叹"教育家"当中缺乏他们所谓的这番功夫,他们的下述指责便难以认真对待了:构成杜威整体的教育哲学基础的经验理论,势必涉及的问题是,个人要进行调整而适应社会,个人受制于社会主导的处事之道和价值观念。因为植根于现代生物学和心理学的这种经验理论,强调了这样的事实:人类经验是经历与选择这样一个反应过程,环境更多的不是特定的,而是选定的,自我重新决定了自身的境况,同样也是为境况所决定,处于一个互为作用的过程——或者说处于一个互为表里的历史过程——它使得智能行为有可能改造,重演,翻新,如果有必要的话,促成人类社会以及其中人们生活的革故鼎新。强调制约学生的反应,或者要求他们调整适应俨然看似的现状,这样一种教育要取得成功,唯有禁止创造契机,即常规行为方面潜在的重新定向的阶段。里科弗将军[①]之类的批评者写道:"美国人民从未授权学校,以旨在调整生活的培训和行为训练来取代教育;不过我们已经允许学校根据杜威的思想进行了长期实验。"行文之际,他们便证明,其罪过在于毫不熟悉自己口诛笔伐的话题。

更加名正言顺的批评杜威的说法是,即便是谬论,他强调智力的培养,有可能导致的结果是疏远社会或者与社会对立,是渴望改革和变迁社会,而非乐意接受现实的社会。人要聪悟,就必须具有思想。而具有思想则意味着持有选择余地,可能的前景,对可能出现的事物的憧憬。怀抱自己服膺的思想,这意味着矢志不渝,或者随时践行这些思想。而践行这些思想,则意味着要么在环境方面,要么在我们自身,引入一种针对性的变化。依照杜威的理论,在一定程度上,我们制造着我们的环境,因为我们对环境所做出的反应,乃是有所取舍的反应,而凭借的是我们的重视和兴趣。我们仅仅在一定程度上制造自身的环境,因为我们必须不假思索,接受绝大部分环境——思考只是偶尔为之——同时因为所有清明思维的结果,都必须承认存在着有些事物,使得我们迫不得已而为之。可是我们生活的这个世界,不论个人世界还是公共世界,

---

[①] 里科弗(Hyman G. Rickover,1900—1986),美国海军四星将军。号称"潜艇之父",在美国海军中以追求优异著称。

不论一己天地还是共享的天地,我们在其中聪明地发挥作用,就此而论,一定程度上乃是我们创造而来的。我们对世界的那些特点负有责任,道理即在于此,倘若我们换个方式思维和行事,世界的面貌则有所不同。参合多种可能存在的选择方案而加以思考之后,我们接受了一个环境,凡是遇到这种情形,我们就不仅仅是在调整适应。举例而言,处于"恐惧制衡"①的情况下,如果有人接受了维护和平的现行政策,因为我们在探索走向多边裁军,理由就是这是当前向共产主义让步的唯一可行的选择方案,它是单边裁军可能产生的后果,要么就屈服于核武器大屠杀,那样大家就不可能合理地认为,此人是顽固的保守分子。

唯一能够调整适应个人环境的人物,里科弗将军言下之意,所指的那种不用头脑的方式,乃是处于冬眠状态的人,无所用心,兴味索然,百无聊赖。神志清醒,生活于存在问题的一个世界,这就意味着保持警觉,有所提防,参合可能造成的局面,或者可能出现的局面,随时有所作为。具有讽刺意味的是,"调整"一词含有贬义的教育内涵,不妨完全名正言顺应用于某些批评杜威的人士所持有的概念。

这些内涵中有一层意思就是,调整暗示了屈从于现状,不仅关于生活状况有所了解,而且要依从生活的规范。"调整适应的"个人,吸收了社会惯例,传统的行事之道,将其纳入了自然需要的强迫行为的范围。在过去,着眼于这种调整类型的教育,令人联想到的是操练,习惯上服从,自动反应,在规定条件下完成规定任务,假定通常只有唯一正确的做事方式,某个当权人士必须最终界定这个方式。这种教育的性质令人大多回想起传统的军事训练,而非现代教育。

正如我们所看到的,"调整"有一个同类观念,涉及的那些观点,是把教育的功能视为"灌输"或者"填塞"教学内容——美其名曰"往昔的伟大传统"——而注入学生的头脑,仿佛他们都是有待充盈的无生命的盛器或容器,而非有待激发培养的能力。教学内容之所以重要的道理所在,这样一种教育途径却无法使得学生有所意识。思想、人物、事件,

---

① 恐惧制衡(the balance of terror),指冷战时期美苏对于对方的核武器可能给己方造成的危害的恐惧。

如此途径却无法使之栩栩如生,进入正在学习的那些书生的直接或者想象的经验之中。

调整或者说自我调整的所有这些概念,都与杜威的教育哲学格格不入。因为它们并未展望社会的调整在于适应教育成长的道德命令。它们也并未根据学生的需要和能力来调整课程,以便学生获得最大限度的教育成长。借鉴杜威哲学而设计和传授的课程,则力求激发认识能力,在凡是相关的情况下,促使学生洞达事物变成现在面貌的来龙去脉;洞达事物可能变得更好或更糟的前因后果;洞达为了改观事物或者恶化事物,我们负有什么责任,个人的或者社会的责任。这样的课程同时争取培养学生认识问题性质的敏感,因为正规教育完成之后,置身于更为广泛的社会背景之中,学生将不得不应对各种问题。这样的课程并无浪漫的或者乌托邦的色彩。虽然它通过展示各种选择方案的前景而解放了思想,同时由于认识到,并非所有的选择方案都是切实可行的,或者存在着同等程度的可能性,这样也制约了意志,并且训练了想象力。某些客观条件必须了解和接受,这样才能带来明智的变化。有人遇事不懂得听天由命,或者沉湎于神话或者希望的温柔乡,而千方百计推翻不容改变的事实,这样的人就谈不上什么聪明。不过凡是现状在侵蚀人们的时候,人们通常也能够侵蚀现状。为了能够适应气候,或可听任浑身淋漓,或可学会在雨中不被淋湿。对待气候的方式,也适用于对待生活中我们认识到的一切其他事物——甚至死亡。只要保持清醒意识,对于个人的死亡便能够做出重要的决定。我们可以死如宵小,也可以死如人等。

"调整"或"非调整"之类的名词,同如"墨守成规"或"非墨守成规"一样,都是就关系而言的。不能结合实际情况的话,这些名词的用法便毫无意义,绝大多数批评者使用它们的情形就是如此。除非我们明白,什么是在加以调整和如何调整,什么需要墨守成规或者什么不可墨守成规,这些名词则仅有抒情的陪音,而毫无认识意义。实际情况和具体用法都明了之后,杜威会予以首肯的唯一性质的调整,就是遵循发挥独立或创造性智力,对于这方面的后续活动决不设置障碍。

教育的平等,民主,优异,在探讨这些观念之前,有必要议论一下当前所强调的教育上的"创造力",仿佛它是教育过程中的一个独立存在的要素或目标。

"创造教育"①,这是一个模棱两可的提法。学校的职能在于发现和培养创造性人才,谁也无法认真主张这个思想,仿佛这是一个单独的目标,有别于培养具有教育而成的感受力的批评人才或饱学之士。可以而且应该存在专门学校,培养已经崭露头角而有望成为创造性艺术家或音乐家的人才。可是这类学校的特色教学程序,显然无法成为普通或者一般学校的程序。

"创造教育"包含的另一层意思,无非是指教学过程应该是一个探究的过程,始终保持内容新鲜,同时吸引学子,要凭借有效的教学技巧,能够诱导学子作为一个共同探索的参与者投入课堂活动。这样的教学,依靠的不是死记硬背,或者机械操练,吓唬或者外部奖励,而是依靠对意义的认识。意义的发掘和丰富,则需要一种才智训练,视为适当完成任务或解决问题所在必要的步骤,从而为人接受。

"创造教育"包含的第三层意思,指的是学校应该帮助个人在职业或人生追求中发现自我,这将需要个人具有特殊才具和天赋。从事胜任愉快的工作,大多数人从中发现,自己的抱负实现了,杜威未曾否定这个可以上溯到柏拉图的洞见。他只是坚持认为,个人是不断发展的生灵,其潜质不可过早分类定向,一个类型本身,无非类聚群分而已。民主社会中,教育的宗旨是个人的成长;但是成长,为了具有意义,就意味着不是全面发展的活动。一个成熟的人的发展标志,不是时断时续、先后出现的兴趣,而是呈现为不断加以组织的一个兴趣中心,它赋予生命以意旨,方向,或者意义。这是杜威曾经想象的职业或行业,在人类经验中将要发挥的作用,只要有一种富于人道的福利经济,能够取代市场经济。我们依然远离他所展望的福利经济;可是如同我们已经看到的情形,即便取得了这个目标,下述可能性也微乎其微——除了对于小

---

① 创造教育(education for creativity),美国20世纪30至40年代兴起的教育思想,强调教育以培养创造力为主导思想。

众而言——福利经济将提供意味深长的职业机会,芸芸众生能够从事创造性工作。和乐观主义的先知当年预料的情形相比之下,科学和技术已经更加渗透地影响了社会。从结果来看,人类生活的创造力这个问题,从探索创造性行业——虽然总是存在这种性质的一些行业——转向一个自动化社会里余暇的创造性利用。这个问题变成了培养能力的问题,包括开发技能和精神资源,它们使得大家的生活体现了人的特点,有一种更加富有成果而又令人满意的生活方式。今日纽约市的电工,每周工作二十多小时。明日他们和自己的同道,可能缩短工时。他们将如何度过每天的余暇？文科教育的理想,在这个要点上,重新得到了声张。大家不必设想,这些理想是为了继承传统而强加于大众的目标,而是作为获得解放的机会提供给大众,使之摆脱鼠目寸光的眼前要务,综合性的刺激活动,穷人借此在精神上"消磨光阴。"

根据本人的看法,教育方面必须面临的创造力这个问题,并不在于探索各种方式和手段,以便把所有的个人,造就为创造性的艺术家和思想家,知识前沿阵地的发现者。如果我们将此悬为首要目标,生物学在这一方面则令我们大失所望。这个问题并不仅仅是培养富于灵感和同情心的教师这项持续性的任务,这些教师将能够诱导学子求知时乐在其中,而非视为一项苦活,或一项作业,只是为了获取奖赏和避免惩罚而去完成。如果我们认真看待教学有方这个问题,那么凡此种种,我们就应该视为理所当然。我们必须从十分宽泛的意义上设想教育任务。我们必须争取力尽所能,尽量让个人自始至终接触的是才华横溢的教师,利用现有的最佳教学方法,让学生发现和培养自己,成为能够彼此相处和与人相处的人物,他们能够以一种积极和参与的方式,在符合个人才能的层次上,享受"理想社会"的财富和价值观念——文学,艺术,科学,历史,或者其他任何令人升华的兴趣和追求。这些大端宗旨,可能在有些人中间产生出将信将疑的欢乐,因为他们确信,一个大众社会在所难免必须培养一种廉价劣质的大众文化,它对精英所创造和滋养的高雅文化,本质上持有敌视态度。我和别人一样,强烈地悲叹大众文化浅薄无聊的内容,同时我并不确信,它们是大众文化的一种永久特色。存在于现代民主社会的大众文化,尚在方兴未艾阶段。高雅文化依然在大众社会里继续繁荣,虽然存在着悲观的预言:普遍的识字知书和教育将会破坏高雅文化,这个事实并非没有意义。

这个话题近乎探讨的是教育的平等、民主、优异这个问题。

服膺"民主教育",势必需要服膺平等,而服膺平等则导致怀疑良莠不齐,这种怀疑反过来又导致了仇视创造性的小众或精英,这样一个观点,主张复苏保守教育思想的先知,已经奉为一大信条。因为杜威的哲学是和这个提法联系起来的,他便成为众矢之的,物议指为一视同仁,怀疑才智,怨恨才俊这些态度的思想根源,而这些态度大概已经在美国生活和美国教育中留下印记。

在探讨杜威看待民主教育的意义的观点之前,我们不妨仔细推究针对美国教育的一些诛伐,因为这种教育敌视卓越,创造力,还有才华。非难大多并非衍生于行为或价值判断方面的实证研究,而是流于走马观花的印象水平。另一领域某位作家的显赫地位,并不标志着在评估美国教育时,他能够胜任。美国教育的保守主义和平等主义,阿诺德·汤恩比曾探讨过这两大孪生弊端,他写道,一种曲解的教育观念,已经使得美国教育残缺不全,这个观念是美国社会的特色,虽然并不仅仅限于美国。

"这种曲解的观念认为,与生俱来的天赋的磐磐大才,无异于前世就触犯了大不敬,得罪了社会。这种磐磐大才,大家视为一种冒犯的表现,因为根据认识错误的民主观念来看,任何一类的不平等现象,一律属于不民主。天才儿童为世不容……"[①]这类说法不止一端。

汤恩比先生了如指掌,所以他的表态绝非凿空之论——因为他是就实际情况发表议论,所以从常规来说,和他那些洋洋大观的历史概论相比之下,他的立论甚至理由不足。美国的通俗文化,远谈不上怨恨任何一类的不平等现象,或者视为不民主现象,这种文化对于某些性质的不平等,表示了过分的尊重——不仅仅是尊重那些赚钱超过他人的人,

---

① 阿诺德·汤恩比:《纽约大学校友通讯》,第 7 卷,第 4 期(1962 年 1 月),第 3 页。——原注

汤恩比认识到了这一点,而且过分强烈地崇拜竞技或运动方面的超凡技巧,还有各方面的成就,比如电影艺术、舞台艺术、从早年的林德伯格①,直至格伦②的航天旅行。论者可以立论指出,美国教育界尚需努力的方面,在于辨识和鼓励天才儿童,尽管我们看到,通过强调个体差异的重要性,渐进教育在初始阶段,使得天才儿童易于辨识。然而,一旦识别之后,凡是在无人追逐的地方,天才儿童便受人嫉恨,遭到忽视,于是迫不得已,戴上无声无臭和资质平庸的面具,以便始终能和周围天分不及他的同伴和睦相处,坚持这么认为,那是一个迥然不同的命题——现在还缺乏这方面的佐证。美国的民主要则在理论方面,要则在实践方面,本着敌视眼光看待大家所承认的成就和卓越的程度上的差异,不论在犯罪活动,还是在音乐领域,美国的情况并非如此。崇拜各个领域的"荣华富贵",不论物质方面,还是职业方面,或者学术界,这就证明了大家赏识才华和成就方面的差异。汤恩比提出的指责是,美国舆论给予"社会从众心理"的高度重视,乃是体现"儿童平等主义"教育政策的一个结果。可是"民主教育"的意义,他既误解为反映于主要提倡这一思想的人物的著述,同时也反映了为了实现这一思想的美国教育实践的摸索努力。

为了廓清一些重要的区别,我们能够有所着手之处,无非是重申约翰·杜威的教育著述里"民主教育"意味着什么,以及它与当前教育实践方面的关联。

杜威观点的精髓在于,民主承担的义务,在于平等关注社会的每个个体,将其培养成人。教育则是个人能力能够为人发现和得到释放的主要手段。教育应该使得凡夫俗子获得最大限度具有特色的成长,和他们的同类保持和谐。平等关注与平等对待,二者不可同日而语。平等关注与不平等对待,二者则可以兼容,只要在每一个例中,不平等对待是才智和情感成长的必然条件所需要的。"道德平等,"杜威说道,"意味着无从比较,即普通和量化标准无从适用。它意味着自身品质,

---

① 林德伯格(Charles Augustus Lindbergh,1902—1974),美国飞行员。
② 格伦(John Herschel Glenn, Jr.,1921—),美国完成轨道飞行的第一位宇航员。

需要有独特的机会和差异的表现。"道德平等或者理想民主的原则,乃是天下最革命的原则,因为它的范围包罗了所有的社会机构。

即便粗枝大叶浏览一番,杜威的著述也能晓示我们,个体之于他,在关注的先后顺序上,居于首位,成为个体意味着在某个特色和重要方面与众不同,纵然个体有诸多事物和他人共同享有。从概念来看,平等关注与差异对待相结合,要用一个正式的规则来表达这种统一,那就极其困难。不过我们不妨借鉴另一种机制来例示说明。比如在一个健康幸福的家庭里,在年龄,长处,智力天分上,子女之间都存在差异,父母倘若在特殊境况下平等对待他们,那就可谓荒唐——荒唐之处恰恰在于,在大人的眼里,子女要平等看待,平等评价。诚然,一个家庭不能作为一个复杂的社会的表面楷模——社会则无家长一说——但是从伦理上说,一个家庭照明了这条原则,杜威相信在一个民主社会的社会机制的职能发挥上,应该展示这条原则,或者说它应该成为社会的制约和指导精神。杜威一再标表家庭,举一反三,以便推而广之用于教育,注意到这一点可谓令人瞩目。举例而论,我们可以重温他的著名论述:"十分优秀而又十分明智的家长寄托于子女的希望,必须是社会寄托于全体儿童的希望。对于我们的学校提出的任何其他理想,都可谓狭隘而令人讨厌;倘若付诸实践,就会毁坏我们的民主。"①

这番有识之见的意味,显得更加重要,它指明了杜威的用心所在,因为他的话语乃是如此彰明较著的过实之论。我们绝不会将这个理想付诸实践,我们也没有毁坏我们的民主,因为如此构想出来的民主,其实从来就不存在。可是这些话语的确用十分强调的方式,表达了整个复杂组合的价值观念,如果我们旨在比较切近民主的理想,这些价值观念就必须指引我们的行动。这个理想依托的是自由的首要地位,依托的是与众不同的权利,依托的是要求成为一个个体的权利——就程度而论,尽管大家承认,社会机制是不可或缺的手段,人格在培养过程中要借助这些手段,所有的社会机制,却必须结合它们所产生的人类经验的性质而受到批评,并且加以改革。在意义而非时间的序次上,个体的

---

① 引自《学校与社会进步》,收入《学校与社会》(1900),包括三篇演讲和一篇谈话。

人居于首位。

遵循上述民主哲学而演绎的教育推论,与那些批评者的推论迥然不同,后者从中看到一种绪论,下文便是从意识形态上,证明平庸的合理存在。客观情况恰恰相反。千篇一律的模式强加于个体的差异,尝试在相同时刻关于相同事物,让大家异口同声,同唱一曲,思想一致,平庸就是如此做法的结果。杜威哲学乃是提倡天才儿童不可青睐有加,培养他的才华而结出硕果,这样的解释从何谈起呢?回顾历史,受到杜威思想强烈影响的教育家和心理学家,他们表现出来的最初的关注,是为天才儿童提供适当的教育机会。千方百计,教育必须旨在达到优异!可是优异只有一种类别吗?必须为了一种优异而舍弃另一种吗?如同厄内斯特·勒南①的质问一样,凡是不宜于供奉神明祭坛之物,就必须扔给犬狗吗?或者说得具体一些,因为我们应该付诸努力而提供教育的激励,这样的激励能够使得智商最高的学生产生最丰硕的成果,我们因此就并不应该致力于促使智商较低的学生产生最丰硕的成果,能够这样来推理吗?如果这就是优异的意思,那么我们的平等关注,又从何谈起呢?

在一定的职业敞开大门之前,个人必须达到的造诣标准——在这些职业内,从他们的个人兴趣和社会的兴趣两方面来看,他们都名正言顺受到了禁止——与适用于每个个人的成长与进步这条标准,二者之间,我们必须区别看待。教师肩负着教书育人的责任,就此而论,后一种标准关乎教师。这就意味着不是消除,或者稀释教学内容,不是以游戏替代学习,学校不是速成课程的自助餐馆——而是意味着树立每个学生都要实现的更加远大的目标,直至他已经臻致自身最佳水平。这样一种教育之道,与规定的课程和学业,完全可以兼容。因为如果一切的需要都属于个人性质,而其中有诸多需要,同时又是存在着共同危险和机遇的一个共同世界的共同需要。有些事物人人都需要明白。然而,并非所有的事物都需要人人明白。

教育的这种民主概念所涉及的方面,可以通过下述方式而得到更

---

① 已见本书所选阿诺德《文学与科学》一文中的译注。

加透彻的领悟,即把它和以下的观点加以对照,后者不仅区别看待各种能力,而且厚此薄彼看待这些能力。这样一种观点提倡某种精英体制,根据这种体制,奖励和权力应该分配给这样一些人,他们凭借天赋或者社会垂青(二者往往难以割裂看待)而成为优等佼佼。这个观点不仅区别对待,而且微妙地屈辱人格,因为它暗示了才智的等级体系,乃是人的价值的等级体系的关键所在,也暗示了这个等级体系,迟早决定了社会地位和政治权力在这个等级制度中的位置。有些时候这种观点还自诩民主,可是其精神以及它所为之张目的内容,则与杜威所理解的民主完全背道而驰。

举例而言,我们可以推敲威廉·霍金①教授的观点,在教育方面他颇多著述。在他看来,名副其实的民主,寓于"同一标准的民主",它应该适用于所有的人,能力则撇开不论。他借用一个比喻来解释他的意思:"在我们的体育竞赛中,我们不会为了方便赛跑者而调整英里的长度;赛跑的民主并非寓于人人必须获奖这样一个假设;它所寓于的是所有参赛者面对时空处理的同一性。这就是高等教育中民主应该具有的意义,为了保持这种完善,必须要有输者,大众经过淘汰,只有小众进入大学。"②下面的问题揭示了这个比喻在实践中的意味:"乐于让毕业班百分之五十的学生不及格,可是哪里会有这样的大学呢?"

民主仅仅在高等教育中具有这样的意味,在中等甚至在初等教育中则不然,霍金并未说明其中的道理何在。倘若"每个人都有权利和义务成为一个完整的人",如同霍金所言,那么为何不是每个个人都有权利接受那样一种能够将其推向任何水平的完整性的教育呢?这一切和职业能力的下降或资格有什么关系呢,后者基本上是社会性的保护手段?归根结底,教育过程与一场赛跑有什么关系呢?况且即便在赛跑中,除非我们都是信奉尼采哲学,否则我们就不会期望跛足者、盲人、残疾者从头开始。倘若学习过程应该视为应该跑道,何曾有人听说过,有百分之五十的赛跑者获奖?毕业班中为何不让百分之九十的学生不及

---

① 霍金(William Ernest Hocking, 1873—1966),美国哲学家和神学家。
② 引自霍金《教育实验:我们从教授德语中的借鉴》,芝加哥:亨利·雷吉尼利公司,1954年,275页。——原注

格——确实,除了名列第一的人之外,为何不让其他学生全部淘汰呢?

霍金的这个类比,暴露了无意识,反民主,几乎是普鲁士式训练的概念,它构成这种教育观点的基础。教育并非一次比赛,或一场战斗,或一次竞争,虽然说,实施得当的话,凡此种种不妨成为教学的手段,可以用于增添学习的兴致。如果我们必须运用此类语言的话,那么最好说让个人进行一场与自身潜力的赛跑;因为潜力伴随造诣而增长,所以这场赛跑意味着永无止境,犹如教育和自我深造的过程一样。

教育视为获得奖励和权力的过程,和这个教育概念密切联系的,是作为一个分等级和有等级组织的制度看待的社会观,处于这个制度之下,才智——而非门第,社会地位,或者财富——乃是社会分化的原则。只要涉及等级制度,官方也罢,非官方也罢,不论社会分化的原则是什么,都包含着为人利用的可能性。大家最好认识到,推进社会正义和政治自由的那些伟大运动,我们不能归功于接受教育的阶层,这些阶层构成了有等级序次的欧洲社会。总体而论,几个世纪以来,在争取扩大人权的斗争中,这些阶层与之为伍的是教会、君主和社会现状。上智和专业化教育,同时赋予了在一个复杂的社会里行使特殊职能的义务和权利,但是不在上智之列的才智和比较普通的教育,同样如此。除非存在着一种互为表里的关系:重视和承认有多种多样令人向往的差别,否则整个的差别原则,就变得令人厌恶,成为社会势利的一个标志,促进特殊利益的一项工具。一个社会存在着各种阶级斗争,它们发生在接受优良教育与接受不太优良的教育两个阶级之间,发生在上智下愚之间,那就不仅违反了道德平等的原则,而且是接受最好教育的阶级有可能成为输者的一个社会。

民主教育还有一个方面,和现代美国教育密切相关。已经对此嘲弄模仿和形诸漫画文字的不仅是批评者,而且还有一些不太聪明的杜威追随者。这个方面就是下述观点:根据相称的水平,学生教育经历——他的组会活动,学校项目,班级组织——应该展示某些价值观念,它们对于民主伦理具有核心意义。在不同种族和各种民族群体构成的一个国家里,家庭本身就可能是强烈偏见的原生温床,上述活动便显得尤为必要。所谓"性格教育"之说,更有可能奏效的方式是亲身经历，而非口头说教。学生学会了要对学校生活的某些方面负有责任，在这种情况下，性格教育就不必干扰专门用于学习的时间，或者投入学习的严肃性。一位循循善诱的教师，能够在组织教学时达到的效果是，教学课程或项目吸引所有学生，以某种参与的角色投身其中，让他们都对角色负有责任。

这个想法可能弄巧成拙，要表明其荒谬，可以通过十分简单的方式，不妨让恶少或流氓来完成这个角色，他们是都市家庭和社区生活解体的产物——尤其在近期有移民流入的城市。三分常识有时胜于车载斗量的思辨教育学。虽然杜威从未认识到这个问题的范围和严重性，他的确承认，在遇到心理反常和不守规矩的学生时，"他们始终妨碍他人的教学活动……在一个*特定的*关头，排斥或许是*唯一*可行的措施，即便排斥并非解决方式（斜体系笔者所加）"。

每位任课教师都知道，只要有那么个别捣蛋学生，名副其实的教学就无法展开。尽管如此，公众——确切说来，报章和谴责现代教育的教育施压集团——援引此类异类的存在，作为现代教育失败的明证（而在过去，他们进不了学堂，即便入学之后，也会遭到冷遇）。杜威或者其他任何人物的教育哲学，根本没有要求学校履行精神病治疗，以及或者警察机构的职能。对于此类学生，应该而且能够采取措施——一个民主社会应该平等关注他们，确实，可是必须坚决把他们排斥于正常学校环境，直至他们在管教学校已经洗心革面，排斥是为了照顾他们以及其他儿童的利益。我们必须认识到，公众的沉重责任，在于未能提供这样的社会环境和条件：它们乃是一个标榜民主的社会里所有儿童的天生权利。然而，在教育或者其他任何方面，错误的做法在于父辈的罪孽要由晚辈承受惩罚。弊病当然有其社会根源和条件，但是患结核病的儿童，需要的是在疗养院里得到的精心照料，而非正常儿童的课堂作息。如果面对一些大型都会中心的纲纪方面的难题时，我们允许感情用事，而把常识一笔勾销，我们招致的后果，就是再现"黑板丛林"①那段不堪岁

---

① 黑板丛林，出自美国畅销书作家埃文·亨特的同名小说《黑板丛林》(*The Blackboard Jungle*, 1954)，作品描写了一所纽约高中的暴力故事。

月的不堪面目。我们的取舍,并非局限于非此即彼,要么是感伤主义教育那种教条上的放任自流,要么是认为棍棒和书本同等重要的传统主义者那种专制的霸道作风。

"优异教育"论,在晚近文献里留有十分浓烈的印记,这一方面的关注,提醒几句也是顺理成章的。有一种危险倾向:除非我们配备特殊的课程设置,否则这个理论有可能流于另一个说法或者口号。众口一词标举相同的公式,包括昨日还在激烈的争论中结为阵营,彼此对垒的那些人,遇到这样的时候,很有可能论者标榜一条公式,而用心所在,则各不相同。首先,大家应该认识到,作为一条教育理想而论,追求优异与强调教育机会平等,二者完全兼容。如果我们真诚地表明态度,鼓励全体在校学生追求成绩优异,可以说,我们就必须劝阻人们搬出一切令人反感的区别论——种族、宗教、政治、经济方面的区别对待——它们阻碍了有些学生,他们本来可以施展才华,在教育上登堂入室,而有所获益。作为一个必然结果,这样的做法意味着通过奖学金制度,乐于担保而让每个天才学生获得高等教育,这样兼顾了社会和学生自身的利益。可是有些大声疾呼优异教育的提倡者,他们所执著的经济教条则反对政府采取此类措施。其次,我们不可把某些类型的优异教育,与优异本身等同视之,因为对前者有一种迫切而且或许只是短暂的社会需求。如同我们已经坚持的主张,重点放在这些类型可能是言之成理的,不过我们不该因此视而不见优异体现为多种形式。最后,我们应该提防的是,我们对优异的赏识转变为一种崇拜,仿佛唯有优异重要,余者无足轻重。如果优异一词无所不指,我们人人都不可能达到优异。不过在教育方面,和我们过去的作为相比,我们大家能够更有作为。

从西方思想史来看,崇拜优异有时和下述意识形态是联系在一起的,它蔑视那些不太优异的群体的平等社会、政治权利以及有些时候的平等人权。存在着一个完整的学说流派,它假设一个文化和教育的精英阶层,应该履行一个政治和统治的精英阶层的职能。这个假说混淆了不同的问题,尤其是为了支持这个立场,有人援引过去伟大的民主代言人偶然的片言只语。正常分布于任何领域内的天才的高端,不妨认为他们属于一个精英阶层。依照这个含义,根据当前的生物学理论来看,存在着一个天然的天才贵族,这个说法可谓老生常谈。每一种符合需要的教育体制——在一个民主主义者看来,它意味着机会平等的原则居于上风——理应促使我们发现这样一个天然的天才贵族。可是让一个天然的天才贵族,与一个天然的美德贵族联姻,如同杰斐逊致书约翰·亚当斯时所言①,这就成了问题,而且暗示二者是"教育、社会的职司和治理方面,最为珍贵的天赋之才",则又会引起对民主精粹的曲解。杰斐逊书简中零星提到天才和美德这种天然贵族,他还轻蔑地提到不属于贵族的那些人,当时他谈的是凤毛麟角"每年从废物中爬罗剔抉"②,并且利用公费加以深造,这些言论明白无误,并未反映他的基本民主信仰的性质。这些话不能视为标示着他完整而深思熟虑的观点,其实不过是反映了他的妙语中的思想:每隔二十年,稍微放血则有益于一个民主社会的健康。

在一个民主社会,我们能够为造就任何一类专长提供教育,包括培养文职官员,还有将军和医生的教育。严格说来,我们无法为政治的领导艺术提供教育,因为这有别于社会全体公民的政治教育。杰斐逊所最为关注的,则是全体人民的政治教育,这类教育将使人民具有免疫力,从而防止篡夺权力。这和他反复重申的信念一脉相承:政治自由"永远不可能安全,除非掌握在人民自己的手中",而非由任何天才贵族或美德贵族来掌握;终极的政治权力,必须归属人民。这个信仰有可能是谬种,可是缺乏信仰则不可能理直气壮维护民主。然而杰斐逊意识到,政治权力托付给人民,这并不足以永远确保政治自由。缺乏适当的教育,一国之民则无法长久享有自由。由此可见,在一个民主社会,教育持久的政治职能,在于传授知识,培养技能,增强价值观念,凡此种种都是必须具备的,这样才能够在试行自治方面取得成功。在这一方面,对他而言,其余一切都是相对的课程细节方面的问题。

---

① 参阅 1813 年 10 月 28 日杰斐逊致约翰·亚当斯书。

② 引自《弗吉尼亚笔记》,其中杰斐逊构想了他的公共教育计划。文中所说的凤毛麟角,在杰斐逊的原文中为"twenty of the best geniuses will be raked from the rubbish annually"。

当代教育的危机[*]

莫蒂默·杰·阿德勒

---

[*] 本文发表于《社会前沿》,1939年2月,第5期。

莫蒂默·杰·阿德勒
(Mortimer J. Adler, 1902—2001)

美国哲学家、教育家、编辑。出身于犹太人移民家庭,父亲以推销珠宝为生。十四岁辍学后,在《纽约太阳报》当抄写员,晚间在夜校修习写作课程。两年后入哥伦比亚大学,毕业后留学执教。后得力于芝加哥大学校长罗伯特·哈钦斯,担任了法哲学教授。1952年创办哲学研究所,担任所长,并和哈钦斯合作策划了多种大型百科,包括共同主编五十四卷本《西方世界的伟大著作》,还有十卷本《名著入门》,担任第十五版《不列颠百科全书》编委会主任,主持二十卷本《美国编年史》,终生以弘扬和普及传统典籍为己任,视之为"人类理解和交流的文化基础",由此在美国知识界和读书界享有盛名,同时也成为引起争议的人物。学界有人以为,他的各种纲领是以欧洲文化为中心。阿德勒首先在美国倡导"通识教育",拟订具体的纲领,同时资助"伟大思想研究中心",在高等教育领域掀起的各种创举在国内产生了广泛的影响。他的一大功绩在于多方努力,为大众普及哲学,诸如专门撰著了《如何阅读一本书》。哲学方面强调道德哲学,认为亚里士多德伦理学是"健全、实用而不讲教条的唯一的道德哲学"。在教育领域,阿德勒也颇多著述和改革,主要是以"伟大名著"和"伟大思想"为指导原则,著有《改革教育》、《美国的高等教育》、《通识教育倡议:教育宣言》等多种。他也十分重视宗教,强调现代社会中宗教的意义,比如有《宗教的真理:宗教的多元化和真理的统一性》等。

危机是一个转折点。身染肺疾之后,患者要则渐有起色,要则日趋严重,危机便是这样的关键时刻。可是当前的教育危机则另当别论。局面不可日趋严重,只能渐有起色。我们已经走到了钟摆的一端。形式各异的渐进教育①,是一个健全而切实的逆反之举,抵制了古典教育那种极端枯燥和空洞的形式主义,在上世纪末,后者已经每况愈下而走到了极限。遗憾的是,一如既往,这种逆反矫枉过正了。极端的反对立场提供给我们的一个教育纲领是同等的本末倒置,虽然另有一番道理。杜威教授近来已经严斥了他的一些自诩同道的偏激之论。一个虚妄的问题是,在两种皆不可取的极端之间有所取舍,为了避免这种态度,显然有人指出了一种温和的立场,它所赞同渐进主义之处,在于匡正古典教育纲领的弊端陋习,不过同时也矫正了渐进主义本身,具体表现则为保留古典教育途径中基本的合理之处。如果有人打算要革除弊端,那就应该记住,有人准备付诸行动,那是因为出现了因弊废利的情况。改革之举,十有八九碰到的麻烦在于,以清除瑕疵开始,却以玉石俱摧告终。我们必须消除渐进教育中目前的偏激之处,而不摒弃那些激发了这场运动的基本的真知灼见。

这种中间立场,现在尚无现成可用的名目来定名。传统主义表明,传统,以及进步和创新,乃是教育上的一个要素。可是这个名称本身,则未能旁及进步和创新的要素。要素主义②——姑且不论它是一个野蛮的名称——有人用以揭示一种学说,而依我之见,这种学说并未恰如其分把温和的策略形诸公式。因为无以名之,所以我在下文就用哈钦

---

① 以杜威教育理论为依据的教育运动,一译"进步教育"。
② 要素主义(essentialism),美国20世纪30年代、50年代和80年代相继出现的教育思想流派,和渐进主义唱反调,强调传统形式的人文教育。

斯纲领①来代表解决我们困境的方案。就我对这个纲领的理解而言，古典主义生气灌注的一面——正规训练和重视传统——与渐进主义合理的一面，二者合而为一，重点则置于现在，而非过去，同时强调一点：活动之于学习过程，乃是不可或缺的内容。传统和创造是两大要素，构筑了每一种有生命力的文化：脱离创造，一种文化便会消亡；脱离传统，一种文化便无从获得生机。所以我们在教育方面，必须具备这两大要素，要有正确的比例和序次，倘若教育过程旨在保存和发扬文化。根据这些条件，我将维护哈钦斯校长倡导的教育改革。我之所以有"维护"之说，因为他的教改方案遭到的抨击，竟是如此广泛，如此激烈，如此盲目。

抨击多为漫骂之词，并不值得严肃看待。如果大家恰如其分理解了现实的大端问题，大谈法西斯主义和独裁主义的这一派胡言便可以休矣，因为有目共睹，主张教育讲究训练，这并非是在提倡普鲁士式军事训练和正步走；主张废除选修制，这并非是在追求极权主义严密管制；强调人类生活的理性规则，这并非是在限制我们的自由权利。这仅仅是我们保留了没有理性规约的许可。哈钦斯纲领珍视的所有优点，似乎激发了纲领的反对派：这个纲领展望未来，同时重视往代薪传下来的文化遗产，仅仅是为了聪明地，也就是生活在前景光明的现在；这个纲领体现了真正的自由精神，如果自由主义的精髓即尊重经过理性能力训练而成为自由和独立的个人；这个纲领体现了基本的民主精神，因为它遵守普遍的、通俗的教育这条原则，虽然它在通才训练与职业训练上区别对待，而且认识到，即便民主社会，也需要领袖人物。

因此，我将力求确定关键的问题所在，同时扼要地进行探讨，希望借此答辩由于种种错误想法而产生的异议，而且改革当代教育的主张的真正基础，能够为人理解。我甚至可以希望，经过这番澄清之后，漫骂可以休矣，虽然我并不敢奢望，合理的论辩将克服既得利益者的思维惰性。

有两个基本的要害问题造成了哈钦斯校长与那些反对者的分裂。

---

① 已见本书选文西德尼·胡克《当代教育舞台》中译注。

双方都有道理。第一个要害问题需要探究的是知识的本质,以及科学与哲学之间的区别,正如不同类别的知识,有着不同的沿革和不同的效用。第二个要害问题需要探究的是人类的本质,无论人仅仅是个动物,其生物的命运是在生存竞争过程中随机应变,或者,虽为动物,但是也讲究理性,而且具有完善自我这样一个独特的人的命运。肯定人是理性动物,在种类上有所不同,而不仅仅在智力程度上有所不同,肯定哲学较之科学是更加突出的知识,哲学所具有的有效性,体现于并不依傍科学的发现,它的效用较之科学的效用更其优越,以上所述的这些教育结果——这些思想必然导致了哈钦斯纲领核心要领。渐进教育的谬种,同样是由于反对的否定论调所产生的教育结果而必然导致的。

以有限的篇幅,便可以围绕这些要端问题进行充分的论辩,这样的臆断未免天真。即便在一部篇幅较大的论著里[①],这些问题我也未能振振有词,权而论之,以至于令人折服。在这些问题上指陈得失,不仅需要深刻而广泛的思考,而且单纯陈述肯定命题则在大家思想上,激起如此之多而且如此激烈的偏见,而正是他们的否定态度所首肯的那类教育,致使他们的思想产生了这些偏见,结果几乎没有可能获得大家的倾听,甚至那些自诩开明的人士也置若罔闻。看来几乎可以如是说:根据哈钦斯纲领接受教育,这是理解其所依据的教育哲学的一个必要的预备条件。以此类推,我国师范院校的教育哲学,有人奉为彰明较著的真理,而他们正是在这种哲学支持之下接受了教育。可是除非凡事皆属仁智之见,多数派的强势即为公理,否则这些要端问题就是名实相副的,真理也只是片面存在。进而言之,哲学真理并非一己之直觉认识。哲学真理要能够进行缕述和论证,结果成为所有思想的公共财产,充分摆脱了偏颇,以至于持论有据,言之成理,所以令人信服。

由于无法在此进行充分的论辩,我就必须力求尖锐强调这些问题本身而聊以自慰。我选择的态度是以坦诚的论战方式展开论述——因为既然已经认识到真理,掩饰一种恪守真理的态度则毫无意义——要

[①] 指作者于1937年出版的《人对人的理解》一书。当时美国教育家和社会哲学家西德尼·胡克以及艾雅尔等,分别在《民族》和《新共和》等刊物发表评论,阿德勒有感于无从沟通的缘故,于次年另著《阿奎那与异教徒》一书,予以专门探讨。——原注

明确界说构成渐进教育基础的那些哲学谬种。首先,我要探讨进步与效用这两个孪生的神话,二者乃是实用实证主义那些引入歧途的观念;其次,探讨虚妄的教育心理学,它否定或是忽视了人的理性一面;最后,探讨这些谬种决定了渐进教育纲领的思路。

1. 普遍的进步,事物的进步,这个神话寓于渐进教育学说的核心,这个说法绝非玩弄文字游戏。这个进步神话是 19 世纪的一个观念,产生的原因一则是实证主义,一则是对进化论的拓宽可谓并非名正言顺。[①]进步与变化的区别在于,进步是有一个确定方向的变化,而且衡量进步的标准,便是评估一个过程中的各个阶段,是变得更好还是更坏。一个植物或动物的生长,是从幼稚走向成熟的一个进步,达到一个转折点时,有机体从生物角度而言便臻于完美。可是在自然界的任何地方,生长随之而来的是衰替,成熟随之而来的是衰老。自然的进步并非永无止境,这条规则可能存在一个例外情况,即进化的全景俨然展现出来。可是即便这种情形下,客观看待通常进化论的故事里所讲述的事实,我们也是只有通过对曲线运动的一个令人质疑的推知,才能断定在生命形式的发展过程中,存在着永无止境的进步。不过正是由于这种无所批判而得出的结论,它宣传的思想是,进步这条规律支配着万物,我们迈向未来的过程中,我们从劣等变成优等,从低级上升至高级,永无休止走下去。

进步这个神话的另一源头在于文化史观,它秉承的是实证主义的传授。如果有人效仿实证主义者的做法,臆断科学是认识世界的有效、一般的知识的唯一形式,而科学在支配一切时的技术应用,是知识具有的唯一类别的效用,那么在人类事物以及自然方面,俨然就出现了延续不断而永无止境的进步。奥古斯特·孔德不是早已告诉我们,人类历史有三个阶段——迷信或宗教性质;思辨、臆测,或哲学性质;还有实证知识,或者说科学知识的阶段——难道这不就是进步吗?在科学一统的时代,每个世纪不是都见证了科学知识不断扩大的范围和技术不断拓宽的领域吗?物换星移,我们拥有了更多更好的知识,更大更好的发

---

① 参阅雅克·马利坦《特奥纳斯》,纽约,1933,第 7 至 11 章。——原注

明或者效用。进步的这幅画卷和其中孕育的未来梦境,实证主义者为之神魂颠倒,乃至几乎可以忘却,在我们的道德和政治事务中,还有那么一个希特勒和那么一个墨索里尼,而他们的追随者则不大主张促使尼禄之流,或卡利古拉之流,以及他们所领导的帮派有所改善。但是画卷上的这个瑕疵切切不可遗忘,因为它是线索,可以帮助我们认识人类事务中进步规律两大例外情况之一,而这两大例外致使普遍和永恒进步的观念,成为一个欺人的幻想。

第一个例外是人性本身。如果我们能够辨识自然与培养的区别,我们便能够理解下述含义:经历了文化的一切异变,历史的一切迁化,人性终古不渝。人类为一个生物物种,如果一个物种具有意义,那么所指的是世代代相禅的恒久本性。等到始终不渝的品质不复存在,等到另一种特殊的本性生发出来,不论通过突变还是其他途径,我们便有了一个新的物种的起源。于是顺理成章,只要生发的物种始终属于特殊的人,人性便始终不渝,历代相传。所谓人性,我指的是天赋才能和有机体的需要,无论在哪里,它们都构成相同的动物,也就是众所周知的人。

第二个例外探讨起来比较困难,因为取决于哲学与科学之间本质性的差异。实证主义者无法接受生物科学,也否认不了特殊的人性不渝的品质;他们可以依然不失为实证主义者,依然认识到,人性不变的特质,说明在社会和政治事务中,进步之说无法成立。可是他们无法始终不失为实证主义者,而且认同哲学这门知识,不仅在方法上是非科学性质的,而且从有效性来看,并不依傍一切不断变化的发现和研究的系统阐述。因为我无法在此立论证明这个论点,我只是力求表明,持肯定态度的哲学立场,如何影响着我们的文化史观。

我在其他场合已经谈到①,实证主义者的正确之处,在于努力对科学进行解构本体的处理,界定科学是对现象关系的认识,概括了不同感知客体的相互关系,而将实质和因果关系全然置于不顾。他的谬误之处,仅仅在于他是否定论者,这表现于他否定哲学,而哲学是本体论知

---

① 参阅《人对人的理解》,第一讲,注释 6,7,16a,47。——原注

识,它关注的是实质和因果关系,它探究的是渗透于感觉对象的表面,而深入智力能够理解的内涵。科学与哲学的形式客体或理智宗旨之间,存在着一个清楚的区别;而且这个区别伴随产生了方法的区别。一切人类知识都产生于感觉经验,可是单单凭借感官活动,则无法说明那类概括,它们把科学和哲学与历史区别开来。理智或理性必须对感觉经验的材料,进行反思,分析,推理的处理。这两大要素,感觉与理性,观察与反思,经验与思维,乃是科学和哲学所共有的。二者方法上的差异在于,科学要求的是具体经验,各种各样类别的研究所取得的数据,不论实验或其他类型的探究;而哲学则产生于围绕人类共同经验的反思,这类经验是所有的人在一切地方和一切时候共同拥有的,是非探究性地运用他们感官的结果,它总是相同的,因为人的感应能力正如他的天性一样,是始终不变的,而这些能力对之发生作用的自然界,也是始终不变的。

根据客体和方法上的这个区别,科学和哲学的历史使命又出现了一个基本差异。科学是进步的,而且这种进步永无尽头,只要大家在努力研究的时候,心灵手巧而且孜孜不倦。科学知识方面的进步并不存在表面的局限性,只有需要探究的这个世界的宽度、广度、深度方面存在局限。可是哲学却不是伴随经验的扩大而增长。哲学的数据总是相同的。哲学的增长仅仅依靠才智锐气上精益求精,依靠更为深湛的洞识,依靠更为犀利的分析。哲学发展受到的限制,在于人的才智能力的局限性;如果说我们的祖先已经积累了哲学的智慧,那么我们要能够踵事增华,又谈何容易。我这里所说的也不过是怀特海的含义,他说欧洲哲学的历史,无非是给柏拉图所做的一系列脚注。① 我不禁要傅益一句:绝大部分的脚注,出自亚里士多德的手笔。

简言之,科学知识方面,可谓有永无止境的进步,原因在于科学本身的性质,即科学结论带有偶然性,关乎可以获得的资料数据;可是哲学或智慧方面,则并不存在这样的进步,因为哲学的结论不是偶然性

---

① 参阅《过程与实在》,纽约,1929,第63页。原句为:"对欧洲哲学传统最稳妥的一般特性概括,就是给柏拉图做的一系列注释构成的。"——原注

的,相关经验总是相同的。科学的历史运动呈现为不断向上的一条直线。哲学的历史运动则呈现为不断深入的一条螺线,在每个转角,相同的真理和相同的谬误便会重现。艾蒂那·吉尔松①教授闳中肆外,就此加以论证,见于他的威廉·詹姆斯讲座,题为《哲学经验的统一性》。②

科学与哲学之间的本质差异,不仅关系到进步这个神话,而且影响到效用神话。实证主义者,眼中唯有科学属于知识,所以认为能够拥有的唯一的效用知识,就是使得人类可以掌控自然界能够运作的事物。可是我们能够掌控的事物,仅仅从手段这个意义而言,才属于效用。其中没有一个是目的本身。昭然可见,聪明和不聪明的知识运用之间的差异,寓于手段与目的联系起来看待。进而言之,人人能够看出,科学这类知识可以用于为恶,也可以用于为善,相应说来,科学提供给我们的手段,注定了用于正确的或者错误的目的。可是什么决定了支配手段用于目的呢,什么才能提供判断目的孰善孰恶的准绳呢?要则准绳可谓仁智之见,而且再度强势即为公理,要则准绳就是知识。不过这种知识显然不是科学知识,因为否则科学就能够保护自身和人类,而避免有人如此随时动辄加以滥用。这种知识乃是哲学知识,根据实际的序次,人们谓之道德和政治,它应该引导我们为了正确的目的,聪明地运用知识。哲学的效用,由此可见优于科学的效用,而且更其彰彰在目的是,脱离了道德智慧的科学——缺乏正确方向而掌握了效用——乃是危险之事。我们拥有了更多的科学,我们也就更加需要智慧,以防滥用科学。当代世界即将来临的悲剧是由一个事实写就的:实证主义的现代文化已经渲染了科学,而且近乎彻底使得自身挣脱了智慧。

必须补充一个深层的要点。脱离科学的哲学独立性,在实践以及理论领域都是行之有效的。科学的一切进展,尚未改变大家面临的那些道德和政治问题,而是雪上加霜,因为世人手边拥有更多的工具,可以达到各自的目的。

---

① 吉尔松(Etienne Gilson,1884—1978),法国哲学家和神学家。新托马斯主义代表人物之一,主要著作有《圣托马斯·阿奎那的基督教哲学》、《中世纪哲学的精神》、《中世纪基督教哲学史》和《上帝与哲学》等。

② 参阅吉尔松《哲学经验的统一性》,纽约,1937,特别见第 4,8,11,12 章。——原注

2. 我现在转向关乎人类本性的心理学谬误。所谓"科学心理学",其根基在于生理实验室,其观念形态衍生于19世纪唯物主义的进化论臆断,看待人是一个动物,不同其他动物之处,仅仅在于智力的程度,或者直立姿势之类附属性质的问题。人系于可以受条件制约的一束反射作用,类似其他类别的动物,受到快感和痛感的正面和负面刺激;从试验和谬误中学而知之,类似其他类别的动物——如果他有悟性,如同完形心理学家所宣称的,和所有其他动物一样;他的习性都是感觉运动的合作,其原型则是反射弧。实验文献方面要增益的见解,其来源则在于临床或精神分析所用的患者沙发,人的合理性,倘若姑且予以承认的话,已经降低为工艺之功,据此他的自我在本我的迫使下,要理性对待基本属于本能的驱策,而后者致使他卷入了社会冲突。他的行为起源于而且也受制于他的本能驱使的冲动,智力是其奴仆,理性是其智谋。

下述情况应该彰明较著,虽然甚少有人已经认识到,如此一种人性概念,致使人们无从说明,人怎么能够成为科学家,哲学家自不待言。科学真理,人所拥有,科学方法,人所利用,而运用条件反射或者感觉运动的合作之类的说法,却无法说明二者,除非假借一眼望穿的文字戏法。科学的根本理想——真理,无论获得什么程度的真理,是客观的而且脱离于我们的激情和冲动——肯定是一个幻想,如果理性发挥的作用,仅仅在于服从内心,听从它的指令。科学理想纲举目张,一切其他的道德规范则唯命是听,因为一切理想变成了隐约掩饰人之兽性的幻象。然则,悖论依然存在:人是发现需要用理想愚弄自己的绝无仅有的动物。

可以简单交代几句相反的观点,争论由此而起,不过在此就不展开论辩了。人是理性动物,拥有合理性,这并非只是达到较高程度的动物智力,他在本质上,也就是说,以类别而论,有别于禽兽。人具备了野兽所拥有的所有能力:他有植物生长能力;他有敏感、食欲和运动能力。可是除此之外,他还有智力,这种能力,即领悟能力,可以抽象,判断,推理,而其他任何动物则不具备。[①]正是凭借这种能力的发挥,人成为艺

---

① 参阅约翰·杜威《我们如何思维》,第一版。1910年,第14页;比较第二版,1933年,第17页。——原注

术家,科学家,哲学家;他凭借其自身决定的惯例规约,在社会上安身立命,而不像其他群集类动物那样,一切出于本能;人有一种依据句法的语言,可以传递知识和命令;人能够自由选择手段,从而达到自己渴望的目的,因为他所理解的目的在于为善。

对立的教育结果,产生于选择了以上两大问题的对立方面。

如果人是理性动物,古往今来,天性始终不渝,那么每个健全的教育纲领里,肯定存在某些恒久的特点,文化或时代则不予考虑。一个理性动物的基本教育,在于训练他的理性能力和陶冶他的才智。这样的训练则由文科来完成,包括阅读和倾听,写作和演讲,还有必不可少的思维这些技巧,因为人是群居动物,同时也是理性动物,他的精神生活是在一个社会群体里度过的,后者仅仅通过大家的交流,才可能存在。读、写、算三大技能,乃是人文或者通识教育的精髓所在,三者总是表示正规训练。运用逻辑或数学或古典语言,通过大学课程,三者则无法进行灌输。古典教育的谬误即在于斯,渐进教育论者正确谴责的便是这种谬误。只是通过这些活动操练,人学会了读写,但是由于读写是运用才智的技艺,必须根据艺术规则的训练来形成这些习惯;进而言之,只有首先理解了那些规则本身,才能够聪明地形成读写的习惯。人文教育的大纲由文科构成,犹如习惯可以习得,只要经过能够领悟的训导下的操练。总之,具备了读、写、算的能力,就应该授予文学士学位。

可是脱离了题材内容,人就无法学会读写。理性的培养则要经过这些技艺的适当操练,可是通过这些技艺,才智并未受到陶冶。给才智提供知识和智慧的滋养,促使才智接触真理,百家思想无不贯通,唯有如此,才能够完成才智的陶冶。在这一点上,人文教育的另一基本特点便呈现出来,即名著,各个领域内大师的作品,哲学,科学,历史,还有纯文学。名著不仅应该用于传授学子读写之道,而且构成文化传统,历代才子首先必须经过这个传统的陶冶。

诸位请留意,进步这个神话何以遭到否定。倘若哲学智慧和科学知识兼而有之,倘若前者是由洞见和思想组成的,而光阴荏苒,洞见和思想则鲜见变化,倘若即使后者有许多历久不衰的概念和一种相对恒久的方法,倘若文学还有哲学的伟大作品,触及了人类永久存在的道德问题,同时表达了卷入道德冲突之中的芸芸众生的普遍信念——倘若这些都是客观事实,那么古代、中世纪以及现代的名著,便是知识和智慧的一个宝藏,一个文化传统,必然启迪每一代新人。研读这些著作,并非出于古籍研究的旨趣;兴趣也不在于考古或语文学方面。后者乃是当年德国学府里统治了人文课程的那类兴趣,也是最为糟糕的"古典教育"。名著理应研读,因为它们在当今之世意义,一如往昔大师命笔抒怀的寄托,同时由于名著处理的问题,以及它们所展现的思想,不受永无止境的进步规律的支配。在科学知识的诸多问题上,古人和中世纪人认识错误,即使牛顿和伽利略,轮到他们的时候,也有认识错误,这些事实丝毫无损于这些时期的哲学成就,甚至也影响不到科学上伟大宗师的洞见和步骤。

　　本文篇幅有限,无法充分详述人文教育的全部课程,那是哈钦斯校长的倡议,在安纳波利斯的圣约翰学院,已经付诸实施了。[①] 我这里不过是略举大端,说明他强调文科和名著的来龙去脉,那些表明他的教育哲学与众不同的根本论点,证明了其合理性。如果教育系统适当地划分为三个部分——基础教育,中等或特别教育,大学教育——我在本文所说的人文或通识教育,则在第二水平阶段开展。最低水平的阶段,基础教育要灌输语言和数学基础方面的常规内容,激发追求美术的想象力和天赋,从而准备进入大学深造,教育方式则全然不同于大学考试委员会所决定的那一套。大学水平的阶段,不妨在目前的本科一年级开始,如果文学士提前作为中等教育的学位来处理,就可以开展所有专门的和专业的深造。个人完全能够培养成化学家或历史学家,律师或医师,不过首先要经过基础教育,要学会读写而且具有一些思想。如果通识教育强调的是长期不变的研究——人文学科和文化传统——专业教育,在大学水平的阶段,就是由浅入深的研究的用武之地,即创新和发明则居于主导地位的那类学业。

　　如果推究一下目前从基础教育直至大学教育盛行的教育模式,就会发现和我们对立的论点在起作用。在进步和效用两大神话影响之

---

① 参阅哈钦斯《美国的高等教育》,纽黑文,1936。

下,认识不到人性不渝,意在言外或直言不讳,否定了人所特有的合理性,现存的体制已经彻底抛弃了长期不变的研究,或者说几乎同样糟糕的是,把这类研究置于不得其所的大学阶段。依据一种错误的教育心理学,即把训练移置①方面的实验,曲解为证明了正规训练毫无意义,而未能付出充分的努力,教授学生读写技能。如果说人具备了一种智力,那么后者便能够加以训练,即便有大量发现表明,从一组感觉运动的合作到另一组合作,存在着训练移置的有限可行性。依据实用实证主义的理论,文化传统便为人忽视,因为除了科学研究的最新成果,其余一切都不值得认识。昨日以前的旧书,几乎统统不值一读,因为依据进步规律,我们肯定已经进展到了一个新的而且更好的知识阶段。我们必须教导学生如何面对当代的问题,每一代人必须自力更生,因为问题在不断变化,而过去根本提供不了任何借鉴。

  由于人被视为只有动物的营生之道,而无人之命运,于是兴趣和应变取代了训练和培养的位置,而成为教育政策的口号。教育的全部宗旨为之一变,因为应变导致的是成功膜拜,"理想"在于击败邻伍,取得领先。强调学生的兴趣,致使他成为一个买家,而非一个患者,教师变成卖家,而非一个医师,针对无知和无能,可以对症下药。采取了选修制,学生便反客为主,发明这一学制的缘由,在于全部课程中科学科目的极度激增,教育政策的本末倒置,致使这种局面得以长期延续,而如此政策使得青年,也就是相对无知无能的一族,根据他们尚未成熟的变化无常的兴趣,选择他们自己的学习道路。课外活动起源于对于那些兴趣的反应,而兴趣之于教育的主要任务而言,只是略有触及,可是在许多学校,它们已经变成了课程,而实质的学业已经废置了。这些活动甚至不是课外展开的。许多学院课程提供的科目,从头到尾一视同仁;本来大学里应有学业的等级体系,属于学者云集之地,而现在则是专业聚集,只是地理意义上的相邻而集中起来。

  基础教育在训练方面一片空白。语言和数学的基本常规内容,已

---

① 训练移置(transfer of trainings),心理学术语,指已有训练结果对进一步学习的影响。一译"训练迁移"。

经束之高阁,或者出现讹误。记忆力没有培养起来。社会研究,时事,手工和游戏占据了主要时间。中等或特别教育更是有所不足,虽然部分原因要归诸于初级学校未能提供足够的准备。我们的文学士不会读书,写字,或者用他们自己的语言头头是道;在这一方面,我们的文学硕士,也并不熟谙人文学科。他们不会读书,他们也未曾读过各个领域的名著。他们没有掌握主导的思想,或者理解那些永恒地属于人类的基本问题。一连数年,他们接受的灌输,无非课本和讲座而已,后者分发的是含菁咀华的材料;由此产生的结果是,向他们提供的学识杂乱无章,向他们恶性灌输的是教授和课本上坐井观天的偏见。最终后果来看,本科和专业水平的教育,必然质量低下。法律学院必须传授阅读;本科院校力争获得博士生,要能够英语行文简单而清晰。

我在结束本文时提出的问题是:如此令人悲叹的局面,有什么机遇可以补救呢?哈钦斯教改方案,又有什么机遇可以使之奏效呢?我之所以提出这个问题,当然,假设是看待这些基本要端时真理在他一边,同时基于一个洞见:僵死的古典主义与恣肆横行的进步主义,在这样两个极端之间,他的纲领可谓稳健温和。姑且承认这一点,我还是应该坦承,我持悲观主义,缘由则不止一端。

首要一条,循规蹈矩的兴趣自有惰性,后者永远存在于现存的人类建制。有组织的教育,乃是这个国家最大的一门勾当,师范学院,尤其是哥伦比亚、芝加哥、加利福尼亚那些颇有影响的师院,便是控制交易活动的一班家伙,其手法却并非始终能够一眼看穿,所以经不起审视。当然,教育之事,我们谓之勾当,这是比喻说法,可是二者的比较,却一针见血。教育改革将只能动用搜查非法交易的技术手段,否则教改永无成功之日。

其次,教书这个行业,本身也存在恶性循环。今日之师授业于昨日之师,而他们又授业于明日之师。自古以来,这种恶性循环,通过教育的学校,变得标准化了,其中教育的哲学变成了一个官方纲领,强加于这个行业和体制,假借形形色色的鉴定机构,各种学位,晋升的资格,不一而足,如此循环变得近乎固若金汤。即便广大教师感到教育出现了一点问题,他们也无能为力。他们已经唯命是从;更有甚者,他们经过一统天下的教育哲学的训导,结果再也没有充分自由的判断力,从而保存批判眼光;可是令人不堪的是,他们自身便未曾经过充分恰当的教育,乃至在理解原理方面遇到障碍,或者在参与实施现在提出的改革时束手束脚。大体而论,教书这个行业的成员。可谓培训有余而教育不足。授业乃是一门艺术,而教师必须经过培训,可是技巧则在于传播知识和教导规约,那么造就一位教师,便并非通过教育心理学和教学法和教育学的课程,而要借助于人文学科。进而言之,教师理应具备一个经过陶冶的头脑,经过通识教育的陶冶,而他的特殊兴趣的领域,则不在考虑范围之内,因为面对门生,师长必须是文化传统的代表,举目可睹,感人至深。可是如果师长根本未曾领略文化遗产,不能含英咀华,不是博览群籍,又何以能够达到如此境界呢?

最后,还有更深一层的恶性循环:教育体制和教育得以繁荣的社会,二者相辅相成。改变不了教育,改观社会也就无从谈起;可是无法将教育体制的水平提高至超乎教育存在其中的社会的水平之上。根据我们的文化造诣和志向,我们有可能在这个国度,拥有一个值得我们期待的良好教育纲领。如果本人的悲观主义遭遇异议,而对方的理由是,约翰·杜威引导的这场运动,成功改变了美国教育的面貌,我必须这样来回答:这种变化顺应了美国生活的潮流,而且表达了潮流自身的主导价值观念和志趣所在。本人志趣所在的改革,必须逆流而上,挑战令人不堪,而且也是顽固不化的一面,就是我们民族精神品格的特点——我们的唯物主义,我们的实用主义,我们的现代主义。

可是悲观主义不可引向绝望,因为此事体大,只要机会一线尚存,必须履行的任务就是保持改革得以展开。有许多迹象和前兆表明,现代世界在走向一场巨大的社会动乱和剧烈的文化日食。我们正在目睹两种革命之间的角逐——一面是通过兵火和杀戮的暴力革命,一面是通过教育和理性的和平革命——旨在结束邪恶的资本主义制度和我们时代腐朽的资产阶级文化。大千世界,即便获得胜利需要暴力,教育革命则必须继而保存和滋养胜利的果实。在这个国家,民主和自由建制存亡未卜,因为这一切唯有通过真正的人文教育,才能够得以维持和发扬光大。不能培养批判的头脑,不能通过训练而解放思想,当代教育便为各种各样蛊惑人心之徒打开了方便之门。教育不是建立于智慧或者尊重理性超过其他一切,就会导致个人的挫折和社会各种力量的野蛮冲突。因为一旦理性不能统辖,思想必然屈从于压力宣传之下的舆论向背;只要强权依然存在,谁也不敢说它并不合理。

现代科学与古代智慧[*]

莫蒂默·杰·阿德勒

---

[*] 首次发表于 1984 年。

现代的卓异成就和知识辉煌,当推经验科学和它所善于利用的数学。三个世纪以来,它所取得的进步,还有应运而生的技术发展,令人心潮澎湃。

希腊古代和中世纪可以伦比的伟大成就和知识辉煌则在于哲学。从那些鼎盛时代,我们继承了积累起来智慧宝库。这个宝库同样令人心潮澎湃,尤其我们想到,现代取得的哲学进步何其微不足道。

这并不是说,过去三百年间,哲学思想方面,未曾出现任何推进。这些进展主要表现在逻辑,科学哲学,政治理论方面,而不是在形而上学,自然哲学,也不是在精神哲学方面,遑论道德哲学。以下说法亦非的论:在希腊古代和中世纪后期,14世纪以降,科学未曾呈现繁荣气象。恰恰相反,数学,数学物理,生物学,医学,这些方面的基础都奠定于古代。

形而上学,自然哲学,精神哲学,道德哲学,正是在这些领域,古人和中古嗣响之辈的作为,并不止于奠定健全的理解的基础,而是含跨我们所拥有的少量智慧。他们却未曾犯下那些毁灭现代思想的错误。恰恰相反,他们具有真知灼见,作出了不可或缺的区别,后者为我们提供了匡正这些谬误的手段。

从最好一面来看,探究性的科学促使我们认识现实。我在别处已经立论说明,哲学,最低程度而论,也是对现实的认识,而非看法而已。哲学的优越远甚于此,哲学是受到知性启发的认识。从最好一面来看,哲学企及智慧,包括思辨和求实两个方面。

科学属于调查性质,而哲学则不然,恰恰由于这层缘故,论者不可为之惊讶的是,科学上有显著进步,而哲学上同样显著地缺乏进步。哲学立足的基础,在于人类的共同经验,也是常识性知识和知性的提炼深化，而知性则胎源于对那种共同经验的反思，恰恰由于这层缘故，哲学才早已趋于成熟，而且超越了那个程度，只是细微缓慢地有所发展。

科学知识有所变化，有所增长，有所改观，有所拓宽，这是对特殊经验——观测数据有所提炼和增益的成果，作为一种探究的调查模式，科学必须依托观测数据。哲学知识则不受变化或增长的相同条件的影响。普通经验，或者比较确切地说，那类经验的大体轮廓或共同内核，足资哲学家进行思考，古往今来，则保持着相对的恒定。

17世纪的笛卡儿和霍布斯，18世纪的洛克、休谟、康德，20世纪的阿尔弗雷德·诺思·怀特海和伯特兰·罗素，在这一方面，他们享有的优势，并未超过古代的柏拉图和亚里士多德，或者中世纪的托马斯·阿奎那，邓斯·司各脱和罗杰·培根。

现代思想家如何才能避免在后果方面已经贻害无穷的哲学谬误？在以前的著作里，我已经提示了答案。发现一位先前的哲学家的结论不能成立，那么理所当然就要返回他的起点，看看立论伊始，他是否已经犯下点滴谬误。

有个鲜明的例证，表明了不能遵守这条规则而导致的失败，见于康德对休谟的回应。休谟的怀疑主义结论和现象主义学说，康德则无法接受，即便它们把他从自身教条主义的沉睡中唤醒过来。可是康德并未探寻休谟开始犯下的些许谬误，然后摒弃它们，视为他发现无法接受休谟结论的因由，康德却认为，有必要构建哲学机器的一个庞大部件，而构想的旨趣则在于推导出一个对立性的要旨的结论。

器具的错综复杂和设计的匠心独运，势在必然会令人叹赏，甚至引起另外一些人士的钦佩，他们怀疑创举的明智性，而且发现有必要如同对待休谟的态度一样，排斥康德的结论。虽然他们在要旨上处于对立面，却未能帮助我们接近真理，而要能够发现真理，则唯有首先匡正休谟立论伊始的点滴谬误，先前由洛克和笛卡儿犯下的点滴谬误。为了纠谬探本，论者就必须拥有这些现代思想家所不熟悉的真知灼见和辨识眼光。他们不甚了了的原因所在，我下面就尝试加以说明。

以上所说的康德之于休谟的关系，也适用于解释霍布斯、洛克、休谟以来的英国经验哲学的全部传统。我们这个世纪里，语言哲学和分析哲学,还有治疗论实证主义,都力求根除所有哲学上的困惑、悖论,以及虚假问题,而洛克和休谟立论伊始所犯的点滴谬误,如果有人明确予以摒弃,而不是置之不顾,那么上述种种便根本不会出现。

首先,立论伊始的那些点滴谬误何以会产生呢?一种解答是,需要加以认识或理解的某种东西还尚未揭橥,或者没有学而知之。无论可能多么令人遗憾,此类谬误情有可原。

第二种解答是,这些谬误的产生,乃是理应责备的无知的后果——对一个本质性的要点的无知,一个不可或缺的洞见或辨识,而后者是已经有人揭橥,同时有所阐发。

主要是在这第二个方面,现代哲学家在立论伊始,纷纷犯下了各自的谬误。它们是丑陋的明证,标志着教育的失败之处——一方面,这些失败应归咎于学问传统方面的腐败,另一方面,则应归咎看待往代时的一种对抗态度,或者甚至是蔑视,蔑视那些前人所取得的成就。

十年之前,1974至1975年期间,我写完了个人自传,这部精神传记的标题为《自由哲学家:一部精神自传》。我现在重读结语一章时,能够看出这部著作的实质便呈现于其中所写的内容。

我坦诚以告,自己献身于亚里士多德的智慧,包括思辨和求实两方面,还有他的高足托马斯·阿奎那的智慧。为了匡正现代所犯的哲学谬误,需要那些本质性的真知灼见和不可或缺的辨识眼光,二者在他们的思想里都可以发现。

《自传》结语一章里说的一些内容,在这部著作里这部分有所重复。十年前的笔墨,我现在也无法绳染,故而当年的言论我摘录和复述一下。

在我的侪辈看来,"亚里士多德派人物",这个标签带有责难的含义。自从现代开始以来,这个标签便存在这样的含义。称谓某人为亚里士多德派人物,包含着极度贬低的意味。这个标签暗示这样的人物思想封闭,对一位哲学家的思想唯唯诺诺,听而从之,乃至对待他人的识见或论点,则置若罔闻。

然则,肯定有可能既是一位亚里士多德派人物——或者其他某位哲学家的虔诚门徒——而又不是他的观点的盲目而唯阿的信徒,带着不得体的虔诚而标榜自己事事正确,从无过失,或者已经垄断了真理市场,无论哪一方面都无所欠缺或存在缺陷。如此一番标榜,将会显得十分荒谬,只有傻瓜才会认可。16 和 17 世纪高等学府里,教授哲学的那类经院学人中间,肯定出现过愚蠢的亚里士多德派人物。他们可能足以说明当世逆反亚里士多德的程度何其猛烈,也表明了对他的思想的明目张胆的误解或无知,在托马斯·霍布斯和弗朗西斯·培根,在笛卡儿、斯宾诺莎、莱布尼茨的著述学说里,尽可发现如此的误解或无知。

这样的愚蠢并非是亚里士多德派人物特有的痛楚所在。上个世纪,在欣然自诩为康德主义者或黑格尔主义者的那班人物当中;在我们当今之日,在身为约翰·杜威,或者路德维希·维特根斯坦的门生而引以为豪的那班人物当中,当然还可以发现相同的实例。成为某一现代思想家的追随者而未曾走向一个愚蠢的极端,如果这是可能的话,那么完全同样可能的是,成为这样一位亚里士多德派人物:他摒弃了亚里士多德的谬误和不足之处,同时又服膺他能够教诲的真理。

即便姑且承认,有可能成为一个亚里士多德派,同时不至流于教条主义,下述情况依然存在:身为亚里士多德派,意味着近几百年间,还有在我们这个时代,名声欠佳,不如康德派或黑格尔派,存在主义者,功利主义者,实用主义者,或者什么其他的"主义者"或"徒子徒孙"。举例而言,我知道,同辈之中,对我义愤填膺者大有人在,因为我有一个说法,亚里士多德的《伦理学》,是道德哲学的西方传统上一部独一无二的著作,堪称健全,务实而不讲教条的唯一的伦理学。

如同康德或约翰·斯图亚特·穆勒的门生,在一部书里阐发和捍卫道德哲学方面康德或功利主义立场时,发表了一个类似的陈述,恐怕就有人听而信之,而不会横眉竖目,或者摇头不已。举例来看,本世纪内,有人屡次三番说过,而且从未受到挑战,即伯特兰·罗素的摹状词理论,在语言哲学方面具有中枢的关键作用;可是关于亚里士多德的或托马斯主义的符号理论(需要补充的是,和当前的观点比较起来,这种理论可以把罗素的摹状词理论纳入更好的视角),我如果发表了完全相同的陈述,人们则不会报以相同的态度。

何以出现如此情形呢?我的唯一解答是,大家必须相信一点,由于亚里士多德和阿奎那进行思考时年载悠邈,因此今人无法推想,在看待有些问题时,他们可能言之成理,而就是在这些问题上,后世来者则看法错误。过去三四百年期间,哲学思想领域内,必然出现了许多思想,这就要求思路开阔的人士,能够放弃他们的教诲,而听取一些比较晚近的因而人们想当然认为更为有益的教诲。

本人对待这种观点的回应则持否定态度。在亚里士多德和阿奎那的著述里,我是发现存在疵病,不过并非由于我读过现代哲学著作而引起我对这些疵病的重视,也无助于我匡正纠谬。相反的是,亚里士多德和阿奎那思想里,有些根本原理和起到构建作用的真知灼见,由于我的理解提供了一个基础,从而在他们的观点存在谬误或欠缺之处,可以有所改进或者傅益。

我必须重复一遍,在哲学方面,不论思辨还是求实,近代以降,即便有所增进,也是微乎其微。相反,增进之处由于各种谬误而肯定已经丧失,而古代真理倘若在现代阶段得以保存,而非为人忽视,那些谬误是本可避免的。

现代哲学,就本人所见而论,发轫之始便走入歧途——英格兰以霍布斯和洛克为代表,欧洲大陆以笛卡儿、斯宾诺莎、莱布尼茨为代表。这些思想家个个自立门户,俨然前无古人,值得他们求教,俨然白手起家,初次构建哲学知识的整体。

在他们的著述里,我们无法发现些微的佐证,说明他们赞同亚里士多德的洞见:任何人凭借自身都无法充分获得真理,虽然集思广益,大家就势必可以积累大量的真理;字里行间也未流露些微的迹象,表明他们怀抱意愿,共议前人的观点,以求从其思想中的健全之处有所获益,而避免其谬误之处。相反的是,不仅没有细致和批判地推究前人的观点,这些现代思想家发表了连篇累牍的驳斥之词,认为故纸余烈,乃是谬误大观而已。哲学真理之发现,发端之功当始于他们。

由此可见,着手之际便忽视和曲解了真理,而在将近两千年的铢累寸积的西方思想传统之中,真理尽有可观,这些现代哲学家所犯的根本错误,在于他们的出发点,也在于他们的公理假设。这些谬误的产生,可以说明的部分原因,在于看待往代时的对立态度,甚至表示蔑视。

这种对立态度的起因，在于那些师长的品格，当年这些现代哲学家青年时代读书时便师从于他们。这些师长并未求助于往代伟大哲学家的著述，把哲学传统薪尽火传，视为一个生气勃勃的东事物。举例来说，他们未曾研读和注疏亚里士多德的著作，而13世纪的伟大导师则是这样做学问的。

背道而驰的局面是，颓唐的经院人士，在16和17世纪，把持高等学府的教席，他们僵化哲学传统，因为采取死板而教条的形式来展现，运用一套深奥行话，后者掩盖而非传达这个传统所包含的真知灼见。他们的讲稿肯定是木然呆板而无所启迪，如同现今绝大多数的课本和手册；他们的考试肯定是要求鹦鹉学舌，只学古人学说的字面，其中的神理则不求甚解。

早期的现代思想家，本是误人子弟的产物，便畏缩不前，这也不足为怪。他们的厌恶抵触，固然事出有因，恐怕却不能全然宽恕，因为他们本可亡羊补牢，在成熟的岁月里转向亚里士多德或阿奎那的古本，钻研典籍而有所感悟，有所批判。

他们未曾渐渍汪洋的缘故所在，若要认清原委，可以探究他们的主要著作和他们的精神传记。他们摒弃了从过去继承下来的某些学说要点，这时便十分清楚，他们并未含英咀华；此外，他们所犯的错误，产生于对辨识眼光和真知灼见的无知，而后者之于他们尝试解答的那些问题，却可谓密切相关。

个别情况另作别论之外，对16世纪以前哲学成就的此类曲解和忽视，一直是现代思想积重难返的弊端。其影响后果，并不限于17和18世纪的哲学家。19世纪哲学家的著作和我们当今的著述里，余毒昭然若揭。举例来看，在路德维希·维特根斯坦的著作里，我们就能够发现，虽然他天生才华横溢，满怀哲学热忱，却在处理有些问题时，遇到黑暗而时有磕碰，而他所茫然无知的前现代的先贤，在这些问题上则颇有照明。

现代哲学从虚妄的发轫起，可谓一蹶不振。犹如在流沙里手足无措之辈，他们为了解救自己而拼命挣扎，反而不能自拔，康德和他的后继之辈致使现代哲学难题丛生，困惑倍增，原因在于呕心沥血——甚至还有别出心裁——致力于在道路上，从笛卡儿、洛克、休谟遗留的泥沼中挣脱出来。

  为了另辟蹊径，唯一的必要工作，便是披览往代伟大的哲学著作（尤其是亚里士多德的著书立说，以及沿循他的传统而作的著作），努力钻研，咀嚼理应理解的英华。重现发现基本真理，它们久已不见天日，将能根除种种谬误，后者在现代社会已经造成了如此灾难性的后果。

人类尊严与21世纪[*]

莫蒂默·杰·阿德勒

---

[*] 作者1952年向加利福尼亚联邦俱乐部发表的演讲。俱乐部于1903年成立,为美国年代最久和影响最大的公共论坛。

怀特主席,联邦俱乐部的会员们,我有幸今天向联邦俱乐部发表演说,更大的荣幸唯有现在成为终身会员,还有不久之后,我希望,能成为联邦本身的一位有投票权的公民。眼前,我被剥夺了权利。这个问题,我认为宪法修正案里应该有所关注;在各州之间迁居之后,在总统选举中依然有权投票,这理应属于可行之举。

刚才告诉诸位,我今天要谈的话题是21世纪,我想话题的由来是在去年五六月间,当时我力求向新闻界说明哲学研究所的工作性质,我曾有言,我也打算,而非徒托空言,我打算这项工作可能历时五十个春秋方可完成,而它的影响或许要在21世纪才会有所感觉,姑且20世纪没有指望。不过我今天无意有扰清听,海阔天空,大谈预言。我以为,沉醉于猜测形势——2025年10月10日,可能出现什么局面,诸位的耐心和注意力未免承受不了,因为大家的兴趣所在是猜测或者打赌1952年11月4日,形势将会如何。

请允许我附带在这一点上说两句,如果多少要有所建树,研究所现在投入的工作,乃是一项长期规划——也就是,如果资金可以维持的话,一项长期规划可能要持续多年。这个五十年的意义,并非是困惑国会的唯一问题。我从四面八方了解到,"哲学研究"之说,一般说来大家都莫名其妙。人们明白富于哲理是什么意思,他们也明白科学家和其他人进行研究是什么意思,可是"哲学的"和"研究"这两个字眼合在一起,这个说法就变得神秘费解了。我在此并不是要告诉大家,这个说法的含义所在,以及我近来的所有亲身经历,不过我想三言两语,提到本人的三次经历。

我们在研究所已经接到大量来电,问询我们何时开始指导服务。上周,我下榻于帕萨迪纳州亨廷顿宾馆,有人交给我一份手稿,邮件标签上有我们研究所的字样。送到我的房间的侍应生说:"博士,这个东西说哲学研究。那是什么意思? 什么意思呢?"我说:"哦"——才七点三刻,我也懒得去解释——便说:"哦,那就是思考,就是思考。"他又说:"哦,多有打扰。"显然十分失望。他还说:"哦,我还以为是和心灵感应相关的事。"第三个而且也是最近的一次经历,就是我手里收到的这份电报,是两党之一的演讲团团长发来的。我想让诸位猜一猜是共和党还是民主党,请我参加巡回演讲,为两位候选人中的一位发表政治演说。这个事情并不重要。重要的事情在于上款所写竟是,莫蒂默·杰·阿德勒,慈善研究所。我想倘若我应邀从命,我就会是慈善研究所的所长。

今天现在来向诸位解释,至少是间接说明,研究所的工作以及它与21世纪的关系。我希望直接而且立刻向大家谈论的这个要端,我认为它要比当前大选运动中所有要端问题远为深刻——那是我们未来所系的问题,深刻的程度远甚于大家在讨论的这些话题,恰恰因为这个问题事关我们全体人民,而不只是我们的领导人,如何看待人生和人类社会。这个要端,我下面要进行比较细致的阐扬,这个要端,我们往往以为是东西方之间的一个问题;视为民主政体与共产主义之间的一个要端,就我们这一方而言,这个问题涉及对于人类尊严的尊重,即视为一个自由社会的根本基础,与之对峙的,则是极权主义以一种或另一种形式出现的对于人类的贬黜。一两个星期之前,艾森豪威尔将军,在密尔沃基市的一次致辞时,恰恰如是说。他说:"共产主义与自由表示了两种威力无比的思想;两种生活方式,看待人类天性和命运时,怀抱着有两种全然势不两立的信仰。一者,自由懂得人类乃是上帝的造物,赐予了自由而特有的命运,受到永恒,道德,自然的法则的支配。一者,共产主义,宣称人类是国家的动物性的生物,所以诅而咒之,因为人具有那种追求独立的顽固不化的本能,采用一种暴政加以支配,致使其臣民变得枯萎。"

关于这一点,我想大家完全可以肯定,史蒂文森州长[①]也会赞同。

---

① 史蒂文森(John W. Stevenson, 1812—1886),美国议员。曾任肯塔基州州长等职。

关于这一点,我以为,凡是能够开始竞选美国总统职位的人士,在见解上绝不可能存在真正的分歧。现在,诸位可能会说,对待面临的上述问题,这两个人关于各自能够有何作为,不会看法一致。我想这样说,我认为更为重要,较之能够有何作为更为重要的是,我们,作为一个民族,目前在这一年以及未来岁月里,在理解上述的要端问题时,能够有何作为,因为我们采取的直接实际的步骤,可谓并不聪明,或者经过深思熟虑,除非采取的这些步骤,是基于透彻理解了前面肯定的主张,拥护人类尊严,其中的意味是什么。

我经常有这样一个印象,我们在谈论的这个要端时,视为东西方之间的一个问题,这样我们便认识不到,这个深刻的问题,存在于我们民族的疆域之内。在我看来,或者某种意义而言,对于我们更为重要的是应该认识到,关于人类尊严,人类天性和人类命运,这个要端才是存在于美国生活本身的根本核心之中的大端问题。我并非是指我们大多数人,如果被人问及这个直截了当的问题时,不会用类似语言来予以肯定的回答,即尊重具有人性的人类尊严,人类权利和自由。我想我们都会众口一词。可是我所指的是,对于我们许多人而言,尤其是对于个别领袖人物而言,在诸多情况下,这种肯定有可能结果是口头应付。表明这一点的证据,我想,如果符合事实,则有危害作用,而表明这一点的证据,就在于下述事实:美国人生活的方方面面,包括言行和思想,与真实而会心对于人类尊严的信仰,处于直接冲突的状态。

美国人的生活是彻头彻尾的唯物主义,这个说法并非鲜见,大家不会觉得新鲜,而听我这么一说,大家则会感到新鲜。唯物主义的表现,非但在于倾注于生产力方面物产增加,生活上享受和便利之物,而且唯物主义甚至更其深刻地反映于我们引以为荣而又尊重的事物。而且,如果这个说法符合实际,或者一定程度上符合实际,我们的物质观上这种从风而靡的唯物主义,与由衷尊重人类尊严而产生了深层的冲突,而后者又与人类具有精神本质的某种属性无从割裂开来。

美国人的生活中,同样流布甚广的,是看待道德观念时的一种相对主义。善与恶,是与非,多数情况下,这类观念乃属见仁见智的问题,根据品味和个人趣好,因人而异,但是并不受到普遍原理和规律的影响。

在这一方面,这种态度,这种道德观念上的相对主义,再度与下述观念产生了深层的冲突,而后者则与人类的个人尊严这个概念联系在一起,这些概念包括艾森豪威尔将军所谈到的天生的道德法,是非的客观标准。而且较之上述二者更其严重的,我认为,对于我们绝大多数在校的或者离校的,本科学生或者其他学生而言,是一种20世纪横行天下的怀疑主义,这种怀疑主义反映于看待理性本身的力量,而理性要则是探究真理的一种能力,要则是聪明而妥善地指引人类生活的一种能力。

论者可以更加深刻地展开探讨,不过那样一来,我认为,就会超越哲学,进入宗教领域。因为凡是出现怀疑的地方——而且,在看待人类尊严时,哲学与宗教,二者无法全然割裂开来——怀疑人类是根据上帝形象创造出来的,怀疑人类的不朽灵魂和永恒命运,即凡是出现彻头彻尾的自然主义的地方,把人降格至和所有其他生物相同的水平;还是在这一方面,我认为,大家所持的信仰和学说与关注人类尊严,根本上说来,二者不相吻合。

好吧,倘若这个要端是我们的要端所在,那就不仅仅是美国对抗俄国,或者东方对抗西方的一个要端,这是当今美国的一大症结问题。那么我们便来比较密切地看待这个要端,推究一下其中两方面包括了哪些因素。让我首先开宗明义,然后探究它成为20世纪的首要问题的由来,而不是以前多少世纪的问题,同时作为兼顾理论与实践的一个要端来予以正视。

我想我要说的话是,为了前后一致和条理连贯,同时充分理解历史的成因,为了肯定人类尊严,同时还要肯定,人类而且地球所有生物之中唯有人类,才具有这种特殊的尊严,论者就不得不肯定下述的命题:人类而且唯有人类,才是具有自由意志的一种理性动物;地球上一切其他的生物,从石头到猿,在其行为过程中,绝无理性也绝无自由,绝无选择;而人类所具有的这种理性,在人类事务的处理方面,则能够指导他的自由抉择,我们即是作为个人而作出这些抉择,也是作为社会群体;人之为人,而非是物,人之为人,物之为物,我们理解了二者之间的这层区别,乃是一个大相径庭的区别,表现寓于程度,而非在于程度:不可能或多或少身之为人,或多或少身之为物。世界上的一切客体,绝对划分为人与物,人,至少在地球上,人而且唯有人,所谓圣子,作为圣子而论,人乃创造而来,根据上帝形象创造而来,而且作为具有理性和自由意志的人而论,确实拥有不可剥夺的天赋人权,尤其是公民权和一切基本的民权和自由。再则,以人而论,拥有了理性和自由意志,人与生俱来便渗透了天生的道德法,道德法是其行为的指南和其义务的本源,同时最终给其规定了一种善,或目的,或目标,后者超越了这种现世生活和国家本身的福祉。以上所述,乃是环环相扣的一套观念,我认为,其中没有一者能够与余者割裂开来。如果有人要肯定,真正肯定人类尊严,他也就是同时肯定了所有这些思想。

现在来谈对立面,那些就是我认为在否定人类尊严时所涉及的否定论调,其中任何一个论调,都涉及对人类尊严的否定:人有别于周围所有的其他事物,有别于猿,通常所有的野兽,或者通常的动物,植物和石头,只是程度之分:人的不同仅仅在于程度方面,在于其起源于地球的结果,通过自然进化而有别于这些其他的东西,特别是动物生命的高级形式;人不是理性的,而是具有远为巨大的才智能力,才智性质相同,只是程度上远远甚于其他动物,在生存竞争和适者生存的过程中,这种智力可以为其所用,如此之用的智力,教会他的是权宜之策的规则。因为《圣经》是这里所说的一切的终极生物论标准,权宜便是衡量尺度,由它来判断什么才是聪明的决定。

人是一个生物,类似其他具有本能的生物,尽管具有理性思维的能力。行为方面并非受到理性的指引,而是提供行为的理由,而行为则产生于深层的无理性或非理性的本能冲动。人绝无自由意志或自由选择,而是如同其他事物一样,犹如一台机器,听命于简单的确定性规律,甚至受控于物理学的非确定性规律。再则,类似其他的动物,特别是其他的群居动物,人隶属于群体的生活和他属于其中一员的族类的生活。维系芸芸众生,而且使其负有义务,这样的普遍道德原理,根本就不存在,在这个现世的范围之外,任何人都没有超乎国家福祉之外的一种善,或者一个目的。上述任何一种论调,我想上述任何一种论调,都涉及对人类尊严的否定。

现在,这个要端我已经可谓用肯定与否定的对立面说法,和盘托出于诸位面前。我认为,问题发展到了沸点,或者说,已经成为我们这个国家唯一十分突出的要害。我并不是指问题的根源不在过去,论者可以看出,走向18世纪末叶时,问题已经初露端倪,走得越近,看得越清,在19世纪以达尔文为代表,不过我认为,这个问题两个方面的真正对峙,却是在我们这个世纪才出现的。请允许我暂且略举文献,予以证明。我认为认识这一点大有必要,道理就在于,这并非是一个古代的问题。至少它不是像如今这样需要强调的一个古代的问题,如果此说言之有理,那么这个问题的性质在于,我们在20世纪致力于思考而能够有何作为,对于21世纪而言,或许具有深刻的意义。

  倘若回顾西方传统25个世纪的历史进程——我想在西方稍事停留——看待的时候,着眼于它的希伯来根源和发展,它的古希腊罗马以及它的基督教的发展,根据那个传统来看待所有主要的脉络,就会从古代、中世纪和近代,直至18世纪末叶,发现我称为伟大传统的人类观,那就是肯定人类尊严,依据便是他的理性和他的自由体现的品格,人的灵魂的本质,他得以创造出来的方式,他所赋予的命运的方式。我每每觉得,虽然不妨引经据典,根据这位哲学家或那位哲学家的学说来佐证这个要点——我并非是指在一些次要问题上,哲学家之间不存在分歧——然则,哈姆雷特在第二幕发表的著名演说,运用的是莎士比亚的庄严语言,那是对将近25个世纪内伟大传统的观点的雄辩总结,西方人已经提升了人的天性和人在地球的地位。哈姆雷特道出如此一段台词:"人类是一件多么了不得的杰作!多么高贵的理性!多么伟大的力量。多么优美的仪表!多么文雅的举动!在行为上多么像一个天使!在智慧上多么像一个天神!宇宙的精华!万物的灵长!"①

  可以说,以上便是就几乎全部的西方传统而言,人类对自身的认识和理解。只有在20世纪,对立的观点才渐渐盛行于天下,更有甚者,我不免要说,在我们的学术界,在我们的高等学府。我并非是指发端在那里,从马基雅弗利和蒙田那一方来说,他们首发其端,发出了一些异见的声音。首发其端的是休谟的一些异见,不过我则认为弗洛伊德,他是

---

① 引用朱生豪译文。

唱反调的伟大异见者之一,可谓真正一针见血,在晚近的一篇著名讲演①中,属于他晚年发表的最后的讲演之一,他谈到在近代历史的进程中,随着现代科学的发展,下面我引述他的高见:"人性,在近代,不得不承受出自科学之手的三大暴行,三大暴行,落在了人性天真的自爱。"

科学,他说道,给人类自尊造成了三个无情的打击。是哪些打击呢? 其一,哥白尼,哥白尼学说的革命使得人脱离了中心,而原来人类则是视为宇宙中心的地球的居民,把人类发配到了空间遥远的边缘,一个小行星上的一个斑点,处于一个渺小的太阳系,处于一个渺小的银河系,几乎是以无极速度移动而离开了巨大的宇宙之中的其他银河系,使得人类彻底显得犹如侏儒。这个打击改变了人类对自身的评价。

其二,弗洛伊德说道,对人类自尊的第二大打击,来自达尔文。对下述观念的否定,并非由此首发其端,那即人是根据上帝形象特殊创造而来,于是,产生了替代的观念:人类似其他事物,是其他生物的后裔而已,就此而论,后裔胎源于和人猿一样的共同祖先。

然后给人类自尊和人类认识自身的观念造成的第三个打击,弗洛伊德夫子自道,十分谦虚:"我,本人,出手了。""当时,通过我的工作,通过现代心理学的工作,"当然指的是他本人,"我们懂得了,人之为自身行为的主人,并非通过理性和自由意志,而是人屈从于本能动力,无意识的冲动和情感,至多,他只能使之符合理性,而无法真正控制。"况且,自从弗洛伊德写下了这样的理论,甚至出现了第四次,不过和西欧情况有所不同,在美洲大陆不算十分严重,对人类自尊的第四次打击,这一回打击的是认识人类的传统概念,打击本身则来自20世纪存在主义的各种变异。

这一点,可以说,弗洛伊德言之有理。这个问题,在我们的时代已经彰彰在目,因为,久而久之,久而久之,现代天文学、现代生物学、现代心理学的成果,已经促使我们感觉到人类面目全非,不是曾经认为的那个面目了。这就是我们的问题所在,较之其他问题更为迫切,因为,当我们有所抉择的时候,我们抉择的是大量其他的事物,关乎人的道德责

---

① 《精神分析导论》,第十八讲,"创伤的固结——无意识"。

任,关乎人与国家的关系,关乎政府的根本性质。而我说这不仅是东方与西方之间的一个问题,而且是我们必须决定自己命运的问题,因为我并不认为,绝大多数美国人理解了这个问题,或者懂得他们在采取肯定态度,或者否定态度的时候,或者他们是否一以贯之,这时他们的态度意味着什么。

让我们再次回到刚才的问题。让我来看看,是否我能够陈述问题的本质所在,纯粹从理论方面来谈,然后再从实践方面为诸位陈述。因为这里有些理论问题,然后又有一些深层的实践问题,而后者源源而来,乃是伴随这些理论要端而产生的。从理论方面来看,纯粹是事关纯粹思辨的一个问题,科学或者哲学,不论那个领域,对于当前而言,都绝无影响。问题在于,当一个人看待自然整体的时候,他看待的是自然的整体,不论那个自然,自然的整体也罢,世界也罢,事物也罢,都是由一个类别等次的系统构成的,在存在的级别方面,可谓拾级而上,一个事物从存在这个方面看,有其高级的层次,在价值上超过其他。或者说,无论自然的整体是否展现了一个连续性,从最小的粒子,直至物质最复杂的结构,然而,它都展现了同类事物程度上的连续性。这些划分,无论大家采取什么标度,在看待人类时,都存在仁智之见。

其次,这是一个基本的理论问题,关于是否自然进化的规律,它们适用于植物学家和动物学家所研究的族类的类别,同样也适用于生命形式之间的巨大区别,尤其是人类,这个问题在于,人类,客观而论,由于自然进化而起源于地球——关于人类遗传的达尔文理论——还是上帝创造了人类。这是诸位无法并举正反两面的一个问题。相应说来,在肯定这一面或是那一面,看待人类的眼光则有所不同,判断人类尊严这个问题时,也有所不同。

第三个问题,现在还是理论方面的,存在于以唯物主义和机械论为一端的各种形式,处于另一端的观念是,世界并非单单由物质而构成,世界并非始终以机械规律或机械程序的形式运转。因为,既然有那些彻底的唯物主义者或机械论者的主张,作为抵制,在对立的方面,就会出现下述主张:虽然人有躯体而且人的躯体服从机械规律,一定程度而言是如此,可是人也有灵魂,后者乃是一种精神的灵魂,自有其他的规律和基础。

现在,诸位面对这个理论要端的时候,实践的后果也就接踵而至,如下所述:共有四大后果,我仅举三者,以便示例说明问题。大家可以思考一下西欧的全部法律制度——希腊、罗马、日耳曼、英美两国的普通法,即西方世界的普通法律体系。如果说存在什么根本的区别而可供那个法律体系有所依托,那就是人与物之间的区别。人之法律,物之法律。人所拥有的权利是物所不拥有的。姑且斟酌"杀死"和"谋杀"这两个字眼。可以毁灭一个物体,却无法谋杀一个物体,所谓"物体",我的意思是包括动物生命和植物生命的所有形式。无法谋杀一朵玫瑰,无法谋杀一条犬狗,而可以屠宰一条犬狗,可是你能够谋杀的只是人而已,这是我们对两个名词的理解,因为在谋杀这个概念里,我们这里涉及的问题,在于违背了某种神圣和唯一之物,即人与物的区别所在,乃是一个神圣的人之生命,而不是一个物体之存在。施韦策先生[①]并不赞同这个看法,东方有诸多人士也不赞同这个看法,不过我的用心所在是为诸位划分人与物的界限。

一个东西也不能加以奴役,不能剥削利用。一个动物可以恣意滥用,可是一个驯养的动物则无法剥削利用。动物不能奴役。道理何在呢?因为动物为物,故而其具有可以作为手段之用的性质。视物为手段而加以利用,可谓合法,合法而且合理,可是如果生灵是人,那么下述情况则既非合法,亦非合理:永远视人为手段而加以利用,永远使用他们,作为手段或者仅仅作为手段而追求人之为人的目的,而人之为人,就在于必须作为一个目的来对待。服务于人,绝不仅仅作为一个手段而利用人,应该永远重视这一点。所以,我说如果人类不是人,如果人类仅仅是更高层次或程度的物,那么西方我们所有根本的法律制度就应该修正。换言之,我们必须进而言之,好吧,即便人类其实并不是人,我们,基于某些实际的原因,也要俨然如人一般对待,而俨然如人,我则认为是全然不健全和不稳固的态度。

---

① 施韦策(Albert Schweitzer, 1875—1952),德国神学家和哲学家。主要有《文化哲学》和《使徒保罗的奥秘》等。1952 年诺贝尔和平奖得主。

继而,我们先来审视一下民主。民主的精髓并非自由。立宪政体的精髓才是自由,可是民主超越自由而臻至平等。民主的精髓在于平等,人人平等,作为人和公民的人人平等。大家明白,每次有人考查《独立宣言》和读到这一句"我们认为这些真理不言而喻":造物主创造了人人平等,人人生而平等,通常这句话大可诡辩一番。人人要说:"罢了,彰明较著这是不实之词。人人生而不平等。"在一处地方,如果你采集的每千人之中,最为明显的一点,就是几乎每个人特征方面体现的巨大的不平等。有些比较聪明,有些比较高大,有些比较强壮,有些比较得天独厚,有些身体比较健康,方方面面都不平等。

如果这是求实之论,如果人人无非程度上的彼此差异,那么所有的人作为整体而论——和我们对立的立场会说,程度上的差异最为接近的动物同类,人猿——那么我要告诉诸位,人人平等本不存在,唯有一个程度上的近似相等而已。而且,如果由于程度上和其他的动物相比而言,我们具有自身的优越性,我们就名正言顺,像现在这样对待他们,杀死他们而不谓之谋杀,利用他们而不谓之奴役。那么我便可以说,优等之人或优等种族,便同样完全有资格征用程度而言的低等人群,为了自身需要或意图而奴役或杀死他们。

唯一聪明的全身之道,避免自身陷入如此境地,在于要说一个"不"字:人人存在程度上的差异,可是差异仅仅存在于一个根本的平等之中,这个平等即人之平等,因为他们都是人,而且在类别上,与所有其他事物迥然相异,后者为物。换而言之,人人生而平等,这个命题意味着作为人而言的平等,而非作为个体而言的平等。具有那样的平等,大家都是人,而且拥有人的权利。不能肯定这个立场的话,民主就是徒托空言。因为在人权平等的基础上,凭借人格,也是由此而产生了作为公民而言的人人平等,以及所有其他的民主命题,关乎平等、社会、政治和经济诸方面的机会和权利。

最后,我们再来从立法谈到政治,谈到我们生活中的宗教这一面。诸位对此自然会产生恰如其分的反应,当大家想到,宗教乃是一种文化的重要部分,或者是当今世界存在的斗争中,西方文化的一个重要部分。如果诸位有所反应,那么我以上所言就需要认真对待,因为所有的西方宗教都合法有效;犹太教,伊斯兰教,形式各异的基督教,我认为都是依托下述命题:人而且唯有人,是根据上帝的形象创造而来的。

如果这个命题是不实之词,那么我便认为,肯定基督教,我想还有由此而来的犹太教和伊斯兰教,便根本不具备提出以下主张的切实基础:这些宗教所提倡的众生所从事的一切,这些宗教所然诺的灵魂超度,这些宗教规劝众生追求的献身道德和精神的生活。附带一句,在这个要害问题上,诸位看到了东方与西方之间根深蒂固的裂痕,这条裂痕可能要历时若干世纪才能弥合,光阴要走过21世纪,因为如果在任何一种文化中,诸如印度的文化,其中就有神圣的动物——请允许我阐明这一点——其中有任何神圣的动物,而且那些神圣的动物享有优先地位,较之人类生活享有优先权利,那么人类面貌,人类社会的面貌,人类生活的面貌,诸位看到的就是一幅迥然不同的画面了。西方宗教,而且唯有这些西方宗教,我认为,把人塑造为神圣的动物,而且唯此而已。这样的论点,我认为,并不适用于描述其他的宗教,尤其是东方的主流宗教或哲学思想。而且,尊严,人类神圣属性,东方与西方在看待这一问题时的分歧,其深刻程度,超过我们在当今之世面临的所有政治问题,而且我们考虑在政治和文化方面的世界统一性时,影响着我们所面临的问题。

现在,鉴于上述问题,请允许我在结束这半小时演讲时,略用片刻时间,说明一下哲学所的工作以及它与21世纪的关系。我们选择了这个问题,人类的天性、起源和命运,作为我们希望从事的第一项课题,我们所谓的哲学研究。请允许我明言我们有所不为的方面。我们并不是要立论或者推演各种论点,以求支持这组问题的某一面而驳斥另一面。那种做法无济于事,实事求是来看,存在着各种论点,都经过充分的推演。上述的大端问题,不论正面还是负面,都有许多振振有词的阐发者。所以就一面或另一面展开更多的论辩,我认为,多半说来,并不能产生我们期待的成果。相反,我们希望的着手之处,在于选择这个要端,以及由此而来的诸多其他要端问题——这无非是第一个问题——力求通过阐明相关问题,从而廓清要端,争论的方方面面都涉及、面临或着手回答到这些相关问题,要尽可能明确地回答,而且在此基础上,把这些问题斩钉截铁地彼此联系起来看待,最后的结果是,基本非此即彼的立场,对于每个人来说,都成为不可逃避的选择。

上述做法的重要性,我可以亲自向各位当面阐明,我希望对于任何人都不要有失公允。比如,眼下来看,在座各位,据本人的揣测,有不少人的思想上,在看待这个基本要端时,依违不决,其思想其实是——会有必然结果——容纳各种类型思想的器皿,他们在思考某事的时候,对此表示肯定,然后则完全自相矛盾,甚至语无伦次,又对与此相悖的立场表示肯定,而且不知不觉,我认为,原因在于凡是真正抱有体面的学术自尊的人士,都不会欣然服膺相悖学说和矛盾学说。

在座诸位,举例来说,绝大多数人,我确信会肯定人类尊严之说,同时还有一个自由社会的益处以及正义,民主政体的公正。不过我也确信,你们许多人会肯定,在看待人类起源时,会接受达尔文理论的假设,在看待人类本性和行为时,又会接受弗洛伊德或者行为主义心理学:愿意肯定人类尊严之说的人士之中,不少人也会否定,人有自由意志,或者否定,人具有一种精神的或者不朽的灵魂,而且一定会怀疑,姑且不说否定,在起源和命运方面,人类存在着某种超自然的因素。

现在,如果乐而为之的工作能够取得这个成果,如果基本非此即彼的立场——要则采取这一立场,要则采取那一立场——能够梳理得清清楚楚,其中所有立场,要则是此,要则是彼,要则是此,要则是彼,如是层层剖析,只要我们能够将一个问题划分为两对,或者三对,或者四对,未必始终存在于非此即彼的一对立场,在认识的时候兼顾彼此之间不可割裂的联系,那么凡是能够思维而且乐于思维之士,便可能认识到,在这些问题上,有许多根本不存在中间立场,无从妥协,也躲避不了立场鲜明,或是连贯,或是一致。

关于这第一个课题,以上所述,便是我们将要力求从事的工作,完成之后,继续研究系列性的其他理论和实践两方面根本性的大端问题,那些问题已经成为整个西方传统的视线,思想和关注之所在。我本人的信仰在于,要端在大家面前渐渐清晰起来,这些要端所包括的基本选择,在大家面前渐渐环环相扣,那就是真理获胜之时。我个人则认为,真理寓于尊严问题的肯定一面。在这个问题上,我无意兼收并蓄,不过我要说的是,不仅是要立论主张我本人所恪守的肯定立场,更加强烈的要求在于促使人人亲身认识到,哪些属于要端,同时又存在哪些选择,然后听任大家做出选择。我的坚定信仰在于人的理性,等到要端变得充分清晰了,所有环环相扣的联系都摆到桌面了,人的心智本身可谓一把利器,只要心怀善意,自有正确抉择。况且,这份信仰之外,我还寄托希望,我寄托的希望在于21世纪,并非遥遥无期,将会发现地球依然旋转,而原子能则用于为善而非为恶的目的,将会发现民主和自由战胜一切敌人,不过我寄托的希望远甚于此,因为我个人认为,今日美国的民主,并不具有一个坚实的基础。我认为这种民主的一个坚实基础,在于我们的政治传统方面。我认为我们正在丧失民主思想,基本的民主原理,这些才是民主的生命线。除非我们在这个国家和其他地方努力发现,民主的根本基础在于真理,否则民主可能就要通过兵革才得以维护,不过那样的民主,则无法天长地久,或者实际上繁荣昌盛。

因此我的希望超过了假借威力的力量,民主和自由将会获胜。除此之外,还要传统的人类观,至少就本人所见,它历来是西方传统的根本核心,那种传统观念将再度变成主导和盛行的观点,不仅西方翕然而从,而且风靡天下。

谢谢诸位。

两种文化

查·珀·斯诺

---

* 即作者于 1959 年发表的《里德演讲》第一节。

查·珀·斯诺
(Charles Percy Snow, 1905—1980)

英国小说家和科学家。出身于工人阶级家庭。20世纪英国文理兼通的一位杰出代表。大学攻读化学,1930年获剑桥大学物理学博士学位。二十五岁任剑桥研究员,直至1950年。"二战"爆发之后,担任英国政府科学顾问,后在多个政府部门担任要职,一度负责遴选承担科学项目的科技人才。1932年开始出版第一部侦探小说。30年代起创作系列小说,总标题为《陌路与兄弟》,凡十一部。作品围绕英国人刘易斯·艾略特的生涯而展开,这位边远出生的小人物,经过个人奋斗而达到权力顶峰。通过艾略特的学院生活、公共生活和私人生活,作品全面描绘现代职场生活,以及知识分子的志向抱负和权力之争,揭示了"权力走廊",间接反映了20世纪英国社会生活的变迁。1959年发表影响深远的里德演讲"两种文化",针对世界教育质量普遍下降的现状,探讨了当代生活中人文学科与自然科学壁垒森严、互不往来的普遍现象。斯诺有感而发,悲叹科学家与文人墨士之间的鸿沟日益加深,乃至无法沟通,后以《两种文化与科学革命》出版,由此引发英国学界极其广泛而又十分激烈的学术争论。斯诺还撰写过文学批评论著《现实主义者》,评论当代重要作家,作家传记《特罗洛普的生平和艺术》,传记研究《各色人等》。另有文集《科学与政府》和《物理学家》等多种。1957年被授予爵士头衔。

有个问题在我思想上酝酿了一段时间,大约三年前,我提纲挈领,便付诸刊行了①。由于我的生活环境使然,所以这是我无法回避的一个问题。围绕这个话题,我不得不咀嚼的所有真凭实据,都来自这些环境,其实无非是接二连三的机会。凡是有类似经历的人,都会看到大同小异的现象,我想他们也会对此发表基本相同的意见。碰巧这是一段与众不同的经历。论接受的培养,我是科学家;论职业,我则是作家。仅此而已。读者也可以认为,老天眷顾,寒门子弟碰到了好运。

不过我的个人身世不是现在的要点。我需要说明的,无非是我来到了剑桥,适逢重大科学活动展开的年代,做了一点研究。我得天独厚,近水楼台,领略了物理学最令人惊叹的创造时期之一。碰巧由于战争侥幸获胜——包括1939年一个寒气逼人的早上,在凯特林火车站快餐店里,邂逅了威·劳·布拉格②,这对我的实际生活产生了一个决定性的影响——我便能够,而且道义上也迫使我从此保持了这种前台的观察。所以三十年来,我始终要和科学家不断往来,不仅是好奇,而且属于一种工作方式。同样在这三十年期间,我想写的一些书,也力求构思成形,天长日久,便使我和作家为伍。

多少岁月我和科学家度过了工作的时间,然后晚间离开,和一些文坛的同道相聚。我说的是实际情况。科学家和作家,两方面我当然都有友执。生活在这些团体中间,我想,比较重要的是,固定地来往于二者之间,由此到彼,再由彼到此,由于这层缘故,我的思虑围绕着这个问题,很久之后才付诸笔墨,我给自己命名的问题是"两种文化"。因为始

---

① 发表于《新政治家》,1956年10月6日。——原注
② 布拉格(Sir William Lawrence Bragg, 1890—1971),英国物理学家,出生于澳大利亚。1915年和其父共获诺贝尔物理学奖。

终我觉得来往于两个团体——才智可以同日而语,种族相同,门第也没有太大的差异,进项大致相当,他们几乎不再彼此交流了,在学术、道德和心理气氛方面,鲜见相通之处,结果从伯灵顿中心①,或者从南肯辛顿宫②,前往切尔西,或许感到俨然横跨大洋。

实际上,行程之遥远甚于横跨大洋——因为经过数千英里的大西洋,人们发现,格林尼治村里大家说的是相同语言,和切尔西一样,两边都和麻省理工学院交流甚少,仿佛科学家只说藏语。因为这并不只是我们的问题;要说是由于我们教育和社会方面存在某些习性,这么一说似乎略显夸张,要说是由于一种英国的社会特性,这么一说又文过饰非了;笼统说来,这是整个西方的一个问题。

如此说法,我是指某种严重的现象。我想到的不是那个令人愉快的故事,据说比较喜欢饭局的牛津名师里,有一位前往剑桥用膳——我听说故事指的是阿·勒·史密斯。③ 时间或许是19世纪90年代。我想地点肯定是在圣约翰学院,也有可能在三一学院。总之,史密斯是坐在院长——或者副院长——的右首,他这个人呢,喜欢满座都参与交谈,虽然一开始,左右的客人无非寒暄几句,他也提不起精神。他先和对席一位兴致勃勃的牛津来宾聊天,听到了一声嘀咕。他然后又和右首的客人攀谈,还是听到一声嘀咕。然后,令其十分吃惊的是,有人面面相觑,说道:"你知道他说的是什么?""不知所云。"一闻此言,史密斯自己也觉得百思不得其解了。不过院长出面和稀泥了,免得他局促不安,便说:"哦,那些人是数学家!我们从来不和他们谈话。"

到此打住,我要谈的是严肃的事情。我相信整个西方社会知识分子的生活,日益分裂为两极对垒的阵营。这里所说的知识分子的生活,我的意思也包括一大部分我们的实际生活。因为我最不愿意建议大家

---

① 伯灵顿中心(Burlington House),位于伦敦皮卡迪利大街。主楼为皇家艺术学会所在地。

② 三大博物馆——自然历史博物馆、科学博物馆、维多利亚和艾伯特博物馆——所在地。

③ 史密斯(Arthur Lionel Smith, 1850—1924),英国历史学家。曾任牛津大学最古老的贝利奥尔学院院长。著有《中世纪的教会与政府》等。

在最深的层次上,区别看待两大阵营。我稍后再回过头来谈实际生活。且看两级对垒的阵营:在一端我们看到的是文学界知识分子,他们偶然乘别人不留意的时候,喜欢自居为"知识分子",仿佛余者一概不是。我记得戈·哈·哈代①有一回流露出几分茫然,对我谈了看法,大概是在30年代的时候:"您可注意到,'知识分子'这个字眼,如今是怎么个用法?看来有一层新的定义,当然是把卢瑟福,爱丁顿,迪拉克或者鄙人排除在外的。看来真是咄咄怪事,您还不知道吧?"②

文学界知识分子处于一端——另一端则为科学家,作为最有代表性的是物理学方面的科学家。二者之间存在着一道互不理解的鸿沟——有些时候(特别在青年人中间)还持有敌意和厌恶,不过多半是缺乏理解。他们彼此之间留下的是一个莫名其妙而有所歪曲的形象。他们的态度大相径庭,结果即便是在感情层面上,他们也无法找到多少共同的基础。非科学人士往往认为,科学家粗鲁而又好吹嘘。为了具体说明这些问题,他们耳闻了托·斯·艾略特先生的言论,我们不妨以他作为一位典型人物,他谈起自己屡次尝试振兴诗剧,我们可能认为希望渺茫,而他则会感到心满意足,如果他和同仁能够为新一代的基德③或者格林④铺平道路。那就是文学界知识分子感到亲切的语气,留有余地而又讲究分寸:这样的语气乃是他们的文化有所抑制的声音。然后他们又耳闻了一个十分响亮的声音,另一位典型人物的声音,卢瑟福,大吹法螺:"现在是科学的英雄时代!现在是伊丽莎白时代!"我们有不少人都领教过那个声音,此外还有许多其他说法,则和风细雨;我们最后毫无疑问,卢瑟福是要派哪一位来充当莎士比亚的角色。凭借想象也罢,运用理智也罢,文学界知识分子都难以理解的是,他的话千

---

① 哈代(Godffey Harold Hardy,1877—1947),英国数学家。他编著的大学教材《纯数学教程》和《数论导引》再版十余次。另有《一个数学家的辩白》,由斯诺撰写前言。
② 这次演讲是向剑桥的听众发表的,因此用的一些参考点当时并不需要说明。戈·哈·哈代(1877—1944),他那个时代最卓越的纯粹数学家之一,身为青年导师,1931年回到剑桥后成为萨迪里安数学讲座教授,他是剑桥的风光人物。——原注
③ 基德(Thomas Kyd,1558—1594),英国戏剧家。以《西班牙悲剧》开创了复仇悲剧。
④ 格林(Robert Greene,约1558—1592),英国戏剧家和散体作家。在素体诗浪漫喜剧方面,是莎士比亚的先驱。

真万确。

不妨比较下面的说法:"这就是世界终结的方式/不是轰然一声,而是呜呜咽咽"①——傅益一句,这和迄今为止作出的科学预言最不相似——将它和卢瑟福著名的妙语巧答比较一番,有人②说:"幸运儿,卢瑟福,总是赶上浪头。"他答曰:"得了罢,推波助澜的是我吧,难道不是吗?"

非科学人士抱有一种根深蒂固的印象:科学家流于肤浅的乐观主义,意识不到人类的状况。另一方面,科学家则相信,文学界知识分子全然缺乏先见之明,尤其不关心同胞,从深层意义上来看,他们本着反知识的态度,迫切想把艺术和思想局限于存在的瞬间。诸如此类,不一而足。凡是有几分辱骂本领的人,都能制造出大量这一类的暗中谩骂之辞。双方的话都有几分道理,并非完全属于无稽之谈。不过全是消极言论。大多基于造成危险的曲之为说。我现在愿意探讨其中两个最深刻的问题,各方存在的一个问题。

首先谈谈科学家的乐观主义。这是人们翻来覆去提出的指责,结果成了陈词滥调。这种指责是出自当今某些十分敏锐的非科学界的智者。不过指责依据的是混为一谈,个人经验与社会经验,人类的个人状况与他所处于的社会状况,都混淆起来了。我十分熟悉的多数科学家,如同我十分熟悉的非科学人士一样,同样深刻地感觉到,我们每个人的个人状况是悲剧性的。我们每个人都茕茕孑立:有些时候我们逃避了寂寞,通过爱情或者亲情,或许通过创造的瞬间,可是生命的那些得意时刻,是我们为自己营造的光明之处,而道路尽头依然一片黑暗:我们每个人都死得形影相吊。我认识的一些科学家,信仰的是启示宗教。或许在他们心中,这种悲剧状况的意识不是那么强烈,我并不清楚。对于感受深切的大多数人而言,不论他们多么振奋,多么幸福,某些时候,特别是对于那些最幸福最振奋的人们来说,这层意识似乎恰好存在于本质之中,成为生命重荷的部分。这种情形确实符合我相知有素的科

---

① 引自艾略特《空心人》结尾两句。
② 指卢瑟福的传记作者阿·斯·伊夫,参阅米切尔·威尔逊《诺贝尔获奖者的成功之道》,刊于《大西洋杂志》,1969年11月号。

学家,也符合任何其他的人。

可是几乎他们所有的人——希望的色彩名副其实产生于这层意识——偏偏看不出道理所在,正是由于个人状况带有悲剧性质,社会状况也肯定带有悲剧性质:我们每一个人都感到寂寞;我们每一个人都死得形影相吊:不错,那是我们无法与之抗争的命运——但是我们的状况中,还有不少东西并不是命运,除非我们与之抗争,否则我们就缺失了应有的人性。

芸芸众生当中,我们的绝大部分同胞,举例而言,都温饱无着,未尽天年。用最粗略的说法,这就是社会状况。洞达了人类的孤独之后,便产生了一个道德陷阱:它诱使个人闲然安坐,津津体味个人独一无二的悲剧,听任他人日无三餐。

就阵营而言,科学家比起他人较少陷入那个陷阱。他们往往会急不可待,想看看有什么可为之事;往往认为此举可行,直至结果证明并不可行。他们真正的乐观主义即表现于此,这是我们大家极其需要的一种乐观主义。

反过来说,同样是这样的精神,刚强善良而又意志坚定,要站在同胞兄弟一边奋斗到底,已经使得科学家认为,另一种[即文学的]文化的社会态度令人鄙视。这种情况很容易发生,有些科学家的确如此看待,不过他们是一种暂时现象,不应视为具有代表性。

我记得有位声名卓著的科学家向我诘问道:"早在金雀花王朝[①],人们都会认为明显不文明而又落伍的社会见解,为什么大多数作家则会采取呢?大多数 20 世纪的著名作家,不也是采取了这些见解吗?叶芝,庞德,温德姆·刘易斯,已经左右了我们当代文学感受力的那些人物,不是十有八九非但政治态度愚蠢,而且政治立场邪恶吗?他们所代表的一切的影响,不是促使奥斯威辛集中营早日出现了吗?"

我当时认为,现在仍然认为,正确的答案并不在于维护站不住脚的论调。根据我信赖其判断的一些朋友的说法,叶芝是一位品格上宽宏

---

① 原文为"the Plantagenets",亦称"安茹王朝",指 1154 年亨利二世登基至 1485 年理查三世驾崩这段历史时期。

大度之士，一位伟大的诗人，这番说明固然可谓徒劳，但是否认事实，同样属于徒劳，事实笼统说来是真实的。诚实的回答是，20世纪初叶的某些类别的艺术，与反社会情绪的愚不可及的表达，实际上二者之间存在着一种联系，而文坛人士却迟迟看不出来，这理应受到谴责[①]。我们有些人抛弃了艺术，争取为自己另辟蹊径，或者走了不同的道路，原因固然很多，而这就是其中之一。

可是尽管那些作家中有不少人，主宰了一代人的文学感受力，现在则时过境迁，或者说至少在程度上不比当年了。文学变化较之科学来得缓慢。文学没有类似科学的自动修正机制，因此文学误入歧途的时期比较长些。但是根据1914年至1950年这段时期来判断作家，那是科学家考虑欠周之处。

以上所述，便是两种文化之间的两种误解。我应当说明的是，自从我开始谈论它们的时候——那就是两种文化——我已经持有某种批评。我在科学界的大多数熟人都认为，我的提法不无道理，我认识的大多数从事实践的艺术家也这么认为。但是非科学人士则以强烈的讲究实际的利益考虑，一直在和我进行论辩。他们的观点是，我的提法是过分简化的处理，如果要用这些提法来探讨，那么至少应该有三种文化。他们论证道，虽然自身并非科学家，他们也会充分享有科学感情。他们也和科学家一样，看待晚近的文学文化时，感到用处不大，或许，他们了解越多，就觉得用处越小。约·哈·蒲林普[②]，阿伦·布洛克[③]，还有我的一些美国社会学界的朋友都说过，他们激烈反对把自己跟那些不愿被视为落伍的人，装入同一口文化棺材，或者被人视为促成了一种不容社会希望存在的气氛。

---

① 关于二者的联系，我在《泰晤士报文学副刊》(1958年8月15日)的《挑战智力》一文中谈得比较详细。我希望有朝一日能进一步进行分析。——原注

② 蒲林普(Sir John Harold Plumb，1911—2001)，英国历史学家。以研究18世纪英国社会著称，著述达三十余种，主要包括《18世纪英格兰》、《社会史研究》、《意大利文艺复兴》和《过去的死亡》等。

③ 布洛克(Alan Bullock，1911—2004)，英国历史学家。牛津毕业后即成为丘吉尔的研究助手。1952年出版《希特勒：暴政研究》，此书成为第一部全面的希特勒传记，也是这一方面的权威著作。《西方人文主义传统》也是较有影响的著作。

我尊重这些论点。数字 2 是一个非常危险的数字：辩证法是一种危险的推理过程，原因就在于此。任何事物都一分为二，这样的尝试理应带着充分的怀疑态度去看待。我已经思考了很长一段时间，是否要进一步精炼我的提法，但是我最后决定作罢。我当时探索的东西，并不只是一个漂亮的比喻，也远谈不上描绘一幅文化地图：从我的那些旨趣来看，两种文化是大致正确的提法，再作任何的精细划分，则会弊大于利。

处于一个极端，科学文化其实是一种文化，它同时包含了知识和人类学两层含义。那就意味着，其成员不必，而且当然往往也不是，彼此之间始终十分理解；生物学家多半对当代物理学只有一个相当模糊的概念；可是存在着共同的态度，共同的标准和行为模式，共同的途径和假设。这种文化变得广泛深刻而令人惊讶。这种文化超越其他的精神模式，诸如宗教，政治或者阶级的那些模式。

根据统计数字来看，我揣测为数略多的科学家，和知识界的其他人士比较而言，在宗教方面属于不信教者——虽然有许多人信教，看来在青年人中间有增无减。同样根据统计数字来看，为数略多的科学家，在公开的政治问题上属于左派——虽然同样是有许多人自称为保守派，这一点在青年人中间看来也比较常见。和知识界的其他人物比较起来，这个国家，可能还有美国，为数众多的科学家都是寒门子弟。不过从思想和行为的整体范围来看，上述种种都无关紧要。在他们的工作中，在他们情感生活的诸多方面，他们的态度都比较贴近其他的科学家，而非科学人士在宗教，政治或者阶级方面，贴上的是相同的标签，但是态度则比较疏远。如果我冒昧一语中的，就应该说，自然而然他们的未来意识深极骨髓。

无论他们是否会喜欢这个说法，但是他们的未来意识深极骨髓。保守主义者如约·约·汤姆逊[①]和林德曼[②]，激进主义者如爱因斯坦或

---

① 汤姆逊（Sir Joseph John Thomson，1856—1940），英国物理学家。1906 年获诺贝尔物理学奖。
② 林德曼（Friedrich Alexander Lindemann，1886—1957），英国物理学家。丘吉尔的科学顾问。

布莱克特①;基督教徒阿·豪·康普顿②或是唯物主义者伯纳尔;贵族身份的德布罗意③或者罗素,或者无产阶级出身的法拉第;那些富家子弟,如托马斯·默顿④或维克多·罗特希尔德⑤,再如卢瑟福,他的父亲是打零工的杂务,他们的相同之处在于未来意识深极骨髓。不假思索,他们就会同声相应。这就是一种文化的含义所在。

处于另一极端,各种态度的传播更为广泛。显而易见,两个极端之间,在知识界里,从物理学家走向文学界知识分子的时候,可以发现沿途存在着各种各样反映感情的语气口吻。不过我相信,科学完全不为人理解的这个极端,影响会辐射其他的方方面面。那种完全不解的现象,其渗透程度超过了我们身在其中的这些人的认识,产生的结果是,以一种非科学的态度,赞成完整的"传统的"文化,而非科学态度的赞成态度,则往往达到了转变为反科学的地步,也超过了我们承认的程度。处于一个极端的感情,变得针对处于另一极端的反感情绪。如果说科学家的未来意识深极骨髓,那么传统文化做出的回应,就是希望未来并不存在。⑥ 这就是传统文化,在一定程度上,统理西方世界的力量。正是这种传统文化,明显地鲜见崭露头角的科学文化予以削弱。

这种两极分化给我们大家造成的结果,无非损失而已。对于我们人民是如此,对于我们社会亦然如此。这同时是实践、学术、创造三方面的损失,我要重复说明,这三种考虑可以泾渭分明割裂开来,如此想象可谓虚妄。不过我想先集中探讨学术的损失。

双方互不理解的程度,已是变得陈词滥调的那种笑话。国内现有

---

① 布莱克特(Patrick Maynard Blackett, 1897—1974),英国物理学家。1948 年获诺贝尔物理学奖。
② 已见本书所选雅克·马利坦《论人类知识》章节中的译注。
③ 德布罗意(Louis Victor 7e duc de Broglie, 1892—1987),法国物理学家。1929 年获物理学奖。
④ 默顿(Thomas Merton, 1915—1968),美国 20 世纪重要的天主教修士、诗人和作家。
⑤ 罗思柴尔德(Victor Rothschild, 3rd Baron Rothschild, 1910—1990),英国生物学家。出身于欧洲著名银行世家。
⑥ 请比较乔治·奥威尔的《一九八四》,此书表达的所能想到的最强烈的愿望是未来将不存在,与约·德·伯纳尔的《没有战争的世界》。——原注

大约五万名在职的科学家,大约八万名专业工程师,或者应用类科学家。"二战"期间和战后年代,我的同事和我需要面试的人数,占其中的三至四万——也就是约占总数的百分之二十五。这个人数足以给我们提供一个不偏不倚的抽样,虽然我们面谈的大多数人年龄未满四十。所以我们能够在一定程度上,发现他们阅读的范围和思考的问题。坦诚相告,即便我,既喜欢和尊重他们,也略感震惊。我们完全始料不及的是,他们和传统文化的联系,居然如此若有若无,无非是触帽示礼般的表示意思而已。

不出所料,有些十分优秀的科学家,过去和现在都有用不完的充沛精力和广泛兴趣,文坛人们谈论的一切作品,我们遇到的几位无所不读。不过只是凤毛麟角。在力求探知他们读过哪些书的时候,其他大部分人都会谦虚地如实相告,"哎呀,我啃过一点狄更斯",俨然狄更斯是秘不可宣、错综复杂而又令人存疑的有益作家,有几分像赖内·马利亚·里尔克。其实这恰恰是他们对狄更斯的认识:狄更斯已经面目皆非,成为文学费解的典型标本,我们认为这个发现属于全部摸底活动中最古怪的结果。

不过当然,在读狄更斯作品,在读我们应该珍视的任何一位作家的时候,他们只是在向传统文化触帽示礼。他们有自己的文化,它是强化性的,缜密的,始终处于动态之中。这种文化包含着大量的说理论证,通常比较缜密,几乎总是处于高深的概念水平,文坛人士的论点则不然——即使科学家乐于使用的字眼,文坛人士不解其意,这些意义却是精确的意义,他们在谈论"主观","客观","哲学"或者"进步"①的时候,他们明白自己所指的是什么,即使外行惯常预料的不是那个意思。

切莫忘记,这些都是智商极高的人物。他们的文化,在诸多方面可谓一丝不苟而令人敬佩的一种文化。这种文化包含的艺术要素不多,只有一个重要的例外,即包含音乐。言语交流,争辩不已。密纹唱片。

---

① 主观,在现代技术术语里,意思是"根据主体进行划分"。客体意思为"目标朝向一个客体"。哲学意思为"一般理智的途径或态度"(举例来说,一位科学家的"制导武器的哲学"有可能引导他提出某些类别的"客观研究")。一项"进步的"工作意味着具有促进作用的可能性。——原注

彩照。耳闻，一定程度上要目睹。书本，极其有限，虽然或许没有很多人，会像一位英杰那样博览群籍，我应该承认，后者或许比起我一直在谈论的那些人处于更低的科学阶梯——某人被问及读过哪些书的时候，他坚定而自信地答道："书本吗？我宁肯把我的书本作为工具使用。"不让思想漫游是非常困难的——书本能够成为什么样的工具呢？或许一把榔头？一把原始的挖掘工具？

书本嘛，虽然说，极其有限。大多数文坛人士视为面包和黄油的那些书籍，诸如小说、史书、诗歌、剧本，几乎无足轻重。其中的道理并不在于他们对心理或道德或社会生活没有兴趣。在社会生活方面，他们当然有兴趣，超过了我们大多数人。论道德方面，他们大体说来，是我们拥有的身心十分健全的知识分子团体；科学本身的特质，恰恰寓于了一种道德成分，几乎所有的科学家都在道德生活方面，形成了自己的判断。论心理活动，他们和我们大多数人一样，抱有着很大的兴趣，虽然偶尔我猜想，他们很迟才触及这一方面。缘故并非是他们缺乏兴趣爱好。主要原因在于传统文化的全部作品之于他们，似乎和他们的兴趣无关。当然，他们大错特错。如此一来，他们想象力的悟性便没有发挥到应有的程度。他们自己走到了山穷水尽。

可是另一方的景象如何呢？他们也是山穷水尽了——或许更其严重，因为他们对此更加枉然。他们依然喜欢妄称，传统文化是"文化"的全部内容，仿佛自然秩序并不存在。仿佛探索自然秩序，从其自身价值和其结果两方面来看，都毫无意义。仿佛物质世界构筑的科学大厦，从其知识深度，复杂程度和表达方面来看，并不是人类心智最美妙最神奇的工作。然则绝大多数非科学人士，对于那座大厦毫无概念。他们即使有意认识，也力有未逮。毋宁说仿佛面对知识经验的广阔天地，整个文人团体不辨菽麦。这种不辨菽麦的现象，并非先天使然，除此之外，可谓后天培养所致，应该说是缺乏培养所致。

既然认识方面不辨菽麦，他们并不知道自己的欠缺所在。科学家未曾通读过一部英国文学主要作品，一闻此讯，他们便表示怜悯而暗自窃喜。他们视其为无知的专家而不屑一顾。然则他们自身的无知和专业化，同样令人瞠目。有好多次我出席过聚会，用传统文化的标准来看,大家都认为在座各位受过高等教育,他们兴致勃勃,大发感慨,表示科学家不通文墨,令其难以置信。有一两次他们激怒了我,于是我问满座来宾,有几个人能够描述热力学第二定律。反响冷淡;反响也是否定的。不过我问的话是相当于科学无知的问题:莎士比亚的作品,你读过一部吗?

我现在相信,倘若我过去问的是一个更简单的问题——比如,所谓质量,或者加速度,是指什么意思,这就是相等的科学说法,你能读书吗?——十个受过高等教育的人,九个会认为我和他们说的不是相同的语言。现代物理学的宏伟大厦拔地而起,而西方世界聪明绝顶之士洞达的深度,却和他们新石器时代先祖的认识不相上下。

还有一个此类的问题,我那班非科学界的文友认为趣味令人不堪。剑桥这所大学,科学家和非科学家每晚餐会相聚。[①] 大约两年前,科学史上最令人惊叹的发现之一问世了。我说的不是人造卫星——它令人钦佩是由于全然不同的缘故,那是组织的盛举和现有知识的成功利用。不是卫星,而是杨振宁和李政道在哥伦比亚大学的发现。他们的实验发现堪称无比美妙而又充满创造性的一项工作,可是成果却是如此令人惊叹,乃至大家忘记了他们的思维是何其美妙。这种思维促使我们再度思考物质世界的一些基本原理。直觉,常识——大家干脆本末倒置了。成果就是众所周知的宇称不守恒定律。如果两种文化之间有了严肃的交流,剑桥的每一张贵宾席上,大家便会谈论杨振宁—李政道实验。是吗?我不在场;不过我乐意提出这个问题。

看来两种文化根本不存在交汇之处。我无意浪费时间,说什么这是一个遗憾。情况远比遗憾严重。我下文就要谈到一些实际的后果。可是在思想和创造的核心方面,我们由于疏忽而听任良机错失。两种课题,两门学科,两种文化的碰撞交点——以程度而论,可谓两个星系——理应成就的是创造的机会。在迄今的精神活动历史上,曾经出现过一些突破。这样的机会现在出现了。可是不妨说它们存在于真空之中,因为身居两种文化之中的人物,彼此无法对话。有一个怪诞的现

---

① 几乎所有学院贵宾席上都有科学界和非科学界的各科学会会员。——原注

象,20世纪的科学,鲜见20世纪的文学有所吸收。论者过去不时会发现,有些诗人有意识地套用科学的表达,牵强附会——有一度"折射"频频在诗文中冒出来,令人如坠云雾,而"极光"在某些作家的笔端,俨然他们产生了幻觉,那是特别令人叹服的一种光线。

当然,科学不可能以如此方式而对艺术有所裨益。科学已经为人吸纳,和我们全部的精神经验齐头并进,成为其中不可或缺的内容,人们自然而然运用科学,如同利用其他方面一样。

我前面说过,这种文化分野,并非只是英国的一种现象:西方世界普遍存在。但是看来在英格兰可能表现得最为尖锐,原因有两层。其一是我们狂热信奉教育上的专业化,和世界上任何国家相比,不论西方还是东方,这个信念在我们的头脑里更加根深蒂固。其二是我们倾向于听任我们的社会形式化为结晶。这个倾向似乎愈演愈烈,而非渐渐削弱,我们更多地熨平我们的贫富不均;这种现象尤其真实地反映在教育方面。这种倾向意味着,文化分野之类的现象,一旦确定下来,所有的社会力量都相济为用,使之不是变得比较变通,而是使之变得更加刻板。

两种文化在60年前就已经危险地各自为政了;不过索尔兹伯里勋爵①这样的首相,尚且能够在哈特菲尔德拥有自己的实验室,阿瑟·贝尔福②在自然科学方面的兴趣,也不只是业余爱好。约翰·安德森③初次供职政府部门之前,就在莱比锡大学做过一些无机化学研究,偶然从事的课题之宽泛,现在则没有这种可能性。④ 在统治集团的最高层,如此程度的相互交流根本现在不可能,或者说确实不可思议。⑤

客观而论,哪怕和30年前相比,科学家与非科学家之间的割裂现

---

① 索尔兹伯里(Lord Salisbury,1861—1947),英国政治家。
② 贝尔福(Arthur James Balfour,1848—1930),英国保守党领袖,曾任英国首相。
③ 安德森(John Anderson,1882—1958),英国政治家。1905年起供职政府部门。
④ 他参加了1905年文职考试。——原注
⑤ 然而,以下情况是客观存在的:英国社会管理阶层的密集性质——事实是"人人彼此认识"——意味着科学家和非科学家客观上彼此了解,远较其他国家人们的了解来得容易。同样客观的事实是,许多高位的政治家和行政官员在更大程度上保持着富有朝气的学术和艺术方面的兴趣,据我的判断而论,超过了美国。这两方面都属于我们的优点。——原注

象,在青年中间更加难以弥合。30年前,两种文化就早已停止彼此对话了;不过至少他们设法跨越鸿沟,彼此强颜一笑。现在则斯文扫地,大家都板起面孔了。不仅年轻的科学家现在感到,他们属于正在崛起的一种文化,而另一种文化则处于颓势。而且,说得不太好听,年轻的科学家知道,抱着几分无所谓的态度,他们就能找到一份安逸的工作,而他们的同时代人和英语或历史专业的对手,能够赚到他们收入的百分之六十就算幸运了。凡是有才华的年轻科学家,都不会觉得没有用武之地,或者他的工作受人嘲笑,不会碰到《幸运儿吉姆》里主人公的遭遇,事实上,艾米斯[①]和同道作家的不满,代表了待业的文科毕业生的不满。

只有一条出路走出困境:当然,那就是重新思考我们的教育。在这个国家,两层原因前面我交代过了,走出困境较之其他任何国家更为困难。几乎人人都形成了共识:我们的学校教育专业分工过细。可是几乎人人都感到,改变现状则超乎人的意志范围。其他国家和我们一样,也不满意他们的教育,可是不像我们这样听之任之。

美国实施18岁以下儿童教育的比例高于我们:他们教授的内容也远为广泛,不过不像我们那么死板。他们懂得:他们希望花费十年时间,处理手头的这个问题,虽然他们可能用不了那么久的时间。苏联实施儿童教育的比例也高于我们:他们也是教授的内容远比我们广泛(他们的学校教育属于专业化性质,这是一个荒唐的西方神话),但是死板得多。[②] 他们懂得这一点——而且他们正在摸索纠正的方式。斯堪的纳维亚人,特别是瑞典人,和我们三国相比,他们本来乐意从事一项比较合理的做法,而遇到的障碍在于他们实际需要花费过度的时间学习外语。可是他们也被这个问题束缚了手脚。

我们呢?我们已经完全约定俗成,再也无法变通了吗?

和中小学校长谈话的时候,他们说我国强化的专业分工,天下没有

[①] 艾米斯(Sir Kingsley Amis, 1922—1995),英国小说家。小说《幸运儿吉姆》1954年问世后,一举成名。这里说的同道作家,即指"愤怒的青年"作家。

[②] 我在《迎接新世界的新思维》一文中,尝试就美、苏、英三国的教育加以比较,见《新政治家》,1956年9月6日。——原注

第二家如此,乃是牛津和剑桥的奖学金考试体制的规定。果真如此的话,论者就会认为,改革牛津和剑桥的奖学金考试体制,并非完全不切实际。不过倘若以为此举容易实行,那就低估了全国范围内复杂的维护这个体制的势力。我国的教育史上所有的教训启示我们,我们只能够增强专业化,而不能削弱。

曾几何时,我们也给自己提出了造就少数精英的任务——比例上远远少于其他可比的国家——在一种学术技能方面接受教育。剑桥有150年的历史是只教数学;然后是数学或古典文学;后来才是自然科学获准纳入教学。可是选择还是只有一个。

很有可能这个进程已经走得太远而无法逆转。我认为这是一个灾难性的进程,如果我们着眼的是形成一种充满活力的文化,道理我已经说明了。下面要谈的理由是,我何以认为这个进程产生了致命影响,倘若我们准备在世界上完成切实的任务。可是在我国教育的全部历史上,我只能想到唯一的例证,说明我们所追求专业化的心智训练,遭到了成功的抵制。

那个做法出现在剑桥,50年前,数学学士荣誉学位排名考试的古制废除了。百余年来,荣誉学位考试的性质已经约定俗成。争取名次的竞争,变得更其激烈,前程系于名次。在多数高校,当然包括本人所在的剑桥,只要设法获得数学荣誉考试第一或第二名,旋即便可当选为学会会员。一整套辅导班底已经发展起来。哈代,利特尔伍德①,罗素,爱丁顿,金斯②,凯恩斯③,都经过两三年的培训,然后参加一场竞争激烈而又难度极高的考试。剑桥的大多数人,都为此十分骄傲,几乎每个英国人,也总是以相同的骄傲,看待我们现存的教育机构,至于这些机构的来龙去脉,则无关紧要。如果推敲一番当年的活页简介,就会发现满腔热情的论点,主张考试制度原封不动,永久保持下去:它是维持标准的不二法门,它是检测优异的唯一公正测试,确实,是天下唯一严肃客观的测试。倘若有人建议奖学金考试有可能设想并非一成不变,

---

① 利特尔伍德(Peter Littlewood,1920—),英国皇家物理学会会员。
② 已见本书所选雅克·马利坦《论人类知识》章节中的译注。
③ 凯恩斯(Richard Darwin Keynes,1919—),英国生理学家。

那么昔日那些论点,客观而论,几乎完全是今天人们所用的论点,而且大家恰恰怀有那份满腔激情的真诚。

其实古老的数学荣誉学位考试,各个方面可谓完善,只有一个方面属于例外。然而,这个例外在某些人看来相当重要。那就是——那些年轻的富于创造力的数学家们一直谈到的,诸如哈代和利特尔伍德——可以说那种训练毫无才智方面的优点。他们的言论更重一点,说是荣誉学位考试已经扼杀了英格兰严肃的数学,百余年来,教学已经僵化,变得毫无生气。好吧,即便在学术争论中,还是蜻蜓点水一番,他们还是自行其是。不过我有这样一个印象:1850 年至 1914 年这段时期,和我们当代相比起来,剑桥具有更多的灵活性。如果说我们既然把古老的数学荣誉学位考试坚实地扎根在我国,我们过去应该设法予以废除吗?

利维斯—斯诺之争

莱昂内尔·特里林

---

* 选自《超越文化：文学与学问论集》。

莱昂内尔·特里林
(Lionel Trilling, 1905—1975)

美国文学批评家和作家。出身于犹太人家庭。十六岁考入哥伦比亚大学,毕业后开始教书生涯。1925年起进行创作和著述,为维也纳的月刊《大烛台杂志》撰稿。1931年起在哥伦比亚大学教授文学,直至退休。特里林文学批评带有深刻的文化烙印,关注政治和时代的问题。他的博士学位论文研究的是马修·阿诺德,继承和发扬了"人生的批评"这个优良传统,同时结合心理学、社会学和哲学并重的方法研究文学,注重文学的社会和政治含义及陶冶情操的作用,以及构建人的批判能力进程中文学的功能,由此成为"纽约知识分子"的代表人物之一,也是一代名师。特里林从30年代起,先后为《民族》、《新共和》和《党派评论》撰稿,一度属于美国左翼知识分子。他强调历史和文化对于作家和文学的影响,所以他的视野比较开阔,具有个人鲜明的思想特征,通过文学来研究现代文化的危机,因此他也堪称文化批评家。主要著作有《自由主义的想象力:文学与社会文集》、《反叛的自我》和《超越文化:论文学和学识》,涉及文学、历史、心理学、社会学。后期主要著有讲演集《真诚与真实》,追溯文艺复兴以降欧洲思想的脉络。

I

距今将近 80 年前,马修·阿诺德前往美国,发表了那场著名的巡回演讲。他有三篇演讲①作为保留节目,而据时辈的推测,其中没有一篇给听众带来众口交誉的乐趣。《爱默生》一讲,仅仅在否定爱默生属于一流的文坛人物之后,才赞扬了这位无出其右的美国作家。题为《数字》的演讲,探讨的是民主政体与卓越和优异品质的关系,提出的问题则令人不安。《文学与科学》开罪于人的可能性最小,不过即便《美国演讲》里三篇文字中令人记忆犹新的这一篇,也并非没有一些笔触令人不快。在 1883 年,美国绝非服膺——而且,确实从未服膺信奉——这样的信念:适合现代的合适的教育,科学技术必须占据主导地位,而阿诺德,在引据拥护这个思想的人士的言论的时候,诚然表示了反对,而仅仅提及的几位,都是英国人。不过他的听众肯定明白,阿诺德是在告诫大家,防止看来可能出现的工业民主政体的一个自然趋向,要贬值古老的"贵族"教育,而赞成一味偏重实用的研究。

为了美国巡回演讲之行,阿诺德专门撰写了《爱默生》和《数字》两文,不过他首先结撰的是《文学与科学》一文,作为 1882 年度的剑桥里德演讲。此文的来龙去脉,肯定在这个时刻具有独特的意义,因为查·帕·斯诺的《两种文化和科学革命》,成为 1959 年度的里德演讲,它莫名其妙在英格兰掀起了一场轩然大波。

---

① 在美国发表的三篇演讲的标题为《数字,或大众与余烈》《文学与科学》《爱默生》,于 1885 年结集出版,标题为《美国演讲》。

查尔斯爵士担任教席期间①,未曾提及他的这位伟大前辈,尽管他本人的演讲,正是沿用了阿诺德的题目,而在思路上则和阿诺德大唱反调。弗·雷·利维斯,他推崇阿诺德可谓众所周知,在看待教育上文学和科学各自相对的重要性时,他的立场和阿诺德几乎如出一辙,而他也未曾提及阿诺德,在唐宁学院发表的《里士满演讲》中,针对的是《两种文化》的学说及其作者,他发动了一场猛烈程度史无前例的攻击。

自从阿诺德发表演说以来,在基本的论调上,争论的问题未曾改变。阿诺德的主要论敌是托·亨·赫胥黎——他在《文化与教育》这篇演讲里,曾经谈到文学应该而且势在必然会下台,离开教育中的显赫地位,科学,而非"文化",应该提供的知识,是信奉理性真理和物质实用意义的时代所必须具备的。更有甚者,赫胥黎称,科学足以提供现代伦理的假设的根本基础。实质上斯诺并未自抒己见。

《文化与无政府状态》于1867年问世之后,"文化"一词就一直是阿诺德的个人标志,赫胥黎特别参考过阿诺德的观点,在那部书里,阿诺德已经表达了关于人文学科价值的看法。② 在《文学与科学》的演讲中,阿诺德的答辩,道理上可谓再简明不过,正如态度上可谓再温和不过,尽管这份答复从温和的程度而论,肯定并未超过赫胥黎关于和阿诺德思想上的分歧时的表述;他们两位对彼此都十分推崇,也是热情相待的文友。阿诺德有言,他没有丝毫的意向要提出,在教育中科学应予轻视。实用价值姑且完全撇开不论,科学知识自然而然给思想带来一份乐趣,毫无疑问,相对他人而言,更加吸引某些精神气质,不过给所有的人都展拓了知识乐趣的前景。然则自身而论,如同阿诺德所言,在注重品行的本能和追求美的本能方面,科学无所"裨益",或者在绝大多数人身上所存在的这些本能方面,至少无所裨益。这样的裨益,包括将科学知识与人类的全部生活联系起来,是通过文化演绎而来,文化则不可视

---

① 斯诺25岁获得剑桥物理学博士学位后即在剑桥担任教职。
② 本人不必赘言,阿诺德在使用文化一词时,所指的含义并非人类学家、社会学家、思想史家以及艺术史家的用法,而多或少这种含义则是斯诺的用法。对于阿诺德而言,"文化"是指"普天之下历代思想和文苑之精华",以及个人与这套思想和表达的载体的关系。我在本文里运用"文化"一词的含义,不是阿诺德的含义。——原注

为局限于文学——局限于纯文学——而是构成了人文学术的所有学科。利维斯博士肯定人文学科在教育中应居首要地位的时候,他特指的是文学,限定范围较之阿诺德更为严格,不过大体实质上他的立场则是相同的。

  80年前的那场争论,如今居然再度展开,可能看起来莫名其妙,而且有点令人厌倦。鉴于查尔斯爵士示教的"科学革命",重开争论或许就可以为人理解了。这场革命看来会是由量变转向质变的例证之一——和上一世代相比,更不必提上个世纪了,科学现在能够大有作为,而且更其高速地大有作为,从迄今为止天下已知的知识领域,科学已经脱胎换骨了。如此变化的一个结果——在查尔斯爵士看来,这是一切可能的结果中最为凸显的——便是现在向我们展示的新的社会希望:在物质方面生活变得更好了,不仅在某些高度发达的国家,而且是普天之下和有些国民中间,用西方标准来衡量的话,后者目前还几乎谈不上发达。

  科学的新生力量或许证明,这个维多利亚时代的问题,在当代死灰复燃,其中自有道理。可是倘若我们有意采取新的辩证态度来看待那场昔日的争论,我们就必须意识到,我们并非是在着力探究教育理论上的一个问题,或者一个抽象论辩,关于什么类别的知识与人的灵魂有着最为真实的亲和力。我们只是在触及这些问题时才加以探讨。我们着眼探讨的问题则在于政治方面,一种完全终极性质的政治,还有现代思想的趋向。

II

  《两种文化》自从1959年出版以来,在英格兰和美国,一直久盛不衰,在英格兰一度成为热烈讨论的话题。确实,在英格兰,普遍的共识为这是具有伟大意义的一份声明,风行的程度达到了用作中等教育的指定文本,此举激发了利维斯博士奋然而起,在最初引起的兴趣平息很久之后,他对这篇演讲发动了抨击。关于《两种文化》的初期探讨,可谓言之有物,可是现在激发英国人因回应利维斯的反响而产生的关注,则和文学与科学，或者和教育，或者和社会希望，几乎没有什么关系了。这些问题现在已经变成一个纯粹附属的因素，涉及的无非是一个失礼丑闻。利维斯博士抨击《两种文化》后，大家纷纷发表评论，个别的意见另当别论之外，大多的矛头所指，是利维斯博士实际上指名道姓查尔斯爵士时，那种骇人听闻的无礼程度，大家考虑的是此类问题；他的出言不逊是否出于对查尔斯爵士声望的嫉妒；是否他具有，或者有资格享有一位批评家的真正地位；或者他的英语文笔是否耐人寻味；或者如其自诩所言，他代表的是"剑桥精髓"。

利维斯博士的里士满演讲，《查·珀·斯诺的意义》，发表于剑桥大学的唐宁学院演讲厅，日期为1962年2月28日，刊载于是年3月9日的《观察家》①。次周一期的《观察家》上，登载了17封读者来信，全部维护斯诺，其中多数信件针对利维斯表达了愤然之情，或者蔑视。时隔一周，又有15封通信予以刊载，其中八封表示与利维斯为伍，有好几封来信表示悲叹前一周信件的措辞语气。投书维护斯诺之士，大多声名卓著；而为利维斯辩护的人士中，据我所了解，知名的只有杰弗里·瓦格纳先生②，他从美国致书，传达了他的看法：抨击斯诺大有必要，因为，尽管《新左派评论》上登载过一篇滑稽嘲讽的文字，斯诺俨然成了查·珀·斯利特③，同时，也尽管他本人在《批评家》上，发表过对斯诺的负面批评，"在大西洋的此岸，有人频唱赞歌，唯命是听，即出自巴赞④—特里林的一唱一和，也有的出自《每月读书会》，可以说是两个世界里十分令人不堪的论调。"斯诺同党的三位作家，触及了文学与科学

---

① 编者按里引述了利维斯博士的说法："演讲本属非公开性质，探询的新闻界代表被告知，入场券恕不提供，也不允许进行报道。见诸报端的报道断章取义，故而比较可取的做法是，演讲应该予以全文刊载。"——原注

② 瓦格纳（Geoffrey Wagner），美国作家。著有《苏菲》《论文字的智慧》《小说与主题》和《教育的终结》等。

③ 原文为"Sleet"，原名"斯诺"的字面意思是"雪"，现在的意思是"冻雨"。

④ 巴赞（Jacques Barzun，1907— ），美国文化批评家和历史学家。他对美国高等教育产生了影响，坚持本科阶段避免过早专业化，主张广泛接受人文学科指导。代表作为《从黎明到颓废：西方文化生活五百年》《古典派、浪漫派、现代派》等。

这个问题,分别是科学家约·德·伯纳尔①,科学史家斯蒂芬·图尔明②,文学批评家吉·斯·弗雷泽③。针对散布个人流言的乌烟瘴气,他们的来书提供了一定程度的慰藉,不过他们的言语大多无关痛痒。利维斯的同党中,有两位是伯明翰大学的教师,在共同署名的信件里,三言两语触及了问题,不过在文学与科学的关系问题上,可谓切中要害,悲叹有任何厚此薄彼的尝试,结论是倘若二者必须有所偏重,那么必须偏重文学,道理则未曾明言。

通过《观察家》上的这些来信,多半表达的是小处着墨,而且不太磊落的情绪,毫无疑问,论者可以得出的结论足以令人沮丧,那就是当时学术生活的状况。但是我们对学术动态上普遍糟糕的局面的任何意识,都不应该致使我们视而不见利维斯博士对待查尔斯·斯诺爵士时那种严重的缺点。论其本人则可谓聪明而又严谨,而利维斯博士在这段公案上,却是造成他人愚昧和肤浅的起因。

在利维斯对待查尔斯爵士的语气问题上,不可能有两种意见。那是一种居心不良的语气,一种学霸口吻。这种居心不良的意思是指个人恩怨,因为残酷无情——明摆着是意在出口伤人。这种居心不良反映于学术态度上,因为运用这种语气,利维斯博士已经转移了视线,包括他本人的视线,而背离了他原来力求有所照明的问题。《两种文化》的学说,可谓发聋振聩,而利维斯博士则遮掩了荦荦大端的意义,予以考虑的是枝节问题,诸如查尔斯爵士身为小说家的才具,他的俱乐部会员身份,他对个人才能的看法,他的世俗成功,他与世俗势力的关系。怒气,奚落,人际方面的过分意识,凡此种种一直是利维斯博士思想上考虑的因素——也是他的思维过程中的因素,而不仅仅流露于他的表达方式。它们从来就不是真正令其胸有成竹的因素,不过本来不妨撇

---

① 伯纳尔(John Desmond Bernal,1901—1971),英国生物学家。
② 图尔明(Stephen Edelston Toulmin,1922—   ),英国哲学家和教育家。著作主要有《人类悟性》、《推理导论》、《时间之发现》和《回归理性》等。
③ 弗雷泽(George Southland Fraser,1915—1980),苏格兰诗人、批评家和学者。"二战"之后成为英国文坛的闻人。著作主要有《现代作家及其世界》、《论20世纪诗人文集》、《英诗简史》等。另有诗集多种。

开不论,和利维斯博士每每在批评方面表现出的可观的犀利笔力比较而言,可以作为相对次要的考虑方面。可是由于这些因素出现在他的告别致辞①中——因为,实际上那就是那篇《里士满演讲》的内容,当年他就从大学教席退休了——故而论者又无法轻易置于不顾,因为它们妨碍了利维斯博士本意所要表达的思想。

况且,客观而论,我们在理解其本意所要表达的思想时,主要应该依据我们对其批评事业整体方向的认识,而较少通过这篇演讲本身意气用事的言辞而给人形成的认识。利维斯的信念从一开始便决定了他的方向:超越其他一切之上的人的能力,在于文学本身所致力的道德意识,道德意识也是一切成功创造的来源,即诗歌天才的根基所在。他服膺这个思想的程度所导致的结果,我相信构成了他批评思想上的一个缺陷——而对待艺术其他的方方面面,他却并未产生类似的准确认识,而那些方面则可谓天造地设,产生于勃然雅兴和游戏冲动。论者自会假定,道德意识应该,为了自身的旨趣,兼顾并不属于道德范围的艺术和生活上的那些方面。不过如果说利维斯博士强烈服膺道德意识,结果便是造成了理解上的这种欠缺,那么同样也是基于这一缘故,我们认识到,他的工作成果的积极特色,在于毫发不爽而又力透纸背。在利维斯博士看来,文学就是马修·阿诺德当年的说法,乃是人生的批评——他能够理解的文学,仅此而已。从措辞简洁和含蕴复杂两方面来看,阿诺德的名言,他已经据为己有,他从中汲取了自己的力量。

那么如果说,在回应《两种文化》的时候,利维斯博士言语之间显得特别强烈,我们理应还他以公道,他的道理在于看出,这篇里德演讲②以一种极端的方式,否定了他以前看待文学时一直笃信的认识——演讲其实完全可谓根据社会和道德理由,由此对文学提出的一份控诉书。演讲描绘的文学,对国家福祉构成一个危险,一旦文学公然成为人生的批评,危险则尤为严重。

不仅由于查尔斯·斯诺本人从事文学实践,而且因为他是一身二

---

① 刊载于《细绎》1953年第9期,254—257页。
② 查·珀·斯诺于1959年在剑桥发表的里德演讲,即《两种文化》的第一部分。

任的人物,他的演讲开宗明义,旨趣即在于此,这个表态则是惊人之谈,或许大家会认为难以置信。而且我毫不怀疑,换个心情而且场合不同的话,查尔斯爵士则会乐于肯定,文学是有裨益身心之功。可是他的演讲在对待文学的问题上,采取的是一种极端势不两立的立场,此外大家不可能做出其他的解释。

《两种文化》开门见山,客观陈述了科学家与文人雅士之间缺乏交流的情况。这是肯定经常有人注意,而且为人悲叹的一个局面。各种各样的艺术和学术职业相互隔绝,或许我们文化上最具特色的一面,莫过于此。比如说,诗人与画家,或者音乐家与建筑师,二者之间鲜见交谈,或许志趣各异的科学家之间,也能够看到相同的情形,比如生物学家与物理学家之间。不过文人雅士与科学家不相往来的情况,看来很可能是这些隔绝中最为极端的现象,即便这是最意味深长的泾渭之分,查尔斯爵士完全明白其中的原委:文理两行与我们社会和政治生活的关系,尤为封闭,况且未曾有人予以充分的界说。

描述两种"文化"之间的分裂现象时,查尔斯爵士起先对双方各责其咎,这种态度却未能一直坚持下去。他开始时告诉我们,科学家和文人雅士,同等程度上要对文理隔绝的现状负责——他们一直不相往来,因为存在"互不理解的鸿沟",因为相互之间有所歪曲的形象,产生了厌恶和敌意。不过查尔斯爵士的演讲展开下去的时候,偏颇所在就渐渐明朗了:尽管科学家确实有某些粗鲁和局限之处,他们一般属于事物的正确一方,文人雅士则属于错误一方。致使标尺如此突然移位的问题,在于人类状况。如此状况,查尔斯爵士告诉我们,带有悲剧性质:人有一死,死得形影相吊。人类生命挣脱不了的悲剧本质,可是这层意识造成了一个道德陷阱,因为"它诱使个人闲然安坐,津津体味个人独一无二的悲剧",日常生活的境况则不问不闻,而对于绝大多数的凡夫俗子而言,境况可谓艰辛。恰恰正是文人雅士,我们又洗耳恭听,堕入道德陷阱的可能性最大,而科学家落井的可能性最小;科学家"往往会急不可待,想看看有什么可为之事:往往认为此举可行,直至结果证明并不可行"。正是他们的精神,"刚强善良而又意志坚定,要站在同胞兄弟一边奋斗到底",已经"使得科学家认为,另一种(即文学的)文化的社会态度令人鄙视"。

"这种情况很容易发生。"查尔斯爵士温和地责怪了科学家,如此一来他当然言下之意是,本质上他们是正确的。继之而来稍加考虑的问题,并非查尔斯本人所提出,而是出自他援引的"一位声名卓著的科学家"。"叶芝,庞德,温德姆·刘易斯,已经左右了我们当代文学感受力的那些人物,不是十有八九非但政治态度愚蠢,而且政治立场邪恶吗?他们所代表的一切的影响,不是促使奥斯威辛集中营早日出现了吗?"查尔斯爵士作答的时候,承认叶芝是一位宽宏大度之士,一位伟大的诗人,不过将不会,他说道,维护站不住脚的论调——"事实……笼统说来是真实的"。查尔斯爵士一般是赞同的,即我们时代的文学感受力,促使了奥斯威辛集中营的早日出现。他继续说道,近些年来文坛生活的局面,已经发生了较大变化,即便可谓缓慢,因为"文学变化较之科学来得缓慢"。

奥斯威辛这个话头一打开,查尔斯爵士便可畅通无阻,全面肯定科学家的优点。尽管承认他们有些时候未必应付自如,或者自行其是而看似蠢笨,尽管查尔斯爵士姑且表示,对于有些科学家而言,"传统文化的全部文学作品似乎与(他们的)兴趣无关",这样的结果是,他们"想象力的悟性"便为之减少,不过他却发现,科学家是不修边幅的体面之士,他们摆脱了种族感情,他们热爱平等,他们善于合作,而且他们的主要优点,据查尔斯爵士的描绘,在于"未来意识深极骨髓"。

确实,原来如此,并不仅仅由于彼此互不了解对方的专业关注所在,科学文化与文学文化,造成二者之间隔绝现象的因素,恰恰在于未来。科学家的未来意识深极骨髓。文人雅士则不然。恰恰相反——"如果说科学家的未来意识深极骨髓,那么传统文化做出的回应,就是希望未来并不存在。"科学家内心怀抱的未来,可以理解为仅仅是一个美好的未来;那样的未来和马克思主义者笔端的历史面貌大同小异,那就是正义永远获胜,历史从来就不可能是失败的记载。未来有可能前景不妙,展现的景象无异于道德上的恶意,其实为了持有这样的思想——我刚才引述的这句话,原书有条注解,查尔斯在其中谈到乔治·奥威尔的《一九八四》,视为"所能想到的最强烈的愿望是未来将不

存在".①

听信如此惊人之谈的言外之意,而且归诸于查尔斯爵士,可谓令人为难。大家记忆犹新,奥威尔这部小说反映了认识世界状况的想象力,前提是当今应该注意的各种专制趋向,在未来愈演愈烈——可想而知,不妨说——走到下述地步,则完全在可能范围之内:这种终极演变必然发生。奥威尔展现的是一个绝对的暴政,科学在其中扮演了一个角色,科学的论战同党,有可能理解为这是一位文人对待科学持有恶意的明证。可是可能性更大的情况是,当奥威尔想象科学是一项镇压工具的时候,他的本意是说科学,和其他属于善的一切潜力一样,和文学一样,可能为人滥用而遭到贬低,用于暴政的目的。奥威尔这个人基于实际而又痛苦的经历,尝试讲述政治的真情实况,甚至是他本人的政治观点。我相信他从未放弃服膺社会主义的立场,不过他拒绝以任何他能够防止的方式心存幻想;他的立场属于他的思想的范围之内,所以能够设想,即便是一种理想主义的政治,或许特别是一种理想主义的政治,可能变得面目皆非。有人声称,这样一位人物会怀有所能想到的最强烈的愿望,是未来将不存在,而认识了言者居心何在,我们肯定大惑不解。

对待未来持有敌意,如此概括文学的文化的特征之后,或者如同他有时所称谓的"传统文化",查尔斯爵士继而又说,"在一定程度上,统理西方世界的力量。正是这种传统文化,明显地鲜见崭露头角的科学文化予以削弱"。既然如此,理所当然传统文化必须严格处理,倘若未来有待我们去创建的话:所谓的"现存模式",必须非但要改变,而且要"打破"。唯有完成了这一步,我们才能够进行理应展开的深造。关于深造的必要性:"我们非得进行深造,否则便会夭亡,这个说法或许有点危言耸听,实际情况未必证实需要如此。我们非得进行深造,否则在有生之年。便会目睹一落千丈,这个说法大致不错。"查尔斯爵士暗示了我们可能遭遇的命运,具体例证他称之为"历史神话"——处于最后

---

① 参阅《两种文化》原注 6,斯诺建议大家对《一九八四》与约·德·伯纳尔的《没有战争的世界》加以比较。

半个世纪的威尼斯共和国：

  公民时来运转致富了，和我们的致富之路相同。他们学会了非凡的政治技巧，正如我们也学会了。其中多少人意志刚强，注重现实，满腔爱国之情。他们懂得，正如我们清楚地懂得，历史的潮流已经开始逆而反之。他们有许多人都专心致力于千方百计顺应潮流。那就意味了要打破模式，而他们已经结晶化为这个模式了。他们喜好模式，正如我们也喜好自家模式。他们未曾心甘情愿打破模式。

  查尔斯爵士所陈述的思想，我前面未加评论引述过，我们不妨说，《两种文化》的全部论证说理，都是以此作为基础："在一定程度上，统理西方世界的力量，正是这种传统文化，明显地鲜见崭露头角的科学文化予以削弱。"这是一个令人困惑的陈述。从哪个方面我们才能够领会其中的意思呢？西方世界是凭借属于传统的某种驱动力量而得以统理，此说当然可以理解。而且我们能够理会的思想是，为了解释的特殊目的，不妨在描述这种驱动力量时，着眼于某种思想倾向，思想感情的普遍趋势，因为渗透一切，故而难以形诸公式，这种力量应该称之为"文化"。不过在查尔斯爵士看来，"传统的"和"文学的"，这两个字眼可以互换，而这种文化，按照大家共识的称谓，是"文学的"，文学之于文人雅士及其作品的关系，犹如大家所谓"科学文学"之于科学家及其实验室的工作的关系，这个理念委实是个令人依违的想法。议会和国会还有内阁统理国家大事的举措，使馆的谈判，陆海兵力的调动，为了设计军事力量和生产它们的工厂而进行的庞大科学规划的制定，为公民展示的前景，投票时选民的抉择——凡此种种，他要求大家相信，一概要由文学的文化负责处理。此说我们有可能信以为真吗？

  当然可以这样说，在统理西方世界的过程中，文学发挥了一些作用，这个作用是有限的，不过或许并非完全无关紧要。举例而言，工业化英格兰的目前状况，与19世纪初叶工业化英格兰的状况，倘若我们进行一番比较，我们便可以说，就人的方方面面而论，目前状况和昔日怀抱善意之辈可能希望的社会面貌相比起来，则不可同日而语，不过和工业革命初期比较而言，则大为改观了。那么要是我们问问，有哪些力量促成了这样的改观呢，我们便能够说，力量之一是文学。某些文人雅士满腔激情而又卓有成效，提出了"英格兰状况问题"①，他们的英名依然值得我们记忆——柯尔律治，卡莱尔，穆勒（我把他看作文人；他当然是位优秀的文学批评家），狄更斯，罗斯金，阿诺德，威廉·莫里斯。他们产生的影响，仅仅体现于个人，可是他们感动的个人，则是千门万户，他们掷地金声，目睹周围的苦难，或者民族生活的沦落时，一国之民从此便很难无动于衷，他们开始认为自身也涉及其中。论者会毅然决然地表示，这些文人雅士实质上的裨益，在于促成了世态的变化。这种裨益并非严格意义上的统理，而是一种指点迷津的潜移默化，诸如现代时期的文学，往往致力于潜移默化，而且有些时候也确实发挥了如此功效。

然则依照查尔斯爵士的见解，19世纪文人雅士这种指点迷津的潜移默化，根本并不值得赞许。恰恰相反，这些作品在他的笔端，无非是控诉文学文化的另一层考虑因素。谈到文人雅士对于工业革命做出的反应时，他如是说：

> 几乎每到一处，知识分子并不理会正在发生的事情。当然作家也不理会。多少人物惊吓之余，逃之夭夭，仿佛一个冷暖自知的人的正道，就是立约脱身；有些人，比如罗斯金，威廉·莫里斯，梭罗，爱默生，劳伦斯，纷纷各显神通，幻想层出不穷，实际上凡此种种，除了恐惧的嘶鸣，产生不了更大的作用。难以想象有位上乘的作家，真正驰骋想象的共鸣，他能够一眼看到丑恶的后街，冒烟的烟囱，国内市价——还有展现于穷人面前的生活前景……

不实之词，可谓莫此为甚。19世纪伟大的英国作家，一旦逐步认识到工业革命之后，从来未闻一人立约脱身。这里不是缕述苦难的场合，而有那么一些人，却搬出"展现于穷人面前的生活前景"的想法，抚慰天下和自己的良心。只要说明一点，当时的水深火热，可谓丧失人性

---

① 原文为"Condition of England Question"，托马斯·卡莱尔在1839年在《英格兰状况》中提出此说，用以形容工业革命期间英国工人阶级的状况。

而令人发指,"丑恶的后街,冒烟的烟囱,国内市价"之类的说法,根本无法充分地有所暗示。(奥斯威辛集中营,既然前面有人提到了,或许不妨视为早期工业革命时工厂矿井状况的演变。)如果说作家纷纷"惊吓之余,逃之夭夭",那并不是因为羞若处子,才对机器和煤烟厌恶作呕;如果说他们发出了"恐惧的嘶鸣",那是目睹同胞相煎太急,而发出的道德义愤之声——目睹了妇孺之苦。作家的情感,和卡尔·马克思在论工作日一章①里表达的情感,并无二致;和监工蓝皮书里表达的情感,亦无不同。他们是中产阶级的佼佼之辈,马克思在一段感人的文字里称赞他们,同时惊叹他们超越了阶级感情。

我提到了马修·阿诺德属于那样一些作家,在他们的笔端,工业革命的往昔状况,显得更加令人不堪。如同这一方面和他同道的诸多人物,他确实怀抱"幻想"——它们全部发现的是现代生活的丑陋而令人疲劳,多少有些虚伪,它们珍视某些品质,后者毫无疑问属于传统,乃至具有古香古色的意味。不过阿诺德身为文学批评家的特色,则建立于看待现代环境而有所反应时体现的强烈感受力。法国大革命标志着人类状况的一个绝对变化,黑格尔告知天下的这个认识,他别有会心。有史以来第一次,黑格尔说道,理性——或曰理念,或曰理论,或曰创造性想象力——已经变成人类命运的决定因素。阿诺德《文学与科学》中的论旨,在于肯定法国大革命;他的演讲所代表的是启示和砥砺那个理性,凭借理性,人类有可能塑造自身存在的状况。这就是他的著名声明的全部要旨,"文学是人生的批评"。

可是看来查尔斯爵士介然于怀的,恰恰在于文学的批评功能。尽管他大谈特谈我们需要自牧深造,可是关于教育问题,他却未曾提出一个实质性的建议,缘故即在于此。

如果我们贸然说出现代教育的旨趣所在,那么阿诺德的说法,肯定给我们启示了回答,同时还有他界定批评的特殊功能的一句话:"按照本身的真实面貌认识事物。"只要我们对一个教育事业着手进行判断,他的这两条说法的含义,就可供我们悬为标准之用:我们要求教育提

---

① 《资本论》第十章。

供进行人生的批评的手段,同时教诲学生,力求按照本身的真实面貌认识事物。不过查尔斯爵士谈到,需要打破"现存模式",进而走向应有的教育,它将帮助我们建立必要的新型模式,这个时候他并未触及任何这样的判断标准。虽然看来他是天下最佳的人选,可以聪明地议论,并不打算成为科学家的那些学生,如何解决传授科学这个问题,其实围绕这个话题,他谈的无非是,不懂热力学第二定律,这和不懂莎士比亚属于同样的无知,或者哥伦比亚大学杨振宁—李政道实验,应该始终是学府贵宾席上泛泛交谈的一个话题。

当然,除了科学方面之外,科学家的教育问题,他也没有提出任何建议。他的确谈到,科学家需要"接受的培养,不仅在于科学方面,而且在于人类方面",可是他并未有所赐教。科学家——不过终究论者开始纳闷,他们是否算得上真正的科学家,而不是高级技术专家和工程师——理应在人类事务中发挥决定性的作用,可是查尔斯爵士通篇无所提示,如果这是理所当然的,那么他们将面临难题和困惑,他们的教育应该包括对书本的研究——书本未必属于"文学范围",书本未必属于"传统范围":书本有可能是当代著作,包括历史,社会学,人类学,心理学,哲学——这些著作将会提出各种难题,而且揭示人类状况悲剧性的错综复杂,将会启示人们,按照本身的真实面貌认识事物,并非那么容易。

可见下述看法并非天方夜谭:具有较高知识素养的专业大军,尤其在担负着伟大责任的情况下,应该学会提出自身的问题,进而形成自身的特质精神,或许是十分优异的一种特质。不过查尔斯爵士似乎要求的东西,超乎了科学家自行其是的权利。看来他为科学家提出的要求是,有权自行其是,而任何问题不容他人置喙。文学文化,既然施展完了最后的招数,那么现在就应该予以罢黜;甚至不可扮演少数派反对党的角色。查尔斯爵士笃信,文学思想伴随着特有的无责任感,文学文化,他莫名其妙展现为担负着西方世界的统理职能,具体说来,就是能够解答西方世界所有的异常现象,愚蠢行为,以及犯罪活动,形成的"现存模式",现在必须打破,如果西方还要幸存下去,或者至少不至于一落千丈,查尔斯的信念,我们如何还能从其他方面理解呢?文学文化已经丧失了质疑问难的权利,可谓彰明较著。

可能任何人都不会以为,查尔斯·斯诺属于要求剥夺自由批评的权利之类人物。在《两种文化》中他所采取的方针,和他在这一方面的实际性格气质,实在相去甚远,所以我们只能臆断,他的本意并非如此,字面上的言之过甚,并非他的本意所在。或者我们臆断,他本意如此,那是由于俯首于某个首要关注的大端问题,他又如此确信无疑其中所体现的善,故而他就会探求肯定首要关注的要端,假设它已经超出了他的思维的控制,而采取的方式,则会令其大吃一惊。本人认为,后者就是实际的情况。众所周知,查尔斯爵士首要关注的,是一个善良而又必要的宗旨,关注确保和平,具体说来,就是关注西方与苏联之间分歧的弥合。这个宗旨本身而论,固然只会给查尔斯爵士增添光彩,不过看来其中隐含着实施本身所产生的一种怪异的,孤注一掷的方法。

如果《两种文化》真正的思想启示,在于凭借科学家的文化,而能够在西方与苏联之间取得理解,这种文化的延伸,超越了人为的民族和意识形态上的差异。共识的领域将是科学家共同认识到,需要一起携手,将科学革命的发展前景,提供给各个民族的弱势群体。科学家之间的纽带,查尔斯爵士告诉我们,其实属于生物纽带性质:他们全部是未来意识深极骨髓。科学促使大家携手共进,撇开一切隔阂——谈到英国科学家社会起源方面的巨大差异得以克服的具体方式,从而成就了英格兰的科学文化(似乎言下之意是,科学家的得天独厚即在于斯,而英国的文人雅士,则从来没有社会阶级上的差异需要克服),查尔斯爵士如是说,"不假思索,他们就会同声相应。这就是一种文化的含义所在"。以此类推,"不假思索",西方的科学家和苏联的科学家,可以期待他们"同声相应"。况且,由于"这就是一种文化的含义所在",他们就会在一个实体中携手共进,政府尚未完成之事,这个实体将有所作为,这项工作便是解除天下的苦难。可是就程度而论,科学自然而然团结芸芸众生,而文学则使得众生四分五裂,全世界的科学家,无法形成这么个裨益天下的实体,除非我们西方人打破传统文化的现存模式,文学文化,它关注的是自身,这体现于沾沾自喜接受悲剧的态度,而如此态度,不仅漠视了人类经历苦难,而且甘愿使其承受苦难,这体现于关于当前,甚至关于未来,提出了那些刺耳而无关的问题。

这样一个观点,我推断,在走投无路的时候,肯定是理性的一种显示。在走投无路的时候,看来永远聪明的做法,就是把什么物什,或者哪个家伙扔下船舱,最好先扔下约拿①,或者阿里翁②,先扔下先知,或者诗人。吉·斯·弗雷泽先生,举例来说,似乎就理解了查尔斯爵士所需要的结果,于是很乐意和他同行,乐于接受他的思想:和平的取得,可能要求对文学做出某种反面的判断。"无关紧要的是,"他说,"我们是否在形式上的剑桥范围之内,挽救真正的剑桥……我们希望拯救的是瑕疵触目可见的实际的尘世。高等学府教授英语,则完成不了这个使命;斯诺之辈,到了俄美两家,都是宾入如归,用简单生硬的方式,力求教诲这两个生硬简单的庞然大物要彼此理解,可能结果证明,和利维斯博士相比起来,他们才是更大的施主。"

岂有此理,高等学府教授英语拯救不了世界,确实,其他任何的文学活动也无能为力。什么才能拯救世界,委实碍难奉告。不过我们能够十拿九稳地说,否认天下的实际情况,则无法扭转乾坤。政治便属于其中的实际情况。可以这样描述《两种文化》:作者传递的最强烈的愿望,就是大家应该淡忘政治。演讲有一处提到了民族政治,谈到它是科学家活动的一个阻碍。视为科学家必须在其中工作的环境受到了妨碍。可是这个要点,他没有深入探讨,而演讲产生的效果是令人想到,科学家的才能和良好用心,与政府的惰性或是居心不良,争端并不在于二者之间;演讲所展示的争端,在于科学的优秀文化与文学的不良文化之间。

采取了这种否定政治的客观现实之后,查尔斯爵士便和当今知识分子同气相求了——我们大家都希望,政治并不存在,我们大家都希望,黑格尔的声明具有绝对而又直接的真实性,我们梦想理性主司世界的全部统理,早日为宜。毫无疑问,这是一个泽惠天下的最终结果,可是我们急不可耐则具有危险,如果导致了我们否认当前政治的客观现

---

① 见《圣经·旧约·约拿书》。
② 阿里翁(Arion),古希腊诗人和音乐家。希罗多德史书里有记载。

实。就查尔斯爵士的情形而论,我们探讨的是,科学界哲人—君主与文学界哲人—君主,二者的相对优越之处,政治同时则在延续其自治的生命,其中有一个方面,体现为大规模地抵制理性。描述针对理性的抵制,是作为其他的因素,同时标举两种对立的"文化",根据这种堂而皇之的说法来思考问题,这样益处何在呢?

不过事实当然是政治并非最终属于自治性质。政治可能表现为对理性的大规模抵制,结果将我们导向的思想是,认为政治的抵制是绝对的——风雨飘摇的年代,我们设想的政治,无非权力而已。然则并不能说——至少在政治多少需要依托思想意识的情况下——政治素来就不受舆论所表达的理性的影响,只能说和某些民族某些时期比较而言,政治较少受到理性的影响。不论在何处,也不论任何时期,政治都无法豁免道德判断,这种判断是否产生效果,则另当别论。可是倘若我们自欺欺人,如同《两种文化》的立论所示,假想政治根本并不存在,那么政治就无法成为道德判断的对象。倘若我们否认文学具有任何权威,如同《两种文化》的立论所示,更有甚者,以至声称,激发道德意识的这个伟大的传统力量,本身就是不道德的,那么道德判断的根本活动,就遭到了非难,除了道德判断的唯一例证,是肯定把科学的裨益惠及天下弱势群体。总而言之,查尔斯爵士,一面力求推进的事业是西方与苏联之间的理解,同时似乎言语之间的意思是,如果我们设想,政治无法加以判断(因为政治并不存在),而且政治不应该加以判断的(因为判断的传统力量是不负责任的),那么理解就会成为现实。

III

我认为《两种文化》确实是大谬不然的一部书。而且我也发现,利维斯对此书的批评不得要领,这体现在他着眼的方面,并非此书谬误的全部范围,而是落墨于论题以外的问题。解读《里士满演讲》之后,论者得出的印象是,《里德演讲》的实质,在利维斯博士看来,具有极端的攻击性,结果他的全部感情便变得愤慨万分:我们的推断是,查尔斯爵士的要求,与利维斯博士的要求,可谓大相径庭,而且利维斯博士认为,查尔斯爵士的要求可谓粗鄙庸俗。不过从利维斯博士的回应之中,我们难以臆断,查尔斯爵士的言论,具有广泛的借鉴意义——我们所能够说明的,无非他可能提出剑桥课程要有所改变,而利维斯博士予以排斥时十分激烈,而且表示了厌恶,在课程委员会的会议上,毫无疑问大家往往有所感受,虽然并未溢于言表。利维斯博士历来认为,教务问题事关重大,所以在他看来,查尔斯提出的课程改变,肯定意义超乎剑桥之外。他所理解的这个意义有两层,一者是可能对民族文化造成不良影响,一者是课程改变乃是民族文化中某种已经不良的思想的体现。不过就此而论,我们臆断,对于课程方面的任何改变,他都会产生这样的感觉。

总之,在看待《里德演讲》的时候,利维斯博士未能按照本身的真实面貌认识事物,和查尔斯爵士一样,后者结合与政治的关系而看待文学文化的时候,也未能按照本身的真实面貌认识事物。

利维斯博士对《两种文化》的批评,有一个不足之处,可谓他对查尔斯爵士言论的反应,后者附和那位"声名卓著的科学家",谈论起现代时期伟大作家的政治姿态。那个陈述,如果提到奥斯威辛集中营,我们便戛然而止——这是做出的一个十分重要的修正——当然确实具有真理的色彩。20世纪前三十年里的文化奇观之一在于,一方面受过教育的人,图书的读者,在思想方面往往变得前所未闻的开明和激进,同时并未出现堪称一流的文坛人物(虽然等而下之者不在少数),在自己的作品里,利用了开明或激进的思想,或者认为它们可以凭信。在1946年的一篇随笔里,我议论到这个情况。"我们受过教育的阶层,"我说,"以一种现有而可谓温和的怀疑眼光,看待获利动机,信奉进步,科学,社会立法,规划,国际合作,或许论及俄国的时候,尤其如此。这些信念可以为服膺之士增添光彩。不过下述情况可谓一种诠释,如果针对的不是我们的信念,那么就是针对我们服膺信念的方式:未曾出现一位一流作家处理过这些思想,以及与此一倡百和的感情,运用了一种伟大的文学形式……"如果我们道出那些作家的名字,根据多数严肃批评的一般共识,同时也根据我们谈到的受过教育的那个阶层的首肯,大家认为他们是我们时代的丰碑人物,我们便看出,对于这些作家而言,自由主义的思想意识,历来至多是一个无关紧要的问题。普鲁斯特,乔伊斯,叶芝,托马斯·曼(作为小说家而论),卡夫卡,里尔克,纪德(也是作为小说家而论)——所有这些人物,都怀抱着自己对于正义和美好生活的热爱,可是其中却没有一人,在作品里采取了体现热爱那些思想和感情的形式,而据我们受过教育的阶层所知,自由主义的民主政体已经标榜,这些思想感情是值得尊重的。

我们还可以傅益的是,有些伟大作家在作品里,表达或者听信了保守乃至反动的思想,有些则在个人生活中,保持以岿然不动的漠然或者蔑视态度,看待一切政治问题。从一位现代文学天才的作品或谈屑中,读者不可能借鉴政治眼光,有些(意志薄弱的)读者,甚至可能政治上引入歧途。

假设上述作家我们带入审判法庭的话,凡是身为辩护律师的人,如同查尔斯爵士所言,不是在维护站不住脚的论调。辩护可以通过正当简单的方式来进行。文学从其性质或者根据定义来看,是清白无罪的,这个说法并非上述的辩护之道。文学强大有力,乃至足以令人设想,文学具有造成危害的能力。可是文学产生的思想陶冶,绝非始终是直接性的,为了论战目的,那是人们有些时候的说法。查尔斯爵士和那位声名卓著的科学家,看到现代文学天才趋于反动的各种倾向而为之沮丧,比较而言,客观的事实是,英国的诗人,他们的诗源取法于叶芝和艾略特,甚至庞德,而在看待他们的诗坛宗师的社会思想和态度方面,则明显未曾产生共鸣。

凡是高校的文学教师都会注意到,持有激进社会和政治见解的青年的情况,在看待伟大现代作家对立的观点,或者岿然不动的漠然态度时,他们实际上从未感到不安。这并非由于青年认为,作家并无义务去处理生存方面严肃问题,或者因为他们透过单纯美学的迷雾来认识作家。道理在于他们懂得——而且完全无需教诲——在戴·赫·劳伦斯的字里行间,他们理应听信的是故事,而非叙述故事的言者。他们感知到故事总是偏向他们自身的慷慨冲动这一面。他们懂得,如果说某人可谓未来意识深极骨髓,那么就是深极文学天才的骨髓,恰恰由于目前渗透于他的骨髓,恰恰由于往昔意识渗透于他的骨髓。他们还懂得,如果一部文学作品具有什么真正的艺术生命,其具有的价值就在于人生的批评；无论作品选择了什么复杂的方式来表达，它是在宣告人生理应具有的品质，人生并不具有而理应具有的品质。他们感受到了，我认为，属于伟大品质经纬之内的一部文学作品，并不要求更多的人生的活力和精华，而且，通过自身的意识交流，让这些品质焕发出来，这种情况简直不可思议。倘若他们在体验这样一部作品的时候，遇到一个表达是在蔑视某个他们已经和政治品德联系起来的思想，他们会敏捷地理解，遭到菲薄的并非是理想形式所表达的思想，而是大张旗鼓传播天下的思想，其中有些特定的和特殊的人物。我尚未遇见哪位学生，信奉的是利他主义政治思想，而觉得自己和斯蒂芬·德迪勒斯[①]格格不入，因为这位后生厌恶政治理想主义；我也尚未遇见哪位出身寒门的子弟，他感到不得接触叶芝能够给他提供的篇章，因为诗人污辱过店主，或是他层出不穷和取之不竭的势利思想的什么表达。

要说哪一位有资格去打文学的笔墨官司，比我以上的说法更加具有说服力，自然当推利维斯博士。身为批评家和师长，他的事业无所旁骛，致力于解说的思想是，文学为我们展示了"人生的前景"，人生可能具有的活力和精华这些品质。当然，《里士满演讲》的意图，就在于说明这一点，作为针对查尔斯爵士非难文学的答复。不过利维斯博士有所抑制。当辩护的问题不是泛泛而谈的文学，而是现代文学，他举为反证的材料，不过是劳伦斯谈到什么问题时的一节文字，用了挖苦和勉强的语气，声张社会平等。这并不足以对付非难；针对这样的反证，查尔斯爵士有可能罗列劳伦斯发表的诸多说法，查尔斯爵士——或许就连利维斯博士本人——会认为这些是"反社会情绪的愚不可及的表达"。

看待诸多现代作家反社会的言论时，只有一种可行的方式，那就是要思考，是否他们反社会情绪的表达，无非愚蠢而已。无论喜欢还是讨厌，事实在于我们时代有一个典型的文化事业，一直就是质疑社会本身，不是社会的特殊形式和方方面面，而是社会的根本实质。人生的批评已经拓展到了这个极端的程度。关于处理这个现象的各种方式，处理恐怖和沮丧的方式，诸如查尔斯爵士的方式，或许最无用处。依我之

[①] 乔伊斯《青年艺术家的肖像》的主人公和《尤利西斯》中的主要人物之一。

见,远为有效的处理方式,在于努力理解这种强烈敌视社会的态度意味着什么,在于质疑是否这是西方衰落的一个征兆,因为征兆十分显豁了,或者是否或许这并非西方这一方面临界能量的一个活动,社会本身这一方面临界能量的一个活动——体现为社会在努力从自身确认那种流于表面的好的方面,在努力重新理解人生的本质,而这是要规划培植的本质。我并不希冀发现答案,不过这些问题,我确信,为把握这种现象指点了迷津。

利维斯博士把握这个现象时,并未采取这种方式,尽管他表示,高校的文学研究,必须在"学术—文化前沿"上表明立场。客观来看,在涉及前沿问题的时候,他偏向——可谓一种体面的偏向——停留于前沿的后面,或者在某些要津采取一种立场。举例而言,面对戴·赫·劳伦斯的两个立场,一者脱胎于关注社会的19世纪,而且在一定程度上,确实肯定了关注社会的思想,一者至少具有同等的重要意义,即在劳伦斯看来,拯救社会的条件,在于全盘否定社会,而利维斯能够欣然接受的只是前者。他笃志于学术—文化前沿的态度可谓真诚,不过主要在于理论方面;众所周知,他表示同情的现代作家寥寥无几,所以他无法雍容大度,着手为其辩护,以此驳斥查尔斯爵士对他们的概括。

沃尔特·艾伦①先生,在《里士满演讲》面世不久,《观察家》读者来信栏目刊载了对此进行攻击和为之辩护的通信之后,即在《纽约时报书评》上撰文,就利维斯博士与查尔斯爵士之间"共识的相同领域",发表了正确的意见。"论者期望的是……斯诺能以同情的眼光,看待利维斯所强调的文学道德核心的至关重要,"艾伦先生谈道,"双方都抨击了文学实验的现象,用生硬的速记方式来说,没有一方是福楼拜-乔伊斯之辈。"两人的相同之处不止于此。从社会背景的角度来看,两位人物也不是迥然相异,至少在不重教养的美国人的眼里看来。两人都出自外省的中产阶级,层次有所不同而已,无论物质优越方面可能存在什么差异,彼此都有可资利用,或有所欠缺之处,没有一方从小到大可以自恃

---

① 艾伦(Walter Ernest Allen,1911—1995),英国批评家和小说家。以批评著称,主要有《英国小说:批评简史》。

享有唾手可得的特权。从他们脱胎而来的这些起源,我们可想而知,他们看待日常现实时,都抱有强烈的意识,对待履行现实强加的种种义务的那些人士,怀有一份尊敬,十分重视天伦之情,看到轻薄和故作风雅顿生厌恶。如同我所暗示的,对于属于存在主义,或者产生颠覆影响的现代思潮或文学的各种倾向,没有一方予以丝毫的响应。一位朝气蓬勃而又高雅情趣的后生,肯定会说,如要举出两人都笃志于英格兰,家庭,还有义务,他们就是利维斯和斯诺——他会说在这一方面,他们一模一样,犹如两把丁字尺。

另外还有一个方面,一个尤其意味深长的方面,他们也是如出一辙。这就是看待社会阶级时他们的感情。查尔斯爵士小说作品中,有一大主要兴趣,就是在对待阶级问题上鲜明直率,认为阶级乃是个人生活的一个决定因素。这一方面,《两种文化》一如他的小说,观点毫无掩饰——作品里的那些科学家,形成了一个新兴阶级,凭借的就是他们异化于古老的阶级态度,而查尔斯爵士则是文人雅士与传统文化等同视之,后者据称是统理着西方世界,言外之意,他们实则为一个贵族统治阶级的代表,已经衰落而依然势力强大。利维斯博士的著作,同样渗透了社会阶级的理念,即便倾注于这个主题时,远不及前者态度鲜明。就本人记忆所及,利维斯博士未曾使用过表示英国社会阶级特征的字眼——他没有提到贵族,绅士,中上阶层或中下阶层,或者工人阶级。在他看来,一个阶级是通过它认识自身的理念来界定自身的——换而言之,通过它的品味和风格。阶级之于他乃是一个文化实体。他在设想阶级力量的时候,他经常如此,他所想到的并非经济或者政治力量,而毋宁说是文化力量。实事求是而论,文化力量在他的思想上的展现,可谓某种方面暗示了阶级力量,不过力量的实际情况或者影响,在他看来,都是居于文化之后,而这些力量则产生于文化,或者说它们产生了文化。

况且确实,程度上并不亚于查尔斯爵士,利维斯博士也笃志于创造一个新兴阶级。我们甚至不妨这样说,他的工作的全部动力俱在于此。他似乎愿意假定存在这样的社会环境,其中流动性较大,不过也有所控制和有所限定,要根据流动人口的趋向而定,要看他们是否愿意为某一传统的阶级所吸纳。一个准贵族的、大都市的上层中产阶级发挥了吸引力,作为对照,利维斯博士已经引为己任的工作在于,组织流动人口,其中那些具有才华和意识的人群,使之形成一个新兴社会阶级,构成的基础则是认认真真理解了文学,而且有所响应,主要为英国文学。在这项事业中,他根本未能取得全面的成功。论者有一个印象,他培养的诸多门生认为,自己至少构成了一个社会栋梁,因为他们纷纷在中等教育学校和高等院校担任教职。

撰文论述利维斯博士的时候,只有另外一次我发表的意见是,克伦威尔光荣革命,在英格兰其实从来就没有真正大功告成,而利维斯博士则可谓是圆颅党里为首的一名上校。他的理想读者乃是人民大众,他们"严肃的兴趣在于文学",他是在代表他们而发动了一场战争,抵制一个文化-社会阶级,一旦关注文学的时候,这个阶级公开表示偏好的是优雅,轻松,讥嘲这样一些品质,而反对的则是不加掩饰的真诚和严肃。"对于一个文质彬彬的民族而言,"吉本有言,"诗歌乃是幻想的乐趣,而非抒发灵魂的激情。"①终其一生的事业而论,利维斯博士一直迎面反对的,便是吉本所谓一个文质彬彬的民族的一切,还有一个文质彬彬的阶级可能意味的一切。布卢姆斯伯里历来是他的一个典型对手。不过现在就查尔斯·斯诺而论,他对峙的一位反对者则和他本人一样,属于圆颅党,而且同样是认真对待和有意为之。

面临这番对峙,利维斯博士力有未逮。面对《两种文化》大张旗鼓的意图,利维斯博士的回应则力有未逮,因为他只是搬出自身的侧重所在,借此对付查尔斯爵士的文化侧重;或者力求诽谤查尔斯爵士的思想,主要是想方设法,使得这些思想俨然是庸俗的思想或者落伍(威尔斯式②)的思想;或者针对查尔斯爵士所谓科学将使未来变得更加幸福的憧憬,他搬出的则是原始先民的魅力所在,"有他们令人惊叹的手艺和技艺,以及充满活力的才智"。我并无意要说,利维斯博士并不知道,

---

① 引自《罗马帝国兴衰史》第 9 章。与原文略有出入,原句为"Among a polished people, a taste for poetry is rather an amusement of the fancy than a passion of the soul"。

② 指威尔斯(H. G. Wells, 1866—1946),英国小说家、记者、社会学家和历史学家。他强调科学的巨大作用,对富裕阶层知识分子有所不满。

在处理他论旨的细枝末节方面,查尔斯爵士出现谬误——不出我们所料,他态度鲜明,谴责了查尔斯爵士关于维多利亚时代作家大放厥词的谬误。当然,我也并非是说,利维斯博士并不知道查尔斯爵士立场上根本的谬误所在——他一清二楚,而且他也能够头头是道,针对简单化地笃信一个科学的"未来",确定在面对科学技术飞速发展的时候,人类的需要"在于充分明智地把握全部的人性(此处的'把握'意味着,不是对属于我们的那种禀性——我们的属性——有自信的拥有意识,而是看待那种属性时,怀有一份基本的亲身体验到的尊重,尽管人性确实深入到未知领域,而且自身无涯无际,我们则懂得,人性乃是属于我们的)"。可是这些胸怀远大的片刻,未能使《里士满演讲》摆脱通篇的坐井观天。举例来说,查尔斯爵士的立场,隐含着无限的政治含义,而他的演讲则未显示出丝毫可资佐证的意识。而且我们倘若尝试发现一个理由,可以解释利维斯博士的回应力有未逮的原因所致,我想,大家就会发现,正是相同的理由,说明了查尔斯爵士在他的言论里首先大错特错的原因——两人都把文化这个理念,作为思想的一个范畴而视如珍宝。

文化概念是具有莫大吸引力和无可置疑的用途的一个理念。我们不妨说,这个理念发端于下述假定:一切人类的表达或人工制品,都暗示着各个社会集团,或者小集团生活中,有某些值得思考的倾向;而且凡是暗示的一切,都有来龙去脉——一切文化事实都有前因后果。根据文化方面进行思考,无异于思考人类表达时,不仅要着眼于其可见的存在和标榜的意图,而且,不妨说,要着眼于隐秘的生活,察觉那些寓于明文公式背后的渴望和冲动。当我们在文化范畴之内思考而做出的判断中,我们在极大程度上,凭借的是一个表达得以形诸的那种风格,因为相信风格将会暗示,或者暴露,本意之中并不打算表达出来的内容。审美方式是文化理念的组成部分,我们对各个社会集团的判断,很可能是主要是在一个审美基础上做出的——我们喜欢或者厌恶我们所谓他们的生活方式,甚至我们在判断道德规范的时候,在两种道德规范之间取舍的标准,姑且二者具有同等的严明或同等的松弛,很可能是一条审美的标准。

文化概念,为运用它的人提供了一种解放思想的意识,因为他们较少处理抽象概念和单纯客体,较多处理的是人类感情方面当前重大的客观现实,因为这些方面发挥的作用,在于塑造和决定人类群落状况,它们同时构成和暗示着人类存在的质量。而伴随这种质量的各种激情,则毫无着眼文化的思维模式所具有的那些吸引力——因为这种质量假定,一切事物都有来龙去脉,或者暗示了文化生活的全部内容,这种质量提供给我们思考的,是那些强烈饱和的、经过道德教化的感情,看来后者合宜我们的下述意识:生活中凡是美好的一切,都与每个文化活动休戚与共。艺术或者思想方面的平庸,或者失败的一个例证,不仅是平庸,或者失败,而且也是一种罪孽,理所当然要作为罪孽来论处。这些激情,毫无疑问可以灌注生气:激情具有英雄主义的表象。

而且我们如果尝试说明,有哪些具体环境构成了着眼文化的思维模式,如同当今的情况,人皆可用,而且具有权威,我们就必须参考马克思,参考弗洛伊德,参考存在主义的大体运动,参考方方面面,即具有现代性特征的各种倾向所隐含的人生存在偶然这层意识,我们从中借鉴了荦荦大端:能够展开争辩,而且值得争辩的要端,在于偏好或者趣味。《里德演讲》和《里士满演讲》示例表明了,文化理念能够用于动摇阶级方面古老的确定属性,能够以趣味为基础而构想新兴的社会集团。

所有这一切,确实把一种不可小视的权威性,赋予了着眼文化的思维模式。不过有时候我们也许感到纳闷,下述情况是否完全为一个偶然事件:如此强烈的一种冲动,要把我们的生活意识、学术生活的品行,主要建立于趣味上的对峙,如此的冲动是在这样一个时代演化而来的,主宰时代的是广告,这门神奇而又可怕的艺术教诲我们,大家界定和认识我们真正生命的时候,只要选择适合的风格。我们在比较消沉的时刻,有可能被导向质疑的问题是,下述二者之间是否存在一种切实的差异:一人界定自己的依据,是服膺关于道德,政治,文学,或者城市规划的一种或另一种思想,而另一人界定自己的依据,则是穿着没有褶裥的裤子。

据我臆断,我们根本逃脱不了着眼文化的思维模式,如同我们逃脱不了文化本身。不过或许我们必须学会以冷静一些的眼光看待文化,为了我们对于学术生活还有所尊重,也为了提供理性对话的可能性。

查尔斯爵士展望的社会阶级是新兴的而且十分强势,以一种生活方式为基础,他归诸于一个特定的职业,与他归诸于另一职业的生活方式加以对照,进而他同时否定了政治现实,以及根据道德标准对此进行判断的可能性。利维斯博士作答的时候,对他抱有一种个人鄙视的盛怒之情,后者掩盖了争端的主要内容,而确实提出了针锋相对的真理,不过利维斯博士在维护个人的生活方式取舍时的那些辩词,看来和一种偏见并无多大区别,所以严重妨碍和掩盖了他真理的一面。《观察家》上发表意见的读者,则在生活方式上表现了各人的趣味,而且采取了相应的立场。目前正是处于这样一个时刻,我们这些心灰意冷的思想,在思想这个理念之中,渴望找到安慰和勇气,那种思想的能力,我们所服膺的文化理念,却否定了它所具有的古代潜力。在当今之世的人们看来,思想势在必然肯定不过是个可怜的灰色玩意,因为思想总是力求超脱于激情(不过并非超脱于情感,斯宾诺莎曾经有言,这就说明了差异所在),而且超脱于时间地点上的具体情况。不过观照思想则有益于我们的身心,因为曾经伴随而来的是光明的信仰:思想这种能力,并不属于具体职业,或者具体的社会阶级,或者属于什么文化集团,而是属于人类;思想是芸芸众生可能学会思想的真正用途,而且这是适宜他们的,因为思想乃是大家能够彼此交流的手段。

科学早期的存在,正是基立于这样的信念,它给予信奉的人们一种值得评论的特性。查尔斯爵士提到了科学家中的法拉第,他们推翻了社会阶级的界限,形成了英格兰的"科学文化"。这个说法只有在以下程度上讲,才能够成立,那就是要使这个说法能够吻合这样的事实:法拉第无法想象有一种"科学文化"的理念,而且会遭到后者的彻底排斥。据称法拉第拒绝他人以物理学家相称;他非常讨厌这个新式称谓,因为是非常专门的而又特定的称谓,所以他坚持要用古老的称谓,哲学家,因为这个称谓包含着广阔的普遍性:我们不妨这样推断,这就是他表达自己尚未推翻阶级的限制性条件的说法方式,不愿仅仅为了接受职业的限制。思想这个理念,曾经启发了这个书商装订师的徒弟,他便开创了无师自通的英雄之举,这个理念,也启发了这位伟大的科学家,日后置身于专业兴趣的范围之外,而各个社会集团则给各自的成员规定了专业兴趣。廷德耳①记述导师的经典文字,《作为探究者的法拉第》,其中有一段个人插曲昭示我们,法拉第争取成为一位超乎利欲的人物,这层美好的词义不复存在了。从他思想上的信仰之中,他汲取的定见是,他的真正生命并不是成为某一职业或阶级的成员,而是成为——沿用他同时代的一位诗人②的话来说——"一位向芸芸众生说话之士"。③

　　走向偏激和歪曲的时候,思想这个理念会遭遇什么,现在无需向任何人提醒了。19世纪的文学作品亹亹不倦,晓示我们的正是这个道理,孜孜不倦予以非难的,就是精神的倦怠和枯萎,这个结果产生于矢志排除冲动和意志,渴望和偏好之后的思想。可以肯定的是,意识到这一点,则获得了一种解放,进而可以继续严肃看待那些特性各异的冲动和意志,渴望和偏好,凡此种种构成了个人与集团的差别——可以利用前面所说的着眼于文化的思维模式。我们理所当然认为,类似其他任何一种思维模式,这种文化模式也存在其特有的危险,不过我们为之惊讶和遗憾并非没有道理,因为居然是查尔斯·斯诺爵士和利维斯博士,他们共同演示了着眼文化的思维模式能够走向何等偏激和歪曲的程度。

---

① 廷德耳(John Tyndall, 1820—1893),英国物理学家。法拉第的同事和朋友。
② 指威廉·华兹华斯。
③ 出自1798年版《抒情歌谣集》序言。

正规教育与新式文盲

克里斯托弗·赖许

---

* 节选自《自恋主义文化》第六章。

克里斯托弗·赖许
(Christopher Lasch, 1932—1994)

美国历史学家、道德家和社会批评家。出身书香门第,父亲为著名学者,母亲曾获博士学位,从事社会工作和教书。赖许先后就读于哈佛和哥伦比亚,后在几所大学任教。20世纪60年代以社会主义者自居,同时受到法兰克福学派的影响,一度热衷于左派文化。1965年发表第一部重要著作《1889年至1963年的美国新激进主义:知识分子是一种社会类型》。1979年《自恋主义文化:期望渐渐消逝的时代的美国生活》问世之后,声名鹊起,纸贵一时,当年成为畅销书。美国总统卡特当年曾邀请赖许前往戴维营,为其"信心的危机"演讲进行专门的咨询。赖许从心理学、文化艺术和社会的角度剖析了当代美国社会,认为20世纪的社会发展,包括世界大战和消费文化,导致了自恋倾向的人格结构,而这种病态的心理已经侵蚀了西方文明。他较为重要的著作还有《精英的反叛》,全书古为今用,揭示了当代社会进退维谷的历史根源。赖许指出,当今之世的民主受到的威胁不仅来自民众,同时也来自精英,他明确界定了知识分子的定义是"以思想为生活之士"。其他著述包括《美国自由主义者与俄国革命》《真实和唯一的天堂》《妇女和共同生活:爱情、婚姻和女权主义》等多种。

麻木状态的蔓延 正规教育扩展到从前遭到排斥的群体,这是现代历史上令人最为瞩目的一大发展。过去两百年间,西欧和美国的经验提示人们,大众教育提供了经济发展的首要基础之一,天下其他国家的现代化论者,力求照搬西方的成就,促使教育惠及大众。笃信教育具有创造奇迹的神功,这个信念已经证明,它是自由主义思想意识历久不衰的一种成分,很容易为敌视自由主义其他成分的思想意识所同化。然则教育民主化却奏效甚微,证明不了这个信念持之有故。教育未能增进民众对现代社会的理解,提高通俗文化的质量,也没有缩小贫富差距,悬殊之大一如既往。另一方面来看,批判思维的衰微,学术标准遭到侵蚀,教育于此也在推波助澜,这就迫使我们要思考一种可能性:如同保守派历来的论证那样,大众教育本质而论,与保持教育质量可谓格格不入。

针砭教育体制的保守派和激进派批评者,在一个核心主张上取得了共识——学术标准为精英主义固有之也。激进论者抨击学校体制的理由是,一种行将就木的文学文化,即书面文字构成的"线性"文化,学校欲传诸久远,而且强加于大众。根据这种观点来看,努力标举文采斐然和顺理成章两条标准,作用仅仅在于保持大众安分守己。教育激进主义不知不觉附和了保守主义,后者假定,普通百姓无望精通推理的艺术,或者达到表达清晰的水平;同时假定,迫使得他们接触高雅文化的结果,则不可避免会放弃学术的严谨。文化激进论者采取的是相同立场,不过用于证明降低标准名正言顺,视为走向受压迫者获得文化解放的一个步骤。

在这两种立场之间,倘若迫不得已而有所取舍,有些人士笃信,批判思维乃是社会或政治进步一个不可或缺的先决条件,他们很可能拒不承认进步的根本可能性,因此与保守论者为伍,后者亲眼目睹的时候,至少认识到学术的退化,而且并未尝试粉饰为学术的解放。可是保守论者关于标准崩溃的解释流于简单。甚至在哈佛,耶鲁,普林斯顿,标准也都在退化,尽管论者很难形容这些学府是大众教育的机构。哈佛有一份教务委员会报道称:"哈佛的教师并不关心教学。"根据哥伦比亚大学探索通识教育的一项研究的说法,教师缺丧了"他们的共同意识:什么类别的无知是不可接受的"。由此而来的结果是,"在阅读拉伯雷笔端的公民骚乱时,学生竟把原因归诸于法国大革命。一个班级的二十五个学生,从来未曾听说过俄狄浦斯情结——或者俄狄浦斯。十五人的班级里,俄国十月革命的年代,仅有一人能够确定在十年之内"。

无论如何,知书识字水平的下降,不能一味归咎于教育体制的失败。现代社会的学校,大体作用在于培训人们能够工作,可是绝大部分现有的职位,即便在高端经济领域,不再需要高水平的技术或者知识能力。确实绝大部分职位,多半属于例行公事,很少依靠锐意进取和博识多通,结果凡是成功完成特定学业课程的学子,不久便发现,从事绝大部分现有岗位时,他们能够"胜任愉快"。教育体制的退化,由此反映了一些社会需求的萎缩,比如首创精神,锐意进取,志在必得之类的资质。

和大部分教育理论家以及他们在社会科学领域那些同盟的表态言论背道而驰的是,发达的工业社会,不再依靠重视成己成物的一个族群。这样的社会,相反要求的是麻木的族群,屈服于琐碎而粗制滥造的工作,事先的意向是,在留作余暇之用的时间内追求满足。在美国行使绝大部分权力的那些人物,信奉的至少是这样的信念,虽然未必始终公开承认。"我们文化的危机,"正如理·帕·布莱克默[①]在 1954 年所提到的,"产生于一个虚妄信念:我们的社会仅仅需要有足够的头脑,同时创造和操作机器,还要有足够的新式文盲,以便对付其他的机器——我们大众媒体的机器——以便利用。这或许就是人才方面最昂贵和最浪费的社会形式,人类已经予以摒弃。"随着岁月流逝,布莱克默的分析

---

① 布莱克默(Richard Palmer Blackmur,1904—1965),美国批评家和诗人。

显得更加中肯而令人信服。他写下这番话的时候,时值高校设施获得前所未有扩张的前夕,他高瞻远瞩,眼光并未囿于眼前的学术繁荣,而是预见到 70 年代的学术萧条,把萧条与现代产业社会普遍存在的人才过剩联系起来看待。"西欧学术界无产阶级中,现存的人才过剩,也就是说,高等院校造就出来的日益增多的学子发现,'他们接受的培养,并无真正的用武之地',可谓过剩现象的一个先行形式,至迟将会出现于 1970 年的美国。"

不仅美国经济的景气不再需要大量受过高级培训的工人——博士生和本科生中,不断攀升的失业率,雄辩地证明了这一事实——而且政治权力也不再追求凭借哲学上的合理理由来维系自身。即便爱国主义,对于维持现状而言,亦属多此一举,而曾几何时,灌输这种思想乃是学校最为重要的一项任务。历史,行政管理,哲学,这些学科培养水平的退化,反映出作为社会控制的机器的组成部分,日益处于边缘地位。

能力的萎缩　席卷而来的社会变迁,在学术实践中已有所反映,因此从根本上造成了学校体制的退化,以及随之而来的愚昧的蔓延。大众教育滥觞之时,乃是一个前景可观的尝试,旨在促使特权阶层的高雅文化变得民主化,结束之时,却使得特权阶层本身变得麻木了。就正规的文化程度而论,现代社会已经达到前所未有的高度,可是与此同时,也制造了各种新式文盲。大家逐渐发现,自己无法自如而精确地运用语言,无法重温本国历史的基本史实,无法进行合乎逻辑的推论,除了十分基础的书面文本之外,其他的文字便无法理解,或者甚至无法领会他们的宪法权利。自强不息的通俗传统,变成了专家把持的深奥学问,如此风气助长了一个定见:几乎任何领域的普通能力,即便自治这门艺术,都也是外行所不可企及的。教学标准纷纷下降,那些教训质量低下的牺牲品,也开始同意专家对其水平的低估,以教书为业的人士便啧有烦言:孺子不可教也。

接二连三的研究报告,关于基础知识技能的持续退化,提供了文献佐证。1966 年,高中高年级学生的"学习能力倾向测验"中,文字部分的平均得分为 467 分——谈不上值得庆贺之事。十年之后,他们的得分仅为 429 分。测验中数学部分的平均分，从 495 分下降到 470 分。许多出版商已经简化课本，以回应大家的怨言：新的一代学子，是在看电视、电影，以及一位教育家所说的"我们文化的反话假设"中成长起来的，他们发现通行的课本无法读懂。知识能力的下降，并不能拿来说明下述的反动假设，有些观察家则会如此看待，认为由于更多来自少数民族和低收入群体的学生参加考试，就读大学，因此拖累了分数。这些学生的比例，在过去十年里一直没有变化；与此同时，学术造诣的下降，扩大到了精英学校以及社区学院，专科学校，以及公立高中。每年都有40%至60%的加州大学学生，发现需要注册参加英语补习课。在斯坦福，1975 年入学的学生，只有四分之一勉强通过大学英语分班考试，尽管他们已经取得"学习能力倾向测验"的高分。在私立高中，1974至 1975 这一年中，数学和英语两门的平均考分，分别下降了八分和十分。

凡是在过去十年或十五年内，教过高中或大学学生的教师都知道，这类研究无非证实了尽人皆知的现象。即便在国内的一流学校，学生运用母语的能力，外语知识，推理能力，历史常识，主要文学经典方面的知识，全部都经历了一个每况愈下的退化过程。根据俄勒冈大学校长的说法，"他们读书不多，在思维和写作方面，也没有得到充分的实践。最终结果就是，走进教室的时候，你对学生就没有多少期望可言，可以说和十五年前的情形相去无几。那就是教书生涯中的一个事实"。加州洛杉矶分校有位心理学教授报道说："几乎教师普遍关注的是写作，文章都文理不通，还有为数众多的学生需要补课。"俄亥俄州立大学有位英语教授议论道，"过去三年里，怨声有增无减，"在全校上上下下的教师中间，"不满的是低年级分班学生的功能性文盲"。这种功能性文盲现象，并非局限于新生和二年级学生。研究生入学考试的分数也有所下降。

参合所有这类佐证来看，作为公民的自身权利，美国人渐渐也更加糊里糊涂，我们对此不应感到惊讶。最近一项关于十七岁青年的抽样调查表明，百分之四十七的人，在即将成为合格选民的时候，并不知道一个简单的事实：每个州选举两名美国参议员。调查还显示，十七岁青年中半数以上的人,十三岁青少年中四分之三的人,不能说明宪法修正案第五条的意义,即保护证人不得自证其罪。每八个十七岁的人,就有一人相信,总统并不需要服从法律,这两个年龄段中,每两个学生就有一人相信,国会议员由总统任命。有半数十三岁的青少年认为,法律禁止任何人建立新的政治党派。在这两个年龄段,几乎没有学生能够解释,为了阻止总统未经国会批准而宣战,宪法赋予国会权力而可以采取哪些措施。如果受过教育的选民是最佳的防御手段,可以抵制独断专行的政府,那么天长日久的政治自由,看来就不能确保是最好的前景。众多的美国人现在相信,宪法认可武断的行政权力,而晚近的政治史,随着总统权力的稳固增强,只可能强化这样一个假设。早期的共和政体梦想,如今变成了什么面目呢?普遍的公共教育,创造的并非一个自治公民组成的社会,而是加剧了求知上的迟钝和政治上被动的蔓延。说明这种异常现象的缘由,在于现代教育体制从中发展而来的独特历史状况。

现代学校体制的历史起源 教育民主化的出现,有两层原因:为现代国家提供知书达理的公民,同时培养有效的劳动力。在19世纪,政治方面的考虑居于上风;教育改革是和选举权的放宽,宗教的废除,共和政体机制的建立齐头并进的。和这些创新一样,普通学校体制是从民主革命产生出来的,那场革命创造了一个新型的公民身份:基于法律面前人人平等和有限政府——一个"法治政府,而非人治政府"。理解早期共和政体理论的模范公民,知道自己拥有哪些权利,而且维护这些权利,而防止遭到其他公民和国家的侵犯。他不会为蛊惑人心的政客所愚弄,那些职业说客头头是道的巧言,也不会为之吓倒。诉诸权威已经打动不了公民。他总是保持警觉而提防伪冒,进而言之,公民老练世故而洞达世人的动机,理解批判推理的原则,同时善于运用语言而能够发现以任何形式出现的学术欺骗。

培养这样垂范世人的公民,显然需要一种新型的教育体制——虽然,在早期共和政体的理论家的头脑里,更为重要得多的是下述考虑:这个体制的先决条件是,一个国家存在小宗财产拥有者,还有财富的公平平等分配制度。共和政体的教育,用杰斐逊的话来说,是以"比较普遍地通过人民大众传播知识"①为其目标的。这种教育强调18世纪可能谓之有用的知识,尤其是古今历史,杰斐逊希望,历史可能教诲青年去判断"大家的行动和用心,认识可能以各种伪装出现的野心;认识了野心,就能够击败它的观点"。

早期美国社会与政治上比较落后的国度之间的对照,可以澄清共和政体的教育旨在克服的那些状况。举例而言,在法国,即使那场革命,也并未把大众的浑浑噩噩一扫而空,社会改革家则视之为推向纵深进步的一大主要障碍。在他们的心目中,农村人口不仅始终目不识丁,而且不合理性地留恋传统方式,沉浸于迷信。米切尔·谢瓦利埃②,在结束他关于美国社会的研究③时,此书写于19世纪30年代,发表了一系列的观感,生动形象地表述了这个问题。依照谢瓦利埃的看法,人类的进步,不妨设想为大众渐进的"入门",参与学术探索,始于宗教改革的"人类心智的征服"。在美国,"科学与艺术的伟大发现",已经"公之于众,受到黎庶的凝视,而且被置于人人可以企及的范围之内。"法国,从另一方面来看,尤其是法国的乡村,呈现的则是世代无知那种令人沮丧的画面。

> 考察我国农村地区的人口,试探我国农民的头脑,你就会发现,他们一切行动的动机来源,乃是圣经寓意故事和十足迷信的传说混为一谈的大杂烩。而对一位美国农场工人进行一番相同的考察,你就会发现,伟大的圣经传统故事,与培根和笛卡儿传授的近代科学的原则,与路德所标举的道德和宗教的独立态度,与比较近时的政治自由的那些观念,在他的思想里,都能和谐地相济为用。他属于入门闻道之人。

美国农场工人优越的性道德观念,比较稳定的安居乐业的习性,就此发表评论之后,谢瓦利埃进而注意到了美国的政治事务,"美国大众

---

① 托马斯·杰斐逊《弗吉尼亚笔记》。
② 谢瓦利埃(Michael Chevalier,),此人于1833年前往美国考察运河和铁路建设。
③ 这里是指他考察美国之后所写的《美国的社会、风俗、政治》一书。

和欧洲大众相比起来,已经达到了一个层次高深得多的入门闻道水平,因为大众并不需要加以治理了;这里(美国)人人内心都持有程度较高的自治原则,更加适合参与公共事务"。两国的差异,他还推及到经济生活,依照谢瓦利埃的看法:美国技工是较好的工人,主要因为他自力更生,而且"满怀自尊"。

从产业纪律到人力选拔　具有讽刺意味的是,这些观感发表之际,恰恰适逢美国即将如法炮制欧洲的状况,方式即为欧洲工人和农民的大举迁徙。始于19世纪40年代的爱尔兰人,由于政治落后因素引起的移民,人们一般是这样看待他们的,认为加剧了恐惧心理,它已经成为美国社会思想中的一股潜流:美国将会倒退至阶级冲突这个令人憎恶的旧世界模式,世代贫穷,政治专制主义。在这类忧虑弥漫国内的气候下,贺拉斯·曼[①]和亨利·巴纳德[②]之类教育改革家的议案获得了听证,他们提议建立义务教育的国家体制,拓宽课程而不局限于前此的改革家所展望的纯粹智育培养。从此以后,帮助移民人口适应文化,这个问题从来就没有游离于美国教育事业的核心位置。"美国化"变成了特殊的美国教育范式,人们设想,这是认识现代文化的入门仪式。因为入门任务是以这种形式表现的,和欧洲学校形成对照的是,美国学校的偏重所在,则是教学课程中的非学术性内容。现代文化的果实传送给大众,这个民主目的,在实践上已属徒托空言,取而代之的是,作为社会控制的一个形式来关注教育。甚至在19世纪30年代,普通学校已经为人接受,在一定程度上充当一个手段,不动声色地阻拦大众切莫追求"文化"。

在吁求舆论支持的时候,19世纪的改革家乞灵于这样的信念:学校在适当的专业领导之下,将便利社会流动和逐渐消除贫困,或者作为选择方案,乞灵于大相径庭的希望:教育体制将会促进社会秩序,途径

[①] 曼(Horace Mann,1796—1859),美国教育家。毕生致力于教育改革,首倡普及义务性国民教育体制。

[②] 巴纳德(Henry Barnard,1811—1900),美国教育家和法学家。创办《美国教育杂志》。

是阻止那些与学生的地位和前途并不相称的雄心壮志。和前者相比之下,后者的论点,可能更其强烈地诉诸富有的施主和政府官员。二者导致了相同的结论:社会最大的利益,寓于普遍义务教育这个体制,它将隔绝学生而使之不受外界影响,同时使之循规蹈矩,这个体制必须由一个集权的专业官僚阶层来运作。

不应夸大美国和欧洲各国公共教育体制之间的差异。欧洲的体制过于偏重德育。两种体制都服务于相同的一般旨趣——培养自食其力的公民,传播现代文化的基础原理,克服地方的落后状态,同时——并非始终容易与这些目标区别看待——团结现代民族,方法就是消除语言和区域方面的差异,谆谆教诲爱国主义,逐渐灌输的思想是忠于八九原则和七六原则①,"光荣革命",或者象征国家诞生的其他事件。因此两种体制从一开始,便结合了民主与不民主的特色;公共教育的政治目标,让位于教育所日益偏重的工业目标,这个时候不民主的特色,就变得日益彰明较著了。

起初,研究社会的19世纪学人,看出了政治与经济"入门"之间的密切联系。他们所设想的工业培训,乃是共和政体的公民所需要的培训的延伸。造就好公民的那些思维方式——自立,自尊,才艺——似乎是优秀工艺的基本要素。现代文化普及大众的时候,学校体制也会灌输十分广义的工业纪律。今日谈到工业纪律,则包含了不幸的内涵:严格管制,人员隶属于机器,市场规律替代自然规律。对于早期而现在几乎不复存在的民主传统而言,工业纪律所包含的意义,它的最后一位倡导者做了最好的表述,凡勃伦②,他相信现代工业在制造各个阶级的过程中,滋养了"破坏偶像的"思维方式——怀疑主义,对待权威和传统的批判态度,"唯物主义的"和科学的世界观,"工艺本能"③的培养,凡

---

① 分别指1689年英国的《权利法案》,全称为《国民权利与自由和王位继承宣言》,还有1776年美国的《独立宣言》。

② 凡勃伦(Thorstein Veblen,1857—1929),美国经济学家和社会学家。以《有闲阶级论》著称。

③ 工艺本能(instinct of workmanship),指精益求精的本能,凡勃伦著有《工艺本能和工艺状况》(1914)一书。

此种种，都超越了既往社会形式中任何可能存在的思想。根据这个传统的观点来看，一个有效的劳动力，并不意味着要有驯服而奴性的工人；相反，依照谢瓦利埃的说法，这支劳动力并不需要加以治理。

世纪之交的一段时期之内——"美国化"也在这段时期，变成了美国教育家的半官方口号——产业教育的第二个，也是远为粗糙的形式，不知不觉进入了公立学校，强调的是手工训练和职业教育，以"效率"这个标语为名目。按照教育者和产业代言人的说法，学校担负的一个责任是，在手工技艺方面，指导下层民众，因为技艺将把他们造就为生产工人和有用的公民。乔治·伊斯曼①埋怨黑人"愚钝无知"，然后得出结论："黑种人的唯一希望和这个问题的解决，在于采取汉普顿—塔斯克基模式②的适当教育，这个模式的目标是，通过工业流水线进行教育，几乎完全把学生造就为有用的公民。"1908 年，有一群商人敦促全国教育协会，要求在基础课程表里，引入更多的商业和工业科目的课程。他们指出，初级学校百分之七十的学生根本不该读高中，对于这些学生来说，最佳的培训目标，可谓"功利居先，文化次之"。

人力培训和凡勃伦所指的"产业纪律"，有着相同的关系，他的意思是政治教导——"公民品行的培养"，这是大家现在的说法——与政治"入门"有着相同的关系。两种创新代表着民主实践，遭到了贬低的翻版，对于有些人士则具有吸引力，他们耿耿于怀的是，在其看来，学校偏重的是"文化"。两种改革都属于更加宽泛的运动，旨在促使学校变得更有"效率"。面对学校普遍存在的高比例的学术失败，公众大声疾呼，1910 年左右，大声疾呼酿成了大合唱，作为回应，教育者引入测试和分班的制度，这些制度的效果在于，罢黜学术的"失败项目"，将之降格为手工和产业培训计划（许多学生在这一方面继续失败）。反对温雅文化，偏重学术课题，"君子教育"，还有"课堂里文质彬彬，讲究礼仪的静

---

① 伊斯曼（George Eastman，1854—1932），美国发明家。伊斯曼-柯达照相器材公司创办人。

② 汉普顿-塔斯基吉模式（the Hampton-Tuskegee Model of Education），指 19 世纪末叶和 20 世纪初叶诸多非洲裔美国人学校实施的产业教育课程表。黑人教育家布克·塔·华盛顿，汉普顿学院的校友，于 1881 年创建塔斯基吉工业师范学院。

谑和优雅",这些抗议与坚持下述观点的态度,每每不谋而合:高等教育和"文化",无论如何不可"让群氓向而往之"。渐进教育时期因此看到的全面繁荣气象是,学校成为一个主要中介机构,职能是充实产业大军、选拔人才、颁发证书。学校培训有效的人力的三种方式中——灌输产业纪律,职业培训,选拔人才——第三种从此以后就变成了最为重要的一种:"为了适应工作而训练人才",在"一战"时期,教育改革家的这句行话变成了头等要务。

从美国化到"适应生活" 然而,即便在 20 世纪,对于那些上学读书的人来说,学校体制根本没有产生普遍的民主化效果。回溯至三四十年代,具有珍视学历教育的文化传统的那些群体,尤其是犹太人,设法利用了学校体制,即使这个体制日益适应充实工业大军这一目的,发挥的是集体自我提高这一杠杆作用。在有利的条件下,学校所强调的"美国风尚"和推行的普遍规范,具有一个解放思想的效果,有助于个人告别地方观念的种族传统而产生积极意义。晚近对学校的批评,有时把大众教育等同于灌输的刻板形式和专横的限制条件,在看待种族地位的问题时,则带有通行的感情用事态度。批评悲叹民俗文化的解体,但是未能注意到,从程度来看,这种解体往往是为了获得学术解放而付出的代价。兰道夫·伯恩[①](激进历历史学家看重的人物,他们相信他对教育的批判,预示了他们自己的批判态度),他曾称颂文化多元主义,当时他的心目中,并非视之为贫民窟原封不动的移民文化,而是就读哥伦比亚大学时,他所遭遇的斩草除根后移民知识分子的文化。移民知识分子中,有一位叫玛丽·安廷[②],她记述了自己的上学经历,显示了在某些情况下,美国化可能导致尊严这个字眼产生一层新的含义。她

---

① 伯恩(Randolph Silliman Bourne, 1886—1918),美国文学批评家和进步作家。就读哥伦比亚大学时,为杜威门人,以论战文章著称,未完稿《战争是国家的健康》一文驰誉美国文坛。作为知识界的公众人物,他成为"一战"前夕成年的美国青年的代言人。有随笔集《青春与生命》等。

② 安廷(Mary Antin, 1881—1949),出生波兰,1894 年移民美国。美国作家和移民权利活动家。以自传《应许之地》闻名,其中描述了融入美国文化的体验。

谈到，了解乔治·华盛顿之后，她懂得"我的高贵门第超过我过去设想的程度。我有一些亲友，用古老的标准来看，他们属于知名人士——我从未对自己的门第感到羞耻——可是这位乔治·华盛顿，我出生之前，他已经谢世，他的伟大品质俨如国王，他和我都是同胞公民"。年代更近一些，诺曼·波德霍雷茨①也描绘了他初识文学文化的经历，那是在40年代，他师从的那位师长的现身说法，表明了温雅感受力的全部局限，可是却给她这位弟子传递了一个不可或缺的意识：世界超越个人经验。

渐进教育时期的改革，产生了一个缺乏想象力的官僚阶层，一个充实产业大军的体制，最终削弱了充当学术解放的一个中介机构的学校的能力；可是时隔很久，这些变革的不良影响才弥漫开来。正如教育者确信的那样，有了智力测验的帮助之后，绝大部分学生绝不可能精通一门学术的全部课程，他们发现有必要设计其他方式，这样才能忙忙碌碌。于是推出了家政、健康、公民品行，还有其他非学术内容的科目，同时还有体育项目和课外活动，名目层出不穷，凡此种种反映的教义是，学校理应造就"全才儿童"；而且反映了实际需要充实学生的时间安排，保持他们合理地得到满足。在二三十年代，此类计划在公立学校迅速地遍地开花，大家需要培养"良好公民品行"，这是哥大师范学院院长的说法，所以往往证明了计划的合理性，美国公立学校的一个主导宗旨即在于斯。林德夫妇②在米德尔敦调查报告中称，职业教育，图书装订，速记，"商务英语"，家政理财，体育，还有课外活动——技能和娱乐，往日在家庭占有中心位置通过学徒形式传授——占据了大量时间，而在过去，这些时间则用于攻读希腊语、拉丁语、历史、语法以及修辞学。

教育改革家把家庭工作带入学校，希望把学校不仅变成教育的工

---

① 波德霍雷茨（Norman Podhoretz, 1930— ），美国新保守主义理论家。主笔《评论》杂志。

② 林德夫妇（Robert Lynd, 1892—1970；Helen Lynd, 1894—1984），美国社会学家。文中指的是他们1929年在康涅狄格州的古镇米德尔敦所做的社会学调查。当地人过着清教徒的生活，几乎成为社会遗忘的角落。一般认为林德夫妇率先将文化人类学的方法运用于这个现代西部城镇。两人合著的《米德尔敦——当代美国文化研究》和续集《米德尔敦处于过渡时期——文化冲突研究》成为美国社会学的经典。

具,同时也使之成为社会化的工具。朦胧认识到在诸多领域内——恰恰是在正规课程范围之外——经验教诲胜于书本,教育者于是开始将书本束之高阁;将经验注入学术背景,重新创造以前和家庭联系起来的学习模式,鼓励学生"学习寓于实践"。令人麻木的学术课程强加于儿童经验的每个阶段,他们要求教育与"生活"能够联系起来,然而为时已晚。有两位教育家在1934年撰述了种种规定,而他们的规定隐含的讽刺意味,自己却毫无意识:

> 天下的实干人物请到学校里来……补充和激励那些在正规学校接受培养的之辈的教学,这样教育就能生气灌注。如果个人从来就接触不到游刃有余的实例,我们又如何能够期望他达到"游刃有余"的水平呢?通过此类手段,有可能使得教育与生活更加密切地联系起来,有可能近乎获得早期实践教育的优势。

在实践中,这条建议迫使大家要不断摸索无所要求的学习规划。摸索在40年代达到了新的高度,当时教育主管机构,在一系列万能药里,又引入了一种——旨在"适应生活"的教育。在伊利诺伊州,倡导适应生活论的人士敦促学校更加重视"高中青年的问题",诸如:"改观个人形象","精心选择家庭牙医","发展和维护健康的少男少女关系"。在其他地方,观察家报道说,听到课堂讨论的是这样的话题,诸如:"我如何才能出名?""我的父母为何如此严格?""我应该随波逐流,还是遵从家长心愿?"

鉴于美国人笃信完整的高中体制——拒绝以单独学院形式,专门处理大学预科和技术培训——实习计划,体育,课外活动,以及学生处处强调的交际能力,侵蚀的不仅是职业和适应生活的计划,而且还有大学预科课程。产业纪律这一概念愈演愈烈,结果学业乃至手工训练,也变成灌输按部就班思想之外的考虑了。根据一九五四年全国人力委员会公布的一份报告,"学校实施的常规课程表,规定了到校时间和出勤率;布置必须完成的作业;奖励勤奋,责任心,才能;纠正粗心大意和笨拙无能;鼓励好高骛远"。然而,教育越是接近这个空洞的理想,同时也就更其有效地给任何一类志向泼冷水,或许例外的是立志采取各种权宜之计而脱离学校。在总课程表里,不仅蚀耗学术内容,而且还有实践的内容,如此一来,教育者便剥夺了学生挑战性的工作,迫使他们另找手段,以便填充法律要求的在校时间。高中学生身不由己的社交活动,从前集中表现于威拉德·沃勒①所谓的"高攀连理情结"②,而晚近的表现则为吸毒,部分原因是感到规定的学习课程十分无聊。虽然教师和行政人员常常悲叹学生醉心于出名,他们自身却在助长此风,实际上十分重视与人相处这一需要——谙熟习以为常的协作,大家认为这是产业成功所不可缺少的。③

·········

  文化多元主义与新式家长作风 60年代后期,民权运动让位于声张黑人权力的运动,教育界的激进派,开始自视为代表了黑人文化的新理论,那是文化剥夺论颠倒过来的翻版,标举的是贫民窟亚文化模式,视之为顺应贫民窟生活的一种功能适应,和看重竞争成就的白人中产阶级文化比较而言,确实可谓一种具有吸引力的选择。激进论者此时批评学校把白人文化强加于穷人。黑人权力的代言人,由于迫切利用白人自由主义的内疚心理,便参与了他们的抨击,要求黑人研究作为单独的规划,结束书面文字一统天下的局面,英语作为第二语言来教授。表面看来,和中产阶级运动比较起来,这是在种族融合方面取得的一个长足进展,黑人权力为次等种族隔离学校,提高了一个新的合理依据,正如反对"传统"正规教育的激进批评家,通过谴责基础教育为文化帝国主义,教育主管机构可谓正中下怀。非但没有批评教育官僚的扩张,这些批评家反而把炮火转向了比较稳妥的靶子:教育本身,在教学法别出心裁的名义下,原有标准于是名正言顺遭到了新的侵蚀。他们非但没有敦促校方缓和各种主张要求,回归基础教育,反而要求总课程表

---

  ① 沃勒(Willard W. Waller, 1899—1945),美国教育社会学家。因《教学社会学》一书著称。
  ② 原文为"rating and dating complex",出现于20世纪30年代美国大学校园的普遍现象。沃勒1937年在《美国社会学评论》第2期以此为题,发表文章进行探讨,认为是当时异性交往的一个主导模式,后成为心理学术语。一译"追求富有对偶情结"。
  ③ 以下略去"基础教育与国防教育"和"民权运动与学校"两节。

进一步扩展,黑人历史,黑人英语,黑人文化意识,黑人自尊,凡此种种都要包括在内。

60年代后期的教育激进主义,尽管摆出革命的战斗姿态,却终究未能丝毫改变现状,甚至使得现状有所加剧。听不到激进批评的情况下,大家耳闻了诸如肯尼斯·克拉克①之类的温和批评者的声音,他们一针见血,指出了"黑人儿童或其他任何儿童群体,是培养不出自尊的,如果只是说他们有自尊,唱着自尊之歌,或者说我是黑人故而美丽,或者我是白人故而优越"。种族自尊,克拉克坚称,来自于"可以示范的造诣"。针对主张改革学校的人士提出的"立身正直,正面的感伤情调",诸如乔纳森·科佐尔②和赫伯特·科尔③,民权运动的老兵则提出,教师不必热爱学生,只要他们要求学生好好学习。在标举各种标准并且要求人人达标的时候,教师传递给学生的尊重,这是为不怀好意的黑人中产阶级张目的那些代言人的说法,超过了他们居高临下看待贫民窟文化的态度,如同希兰·刘易斯④所言,他们力求"粉饰一朵有毒的百合"。

长期来看,下述情况之于受害者而言,已经无关紧要:是否劣质教学持之有故的反动理由是,穷人不能指望精通数学,逻辑,英语写作的奥妙,或者另一方面,是否伪激进论者谴责以学术标准作为白人文化控制的机器组成部分,这种控制据称阻止黑人和其他少数民族认识到他们的创造潜力。无论哪种情况,用心良苦的改革家迫使下层阶级接受的是二流教育,从而助长了他们所力求废除的不平等现象得以持久延续。在平等主义名义之下,他们维护的是精英主义最阴险的形式,它通过各种伪装而主张大众是没有能力发挥才智的。美国教育的全部问题,可以如此归结:在美国社会,才智优异与精英主义,几乎人人都等

---

① 克拉克(Kenneth Clark,1914—2005),美国教育家和心理学家。出生于巴拿马运河区,幼年随家人移民美国。以种族隔离研究著称,著有《黑暗贫民区》。
② 科佐尔(Jonathan Kozol,1936—),美国作家和教育家。早年在种族隔离学校教书,著书立说,以揭露美国公共教育的弊端为己任。著有《野蛮的不平等:美国学校的儿童》、《民族的耻辱》等。
③ 科尔(Herbert Kohl,1935—),美国教育家。教育方面的著述多达四十余种。
④ 刘易斯(Hylan Lewis,1911—2000),美国教育家。

同视之,这种态度不仅确保了教育优势为小众所垄断;而且降低了精英教育本身的质量,产生的威胁是,普遍无知的现象占据了上风。

综合大学的兴起 高等教育晚近的发展,已经渐次稀释了教育的内容,在高等水平上,则如法炮制公共学校盛行的环境。通识教育的崩溃,外语方面指导学生的任何切实努力的一笔勾销;黑人研究、妇女研究方面推出了诸多计划,还有提高觉悟的其他形式,目的无非是转移政治不满情绪;无所不在的分数膨胀——这一切已经降低了大学教育的价值,与此同时,不断攀升的学费使得大家望而却步,只有富家子弟可以应付。

六七十年代高等教育的危机,是由于先前的发展而产生的。现代大学成形于 20 世纪初叶,可谓一系列妥协的产物。19 世纪 70 年代直至第一次世界大战,提倡研究、社会服务、文科教育的人士,纷纷争夺大学的掌控权力。师资队伍分化为主张这些不同计划的追随者,莘莘学子和行政主管,也把各自的利益注入了这场争论。最终,这些宗派没有一家取得决定性的胜利,可是各自赢得了实质性的特许。选修制的导入,伴随着形形色色的课外旁骛,这样有助于安抚学生。选修制也代表着下述二者的妥协:一方为本科院校的要求,它们还是围绕通识文化的旧式概念组织起来的,一方为研究导向的研究生院校和专业院校,这些属于叠床架屋性质。"讲座制将把教师从教官转变为创造性学者,这一希望取决于是否能够赋予教授充分的自由,他可以展示自己精通的课题,同时是否能够解除他听课人数的负担,对于学生来说,出勤率则是一项不受欢迎的任务。"遗憾的是,选修制也使全体教师感到释然,他们不必思考更为宽泛的教育旨趣——包括可能出现的情况:对于许多学生来说,上课已经变成一项"不受欢迎的任务"——也无需考虑知识分科之间的关系。与此同时,同一学府内学院与专业院校的合而为一,这样得以保持虚构的通识教育,而大学行政主管在申请资金时,主要依据的便是这个名目。

严重扩张的行政机构,如今在一个多元社区,不仅呈现为另一个要素,而且是对作为一个整体的大学方针负责的唯一机关。在同一学府里，专业培训与文科教育相结合的决定，为了实施而做出的必要妥协，这就使得全体教师无法正视学术方针方面的大端问题。这些问题如今变成了行政官僚的责任，而官僚的滋长，则是为了管理那些蔓延错综的机构，它们不仅包括本科院校和研究生院，而且还有专业学院，职业学院，研究与发展机构，区域规划，半专业性体育规划，医院，大型房地产项目运作，还有不计其数的其他事业。大学的法人组织方针，既有内部的，也有外部的——新设院系和规划的增加，战争研究方面的合作，城区更新规划——现在都得由行政主管来制定，服务型大学或者综合大学的理念，其中的设施理论上是对所有人开放的（可是实际上只有出价最高的竞标者获得），证明了在学术结构组织方面，他们自身占有支配地位。全体教师都接受了这种新型态势，哥伦比亚大学何以吸引像他那样研究人文的文人，布兰德·马修斯①曾经有所解释，如其所言，因为"只要我们忠实地各司其事，就会听任我们以自己的方式做事"。②

不妨称谓古典时期——大致从 1870 年至 1960 年——的美国学府，人们能够嘉许之处，在于提供了一个十分宽松的环境，构成大学气

---

① 马修斯（Brander Matthews，1852—1929），美国散文作家、戏剧评论家、小说家。在哥伦比亚大学执教 32 年，先后任文学和戏剧文学教授，是美国第一位戏剧文学教授。哥大有"布兰德·马修斯戏剧博物馆"。

② 判断时以此为检验，马修斯发现"在哥伦比亚大学，教授职位令人心旷神怡，美国的其他大学则望尘莫及"。遗憾的是，这些观感所描述的哥大条件，较之高等教育应有的面貌所具有的理想主义条件更为优越。哥大有位院长叫弗雷德里克·保尔·开普尔〔Frederick Paul Keppel，1875—1943，美国教育家。曾任哥伦比亚学院院长。文中所指的是他的《哥伦比亚》（1914）一书。——译注〕，在他的笔端，大学面貌应该是："一群青年在一起生活，工作，思考，梦想，无拘无束而任凭他们的思想和梦想决定他们的未来；这些青年，时时刻刻都在彼此取长补短，耳濡目染的是往昔的智慧，当今的环境，对未来的憧憬，引导他们的则是前辈学人，竭力为他们提供的是思想，而非信仰，指引他们亲身观察自然规律和人际关系。"兰道夫·伯恩（也是哥大毕业生）曾尖刻地指出了理想与现实的鸿沟。教授"明显地并未把自己视为'前辈学人'"；课程表表明甚少关注"自然规律和人际关系"；那里盛行的是一种"十足机械和败坏风气的制度：用'分数'和'学分'来衡量学业进步，如此制度培养的是'选修课程'，而非研习一门学科……制造学位的机器要变得错综复杂，要摆脱言辞直白而又理想主义的教师，要把越来越多的教学转嫁给平庸的年轻讲师，看来如此这般的过程鲜有停顿。简言之，"这所美国高校彰彰在目的情况是，过去几年致力标准化的过程中，行政和课程的组织方面，根本的指南并非'青年的求知团体'这一理想"。——原注

象的各种各样的群体,享有的自由是,大家的作为大小,可以随心所欲,只要大家都不干预他人的自由,或者不要期望大学整体而论,能够顺理成章地说明它的存在道理。学生接受了新的现状,不仅因为他们有大量非学术性的旁骛活动,而且由于本科课程设置所隐含的智力方面的混乱,尚未充分彰显出来;因为大学文凭意味着较好的工作,这个说法与现实依然存在着某种关系;因为大学与社会存在着各种关系,大学似乎已经把自身与美国生活中最好而非最坏的一面等同视之了。

触发60年代危机的因素,并不仅仅是前所未有的招生人数的压力(许多学生会乐于在校园之外度过自己的青春),而且还有历史变迁的存亡所系的关头:新式社会觉悟的呈现,它是由"新边疆"①的道德高论和民权运动所激发出来的,还有大学标榜能代表了德育和智育的正统,这些思想也同时不攻自破。大学非但没有提供一个人文科学的全面规划,反而如今却在履行自助餐厅的职能,学生只得在这里精选如此之多的"学分"。大学非但没有传播和平和启蒙,反而与战争机器结为同盟。最终,即使大学标榜能够提供较好的工作,人们也渐渐产生怀疑了。

60年代危机的爆发,开始表现为抨击综合大学这一思想观念,以及其最先进的化身——加州大学伯克利分校;后来的演变姑且不论,这场运动或多或少代表了一种尝试:旨在重申在大学的大政方针上,师生拥有支配权利——还要扩大到城市邻里关系、战争研究、预备役军官训练营。美国大学的总体发展——无计划的自然增长,缺乏基本的理由根据,伴随扩张的各种妥协引起的内在不稳定——导致了几乎无法避免的这样一份清单。

与此同时,学生运动体现了自家面貌的好战的反理智思想,它侵蚀而终究同化了这场运动。废除分数的要求,虽然有人维护的理由是高度的教学法原则,在实践上结果——有些无需打分的课程和及格—不及格批改选择的实验已经暴露出来——反映的是向往不太用功的意图,以及避免判断质量的愿望。要求开设比较"切合实际的"课程,这表明了渴望有一个无需花费脑力的总课程表,其中政治态度积极,自我表

---

① 新边疆(New Frontier),肯尼迪政府提出的施政方针。

达,超验思辨,交心疗法,巫术研习与实践,在这些方面,学生都能够获得学分。即便在大家认真推行这样的总课程表而反对无谓的迂腐学风的时候,切合实际这个口号,也体现了看待教育本身时,持有一种基本的对抗态度——说明除了直接经验之外,对任何事物都无法产生兴趣。口号的盛行也证明大家日益相信,教育应该没有痛苦,摆脱紧张和冲突。进而言之,有些人则解释,"切合实际"是学界针对种族主义和帝国主义而一致发起的讨伐,他们仅仅是把高校行政主管权力扩张颠倒过来而已。在提议把大学列入社会改革之类的时候,他们附和的是服务理想,它首先证明了综合大学那种霸道的扩张。指责高等教育的激进论批评家,他们非但没有争取坚持高校要奉行一套比较温和的目标,反而接受了一个假设前提:教育能够解决各类社会问题。

文化"精英主义"及其批评者　70年代期间,围绕的高等教育的最为常见的批评,是文化精英主义这条指控。由两位英语教授[①]执笔的那份著名宣言的立论是:"高雅文化传播的是进行统治的那些人物的价值观念。"美国卡内基高教委员会一份教育报告的两位撰稿人,谴责了下述思想是固有的"精英主义观念"——"有某些作品,所有受过教育的人都应该耳熟能详。"这类批评出现的时候,往往伴随着一个论点:学术生活应该反映现代社会的五花八门和躁动不安,而不应该尝试批评和由此超越这种混乱态势。批评的根本概念,已经变得几乎普遍为人怀疑了。根据一种时的论辩思路来看,批评,并非在于教会学生如何"逐渐参与",而是要求他们"置身于正在发生的事件之外,以便能够理解和分析这些事件。"批评导致了行动能力的瘫痪,而且把高校与"现实世界"鼎沸的冲突隔绝开来。卡内基委员会报告的这两位撰稿人立论指出,鉴于美国是一个多元主义社会,"笃守一家之说而罢黜其余……则会致使高等教育与社会产生莫大的不和谐。"

既然这些态度在教师和教育者中居于上风,在这个教育体制下,各

[①] 指的是1972年路易斯·坎弗和保罗·罗特(Louis Kamf and Paul Lauter),参阅两人编选的《文学的政治》导论。

个层次的学生甚少了解世界文学的经典作品,也就不足为怪。伊利诺伊州迪尔菲尔德高中①,有位英语教师报道称,"学生习惯了有人款待。他们习惯了一个想法:要是他们感到丝毫厌倦,他们就可以快速转动开关,转换其他频道"。在阿尔布开克,只有四名学生报名参加一所高中开设的英国小说课程,而有一个名为"奥妙-超自然"的课程,却吸引了大量的学生,结果只得在五个小班分别开课。在新奥尔良一所"不设门墙"的高中,在电台当音乐主持,读读《如何当电台音乐主持》和《广播节目安排》,学生就可以得到英语课程的学分。在加州的圣马力诺,高中英语系扩大入学人数的办法是开设下列选修课,诸如"伟大的美国爱情故事","神话和民间传说","科幻小说",还有"人类状况"。

如今给大学生上课的那些教师,在一线教学时,看到了这些做法的后果,不仅表现在学生读书写作的能力下降,而且在大家以为他们应该继承的文化传统的知识方面,学生的学养也显得单薄。宗教崩溃之后,圣经里的典故,从前是深刻地渗透于日常意识,现在却渐渐变得如同天书一般,相同的情形,现在发生在文学和古代神话学领域——确实西方的全部文学传统都面临如此局面,而传统历来主要凭借的就是圣经和古典文学的源头活水。在两三代时间内,"犹太-基督教传统"大张旗鼓的延续,教育者往往如数家珍,却鲜见以任何形式传而授之,故而已经湮没无闻。②文化传统在如此范围内的实际丧失,引起的纷纷议论是,绝非儿戏的一个新的黑暗时代。不过和这种丧失同时发生的是信息过

---

① 该州名校之一。

② 通俗智慧的另一源头已经枯竭,即童话故事,这要再次归咎于进步论思想家,他们希望保护儿童不受这些据说是令人恐怖的故事的影响。对童话故事的审查,如同对总体的"不切实际"文学作品的抨击,属于对幻想力和想象力的全面讨伐。一个偏重心理学的时代,以切合实际和现实主义的名义,剥夺了人们那些无害的升华心态;不过注重现实主义的这种训练,如同布鲁诺·贝特尔海姆(Bruno Bettelheim, 1903—1990,奥地利出生的美国心理学家,以情绪障碍儿童的治疗著称。著有《爱还不够》《生活现实的逃避者》等。——译注)所显示的那样,其结果则是突出了世代无以延续这一现象(因为儿童开始感觉到,父母生息的世界,在自己的世界看来是全然陌生的),而且使得儿童不相信自己的经验。从前宗教、神话、童话故事,保持了充分的童稚要素,从而能够为一个儿童提供他所信服的关于世界的看法。科学则无法取代它们的位置。因此现在青年人中间存在着普遍的退化到最原始的那类信奉魔法的思维;沉迷于巫术和神秘,相信超感觉的认识,层出不穷的原始基督教膜拜对象。——原注

剩,由专家来发现过去,还有前所未有的知识爆炸——然则,这些却没有冲击日常经验,或者形成通俗文化。

教育视为一种商品 一般知识与专家的专业化知识之间由此而来的割裂,引起了日益增加的批评和规劝,因为二者割裂的现象,根深蒂固反映在一些费解的杂志上,所写的语言和数学符号之于外行,可谓天书。然而,大学实行通识教育,这个理想遭受的命运和中小学校基础教育相同。即便理论上称道通识教育的那些大学教师也发现,这样的实践消耗着专业研究的精力,从而妨碍学术发展。行政主管则对通识教育不以为然,因为它不能吸引基金会奖学金,以及大规模的政府支持。学生也反对重新引入通识教育提出的要求,因为这项工作对学生要求很多,而又鲜见带来赚钱的工作。

处于如此条件之下,大学始终是一个扩散型,不成体统而常见优容的机构,大学已经吸收了文化现代主义的主流思想,将之归并为一种注入水分的混合物,一种抽空思想的意识形态,其实质是文化革命、个人成功、创造性异化。唐纳德·巴塞尔姆①在《白雪公主》里对高等教育的戏说——和一个荒诞时代的所有戏说一样——俨如现实而丝丝入扣,结果作为一部戏说作品,反而大家都变得无从辨认。

> 比弗学院是她接受教育的场所。她学习"现代女性,她的特权和责任":女性的本性和教养,以及在演化和历史过程中,她们所代表的一切,包括持家、养育、和事、疗伤、奉献,以及这些职能如何促进了当今世界的人性回归。继而她学习"古典吉他之一",利用的是索尔、泰雷加、塞格维亚②等人的方法技巧。继而她学习"英国浪漫主义诗人之二":雪莱、拜伦、济慈。继而她学习"心理学理

---

① 巴塞尔姆(Donald Barthelme,1931—1989),美国短篇小说作家,以现代主义手法描写"高校"而著称。代表作为《白雪公主》。
② 索尔(Fernando Sor,1778—1839),西班牙吉他演奏家和作曲家。
泰雷加(Francisco Terrega,1852—1909),西班牙吉他演奏家和作曲家。创造八度泛音演奏法。
塞格维亚(Andres Segovia,1893—1987),西班牙当代最杰出的吉他演奏家。

论基础"：心理、意识、无意识心理、人格、自我、人际关系、意淫规范、社交游戏、群体、调整、冲突、权威、个性化、整合、心理健康。继而她学习"油画之一"，第一课用作教具的有浅镉黄、中镉黄、浅镉红、紫红、群青、钴蓝、铬绿、象牙黑、生褐、赭黄、深褐、白色。继而她学习"个人资源之一和之二"：自我评价、培养回应环境的勇气、开启和利用思想、个人经验、训练合理利用时间、对目标的成熟的重新界定、行动规划。继而他学习"当代意大利长篇小说总的现实主义和理想主义"：阿尔多·帕拉采斯基①、布兰凯蒂②、比兰契③、普拉托利尼④、莫拉维亚⑤、帕韦泽⑥、莱维⑦、西隆涅⑧、贝尔托⑨、卡索拉⑩、金兹伯格⑪、马拉帕而蒂⑫、卡尔维诺⑬、加达⑭、巴萨尼⑮、兰多尔菲⑯。继而她学习——⑰

可见此处的教育，突出地适合巴塞尔姆这部小说的女主角，一位普普通通的青年女子，她渴望的那些经历会降临于一位童话中的公主。身为今世的包法利夫人，白雪公主是大众文化的典型牺牲品，商品和消

---

① 帕拉采斯基（Aldo Palazzeschi，1885—1974），意大利小说家和诗人。
② 布兰凯蒂（Vitaliano Brancati，1907—1954），意大利小说家。
③ 比兰契（Romano Bilenchi，1909—1989），意大利小说家。
④ 普拉托利尼（Vasco Pratolini，1913—1991），意大利20世纪重要作家之一。
⑤ 莫拉维亚（Alberto Moravia，1907—1990），意大利小说家。代表作《1934》。
⑥ 帕韦泽（Cesare Pavese，1908—1950），意大利左派作家。代表作《苦役：诗篇》
⑦ 莱维（Primo Levi，1919—1987）意大利作家。代表作《若非此时，更待何时？》
⑧ 西隆涅（Ignazio Silone，1900—1978），意大利小说家。
⑨ 贝尔托（Giuseppe Berto，1914—1978），意大利小说家、影评家和剧作家。
⑩ 卡索拉（Carlo Cassola，1917—1987），意大利新现实主义小说家。
⑪ 金兹伯格（Natalia Ginzburg，1916—1991），意大利女小说家。代表作《家庭絮语》
⑫ 马拉帕尔蒂（Curzio Malaparte，1898—1957），意大利记者、剧作家和小说家。
⑬ 卡尔维诺（Italo Calvino，1923—1985），意大利记者和小说家。代表作《看不见的城市》。
⑭ 加达（Carlo Emilio Gadda，1893—1973），意大利散文家和小说家。
⑮ 巴萨尼（Giorgio Bassani，1916—2000），意大利作家和编辑。代表作《苍鹭》。
⑯ 兰多尔菲（Tomasso Landolfi，1908—1979），意大利作家和翻译家。代表作《果戈理的妻子及其他故事》。
⑰ 引自《白雪公主》，第一部第三节。

费主义构成的这种文化伴随的暗示是，从前保留给钟鸣鼎食之家的那些经验，深刻的领悟，或者诸多生活实际的接触，现在毫不费力就可以人人享受，只要购得适当的商品。白雪公主接受的教育，本身便是一种商品，这样的消费允诺"充分发挥她的创造潜力"，我们沿用虚拟解放论的行话来说。所有学生都具有无需努力的"创造性"，释放这种创造性的需要，不妨说，优先于培养缄默和自疏的需要，人们的这种能力正在渐渐消失——这些方面属于美国教育者的主导教条的要紧问题。白雪公主教育方面不假思索的折中主义，反映了当代生活的混乱，以及有悖情理的期望：学生将靠自身达到贯通知识的境界，而在这一方面，他们的老师再也无法传而授之了。教师则纷纷以这样的借口，开脱自身的无能为力："根据个体学生的需要，教学上要度身定制。"

　　白雪公主的大学老师假定，高等教育从理想来看，要包罗万象，汲取生活的一切内容。而且客观而论，当代思想没有一个方面，证明可以脱离教育化的影响。高校已经把一切经验归结为学习的"课程"——这个烹饪的形象①，恰如其分反映了开明消费的基本理想。在迫切渴望包罗经验的时候，高校开始起到了代替经验的作用。然而，高校仅仅使得它的智育失败更有过之——尽管声称帮助学生未雨绸缪，迎接"生活"。高等教育不仅毁坏了学生的思想，它在情感方面，同样促使学生能够适应，致使学生无法驾驭经验，如果不是得益于课本，分数，先行消化的各种观点。远谈不上帮助学生日后生活得"真真实实"，美国的高等教育，听任学生不能完成最简单的任务——做饭，参加聚会，与一位异性就寝——如果没有复杂的学术指导的话。美国的高等教育听其自然的唯一之事，便是高等教育。

---

① 指的是"course"一词兼有"课程"和"一道菜"的双层意思。

译名对照表

A

Adams, Charles Francis, 亚当斯
Adams, Henry, 亚当斯
Adams, John, 亚当斯
Adler, Mortimer J., 阿德勒
Adrian, Edgar Douglas, 艾德里安
Aeschylus, 埃斯库罗斯
Alcuin, 阿尔昆
Alexander of Hales, 黑尔斯的亚历山大
Alexandria, 亚历山大
Alfred, 阿尔弗雷德
Allen, Walter Ernest, 艾伦
All-fadir, 主神奥丁(北欧神话人物)
Allston, Washington, 奥尔斯顿
Amis, Sir Kingsley, 艾米斯
Anaxagoras, 安那克萨哥拉
Anderson, John, 安德森
Andocides, 安多喀德斯
Andromachus, 安德罗马彻斯
Antin, Mary, 安廷
Archimedes, 阿基米德
Aristotle, 亚里士多德
Arnold, Matthew, 阿诺德
Attalus, 阿塔罗斯
Aubrey, John, 奥布里

Augustine, Saint, 圣·奥古斯丁
Augustus, 奥古斯都
Avenarius, Richard, 阿芬那留斯

B

Bach, Johann Sebastian, 巴赫
Bacon, Roger, 培根
Bacon, Francis, 培根
Balfour, Arthur James, 贝尔福
Balzac, Honore de, 巴尔扎克
Barnard, Henry, 巴纳德
Barthelme, Donald, 巴塞尔姆
Barzun, Jacques, 巴赞
Basedow, Johann Bernhard, 巴泽多
Bassani, Giorgio, 巴萨尼
Baudelaire, Charles, 波德莱尔
Beethoven, Ludwig van, 贝多芬
Bell, Bernard Iddings, 贝尔
Bentham, Jeremy, 边沁
Bergson, Henri, 柏格森
Berkeley, George, 贝克莱
Bernal, John Desmond, 伯纳尔
Barnard, Henry, 巴纳德
Berto, Giuseppe, 贝尔托
Bettelheim, Bruno, 贝特尔海姆
Bilench, Romano, 比兰契
Bismarck, Otto Eduard, 俾斯麦

Blackett, Patrick Maynard, 布莱克特
Blackmur, Richard Palmer, 布莱克默
Blanc, Alberto-Carlo, 布朗克
Bonarparte, Napoléon-Joseph-Charles-Paul, 波拿巴
Bossuet, Jacques-Benigne, 波舒哀
Bourne, Randolph Silliman, 伯恩
Bradwardine, Thomas, 布雷德沃丁
Bragg, William Lawrence, 布拉格
Brancati, Vitaliano, 布兰凯蒂
Brutus, 布鲁图斯
Bullock, Alan, 布洛克
Burke, Edmund, 伯克
Burns, Robert, 彭斯
Buytendijk, F. J. J., 柏坦狄杰克

C

Caeser, Julius, 尤利乌斯·恺撒
Calderon de la Barca, Pedro, 卡尔德隆
Calvino, Italo, 卡尔维诺
Carlyle, Thomas, 卡莱尔
Carnot, Lazare, 卡诺
Carneades, 卡涅阿德斯
Caseares, Eusebius of, 优西比乌斯
Cassius, 卡修斯
Cassola, Carlo, 卡索拉
Cavendis, William, 威廉·卡文迪什
Celsus, Aulus Cornelius, 塞尔苏斯
Channing, William Ellery, 钱宁
Charon, 卡戎（希腊神话人物）
Chaucer, Geoffrey, 乔叟
Chesterton, G. K., 切斯特顿
Chevalier, Michael, 谢瓦利埃
Cicero, 西塞罗
Cimon, 西门
Clark, Kenneth, 克拉克
Cleanthes, 克利安西斯

Coke, Lord Edwad, 柯克
Coleridge, Samuel Taylor, 柯尔律治
Collin, Remy, 科林
Comb, George, 库姆
Compton, Arthur Holly, 康普顿
Comte, Auguste, 孔德
Conrad, Joseph, 康拉德
Cook, James, 库克
Copernicus, Nicolaus, 哥白尼
Cuenot, Lucien, 居埃诺

D

Daguerre, Louis-Jacques-Mande, 法盖尔
Dante, 但丁
Darwin, Charles, 达尔文
Davy, Sir Humphry, 戴维
de Broglie, Louis Victor 7e duc, 德布罗意
Democritus, 德谟克利特
Demosthenes, 狄摩西尼
Descartes, Rene, 笛卡儿
Dewey, John, 杜威
Dickens, Charles, 狄更斯
Didymus, 狄迪莫斯
Diophantus of Alexandria, 丢番图
Dioscur, 狄俄斯库里（神话人物）
Diotima, 狄奥提玛
Dirac, Paul Adrien, 狄拉克
Driesch, Hans Adolf Eduard, 德里施

E

Eastman, George, 伊斯曼
Eddington, Sir Arther Stanley, 爱丁顿
Einstein, Albert, 爱因斯坦
Eisenhower, Dweight D., 艾森豪威尔
Eliot, Charles William, 埃利奥特
Eliot, George, 爱略特
Eliot, T. S., 艾略特

Emerson, Ralph Waldo, 爱默生,
Epaminondas, 伊巴密浓达
Epicurus, 伊壁鸠鲁
Epiphanius of Constania, Saint, 伊皮凡尼乌斯
Erasmus, Saint, 伊拉斯谟
Euclid, 欧几里得
Eunapius, 欧纳皮奥斯
Eusebius of Caseares, 优西比乌斯
Everett, Edward, 埃弗雷特

F

Fairfax, Thomas 3rd Bardon, 费尔法克斯
Faraday, Michael, 法拉第
Fenelon, Francois de Salignac de La Mothe-, 费奈隆
Fisher, Saint John, 费希尔
Flaubert, Gustave, 福楼拜
Fouche, Joseph, 富歇
Franklin, Benjamin, 富兰克林
Fraser, George Southland, 弗雷泽
Fuller, Margret, 富勒

G

Gadda, Carlo Emilio, 加达
Garrison, William Lloyd, 加里森
Gascoigne, George, 盖斯科因
Gladstone, William Ewart, 格莱斯顿
Galileo, 伽利略,
Galen of Pergamum, 加伦
Gibbon, Edward, 吉本
Gide, Andre, 纪德
Gilson, Etienne, 吉尔松,
Ginzburg, Natalia, 金兹伯格
Gladstone, William Ewart, 格莱斯顿
Glenn, John Herschel, 格伦
Goethe, Johann Wolfgang von, 歌德

Gonseth, Fernard, 贡塞斯
Gorgias, 哥吉亚斯
Greene, Robert, 格林
Greenough, Horatio, 格里诺
Gregory, 格列高利
Grey, Lady Jane, 格雷

H

Hardy, Godffey Harold, 哈代
Hatch, Edwin, 哈奇
Heath, Sir Thomas Little, 希思
Hegel, Georg Wilhelm Friedrich, 黑格尔
Heidegger, Martin, 海德格尔
Hephaestion, 赫菲斯提昂
Herbert of Cherbury, Lord Edward, 赫伯特
Hermes, 赫耳墨斯
Hero of Alexandria, 希罗
Herod, 希律
Herodes Atticus, 希罗多德·阿提库斯
Hilarius, 伊拉里于斯
Hipparchus, 喜帕恰斯
Hobbes, Thomas, 霍布斯
Hocking, William Ernest, 霍金
Homer, 荷马
Hook, Sidney, 胡克
Horace, 贺拉斯
Huber, Victor Aime, 胡伯尔
Hugo, Victor, 雨果
Hume, David, 休谟
Husserl, Edmund, 胡塞尔
Hutchins, Robert Maynard, 哈钦斯
Huxley, Thomas Henry, 赫胥黎

I

Ibsen, Henrik, 易卜生

J

Jackson, Charles Thomas, 杰克逊

James, William, 詹姆斯
Jeans, Sir James Hopwood, 金斯
Jefferson, Thomas, 杰斐逊
Joad, Cyril. Edwin Mitchinson, 乔德
Jonson, Ben, 本·琼森
Joyce, James, 乔伊斯

K

Kafka, Franz, 卡夫卡
Kant, Immanuel, 康德
Keppel, Frederick Paul, 开普尔
Keynes, Richard Darwin, 凯恩斯
Kohl, Herbert, 科尔
Kozol, Jonathan, 科佐尔
Kyd, Thomas, 基德

L

Landolfi, Tomasso, 兰多尔菲
Landor, Walter Savage, 兰多
Lannes, Jean, 拉纳
Lasch, Christopher, 赖许
Lawrence, T. E., 劳伦斯
Lawrence, D. H., 劳伦斯
Lear, Edward, 李尔
Leavis, F. R. 利维斯
Lecomte du Nouy, Pierre, 努尤
Lee Tsung-Dao, 李政道
Leen, Edward, 里恩
Leonardo da Vinci, 莱奥纳多·达·芬奇
Leopardi, Giocomo, 莱奥帕尔迪
Levi, Primo, 莱维
Lewis, Hylan, 刘易斯
Lewis, Wyndham, 刘易斯
Lindbergh, Charles Augustus, 林德伯格
Lindemann, Friedrich Alexander, 林德曼
Lipsius, Justus, 利普修斯
Littlewood, Peter, 利特尔伍德

Livy, 李维
Locke, John, 洛克
Lorriaine, Claude, 洛兰
Lowe, Adolf, 罗
Lucretius, 卢克莱修
Luther, Martin, 路德
Lynd, Helen, 林德
Lynd, Robert, 林德
Lysias, 吕西阿斯

M

Macmillan, Harold, 麦克米伦
Mactaggart, John MacTaggart Ellis, 麦塔格
Malaparte, Curzio, 马拉帕尔蒂
Mann, Horace, 曼
Mann, Thomas, 托马斯·曼
Marcel, Gabriel, 马塞尔
Marcellus, 马塞卢斯
Marcus Aurelius, 马可·奥勒留
Maritain, Jacques, 马利坦,
Martialis, Marcus Valerius, 马提雅尔
Marx, Karl, 马克思
Mason, 梅森 Sir Josiah
Matthews, Brander, 马修斯
Maxwell, James Clerk, 麦克斯韦
Merton, Thomas, 默顿
Meyerson, Emile, 梅叶松
Middleton, Richard, 米德尔顿
Mill, John Stuart, 穆勒
Milnes, Richard Mockton, 米尔恩斯
Milton, John, 弥尔顿
Mimir, 米密尔(北欧神话人物)
Mithridate, 米特拉达梯
Moliere, 莫里哀
Moravia, Alberto, 莫拉维亚
Morris, William, 莫里斯
Murray, (George) Gilbert (Aime), 默里

498

N

Neander, Joachim, 尼安德
Nebuchadnezzar, 尼布甲尼撒
Napoleon I, 拿破仑一世
Newman, John Henry, 纽曼,
Newton, Sir Isaac, 牛顿,
Nietzsche, Friedrich Wilhelm, 尼采

O

Ockham, William of, 奥康姆
Otus, 奥托斯(神话人物)
Owen, Robert, 欧文

P

Palazzeschi, Aldo, 帕拉采斯基
Parker, Theodore, 帕克
Pater, Walter (Horatio), 佩特
Pavese, Cesare, 帕韦泽
Pericles, 伯里克利
Phidias, 菲迪亚斯
Philiscus, 菲利斯库
Pisistratus, 庇西特拉图
Pitt, William, the elder, 皮特
Plato, 柏拉图
Plautus, 普劳图斯
Plotinus, 普罗提诺
Plumb, Sir John Harold, 蒲林普
Plutarch, 普鲁塔克
Podhoretz, Norman, 波德霍雷茨
Pole, Reginald, 波尔
Pole, Reginald, 波尔
Polemo, 波勒漠
Polygnotus, 波利格诺托斯
Poraeresius, 普雷勒修斯
Porphyry, 波尔菲里
Pound, Ezra, 庞德
Poussin, Nicolas, 普尚
Pratolini, Vasco, 普拉托利尼
Priestley, Joseph, 普雷斯特利
Protagoras, 普罗塔哥拉
Proust, Marcel, 普鲁斯特
Ptolemy, 托勒玫
Pym, John, 皮姆
Pythagoras, 毕达哥拉斯

Q

R

Rabelais, Francois, 拉伯雷
Raphael, 拉斐尔
Renan, Ernest, 勒南
Rilke, Rainer Maria, 里尔克
Rothschild, Victor Rothschild, 3rd Baron, 罗思柴尔德
Rousseau, Jean-Jacques, 卢梭
Ruskin, John, 罗斯金
Russell, Bertrand, 罗素
Rutherford, Ernest, 卢瑟福

S

Salisbury, Lord, 索尔兹伯里
Sandeman, Robert, 桑德曼
Sanderson, Frederick William, 桑德森
Santayana, George, 桑塔亚那
Santorio Santorio, 圣托里奥
Schrodinger, Erwin, 薛定谔
Schweitzer, Albert, 施韦策
Scott, Walter, 司各特
Scotus, John Duns, 司各特
Segovia, Andres, 塞格维亚
Shakespeare, William, 莎士比亚
Shelley, Percy Bysshe, 雪莱
Sheridan, Richard Brinsley, 谢里丹

Sibyl,西比尔(神话人物)

Silone,Ignazio,西隆涅

Smith,A. L.,史密斯

Snow,C. P.,斯诺

St. Anthony,圣安东尼

St. Basil the Great,圣大巴西勒

St. Edmund,圣埃德蒙

St. Gregory,圣格列高利

St. Irenaeus,圣勒依内,

St. Patrick,圣帕特理克

St. Richard de Wyche,圣理查德

St. Thomas de Cantilupe,坎特卢普的圣多马

Socrates,苏格拉底

Sophocles,索福克勒斯

Sophronius,索福罗尼乌斯

Sor,Fernando,索尔

Stael,Madame,Germaine de,斯塔尔夫人

Stevenson,John W.,史蒂文森

Sylvester,James Joseph,西尔维斯特

T

Tacitus,塔西陀

Taylor,Edward Thompson,泰勒

Temple,William,坦普尔

Terence,泰伦斯

Terrega,Francisco,泰雷加

Theophrastus,泰奥弗拉斯托斯

Thibon,Gustave,蒂蓬

Thomas Aquinas,Saint,托马斯·阿奎那,圣

Thompson,W. R.,汤普森

Thomson,Sir Joseph John,汤姆逊

Thor,托尔(北欧神话人物)

Toulmin,Stephen Edelston,图尔明

Toynbee,Arnold,汤恩比

Trilling,Lionel,特里林

Tupper,Martin,塔帕

Tyndall,John,廷德耳

U

V

Veblen,Thorstein,凡勃伦

Vialleton,Louis,维拉顿

Virgil,维吉尔

Voltaire,伏尔泰

W

Wagner,Geoffrey,瓦格纳

Waller,Willard W.,沃勒

Warbeck,Perkin,沃贝克

Washington,George,华盛顿

Watt,James,瓦特

Webster,Daniel,韦伯斯特

Weil,Simone,薇依

Wellington,Arthur Wellesley,威灵顿

Weyl,Hermann,外尔

Whitehead,Alfred North,怀特海,

Wilde,Oscar,王尔德

William I,Earl of Nassau,威廉一世

Windelband,Wilhelm,文德尔班

Wittgenstein,Ludwig,维特根斯坦

Wolf,Frederick Augustus,沃尔夫

Wood,Anthony,伍德

Wordsworth,William,华兹华斯

X

Y

Yang Chen Ning,杨振宁

Yeats,William Butler,叶芝

Z

Zeno,芝诺